Économie GLOBALE

À l'heure de la **mondialisation**

RENAUD BOURET
Cégep de l'Outaouais

ALAIN DUMAS
Cégep de Trois-Rivières

COMPAGNON WEB[MD]
RENAUD BOURET

ÉDITIONS DU RENOUVEAU PÉDAGOGIQUE INC.
5757, RUE CYPIHOT, SAINT-LAURENT (QUÉBEC) H4S 1R3
TÉLÉPHONE : 514 334-2690 TÉLÉCOPIEUR : 514 334-4720
erpidlm@erpi.com www.erpi.com

Manque de temps?
Envie de réussir?
Besoin d'aide?

La solution

Le *Compagnon Web*: www.erpi.com/bouret.cw

Il contient des outils en ligne qui vous permettront de tester ou d'approfondir vos connaissances:

- **Questions de révision avec autocorrection;**
- **Nombreuses animations qui permettent de mieux comprendre les notions telles que la loi de l'offre et de la demande, et les schémas de variables.**

ENSEIGNANTS, vous avez accès aux outils suivants:

- Banques de questions supplémentaires;
- Présentations PowerPoint;
- La plupart des graphiques et tableaux présentés dans l'ouvrage.

Comment accéder au Compagnon Web de votre manuel?

Etudiants

Étape 1: Allez à l'adresse **www.erpi.com/bouret.cw**
Étape 2: Lorsqu'ils seront demandés, entrez le nom d'usager et le mot de passe ci-dessous:

Nom d'usager

Mot de passe

Ce livre **ne peut être retourné** si les cases ci-contre sont découvertes.

SOULEVEZ ICI

Enseignants

Veuillez communiquer avec votre représentant pour obtenir un mot de passe.

20484W

Développement de produits
Pierre Desautels

Supervision éditoriale
Jacqueline Leroux
Chargée de projet
Hélène Lecaudey
Recherche iconographique
Chantal Bordeleau

Direction artistique
Hélène Cousineau
Supervision de la production
Muriel Normand
Conception graphique de l'intérieur et de la couverture
Martin Tremblay
Illustrations
Côté (p. 88, 157, 181, 206 et 270); Plantu (p. 25, 46, 68, 109, 129, 218, 232, 254 et 267); Rik (p. 256)

Édition électronique
Mardigrafe inc.

Dans cet ouvrage, le générique masculin est utilisé sans aucune discrimination et uniquement pour alléger le texte.

Dépôt légal :
Bibliothèque et Archives nationales du Québec, 2009
Bibliothèque nationale et Archives Canada, 2009

Imprimé au Canada

234567890 II 12 11 10
20484 ABCD SM9

ISBN 978-2-7613-2627-8

[redacted]

AVANT-PROPOS

POURQUOI CE MANUEL ?

La vie en société est souvent marquée par des rebondissements économiques de toutes sortes : crise financière, hausse du dollar, chute des exportations, récession, hausse de l'inflation, etc. C'est dans le but de mieux comprendre ces phénomènes ainsi que les fondements économiques de la société que ce livre a été conçu et écrit. Ce manuel procure à l'étudiant un bagage complet qui lui permet de comprendre l'information économique de même que les problèmes actuels de son pays dans un environnement mondial et d'examiner avec un esprit critique les solutions proposées par les gouvernements.

Observer ce qui se passe dans l'économie actuelle, expliquer le fonctionnement général d'une économie mixte et celui d'une économie ouverte, utiliser les indicateurs économiques pour faire un diagnostic de la conjoncture économique, trouver les causes des grands problèmes et expliquer comment les politiques économiques permettent de les résoudre, tel est le propos du manuel *Économie globale — À l'heure de la mondialisation*.

L'APPROCHE PÉDAGOGIQUE DU LIVRE

L'étudiant se voit offrir une série d'outils théoriques et méthodologiques qu'il peut appliquer à des situations réelles. L'étudiant acquiert progressivement l'expérience et l'assurance qui lui permettent, en fin de parcours, de proposer des solutions rigoureuses et cohérentes aux problèmes économiques de notre époque et de notre monde.

Nous utilisons deux types d'outils visuels pour illustrer les mécanismes économiques : les schémas de variables et les courbes d'offre et de demande. Le **schéma de variables** est un moyen efficace de découper un problème en petites tranches, tout en conservant une vue d'ensemble.

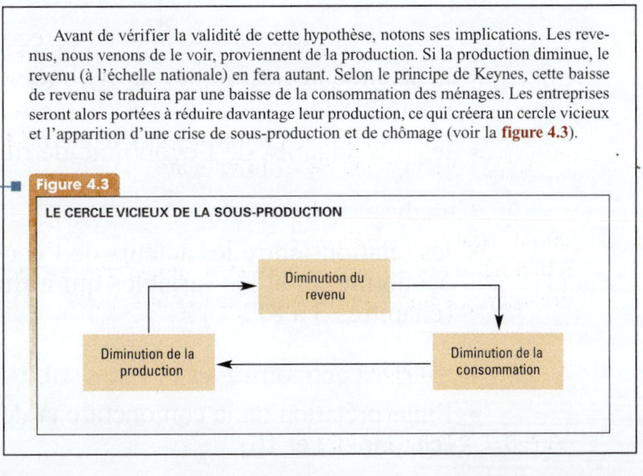
Avant de vérifier la validité de cette hypothèse, notons ses implications. Les revenus, nous venons de le voir, proviennent de la production. Si la production diminue, le revenu (à l'échelle nationale) en fera autant. Selon le principe de Keynes, cette baisse de revenu se traduira par une baisse de la consommation des ménages. Les entreprises seront alors portées à réduire davantage leur production, ce qui créera un cercle vicieux et l'apparition d'une crise de sous-production et de chômage (voir la **figure 4.3**).

Figure 4.3

LE CERCLE VICIEUX DE LA SOUS-PRODUCTION

les compagnies (4000 places) est égal au nombre de places achetées par les voyageurs. Les compagnies vendent toutes les places qu'elles choisissent d'offrir (à ce prix-là), et tous les voyageurs qui désirent traverser l'Atlantique (pour ce prix-là) obtiennent une place dans un avion.

Cet équilibre entre quantité offerte et quantité demandée se fait automatiquement (si le marché fonctionne librement et qu'il y règne une véritable concurrence). Pour nous en convaincre, supposons que les compagnies aériennes fixent le prix à un niveau différent du prix d'équilibre de 500 $. Lorsque le prix est trop élevé (600 $, par exemple), une partie des places est inoccupée (seules 3000 places sur les 5000 offertes sont vendues). Pour remplir leurs avions, les compagnies baissent alors le prix. De l'autre côté, lorsque le prix est trop bas (400 $, par exemple), elles manquent de sièges (5000 voyageurs se disputent les 3000 places). Les compagnies ont alors intérêt à augmenter le prix. En somme, au-delà de 500 $, le prix tend à diminuer; en deçà, il tend à augmenter. Le prix tendra donc toujours vers 500 $, c'est-à-dire le point où l'offre et la demande s'équilibrent.

Figure 2.3

L'ÉQUILIBRE DU MARCHÉ DU TRANSPORT AÉRIEN DE PASSAGERS

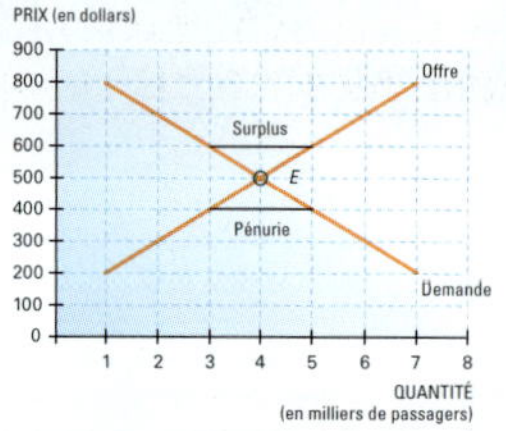

Le point d'équilibre. Au départ, le tarif est de 500 $. Pour ce prix-là, les compagnies aériennes offrent 4000 sièges, qui sont tous vendus (point *E*). C'est le *prix d'équilibre.* En effet, si le billet coûtait plus cher (600 $ par exemple), la quantité offerte serait plus élevée (5000 sièges) et le nombre de passagers désirant voyager diminuerait (3000 personnes) : il y aurait des sièges vides (2000) et les compagnies aériennes réduiraient alors le prix du billet. Si celui-ci tombait en deçà de 500 $ (400 $ par exemple), il y aurait cette fois une pénurie de sièges (5000 voyageurs pour 3000 sièges disponibles), et le tarif remonterait.

Il peut également servir de plan lorsqu'on doit répondre à une question à développement. Quant aux **courbes d'offre et de demande**, elles sont montrées ici de manière simple et efficace pour illustrer de nombreux phénomènes.

Le manuel est agencé selon les principes pédagogiques suivants :

- La matière est facile à assimiler : on avance progressivement tout en renforçant les notions déjà acquises.
- L'étudiant est constamment en mesure de vérifier s'il a atteint les objectifs fixés.
- Les problèmes économiques présentés reflètent la réalité.
- L'étudiant développe sans cesse sa capacité d'analyse.
- La matière forme un tout et s'ouvre sur les sciences humaines en général.

L'ORGANISATION DU MANUEL

Tout au long du manuel, nous intégrons les concepts étudiés dans les chapitres précédents en y greffant de nouveaux concepts, sans perdre de vue que notre but est de mieux comprendre les fondements économiques de la vie en société. Comme en témoigne le **schéma synthèse du manuel**, le découpage de la matière obéit à cette logique.

Le livre est divisé en trois parties, chacune identifiée par une couleur.

1. L'objet et la méthode de la science économique :
   - la science économique, sa méthode et les courants de pensée qui l'animent (chapitre 1)
   - les mécanismes de l'économie de marché (chapitre 2)
2. L'analyse de la situation :
   - les relations entre les acteurs de l'économie, l'appropriation des indicateurs économiques et les variables qui influent sur la croissance économique (chapitres 3 à 8)
3. Les crises économiques et leurs solutions :
   - l'interprétation de la conjoncture et des problèmes économiques (chapitres 9 et 10)

- les politiques économiques qui permettent de résoudre les problèmes (chapitres 11 et 12)

À la fin du manuel, nous proposons une activité de synthèse qui permettra à l'étudiant de faire le point sur les problèmes économiques actuels et sur leurs solutions.

SCHÉMA SYNTHÈSE DU MANUEL

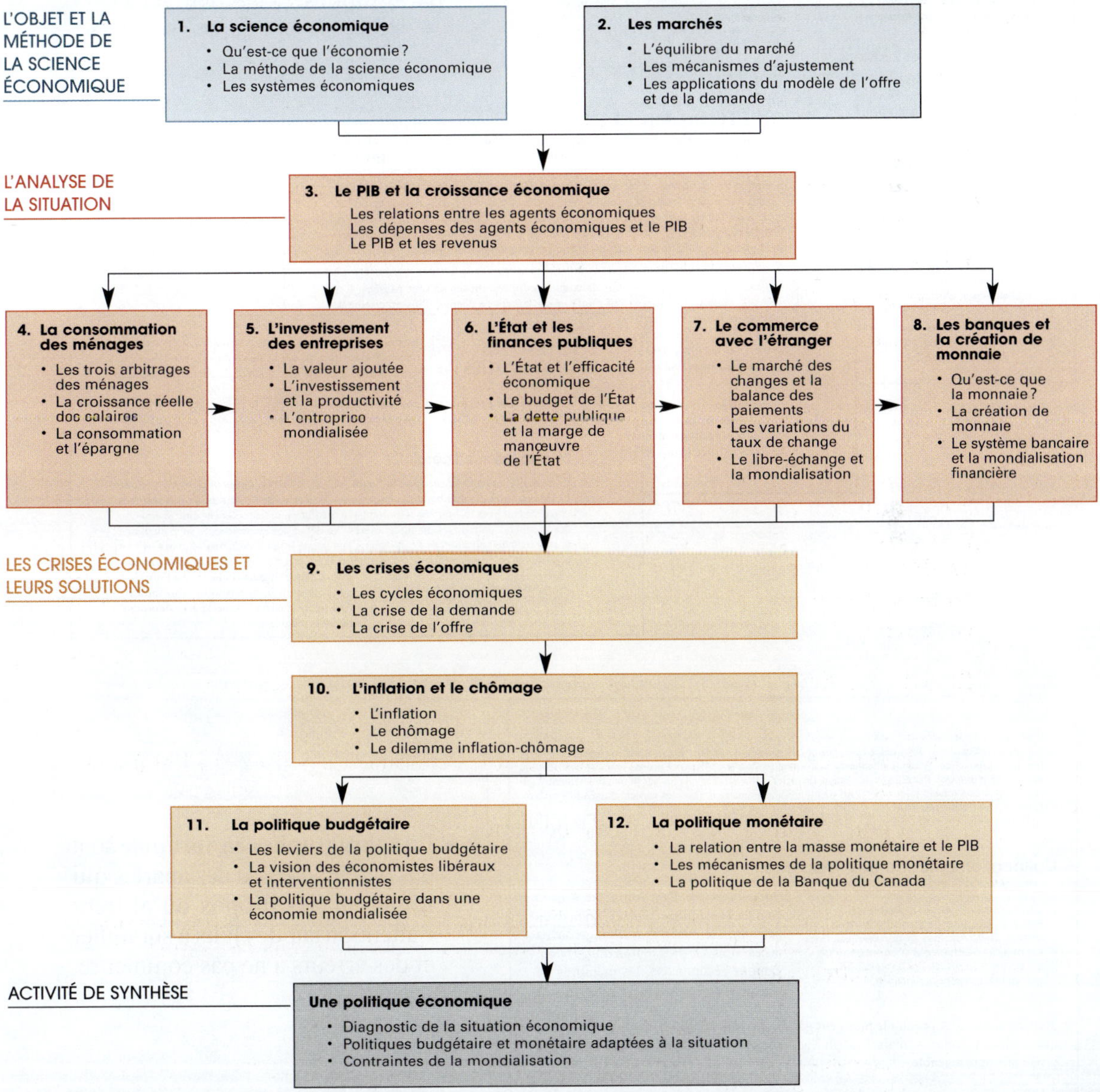

L'ORGANISATION DES CHAPITRES

Les chapitres sont divisés en **trois sections**. La première présente les concepts et les variables de base. Les deuxième et troisième sections traitent plus spécifiquement des relations entre les variables et parfois de changements ou de phénomènes économiques nouveaux. En marge du texte, nous avons inséré des phrases qui reprennent les **concepts clés** de la plupart des paragraphes.

1. QU'EST-CE QUE L'ÉCONOMIE ?

Un amateur de plein air s'achète un manteau, un jeune couple se fait construire une maison, un mordu de musique se procure un baladeur. Comment les rouages de l'économie fonctionnent-ils pour permettre à ces personnes d'obtenir ce qu'elles désirent ? C'est ce que nous verrons au fil des chapitres. Mais précisons d'abord quelques-uns des concepts fondamentaux.

Les besoins et les biens

On a parfois tendance à co
et *biens* : dans les exempl
manteau ou la maison n
besoins, mais plutôt des *m*
faire des besoins. Le mante
permettent à leurs utilisate
un besoin vital (maintenir s
moins essentiel (impressio
matière de besoins à satisfa
buts similaires. Nous avons
tité d'eau dans notre corps, d
avec nos semblables ou d
Lorsque nos besoins essenti
d'autres besoins plus ou mo
dominer, etc. La liste est si
besoins satisfaits. Si certain
il suffit généralement de r
nécessitent la production d
science économique.

2. LA MÉTHODE DE LA SCIENCE ÉCONOMIQUE

La radio annonce : « Les achats massifs de dollars par la Banque du Canada n'ont pas réussi à stabiliser le dollar. On s'attend aujourd'hui à ce que la banque centrale fasse grimper les taux d'intérêt de façon substantielle. » Les phénomènes économiques semblent souvent difficiles à comprendre. Il existe pourtant un moyen très efficace de simplifier les choses : c'est d'identifier les éléments du problème (les *variables*) et l'influence qu'ils exercent les uns sur les autres. Dans le cas de la valeur du dollar, on peut distinguer trois variables : les *achats de dollars* canadiens, le *taux de change* du dollar canadien et le *taux d'intérêt* au Canada. Ces trois variables sont mesurables. Même si on ne nous fournit aucun chiffre, on nous donne un ordre de grandeur ou une tendance (à la hausse ou à la baisse).

Essayons brièvement d'établir dans quel ordre les choses se sont passées. Les achats de dollars avaient pour but d'influer sur le taux de change. Plus précisément, ils devaient faire remonter l
des taux d'intérêt semble a
mesure, à la simple lecture
et de préciser dans quelle d
pas pourquoi.

Supposons qu'un jour
point de vue sur la situati
si vous n'avez absolumen
variables et les relations e
qui feront l'admiration de

3. LES SYSTÈMES ÉCONOMIQUES

Le but de cette section consiste à distinguer les deux principales formes de *systèmes économiques* : le capitalisme et le socialisme, ainsi que des variantes de ces deux systèmes. Nous ferons aussi référence aux penseurs qui ont influencé la formation de ces systèmes économiques.

> Un *système économique* est un ensemble de règles et de mécanismes qui régissent le fonctionnement d'une économie.

Le capitalisme libéral

Entre le milieu du XVIIIe siècle et la fin du XIXe siècle, la *révolution industrielle* marque l'essor du capitalisme libéral en Angleterre. Caractérisée par l'invention de machines et par des progrès techniques importants, la révolution industrielle entraîne la création des premières entreprises manufacturières. Au début, les entrepreneurs souhaitent une plus grande libéralisation de l'économie. Étant donné la rareté de la main-d'œuvre, l'État cède aux pressions des entreprises : il supprime la *Loi des pauvres* (qui interdit aux chômeurs de se déplacer d'une ville à l'autre) et abolit le droit d'association des travailleurs (qui appartenaient jusque-là à des corporations de métiers[1]).

> La *révolution industrielle* marque le passage de la production artisanale à la production mécanisée.

---

d'acquérir des ressources déjà existantes. Cela dit, la monnaie joue un rôle important dans l'économie moderne. Son existence facilite les échanges et elle permet, de ce fait, une plus grande spécialisation de la production. À son tour, cette spécialisation permet une efficacité accrue et un niveau de production plus élevé. Par ailleurs, le secteur financier influe de plus en plus sur le fonctionnement des économies à travers le monde. C'est pourquoi nous étudierons aussi les aspects monétaires et financiers de l'économie globale.

L'allocation efficace des ressources

> La *productivité du travail* mesure la production générée dans un certain temps de travail. Plus généralement, on calcule la productivité d'une ressource en divisant *le produit* obtenu par la quantité de *ressource* utilisée.

Supposons que l'on fournisse à trois équipes constituées du même nombre de personnes le matériel et les ingrédients nécessaires à la préparation d'un gâteau. Comme récompense, les membres de chacune des équipes se partageront, à la fin de la journée, le gâteau qu'ils auront préparé. L'équipe A produit le plus gros gâteau. Le gâteau de l'équipe B est aussi bon que celui de l'équipe A, mais il est plus petit. Quant à l'équipe C, son gâteau est très gros mais immangeable.

- Les **paragraphes en vert pâle** sont des parenthèses ou des apartés qui illustrent des propos ou attirent l'attention sur des faits à surveiller et des erreurs à ne pas commettre.

Le cinquième mousquetaire: les banques

En dehors des quatre acteurs économiques proprement dits, il en existe un cinquième dont le rôle principal est de réunir les épargnes de certains d'entre eux et de les diriger vers ceux qui ont besoin de financement. Il s'agit des banques et des autres institutions financières. Ces organismes ont une fonction un peu particulière, dans la mesure où ils ne participent pas directement à l'économie «concrète», mais exercent quand même une influence sur la production, influence qui est croissante dans le contexte actuel de globalisation des marchés.

> « Un banquier est un homme qui vous prête un parapluie quand il fait beau et qui vous le retire quand il pleut. »
>
> Anonyme, XVIIIe siècle

Les chapitres sont également émaillés de **citations**, parfois humoristiques, parfois critiques, mais toujours aptes à susciter la réflexion.

Exercices

1. Capitalisme, socialisme et économie mixte

Pour chacun des énoncés suivants, dites s'il s'agit de *capitalisme libéral*, de *socialisme* ou d'*économie mixte*. Certains énoncés comportent plus d'un choix de réponse.

a) Les individus choisissent leur mode de transport de transport.

b) L'État impose des normes environnementales aux entreprises privées.

c) Le prix des

d) Les chômeu… offerte par l…

e) Les salaires

f) Les quantité

g) La producti… et par l'État

h) L'État assur…

i) Une loi oblig…

j) L'État ne pr… créée d'auc…

Des **exercices** pratiques à la fin de chaque section et des **exercices supplémentaires** à la fin de chaque chapitre permettent à l'étudiant de vérifier sa compréhension des notions étudiées.

Exercices supplémentaires

1. Des mots et des concepts

Classez les termes suivants dans une de ces trois catégories: travail, capital, nature.

- Bien de production
- Bien intermédiaire
- Ressource productive
- Équipement productif
- Ressource naturelle
- Monnaie
- Main-d'œuvre

2. L'efficacité économique

a) Mimi scie 400 planches en 8 heures, Toto scie 450 planches en 10 heures. Qui est le plus productif? Définissez la productivité.

b) Donnez un exemple concret de productivité pour chacune des trois ressources productives.

Pour réviser un chapitre, on peut survoler les titres et les sous-titres, les textes en marge ainsi que les légendes des **figures et des tableaux**, en plus, évidemment, de relire le **résumé**.

RÉSUMÉ

La consommation de biens sert à satisfaire des besoins. S'il est possible de combler certains besoins précis, il n'en demeure pas moins que les besoins sont illimités. Les biens sont produits à l'aide des ressources productives, que l'on peut classer en trois grandes catégories: la terre (ou ressources naturelles), le capital (ou équipements productifs) et le travail (ou main-d'œuvre). Contrairement aux besoins, les ressources existent en quantité limitée. La science économique consiste justement à étudier la façon de satisfaire au mieux les besoins à l'aide des ressources disponibles.

Les biens subissent souvent une série de transformations. On les appelle biens intermédiaires jusqu'à ce qu'ils atteignent leur forme finale. Parmi les biens finals, on distingue les biens qui servent à satisfaire directement des besoins (les biens de consommation) et les

biens qui servent à produire d'… biens de production ou équip… tifs). Dans le même ordre d'id… les dépenses de consommatio… de consommation) des dép… tissement (achat de biens de …

L'économie est efficace … sources sont utilisées de faç… maximum de biens utiles. Po… il faut être productif (produi…

les compagnies (4000 places) est égal au nombre de places achetées par les voyageurs. Les compagnies vendent toutes les places qu'elles choisissent d'offrir (à ce prix-là), et tous les voyageurs qui désirent traverser l'Atlantique (pour ce prix-là) obtiennent une place dans un avion.

Cet équilibre entre quantité offerte et quantité demandée se fait automatiquement (si le marché fonctionne librement et qu'il y règne une véritable concurrence). Pour nous en convaincre, supposons que les compagnies aériennes fixent le prix à un niveau différent du prix d'équilibre de 500 $. Lorsque le prix est trop élevé (600 $, par exemple), une partie des places est inoccupée (seules 3000 places sur les 5000 offertes sont vendues). Pour remplir leurs avions, les compagnies baissent alors le prix. De l'autre côté, lorsque le prix est trop bas (400 $, par exemple), elles manquent de sièges (5000 voyageurs se disputent les 3000 places). Les compagnies ont alors intérêt à augmenter le prix. En somme, au-delà de 500 $, le prix tend à diminuer; en deçà, il tend à augmenter. Le prix tendra donc toujours vers 500 $, c'est-à-dire le point où l'offre et la demande s'équilibrent.

Figure 2.3

L'ÉQUILIBRE DU MARCHÉ DU TRANSPORT AÉRIEN DE PASSAGERS

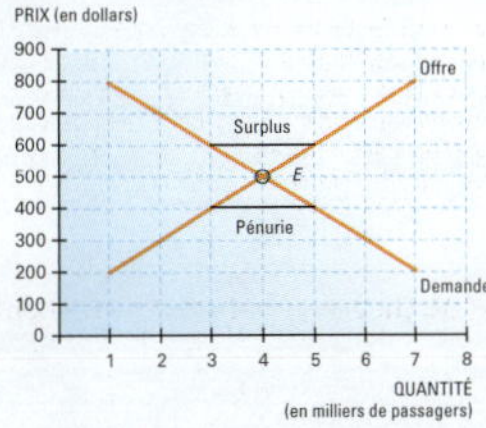

Le point d'équilibre. Au départ, le tarif est de 500 $. Pour ce prix-là, les compagnies aériennes offrent 4000 sièges, qui sont tous vendus (point *E*). C'est le *prix d'équilibre*. En effet, si le billet coûtait plus cher (600 $ par exemple), la quantité offerte serait plus élevée (5000 sièges) et le nombre de passagers désirant voyager diminuerait (3000 personnes): il y aurait des sièges vides (2000) et les compagnies aériennes réduiraient alors le prix du billet. Si celui-ci tombait en deçà de 500 $ (400 $ par exemple), il y aurait cette fois une pénurie de sièges (5000 voyageurs pour 3000 sièges disponibles), et le tarif remonterait.

Le glossaire, qui porte sur les concepts les plus significatifs et non sur le jargon de l'économie, peut également aider à la révision de l'ensemble de la matière. Enfin, l'index permet de repérer rapidement un concept ou un sujet qu'on veut approfondir.

DES RUBRIQUES ADAPTÉES AUX NOUVEAUTÉS DE L'ÉCONOMIE GLOBALE

La plupart des économies de la planète se sont intégrées à l'économie mondialisée et doivent faire face à de nouvelles problématiques. C'est pourquoi on retrouve dans presque tous les chapitres des sections spécifiques qui traitent de la mondialisation ainsi que des rubriques qui permettent de cerner rapidement la teneur et les enjeux des changements survenus au cours des dernières années.

Nous retrouvons trois types de rubriques.

Points de repère historique

- Les grandes périodes de l'histoire économique : quelques faits ou événements marquants (Chapitre 1)
- Libre-échange, protectionnisme et mondialisation de l'économie (Chapitre 7)
- Les crises économiques (Chapitre 9)

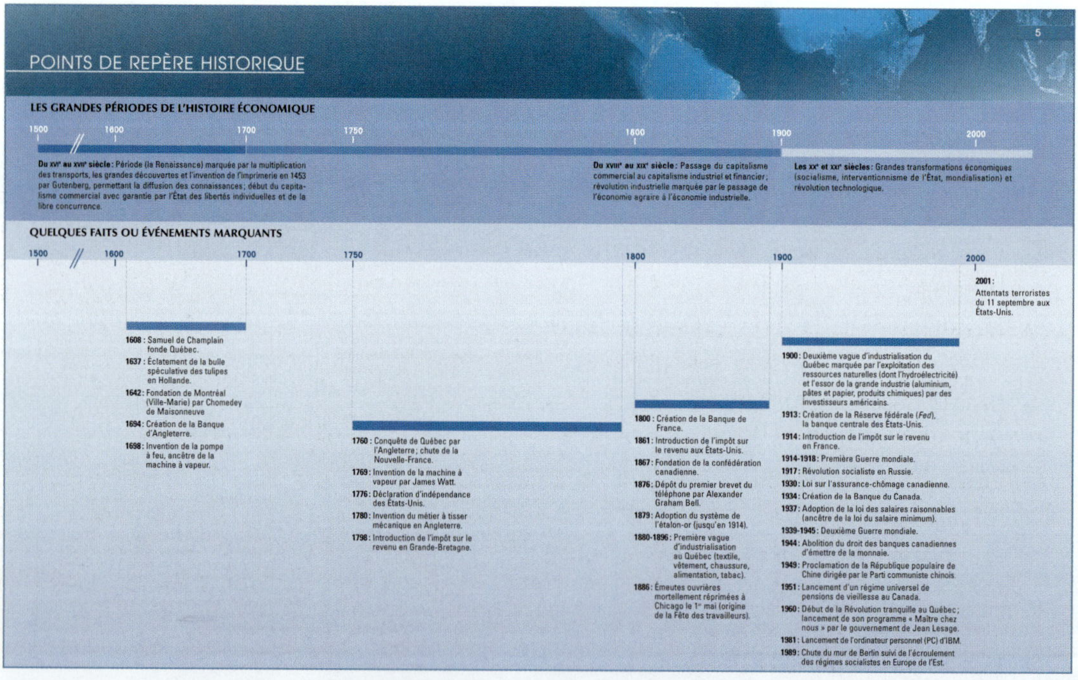

5

POINTS DE REPÈRE HISTORIQUE

LES GRANDES PÉRIODES DE L'HISTOIRE ÉCONOMIQUE

1500 1600 1700 1750 1800 1900 2000

Du XVIe au XVIIe siècle : Période (la Renaissance) marquée par la multiplication des transports, les grandes découvertes et l'invention de l'imprimerie en 1453 par Gutenberg, permettant la diffusion des connaissances ; début du capitalisme commercial avec garantie par l'État des libertés individuelles et de la libre concurrence.

Du XVIIIe au XIXe siècle : Passage du capitalisme commercial au capitalisme industriel et financier ; révolution industrielle marquée par le passage de l'économie agraire à l'économie industrielle.

Les XXe et XXIe siècles : Grandes transformations économiques (socialisme, interventionnisme de l'État, mondialisation) et révolution technologique.

QUELQUES FAITS OU ÉVÉNEMENTS MARQUANTS

1500 1600 1700 1750 1800 1900 2000

1608 : Samuel de Champlain fonde Québec.
1637 : Éclatement de la bulle spéculative des tulipes en Hollande.
1642 : Fondation de Montréal (Ville-Marie) par Chomedey de Maisonneuve
1694 : Création de la Banque d'Angleterre.
1698 : Invention de la pompe à feu, ancêtre de la machine à vapeur.

1760 : Conquête de Québec par l'Angleterre ; chute de la Nouvelle-France.
1769 : Invention de la machine à vapeur par James Watt.
1776 : Déclaration d'indépendance des États-Unis.
1780 : Invention du métier à tisser mécanique en Angleterre.
1798 : Introduction de l'impôt sur le revenu en Grande-Bretagne.

1800 : Création de la Banque de France.
1861 : Introduction de l'impôt sur le revenu aux États-Unis.
1867 : Fondation de la confédération canadienne.
1876 : Dépôt du premier brevet du téléphone par Alexander Graham Bell.
1879 : Adoption du système de l'étalon-or (jusqu'en 1914).
1880-1896 : Première vague d'industrialisation au Québec (textile, vêtement, chaussure, alimentation, tabac).
1886 : Émeutes ouvrières mortellement réprimées à Chicago le 1er mai (origine de la Fête des travailleurs).

1900 : Deuxième vague d'industrialisation du Québec marquée par l'exploitation des ressources naturelles (dont l'hydroélectricité) et l'essor de la grande industrie (aluminium, pâtes et papier, produits chimiques) par des investisseurs américains.
1913 : Création de la Réserve fédérale (*Fed*), la banque centrale des États-Unis.
1914 : Introduction de l'impôt sur le revenu en France.
1914-1918 : Première Guerre mondiale.
1917 : Révolution socialiste en Russie.
1930 : Loi sur l'assurance-chômage canadienne.
1934 : Création de la Banque du Canada.
1937 : Adoption de la loi des salaires raisonnables (ancêtre de la loi du salaire minimum).
1939-1945 : Deuxième Guerre mondiale.
1944 : Abolition du droit des banques canadiennes d'émettre de la monnaie.
1949 : Proclamation de la République populaire de Chine dirigée par le Parti communiste chinois.
1951 : Lancement d'un régime universel de pensions de vieillesse au Canada.
1960 : Début de la Révolution tranquille au Québec ; lancement de son programme « Maître chez nous » par le gouvernement de Jean Lesage.
1981 : Lancement de l'ordinateur personnel (PC) d'IBM.
1989 : Chute du mur de Berlin suivi de l'écroulement des régimes socialistes en Europe de l'Est.

2001 : Attentats terroristes du 11 septembre aux États-Unis.

Débats

- Pourra-t-on nourrir la planète ? (Chapitre 2)
- Les services publics devraient-ils être payants ? (Chapitre 6)
- Devons-nous protéger nos industries ? (Chapitre 7)
- Faut-il contrôler le prix du pétrole ? (Chapitre 10)
- Quelle doit être la part du marché dans la régulation de l'économie ? (Chapitre 11)

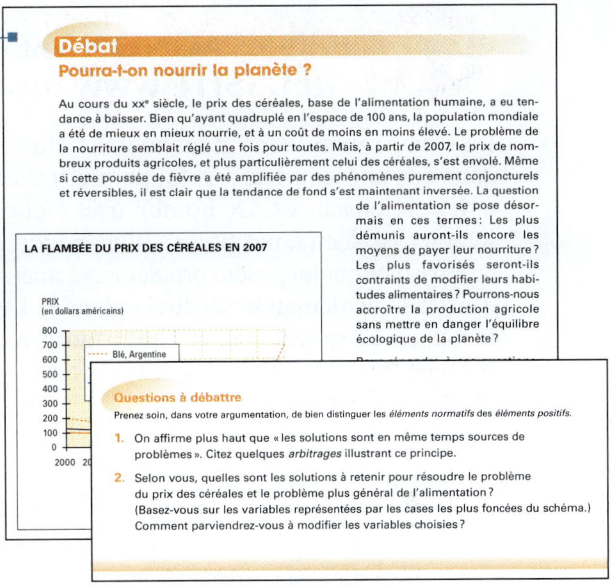

Débat

Pourra-t-on nourrir la planète ?

Au cours du xxe siècle, le prix des céréales, base de l'alimentation humaine, a eu tendance à baisser. Bien qu'ayant quadruplé en l'espace de 100 ans, la population mondiale a été de mieux en mieux nourrie, et à un coût de moins en moins élevé. Le problème de la nourriture semblait réglé une fois pour toutes. Mais, à partir de 2007, le prix de nombreux produits agricoles, et plus particulièrement celui des céréales, s'est envolé. Même si cette poussée de fièvre a été amplifiée par des phénomènes purement conjoncturels et réversibles, il est clair que la tendance de fond s'est maintenant inversée. La question de l'alimentation se pose désormais en ces termes : Les plus démunis auront-ils encore les moyens de payer leur nourriture ? Les plus favorisés seront-ils contraints de modifier leurs habitudes alimentaires ? Pourrons-nous accroître la production agricole sans mettre en danger l'équilibre écologique de la planète ?

Questions à débattre

Prenez soin, dans votre argumentation, de bien distinguer les *éléments normatifs* des *éléments positifs*.

1. On affirme plus haut que « les solutions sont en même temps sources de problèmes ». Citez quelques *arbitrages* illustrant ce principe.
2. Selon vous, quelles sont les solutions à retenir pour résoudre le problème du prix des céréales et le problème plus général de l'alimentation ? (Basez-vous sur les variables représentées par les cases les plus foncées du schéma.) Comment parviendrez-vous à modifier les variables choisies ?

Encadrés et sections sur la mondialisation

- Les promesses de la mondialisation (Encadré, chapitre 1)
- Carburant et déforestation (Encadré, chapitre 2)
- La mondialisation de l'épargne des ménages (Encadré, chapitre 4)
- L'entreprise mondialisée (Section 3, chapitre 5)
- General Electric : des circuits électriques aux circuits financiers (Encadré, chapitre 5)
- L'État, la mondialisation et le marché (Encadré, chapitre 6)
- Le libre-échange et la mondialisation (Section 3, chapitre 7)
- Le système bancaire et la mondialisation financière (Section 3, chapitre 8)
- Les dangers de la mondialisation financière (Encadré, chapitre 8)
- Mondialisation et inflation (Encadré, chapitre 10)
- La politique budgétaire dans une économie mondialisée (Section 3, chapitre 11)
- La politique de la Banque du Canada (Section 3, chapitre 12)
- La crise financière mondiale de 2008 (Encadré, chapitre 12)

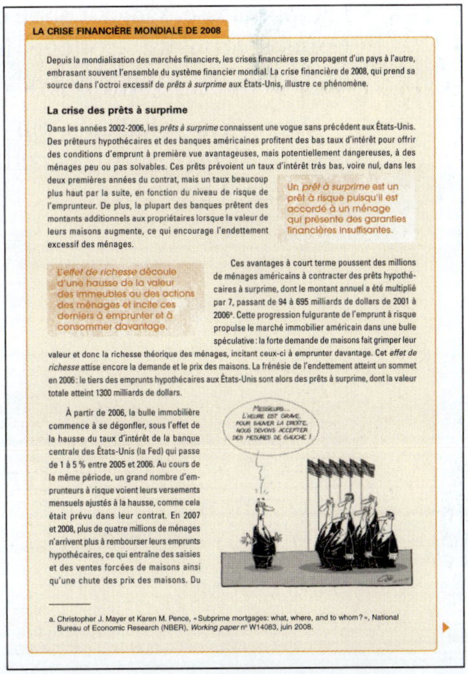

LA CRISE FINANCIÈRE MONDIALE DE 2008

Depuis la mondialisation des marchés financiers, les crises financières se propagent d'un pays à l'autre, embrasant souvent l'ensemble du système financier mondial. La crise financière de 2008, qui prend sa source dans l'octroi excessif de *prêts à surprime* aux États-Unis, illustre ce phénomène.

La crise des prêts à surprime

Dans les années 2002-2006, les *prêts à surprime* connaissent une vogue sans précédent aux États-Unis. Des prêteurs hypothécaires et des banques américaines profitent des bas taux d'intérêt pour offrir des conditions d'emprunt à première vue avantageuses, mais potentiellement dangereuses, à des ménages peu ou pas solvables. Ces prêts prévoient un taux d'intérêt très bas, voire nul, dans les deux premières années du contrat, mais un taux beaucoup plus haut par la suite, en fonction du niveau de risque de l'emprunteur. De plus, la plupart des banques prêtent des montants additionnels aux propriétaires lorsque la valeur de leurs maisons augmente, ce qui encourage l'endettement excessif des ménages.

Un *prêt à surprime* est un prêt à risque puisqu'il est accordé à un ménage qui présente des garanties financières insuffisantes.

L'effet de richesse découle d'une hausse de la valeur des immeubles ou des actions des ménages et incite ces derniers à emprunter et à consommer davantage.

Ces avantages à court terme poussent des millions de ménages américains à contracter des prêts hypothécaires à surprime, dont le montant annuel a été multiplié par 7, passant de 94 à 695 milliards de dollars de 2001 à 2006[a]. Cette progression fulgurante de l'emprunt à risque propulse le marché immobilier américain dans une bulle spéculative : la forte demande de maisons fait grimper leur valeur et donc la richesse théorique des ménages, incitant ceux-ci à emprunter davantage. Cet *effet de richesse* attise encore la demande et le prix des maisons. La frénésie de l'endettement atteint un sommet en 2006 : le tiers des emprunts hypothécaires aux États-Unis sont alors des prêts à surprime, dont la valeur totale atteint 1300 milliards de dollars.

À partir de 2006, la bulle immobilière commence à se dégonfler, sous l'effet de la hausse du taux d'intérêt de la banque centrale des États-Unis (la Fed) qui passe de 1 à 5 % entre 2005 et 2006. Au cours de la même période, un grand nombre d'emprunteurs à risque voient leurs versements mensuels ajustés à la hausse, comme cela était prévu dans leur contrat. En 2007 et 2008, plus de quatre millions de ménages n'arrivent plus à rembourser leurs emprunts hypothécaires, ce qui entraîne des saisies et des ventes forcées de maisons ainsi qu'une chute des prix des maisons. Du

a. Christopher J. Mayer et Karen M. Pence, « Subprime mortgages: what, where, and to whom ? », National Bureau of Economic Research (NBER), *Working paper* no W14083, juin 2008.

COMPAGNON WEB : UN ATOUT POUR LA RÉUSSITE www.erpi.com/bouret.cw

Le Compagnon Web du manuel est étoffé et favorisera l'autonomie de l'étudiant dans son apprentissage. Il lui permettra d'approfondir la matière selon les besoins et les circonstances. De nombreuses figures du manuel y sont présentées de façon interactive. L'étudiant pourra ainsi éclaircir les éléments particuliers des schémas de variables qui lui posent problème, et mieux saisir l'évolution dynamique des courbes d'offre et de demande illustrées dans le livre. Il aura ensuite la possibilité de s'autoévaluer à l'aide de tests qui lui fourniront, le cas échéant, des pistes de solution adaptées aux difficultés qu'il aura rencontrées.

REMERCIEMENTS

Nous remercions particulièrement les professeurs Esther Falardeau et Marc Vallières qui ont su nous inspirer dans l'approche pédagogique de ce manuel.

Nous exprimons également notre reconnaissance aux nombreux professeurs qui ont été consultés à propos de la conception de l'ouvrage original, notamment : Bruno Parent du Cégep Sainte-Foy ; Jean Théroux et Gilbert Leblanc du Cégep de Lévis-Lauzon ; Dorcé Beauvoir du Collège de Bois-de-Boulogne ; Normand Perreault du cégep de l'Abitibi-Témiscamingue ; Patricia Tremblay du Cégep régional de Lanaudière à l'Assomption ; François Aubin du Cégep de Granby Haute-Yamaska ; Philippe Bossé, Yanick Labrie et François Gravel du Cégep Saint-Jean-sur-Richelieu ; Louis Caron du Collège Montmorency ; Yan-Olivier Charest du Collège Maisonneuve ; André Robichaud du Cégep de Victoriaville.

Merci à nos étudiants, qui ont su nous stimuler par leurs commentaires encourageants et leurs remarques pertinentes ainsi que par une progression exceptionnelle dans leur apprentissage.

Renaud Bouret

Alain Dumas

TABLE DES MATIÈRES

AVANT-PROPOS III

PREMIÈRE PARTIE

L'OBJET ET LA MÉTHODE DE LA SCIENCE ÉCONOMIQUE 1

CHAPITRE 1 LA SCIENCE ÉCONOMIQUE

POINTS DE REPÈRE HISTORIQUE LES GRANDES PÉRIODES DE L'HISTOIRE ÉCONOMIQUE : QUELQUES FAITS OU ÉVÉNEMENTS MARQUANTS 4

1 QU'EST-CE QUE L'ÉCONOMIE ? 6

Les besoins et les biens 6
Les ressources productives 6
La classification des biens 7
L'allocation efficace des ressources 9
Une économie mondialisée 10
ENCADRÉ : Les promesses de la mondialisation 10
EXERCICES 11

2 LA MÉTHODE DE LA SCIENCE ÉCONOMIQUE 12

Les relations entre les variables 13
L'analyse positive et l'analyse normative 14
Les problèmes économiques 15
EXERCICES 17

3 LES SYSTÈMES ÉCONOMIQUES 18

Le capitalisme libéral 18
ENCADRÉ : Les économistes classiques et néoclassiques 19
L'intervention de l'État dans l'économie 19
Le socialisme 21
Le retour du libéralisme : le néolibéralisme 23
EXERCICES 24

RÉSUMÉ 25
EXERCICES SUPPLÉMENTAIRES 27

CHAPITRE 2 LES MARCHÉS

1 L'ÉQUILIBRE DU MARCHÉ 30

La courbe de demande 30
La courbe d'offre 31
ENCADRÉ : L'offre de pétrole 32
L'équilibre du marché 33
EXERCICES 34

2 LES MÉCANISMES D'AJUSTEMENT ... 35
La demande et l'offre changent ... 35
Un exemple typique d'ajustement du marché ... 36
ENCADRÉ : Carburant et déforestation ... 37
EXERCICES ... 38

3 APPLICATIONS DU MODÈLE DE L'OFFRE ET DE LA DEMANDE ... 39
Les caractéristiques du marché concurrentiel ... 39
Le marché du travail : qui est le véritable demandeur? ... 40
Le marché financier ... 41
Prix plafond et prix plancher ... 42
EXERCICES ... 43

DÉBAT Pourra-t-on nourrir la planète? ... 44
RÉSUMÉ ... 46
EXERCICES SUPPLÉMENTAIRES ... 47

DEUXIÈME PARTIE
L'ANALYSE DE LA SITUATION ... 49

CHAPITRE 3 LE PIB ET LA CROISSANCE ÉCONOMIQUE

1 LES RELATIONS ENTRE LES AGENTS ÉCONOMIQUES ... 52
Les ménages ... 52
Les entreprises ... 52
L'État ... 52
L'étranger ... 53
Le cinquième mousquetaire : les banques ... 53
Les agents économiques et la rationalité ... 53
ENCADRÉ : Les dépenses des uns sont les recettes des autres ... 54
EXERCICES ... 56

2 LES DÉPENSES DES AGENTS ÉCONOMIQUES ET LE PIB ... 57
Chaque agent achète une partie de la production ... 57
Sommes-nous vraiment plus pauvres qu'avant? ... 60
Les dépenses du PIB : un outil de comparaison entre pays ... 61
L'entre-deux-guerres : une période d'instabilité pour le PIB ... 63
EXERCICES ... 65

3 LE PIB ET LES REVENUS ... 66
EXERCICES ... 68
RÉSUMÉ ... 68
EXERCICES SUPPLÉMENTAIRES ... 69

CHAPITRE 4 LA CONSOMMATION DES MÉNAGES

1 LES TROIS ARBITRAGES DES MÉNAGES ... 74

Plus qu'un simple choix 74
Le meilleur chemin pour arriver au but 74
EXERCICES 76

2 **LA CROISSANCE RÉELLE DES SALAIRES** 76
Travailler pour satisfaire des besoins 76
L'offre de travail 77
Le salaire nominal et le salaire réel 78
Comment calculer le taux de croissance réel? 78
L'illusion monétaire 79
EXERCICES 80

3 **LA CONSOMMATION ET L'ÉPARGNE** 81
D'où provient le revenu des ménages? 81
L'influence du revenu sur la consommation 81
L'influence du taux d'intérêt sur la consommation 83
La consommation et la richesse 84
ENCADRÉ : La mondialisation de l'épargne des ménages 85
EXERCICES 87

RÉSUMÉ 88
EXERCICES SUPPLÉMENTAIRES 89

CHAPITRE 5 L'INVESTISSEMENT DES ENTREPRISES

1 **LA VALEUR AJOUTÉE** 94
Les ressources productives et la valeur ajoutée 94
ENCADRÉ : La valeur ajoutée dans une économie
composée de trois entreprises 95
Le PIB par secteur 96
ENCADRÉ : La TPS : une taxe sur la valeur ajoutée 97
EXERCICES 97

2 **L'INVESTISSEMENT ET LA PRODUCTIVITÉ** 98
Le capital et l'investissement 98
L'investissement et le PIB 99
L'investissement, source d'instabilité 100
La productivité 102
Le taux d'intérêt et la demande de capital 103
Sommes-nous productifs? 104
EXERCICES 105

3 **L'ENTREPRISE MONDIALISÉE** 106
La mondialisation des entreprises 106
L'importance économique des entreprises mondialisées 107
ENCADRÉ : General Electric : des circuits électriques aux
circuits financiers 108
EXERCICES 109

RÉSUMÉ 109
EXERCICES SUPPLÉMENTAIRES 110

CHAPITRE 6 L'ÉTAT ET LES FINANCES PUBLIQUES

1 L'ÉTAT ET L'EFFICACITÉ ÉCONOMIQUE 114
Le rôle du marché dans la satisfaction des besoins 114
Le marché et la production des biens collectifs 114
Les externalités: coûts et avantages négligés par le marché 115
Les monopoles: parfois inévitables, souvent inefficaces 116
L'État est-il lui aussi imparfait? 117
EXERCICES 118
ENCADRÉ : L'État, la mondialisation et le marché 119

2 LE BUDGET DE L'ÉTAT 119
Les dépenses et les recettes de l'État 120
Les impôts et la réduction des inégalités sociales 121
EXERCICES 123

3 LA DETTE PUBLIQUE ET LA MARGE DE MANŒUVRE DE L'ÉTAT 124
Le déficit alimente la dette 124
Comment mesurer l'importance de la dette? 124
Sur qui pèse le fardeau de la dette? 124
EXERCICES 126

DÉBAT Les services publics devraient-ils être payants? 127
RÉSUMÉ 129
EXERCICES SUPPLÉMENTAIRES 130

CHAPITRE 7 LE COMMERCE AVEC L'ÉTRANGER

POINTS DE REPÈRE HISTORIQUE LIBRE-ÉCHANGE, PROTECTIONNISME ET MONDIALISATION DE L'ÉCONOMIE 134

1 LE MARCHÉ DES CHANGES ET LA BALANCE DES PAIEMENTS 136
Les transactions internationales 136
La rencontre de l'offre et de la demande 136
Le taux de change 137
Les risques de change et la spéculation 138
La balance des paiements 139
La balance courante 140
La balance des capitaux 142
EXERCICES 142

2 LES VARIATIONS DU TAUX DE CHANGE 143
De quoi dépend le taux de change? 144
Les conséquences d'une dépréciation 145
L'influence de l'État 148
EXERCICES 148

3 LE LIBRE-ÉCHANGE ET LA MONDIALISATION 149
La loi des avantages comparatifs 149
Les mesures protectionnistes 150

La libéralisation du commerce international 151
Les associations économiques 152
EXERCICES 153

DÉBAT Devons-nous protéger nos industries ? 154

RÉSUMÉ 157
EXERCICES SUPPLÉMENTAIRES 158

CHAPITRE 8 LES BANQUES ET LA CRÉATION DE MONNAIE

1 QU'EST-CE QUE LA MONNAIE ? 162
Les trois fonctions de la monnaie 162
Les formes de la monnaie 163
La monnaie scripturale et la masse monétaire 164
Le niveau de la masse monétaire et la valeur de la monnaie 165
EXERCICES 166

2 LA CRÉATION DE MONNAIE 166
Les prêts font les dépôts 167
ENCADRÉ : La création de monnaie 170
ENCADRÉ : Les réserves bancaires 170
Le multiplicateur de crédit 170
ENCADRÉ : La compensation des chèques au Canada 171
EXERCICES 172

3 LE SYSTÈME BANCAIRE ET LA MONDIALISATION FINANCIÈRE 173
Le système bancaire canadien 173
La mondialisation des marchés financiers 175
La mondialisation des banques 177
La montée des investisseurs institutionnels 178
EXERCICES 179
ENCADRÉ : Les dangers de la mondialisation financière 180

RÉSUMÉ 181
EXERCICES SUPPLÉMENTAIRES 183

TROISIÈME PARTIE

LES CRISES ÉCONOMIQUES ET LEURS SOLUTIONS 185

CHAPITRE 9 LES CRISES ÉCONOMIQUES

POINTS DE REPÈRE HISTORIQUE LES CRISES ÉCONOMIQUES 188

1 LES CYCLES ÉCONOMIQUES 190
Les hauts et les bas de l'économie 190
Observons la réalité 190
Le modèle des courbes d'offre et de demande globales 192

L'équilibre global 194
EXERCICES 195

2 LA CRISE DE LA DEMANDE 196
Pourquoi le train se met à ralentir 196
Le mécanisme de la crise 197
La vision des économistes libéraux 198
La vision des économistes interventionnistes 200
EXERCICES 202

3 LA CRISE DE L'OFFRE 203
Le mécanisme de la crise 203
La vision des économistes libéraux 204
La vision des économistes interventionnistes 205
EXERCICES 206

RÉSUMÉ 206
EXERCICES SUPPLÉMENTAIRES 208

CHAPITRE 10 L'INFLATION ET LE CHÔMAGE

1 L'INFLATION 212
La mesure de l'inflation 212
L'évolution de l'inflation au Canada 214
L'inflation par la demande 215
L'inflation par les coûts 217
EXERCICES 217
ENCADRÉ : Mondialisation et inflation 218

2 LE CHÔMAGE 219
La mesure du chômage 219
L'évolution du taux d'activité au Québec 221
Le chômage déguisé 222
Les types de chômage 223
EXERCICES 225

3 LE DILEMME INFLATION-CHÔMAGE 226
L'inflation est plus sournoise qu'il ne paraît 226
Le cercle vicieux de l'inflation 227
Les victimes de l'inflation 227
Le cercle vicieux du chômage structurel 228
EXERCICES 229

DÉBAT Faut-il contrôler le prix du pétrole ? 229
RÉSUMÉ 232
EXERCICES SUPPLÉMENTAIRES 233

CHAPITRE 11 LA POLITIQUE BUDGÉTAIRE

1 LES LEVIERS DE LA POLITIQUE BUDGÉTAIRE 238
La conjoncture économique et la politique budgétaire 238

Le mécanisme de la politique budgétaire 239
Les retombées économiques de la politique budgétaire de relance 240
ENCADRÉ : Mesurer les retombées économiques d'une politique de relance 242
EXERCICES 242

2 LA VISION DES ÉCONOMISTES LIBÉRAUX ET INTERVENTIONNISTES 243
La vision des économistes libéraux 243
La vision des économistes interventionnistes 245
EXERCICES 247

3 LA POLITIQUE BUDGÉTAIRE DANS UNE ÉCONOMIE MONDIALISÉE 247
La marge de manœuvre de l'État 248
La relance en économie ouverte 249
La relance concertée 251
EXERCICES 251

DÉBAT Quelle doit être la part du marché dans la régulation de l'économie? 252

RÉSUMÉ 254
EXERCICES SUPPLÉMENTAIRES 255

CHAPITRE 12 LA POLITIQUE MONÉTAIRE

1 LA RELATION ENTRE LA MASSE MONÉTAIRE ET LE PIB 258
La vitesse de circulation de la monnaie 258
La masse monétaire et l'inflation 259
EXERCICES 261

2 LES MÉCANISMES DE LA POLITIQUE MONÉTAIRE 261
La variation des réserves et des taux d'intérêt 261
Le rôle stabilisateur de la politique monétaire 262
EXERCICES 263

3 LA POLITIQUE DE LA BANQUE DU CANADA 263
Les objectifs de la Banque du Canada 264
Comment détecter les pressions inflationnistes? 264
La politique monétaire et les contraintes extérieures 264
EXERCICES 267

RÉSUMÉ 267
EXERCICES SUPPLÉMENTAIRES 268
ENCADRÉ : La crise financière mondiale de 2008 270

ACTIVITÉ DE SYNTHÈSE : une politique économique 278

GLOSSAIRE 281

BIBLIOGRAPHIE 289

INDEX 291

PREMIÈRE PARTIE

L'OBJET ET LA MÉTHODE DE LA SCIENCE ÉCONOMIQUE

SOMMAIRE

CHAPITRE 1 LA SCIENCE ÉCONOMIQUE
CHAPITRE 2 LES MARCHÉS

CHAPITRE 1

LA **SCIENCE ÉCONOMIQUE**

Comme chacun le sait, l'*économie* concerne les *activités* reliées à la production et à la consommation de biens dans une société. Les expressions « diversification économique », « crise économique », « économie industrialisée », « économie capitaliste » font toutes référence à ces activités. Mais l'économie, c'est aussi la *science* qui étudie ces activités. Le même mot sert à nommer à la fois la science et son objet. Alors qu'on prend bien soin de distinguer la sociologie de la société elle-même, on se montre avare de mots en ce qui concerne l'économie, qui est tout bonnement l'étude de... l'économie.

Dans ce chapitre, nous allons dans un premier temps définir notre science, l'économie; cela nous demandera un effort d'abstraction et de modestie, afin de dépasser les évidences et de voir les choses de façon claire, rigoureuse et utile. Dans un deuxième temps, nous commencerons à garnir notre boîte à outils: un peu de méthode, et il devient plus facile de comprendre des phénomènes apparemment très complexes et de les expliquer. Nous appliquerons ces outils d'analyse économique et nous élargirons leur application tout au long de ce manuel. Ainsi, l'étude de l'économie globale sera également pour nous l'occasion de développer notre rigueur de pensée et notre capacité à raisonner. La troisième section du chapitre est consacrée aux systèmes économiques et aux penseurs qui les ont analysés ou inspirés.

POINTS DE REPÈRE HISTORIQUE

LES GRANDES PÉRIODES DE L'HISTOIRE ÉCONOMIQUE

1500 // 1600 — 1700 — 1750

Du XVIe au XVIIe siècle : Période (la Renaissance) marquée par la multiplication des transports, les grandes découvertes et l'invention de l'imprimerie en 1453 par Gutenberg, permettant la diffusion des connaissances ; début du capitalisme commercial avec garantie par l'État des libertés individuelles et de la libre concurrence.

QUELQUES FAITS OU ÉVÉNEMENTS MARQUANTS

1500 // 1600 — 1700 — 1750

1608 : Samuel de Champlain fonde Québec.

1637 : Éclatement de la bulle spéculative des tulipes en Hollande.

1642 : Fondation de Montréal (Ville-Marie) par Chomedey de Maisonneuve

1694 : Création de la Banque d'Angleterre.

1698 : Invention de la pompe à feu, ancêtre de la machine à vapeur.

1760 : Conquête de Québec par l'Angleterre ; chute de la Nouvelle-France.

1769 : Invention de la machine à vapeur par James Watt.

1776 : Déclaration d'indépendance des États-Unis.

1780 : Invention du métier à tisser mécanique en Angleterre.

1798 : Introduction de l'impôt sur le revenu en Grande-Bretagne.

1800 — 1900 — 2000

Du XVIIIe au XIXe siècle : Passage du capitalisme commercial au capitalisme industriel et financier ; révolution industrielle marquée par le passage de l'économie agraire à l'économie industrielle.

Les XXe et XXIe siècles : Grandes transformations économiques (socialisme, interventionnisme de l'État, mondialisation) et révolution technologique.

1800 — 1900 — 2000

1800 : Création de la Banque de France.

1861 : Introduction de l'impôt sur le revenu aux États-Unis.

1867 : Fondation de la confédération canadienne.

1876 : Dépôt du premier brevet du téléphone par Alexander Graham Bell.

1879 : Adoption du système de l'étalon-or (jusqu'en 1914).

1880-1896 : Première vague d'industrialisation au Québec (textile, vêtement, chaussure, alimentation, tabac).

1886 : Émeutes ouvrières mortellement réprimées à Chicago le 1er mai (origine de la Fête des travailleurs).

1900 : Deuxième vague d'industrialisation du Québec marquée par l'exploitation des ressources naturelles (dont l'hydroélectricité) et l'essor de la grande industrie (aluminium, pâtes et papier, produits chimiques) par des investisseurs américains.

1913 : Création de la Réserve fédérale (*Fed*), la banque centrale des États-Unis.

1914 : Introduction de l'impôt sur le revenu en France.

1914-1918 : Première Guerre mondiale.

1917 : Révolution socialiste en Russie.

1930 : Loi sur l'assurance-chômage canadienne.

1934 : Création de la Banque du Canada.

1937 : Adoption de la loi des salaires raisonnables (ancêtre de la loi du salaire minimum).

1939-1945 : Deuxième Guerre mondiale.

1944 : Abolition du droit des banques canadiennes d'émettre de la monnaie.

1949 : Proclamation de la République populaire de Chine dirigée par le Parti communiste chinois.

1951 : Lancement d'un régime universel de pensions de vieillesse au Canada.

1960 : Début de la Révolution tranquille au Québec ; lancement de son programme « Maître chez nous » par le gouvernement de Jean Lesage.

1981 : Lancement de l'ordinateur personnel (PC) d'IBM.

1989 : Chute du mur de Berlin suivi de l'écroulement des régimes socialistes en Europe de l'Est.

2001 : Attentats terroristes du 11 septembre aux États-Unis.

1. QU'EST-CE QUE L'ÉCONOMIE ?

Un amateur de plein air s'achète un manteau, un jeune couple se fait construire une maison, un mordu de musique se procure un baladeur. Comment les rouages de l'économie fonctionnent-ils pour permettre à ces personnes d'obtenir ce qu'elles désirent? C'est ce que nous verrons au fil des chapitres. Mais précisons d'abord quelques-uns des concepts fondamentaux.

Les besoins et les biens

Les *besoins* sont satisfaits par la consommation de *biens.* Si un besoin précis peut être comblé, il n'en demeure pas moins que les besoins sont illimités.

On a parfois tendance à confondre *besoins* et *biens* : dans les exemples ci-dessus, le manteau ou la maison ne sont pas des besoins, mais plutôt des *moyens* de satisfaire des besoins. Le manteau et la maison permettent à leurs utilisateurs de satisfaire un besoin vital (maintenir son corps à la bonne température) et peut-être un besoin moins essentiel (impressionner les voisins). Même si chacun a ses préférences en matière de besoins à satisfaire, il n'en demeure pas moins que nous visons tous des buts similaires. Nous avons tous besoin, par exemple, de conserver une certaine quantité d'eau dans notre corps, de nous protéger des dangers et même d'établir des contacts avec nos semblables ou d'explorer l'environnement dans lequel nous vivons. Lorsque nos besoins essentiels sont satisfaits, nous nous préoccupons de répondre à d'autres besoins plus ou moins « nobles » : créer, se distraire, séduire, impressionner, dominer, etc. La liste est si longue que nous ne sommes pas près de voir tous nos besoins satisfaits. Si certains besoins peuvent être comblés sans effort (par exemple, il suffit généralement de respirer pour obtenir de l'oxygène), beaucoup d'autres nécessitent la production de biens et c'est pourquoi ils relèvent du domaine de la science économique.

Les ressources productives

La production des biens exige l'utilisation de diverses ressources. Pour fabriquer un manteau, il faut d'abord un champ afin de faire pousser du coton ou de faire paître des moutons et fabriquer de la laine, des rivières afin de produire l'électricité qui fera fonctionner les machines à coudre, des gisements de fer et de charbon afin de produire l'acier de ces machines à coudre. Toutes ces ressources sont un cadeau de dame nature : nous les nommerons ressources naturelles, ou *terre*. Les machines à coudre, les charrues pour labourer les champs, les usines où sont fabriqués les tissus, la table du dessinateur de mode sont des outils ou des équipements produits par l'être humain : nous les appellerons équipements productifs, ou *capital*. Quant aux personnes qui ont participé à la production en donnant de leur temps — planteurs de coton ou éleveurs de moutons, tailleurs, créateurs de mode — nous les classerons dans la main-d'œuvre, ou *travail*.

La production se fait grâce à l'utilisation de ressources (ou facteurs de production) : la *terre* (ou ressources naturelles), le *capital* (ou équipements productifs) et le *travail* (ou main-d'œuvre).

Les ressources productives existent en quantité limitée.

Contrairement aux besoins, dont la liste peut s'allonger à l'infini, les ressources existent en quantité limitée. Il y a en effet sur la planète une quantité finie de champs, de gisements de fer et de rivières, même si on réussit parfois à repousser les limites de la nature en défrichant ou en irriguant de nouvelles terres, en découvrant de nouveaux filons ou en créant de nouveaux matériaux peu gourmands en matières premières (comme la fibre optique). À court terme, il n'est pas non plus facile de modifier la main-d'œuvre, tant sur le plan de la qualité que sur celui de la quantité. Une limite semblable s'applique au capital, même si les possibilités d'expansion à long terme sont réelles (on peut par exemple construire de nouvelles usines ou mettre au point des machines plus performantes).

Étant donné que les ressources disponibles sont limitées, la quantité de biens générés par ces ressources est limitée elle aussi. On ne peut donc satisfaire tous les besoins (qui sont illimités). Ce phénomène de rareté (beaucoup de besoins, peu de ressources) oblige l'être humain à faire des *choix*. La science économique a pour objet l'étude de la façon dont on utilise les ressources pour satisfaire au mieux les besoins.

La science économique consiste à étudier la façon de satisfaire au mieux les besoins (qui sont illimités) à l'aide des ressources disponibles (qui existent en quantité limitée).

La classification des biens

Au début de ce chapitre, nous avons dit que les biens servent à satisfaire des besoins. Ils constituent le résultat du processus de production, le fruit des ressources productives. Le mot *bien* est, au sens large, synonyme de *produit*. Il existe cependant une nuance entre les deux termes : au sens strict, un bien est une catégorie de produits (les produits tangibles, comme les manteaux ou les baladeurs), l'autre catégorie de produits étant les *services* (les produits intangibles, comme une visite chez le médecin ou le notaire). Dans de nombreux cas, cependant, la distinction n'est pas toujours évidente : un disque, un logiciel, et même un livre sont-ils des biens ou des services ? Probablement un peu des deux, puisque leur valeur provient autant de leur contenu que de leur contenant.

En économie, comme dans toutes les sciences, il est important de posséder un vocabulaire clair et précis afin de bien se comprendre.

Certains biens servent à en produire d'autres. Par exemple, le blé est transformé en farine et les planches se réveillent sous forme de meubles : le blé et les planches sont alors des *biens intermédiaires*. D'autres biens, par contre, sont utilisés tels quels et ne seront plus transformés : le lit, la tarte aux pommes et le tracteur sont des *biens finals*. À leur tour, les biens finals peuvent être utilisés pour satisfaire directement des besoins (ce sont des *biens de consommation* comme la tarte aux pommes et les services du coiffeur) ou pour produire d'autres biens (ce sont les *biens de production* comme le tracteur ou l'usine). Dans le dernier cas, les biens (finals) de production ne sont rien d'autres que les équipements productifs dont nous parlions plus haut. Autrement dit, le capital, tel que nous l'avons défini, est constitué de l'ensemble des biens de production.

Dans la **figure 1.1**, on retrouve trois sortes de produits (les trois branches terminales de l'arbre). On remarque également que les biens sont classés non pas selon leur *nature*, mais selon l'*usage* qu'on en fait. Ainsi, la farine est un bien intermédiaire pour le boulanger, alors qu'elle est un bien final pour le gourmet qui l'achète dans une épicerie dans le but de préparer ses escalopes ou ses choux à la crème.

Figure 1.1

LES CATÉGORIES DE PRODUIT

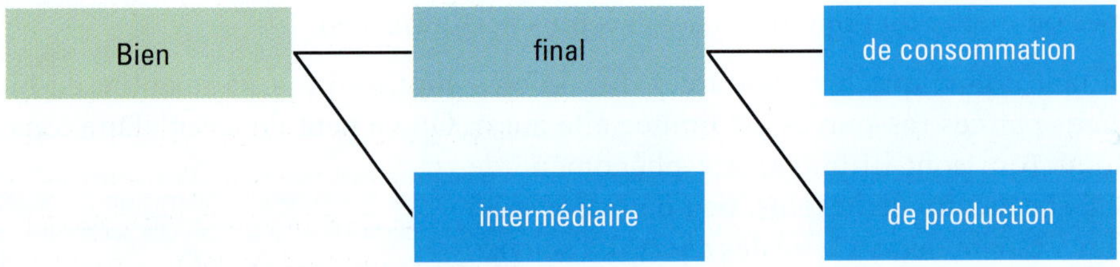

De même qu'on distingue les biens de consommation des biens de production, on distingue les *dépenses de consommation* (achat de biens de consommation) des *dépenses d'investissement* (achat de biens de production). L'investissement consiste donc, pour les entreprises, à acheter (ou à produire directement) du capital. Un fermier qui achète un tracteur ou qui bâtit une étable fait un investissement.

L'investissement est la dépense faite par l'entreprise pour acquérir du capital (ou équipements productifs).

La notion d'investissement est fondamentale en économie, et c'est pourquoi nous devons signaler quelques erreurs communes concernant ce concept. Mentionnons d'abord qu'un placement *n'est pas* un investissement au sens où nous venons de le définir : s'il se procure des actions d'une entreprise, M. X ne dépense pas (au contraire, il épargne) et il n'est pas une entreprise. Par ailleurs, un investissement ne permet pas toujours de réaliser des profits. Ainsi, il est clair que l'achat d'autobus par une société de transport en commun est un investissement au sens où nous l'avons défini, même si beaucoup de sociétés de transport en commun ne survivent que grâce aux subventions municipales. Enfin, les opérations comme le rachat de la raffinerie Shell par la société Esso ne sont pas non plus pour nous des investissements, même si une raffinerie constitue effectivement du capital. Il s'agit en réalité d'un simple changement de propriétaire, ce qui présente assez peu d'intérêt pour l'économie globale.

On constate par ailleurs que la monnaie n'apparaît pas dans la liste des ressources productives, même si dans la vie courante on utilise souvent le terme de *capital* (ou *capitaux*) pour en parler. C'est que la monnaie, malgré le culte dont elle fait l'objet, n'est pas une ressource. Pour nous en convaincre, plaçons sur une première île déserte un charpentier, une forêt et des outils (scie, marteau, perceuse, etc.), et sur une deuxième un coffre contenant 200 000 $. Il est évident qu'on ne construira jamais de cabane sur la deuxième île : la monnaie n'est donc pas une ressource productive. C'est tout au plus un moyen d'acquérir des ressources déjà existantes. Cela dit, la monnaie joue un rôle important dans l'économie moderne. Son existence facilite les échanges et elle permet, de ce fait, une plus grande spécialisation de la production. À son tour, cette spécialisation permet une efficacité accrue et un niveau de production plus élevé. Par ailleurs, le secteur financier influe de plus en plus sur le fonctionnement des économies à travers le monde. C'est pourquoi nous étudierons aussi les aspects monétaires et financiers de l'économie globale.

L'allocation efficace des ressources

La *productivité du travail* mesure la production générée dans un certain temps de travail. Plus généralement, on calcule la productivité d'une ressource en divisant *le produit* obtenu par la quantité de *ressource* utilisée.

Supposons que l'on fournisse à trois équipes constituées du même nombre de personnes le matériel et les ingrédients nécessaires à la préparation d'un gâteau. Comme récompense, les membres de chacune des équipes se partageront, à la fin de la journée, le gâteau qu'ils auront préparé. L'équipe A produit le plus gros gâteau. Le gâteau de l'équipe B est aussi bon que celui de l'équipe A, mais il est plus petit. Quant à l'équipe C, son gâteau est très gros mais immangeable.

Toutes les équipes possédaient au départ les mêmes moyens. L'équipe B s'est montrée moins productive que les autres : elle a produit moins avec autant de ressources. L'équipe B est donc inefficace. L'équipe C s'est montrée *productive*, mais son produit est peu utile. Elle aussi est donc inefficace. C'est l'équipe A qui a le mieux réussi à satisfaire les besoins de ses membres, compte tenu des ressources disponibles. Des trois équipes, l'équipe A s'est donc montrée la plus *efficace*. C'est elle qui a le mieux répondu à deux questions fondamentales de l'économie, soit : *Quoi produire* et *Comment produire*.

L'économie est *efficace* lorsque les ressources sont utilisées de façon à produire le maximum de biens utiles.

Les ressources étant rares (et les besoins illimités), il faut les utiliser de façon *efficace*. L'économie est efficace lorsqu'elle permet, compte tenu des ressources disponibles, de satisfaire le maximum de besoins. Une économie est inefficace lorsqu'elle est peu productive (elle produit peu de biens) ou lorsque les biens produits ne correspondent pas aux besoins les plus importants.

Voici quelques exemples d'amélioration de la productivité du travail. Un fermier produit deux fois plus de céréales sur sa terre grâce à ses nouvelles connaissances sur la rotation des cultures, sur le cycle de vie des parasites du blé et sur l'interprétation des photos transmises par satellite. Un secrétaire tape 100 mots à la minute, par comparaison avec 50 mots à la minute l'an dernier. Un caissier de supermarché traite deux fois plus de ventes à l'heure grâce au lecteur de code-barres. Dans chacun de ces trois cas, la production du pays a augmenté, de sorte que ses habitants pourront se partager un plus gros gâteau.

Nous devinons pourtant que certains d'entre vous sont sceptiques. Ces innovations n'éliminent-elles pas de précieux emplois ? Par exemple, si les caissiers travaillent deux fois plus vite qu'avant, la moitié d'entre eux risque de se retrouver au chômage. Mais cette crainte n'est pas fondée sur le plan *global*. Pourquoi le caissier travaille-t-il ? Pour avoir un revenu. À quoi ce revenu sert-il ? À se procurer des biens (une part du gâteau). Comment fait-on pour donner un gros morceau de gâteau à tout le monde ? Il faut produire le plus gros gâteau possible, d'où l'importance d'améliorer la productivité.

Il reste à déterminer les besoins prioritaires : est-il, par exemple, plus utile de construire une piscine municipale ou vingt piscines privées ? Ainsi, après *Quoi produire* et *Comment produire*, il nous faut poser une autre question fondamentale de l'économie, soit : *Pour qui produire*.

Une économie mondialisée

Depuis environ deux siècles, on observe une augmentation constante de la productivité des ressources dans les pays dits *industrialisés* (l'Amérique du Nord, l'Europe et le Japon), et cette efficacité accrue s'est traduite par une amélioration sensible du niveau de vie des populations concernées. À partir des années 1980, quelques pays importants ont à leur tour entrepris un décollage économique (des géants comme la Chine, l'Inde et le Brésil, ainsi que plusieurs pays situés surtout en Extrême-Orient), ce qui a permis pour la première fois depuis longtemps une diminution globale de la pauvreté sur la Terre. Mais dans le même temps, la transformation rapide de la technologie (et donc de la productivité) a créé un fossé inquiétant entre les pays qui restent dans la course et ceux qui sont laissés sur la touche. De plus, à l'intérieur des pays déjà riches ou de ceux en développement rapide, certains groupes de la société ont vu leur situation se dégrader. On ne peut aborder la question de l'efficacité économique sans se préoccuper aussi de la répartition des richesses produites.

LES PROMESSES DE LA MONDIALISATION

La plupart des théories économiques montrent que la libéralisation des échanges commerciaux permet d'accroître la productivité et, du coup, la croissance économique. La mondialisation favoriserait donc la création de richesses et, par un effet de ruissellement, la diminution des écarts de richesse.

Selon les recherches effectuées par l'économiste américain James K. Galbraith et son équipe de l'université du Texas[a], la mondialisation de l'économie depuis le milieu des années 1970 n'aurait pas tenu ses promesses. Les inégalités de revenus se sont accrues entre les pays riches et les pays pauvres (à l'exception de la Chine et de l'Inde) et à l'intérieur de la plupart des pays, à l'exception des pays scandinaves. En général, les gens riches deviennent plus riches et, parfois, les gens pauvres deviennent plus pauvres.

Les recherches de James K. Galbraith trouvent un écho dans la réalité canadienne. Selon une étude de Statistique Canada[b], la concentration de la richesse au Canada n'a cessé de s'accroître depuis les années 1980. En 1984, les familles les plus riches (20 % de la population) détenaient 69,3 % de la richesse totale des Canadiens, alors que les moins riches (20 % de la population) se retrouvaient en situation négative (plus de dette que de richesse). En 2005, la proportion était passée à 75 % pour les familles les plus riches, tandis que la situation des familles les plus pauvres restait sensiblement la même qu'en 1984. Si les familles les plus pauvres ne semblent pas améliorer leur sort économique, il s'avère qu'elles doivent souvent travailler toujours plus pour satisfaire leurs besoins. Selon une étude du Bureau international du Travail (BIT)[c], 22 % des travailleurs de la planète, soit 614,2 millions de personnes, travaillent plus de 48 heures par semaine. Un cercle vicieux se met en place : puisque les salaires sont bas, les entreprises préfèrent accroître leurs capacités de production en augmentant le nombre d'heures travaillées plutôt qu'en améliorant la productivité des travailleurs. Comme la productivité reste faible, les salaires ne peuvent s'élever et les travailleurs sont contraints de rallonger leur semaine de travail pour accroître leurs revenus.

---

a. James K. Galbraith est professeur et chercheur à l'université du Texas aux États-Unis. Il a présenté les résultats d'une étude sur la mondialisation et les inégalités au colloque international « Ombres et lumières de la mondialisation » organisé par le Centre d'études sur l'intégration et la mondialisation (CEIM) les 22 et 23 novembre 2004.

b. René Morissette et Xuelin Zhang, « Inégalité de la richesse : second regard », Statistique Canada, *L'emploi et le revenu en perspectives*, vol. 7, nº 12, décembre 2006, p. 5-17.

c. Sangheon Lee, Deirdre McCann et Jon C. Messenger, *Working Time Around the World: trends in working hours, laws, and policies in a global comparative perspective*, Genève, Bureau international du Travail, juin 2007, 240 p.

Exercices

1. Les biens et les besoins

a) Dites si les éléments suivants sont des *biens* ou des *besoins*.

- Bière
- Eau potable
- Boire
- Soif
- Vêtement
- Température constante du corps
- Bien paraître en société
- Maison
- Automobile

b) Quelle différence y a-t-il entre un *bien* et un *besoin* (donnez un critère suffisamment clair pour qu'on puisse l'utiliser afin de répondre à la question *a*) ?

2. Les types de produits

a) Pour chacun des produits ci-dessous, dites s'il s'agit d'un *bien* (au sens strict) ou d'un service. S'il s'agit d'un bien, précisez s'il est *intermédiaire* ou *final* et, s'il s'agit d'un bien final, indiquez si c'est un bien de *consommation* ou de *production.* (Le cas échéant, précisez les circonstances d'utilisation du bien.)

- Journal
- Pétrole brut
- Escalope de veau
- Vache
- Acier
- Essence
- Ciseaux du coiffeur
- Pâte à papier
- Coupe de cheveux

b) Dites si les dépenses suivantes sont des dépenses de *consommation* ou des dépenses d'*investissement.*
   - J'achète une auto.
   - Mon patron achète un autobus scolaire neuf.
   - Oncle Sam fait construire une usine.
   - Via Rail installe une ligne de TGV entre Québec et Toronto.
   - J'achète un manuel d'économie bon marché.

3. Les ressources productives

Dites si les éléments suivants sont des ressources productives. Si oui, précisez le type de ressource dont il s'agit (travail, capital, terre).

- Machinerie
- Gisement de cuivre
- Placement de 100 000 $
- Entrepôt
- Mécanicienne
- Bicyclette

2. LA MÉTHODE DE LA SCIENCE ÉCONOMIQUE

La radio annonce : « Les achats massifs de dollars par la Banque du Canada n'ont pas réussi à stabiliser le dollar. On s'attend aujourd'hui à ce que la banque centrale fasse grimper les taux d'intérêt de façon substantielle. » Les phénomènes économiques semblent souvent difficiles à comprendre. Il existe pourtant un moyen très efficace de simplifier les choses : c'est d'identifier les éléments du problème (les *variables*) et l'influence qu'ils exercent les uns sur les autres. Dans le cas de la valeur du dollar, on peut distinguer trois variables : les *achats de dollars* canadiens, le *taux de change* du dollar canadien et le *taux d'intérêt* au Canada. Ces trois variables sont mesurables. Même si on ne nous fournit aucun chiffre, on nous donne un ordre de grandeur ou une tendance (à la hausse ou à la baisse).

Essayons brièvement d'établir dans quel ordre les choses se sont passées. Les achats de dollars avaient pour but d'influer sur le taux de change. Plus précisément, ils devaient faire remonter le taux de change (ou du moins freiner sa chute). La hausse des taux d'intérêt semble aussi destinée à faire monter le taux de change. On est en mesure, à la simple lecture des faits, de dire que la variable A influe sur la variable B et de préciser dans quelle direction s'exerce cette influence, même si on ne comprend pas pourquoi.

Supposons qu'un journaliste vous aborde dans la rue et vous demande votre point de vue sur la situation que nous venons de décrire à propos du dollar. Même si vous n'avez absolument rien de neuf à dire, le simple fait d'avoir identifié les variables et les relations entre elles vous permet d'apporter des éléments de réponse qui feront l'admiration des badauds. Pas mal pour un débutant ! Dans ce manuel, nous avons l'intention de vous fournir des outils simples et efficaces pour que vous puissiez comprendre et expliquer les problèmes économiques.

Les relations entre les variables

À l'instar de tous les scientifiques, l'économiste cherche à établir comment une variable particulière peut en modifier une autre ; pour ce faire, il isole la variable en question en tenant pour acquis que toutes les autres variables ne changent pas.

> Une variable est quelque chose qui est mesurable et dont la valeur peut changer.

Si, par exemple, la consommation de pommes augmente, on cherchera à savoir quelle variable mesurable a provoqué ce changement. On peut alors tenter de prédire comment, par exemple, un changement de la variable *prix* entraîne un changement de la variable *consommation*. On observera peut-être que toute augmentation du prix des pommes fait diminuer les ventes de pommes et, inversement, que toute baisse de leur prix stimule la consommation. On pourra en déduire que la variable *prix* influe sur la variable *consommation*. Ce phénomène est représenté dans la partie centrale de la **figure 1.2** par deux cases (les deux variables) et une flèche partant de la variable qui influe sur l'autre (la relation). Ce type de schéma nous aide à saisir le phénomène de façon claire et rigoureuse ; nous aurons souvent l'occasion de nous en servir.

> Dans un schéma de variables, on représente chaque variable par une case, et on indique les relations entre les variables par des flèches.

Si nous constations, à notre grande surprise, que la hausse de la consommation était accompagnée d'une hausse du prix, cela signifierait que d'autres variables ont joué. Dans ce cas, l'augmentation de la vente de pommes ferait peut-être suite à une hausse du prix des autres fruits ou à une hausse du revenu des consommateurs. Ces nouvelles variables sont représentées à l'extérieur du rectangle central dans la figure 1.2. Il est donc important d'isoler l'influence de chaque variable sur une autre ; c'est pourquoi on indique bien dans la légende du schéma que, si le prix des pommes diminue,

Figure 1.2

LES RELATIONS ENTRE VARIABLES

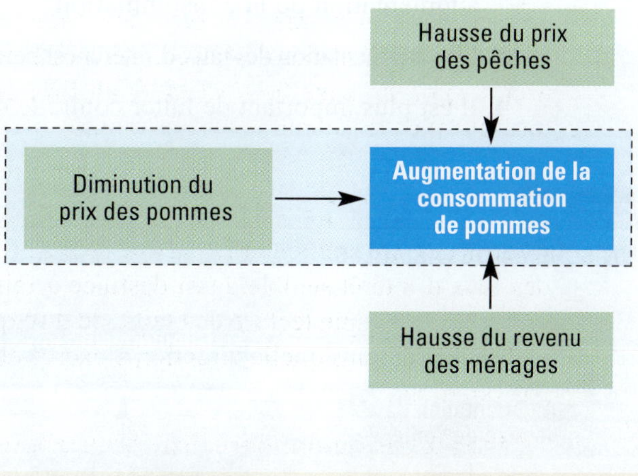

Ce schéma de variables représente la relation entre le prix des pommes et la consommation de pommes. Si le prix des pommes diminue, *toutes choses égales par ailleurs,* la consommation de pommes augmente.

toutes choses égales par ailleurs, la consommation de pommes augmente. On remarquera également que, dans ce cas, les deux variables évoluent en sens inverse (*relation inverse*), alors que les autres flèches du schéma représentent des *relations directes*.

L'analyse positive et l'analyse normative

Les politiciens font des interprétations souvent diamétralement opposées de la situation économique et des manières de résoudre les problèmes. Pis encore, des économistes «sérieux», portant lunettes et cravate, n'hésitent pas à se contredire en public ! On dit quelquefois en plaisantant que, si on demande leur avis à deux économistes, on obtient trois opinions divergentes.

Ces contradictions apparentes proviennent du fait que l'on confond souvent ce qui relève de la science économique et ce qui relève des valeurs personnelles ou des choix politiques. L'économiste peut, par exemple, évaluer les conséquences d'une hausse des impôts sur la consommation. Par contre, il est mal placé pour décider s'il vaut mieux réduire les dépenses dans le domaine de l'éducation qu'augmenter la taxe sur l'essence. Ce choix relève plutôt du peuple ou de ses représentants. Tout au plus l'économiste peut-il présenter une analyse des effets de chaque intervention.

L'économiste étudie le monde tel qu'il est (ce qu'on appelle l'*analyse positive*) et non tel qu'il devrait être (ce qu'on appelle l'*analyse normative*). Il se contente d'expliquer les phénomènes à l'aide d'hypothèses *mesurables*. Examinons les quatre affirmations ci-dessous pour mieux comprendre où s'arrêtent les compétences de l'économiste.

1. Une augmentation de la taxe de vente provoquera une hausse des prix et une diminution de la consommation.
2. Une augmentation de la taxe de vente provoquera une baisse des prix et une augmentation de la consommation.
3. Une augmentation des taux d'intérêt est bonne pour les prix et mauvaise pour l'emploi.
4. Il est plus important de lutter contre le chômage que contre l'inflation.

La première phrase énonce une hypothèse mesurable, qui peut d'ailleurs facilement être représentée sous la forme d'un schéma de variables (voir la **figure 1.3**). Elle relève donc de la science économique (analyse positive).

La deuxième phrase énonce également une hypothèse mesurable. Même si elle est sans doute fausse, cette hypothèse demeure vérifiable.

Figure 1.3

UN SCHÉMA DE VARIABLES

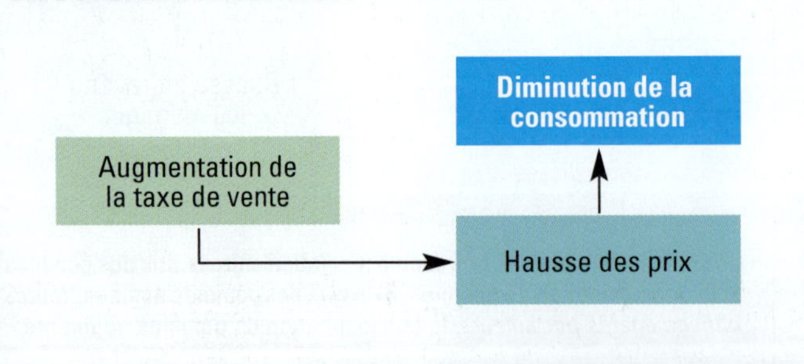

Malgré les termes employés — qui semblent indiquer un jugement de valeur —, la troisième phrase relève aussi de la science économique. On veut dire ici que la mesure freinerait la hausse des prix («bonne») et ferait grimper le chômage («mauvaise»).

> Seul a un caractère scientifique ce qui peut être réfuté : ce qui n'est pas réfutable relève de la magie ou de la mystique.
>
> Karl Popper

Seule la quatrième phrase ne relève pas de la science économique (il s'agit d'un jugement normatif). Même si elle peut s'avérer intéressante, l'affirmation ne doit pas pour autant être présentée comme un raisonnement scientifique. Il est d'ailleurs impossible de construire un schéma de variables pour la représenter. On ne peut pas demander à l'économiste de décider si le chômage est plus grave que l'inflation, tout comme personne n'a jamais demandé au pape Jean XXIII, pourtant infaillible (et italien), de déterminer si les spaghettis sont meilleurs que les macaronis. Chaque compétence a ses limites.

L'économiste doit bien distinguer les deux types d'analyse et il doit avant tout faire de l'analyse positive. Il peut ensuite appliquer ses résultats en utilisant ses propres jugements de valeur, à condition de ne pas présenter cette application comme relevant de la science économique.

Les problèmes économiques

Nous avons déjà entrouvert la boîte à outils de l'économiste. Pourquoi ne pas analyser dès maintenant un problème économique, quitte à y revenir plus tard lorsque nous disposerons d'un plus grand nombre de connaissances ? Nous avons choisi un problème dont la résolution a semblé impossible pendant un quart de siècle : le déficit persistant du budget de l'État (ou *déficit public*). Essayons avant tout de travailler avec méthode, de bien cerner les variables et les liens qui les unissent, et d'éviter les jugements de valeur. Nous verrons alors qu'il devient relativement facile de traiter de façon structurée des questions apparemment complexes.

Tout d'abord, nous devons bien comprendre les éléments du problème. Commençons par réfléchir sur les trois mots clés : déficit, budget et État. Un *budget* est constitué de recettes et de dépenses. Il y a *déficit* lorsque les recettes sont inférieures aux dépenses. Les dépenses de l'*État* correspondent aux services publics (santé, éducation, sécurité, etc.) et aux paiements de transferts (aide sociale, allocations familiales, bourses d'études, etc.), tandis que les recettes de l'État proviennent des impôts.

Que pourrions-nous proposer comme moyen d'éliminer (ou du moins de réduire) un déficit public ? Compte tenu de ce que nous avons dit au paragraphe précédent, il semblerait logique, à première vue, soit de réduire les programmes gouvernementaux (les services publics ou les transferts sociaux), soit d'augmenter les rentrées fiscales (les impôts). Pour ne pas trop compliquer notre exposé, et parce que les hausses d'impôts sont très impopulaires, choisissons la première solution : la réduction des dépenses publiques. Précisons qu'il s'agit là d'un choix normatif.

Il nous faut maintenant examiner toutes les conséquences, directes et indirectes, de la solution que nous proposons. Pour éclairer notre route, nous avons un point de départ (la réduction des dépenses publiques) et un point d'arrivée (la diminution souhaitée du déficit). À première vue, la réduction des dépenses améliore le solde du budget, puisque celui-ci est égal aux recettes moins les dépenses: c'est le chemin direct. Mais d'un autre côté, lorsque l'État diminue ses dépenses, cela peut signifier d'une part qu'il distribue moins de salaires à ses employés et d'autre part qu'il achète moins de produits aux entreprises. La diminution des commandes de l'État et la baisse de la consommation par les fonctionnaires forcent alors les entreprises à réduire leur production, de sorte que certains de leurs travailleurs deviennent inutiles et sont mis à pied, ce qui augmente le taux de chômage. Il est temps maintenant de boucler la boucle et de revenir à notre point de départ. La hausse du chômage influe de deux manières sur le budget de l'État: ce dernier doit faire face à de nouvelles dépenses à caractère social, alors que ses rentrées fiscales diminuent (les chômeurs, moins riches, paient moins d'impôts que les travailleurs). Contrairement à ce qu'on croyait, la réduction des dépenses publiques a donc *aussi* un effet négatif sur le budget.

Il est souvent difficile de rédiger une conclusion à un exposé: que dire d'intéressant? Ici, c'est pourtant facile. Nous avons proposé une solution (la réduction des dépenses publiques) au problème du déficit public et nous devons maintenant formuler un verdict sur l'efficacité de la mesure proposée. Celle-ci se révèle moins efficace qu'elle ne le paraissait à première vue. Le *moyen* proposé n'a pas permis d'atteindre le *but* aussi facilement que prévu (voir la **figure 1.4**).

Figure 1.4

UN SCHÉMA DE VARIABLES: LE CAS DU DÉFICIT PUBLIC

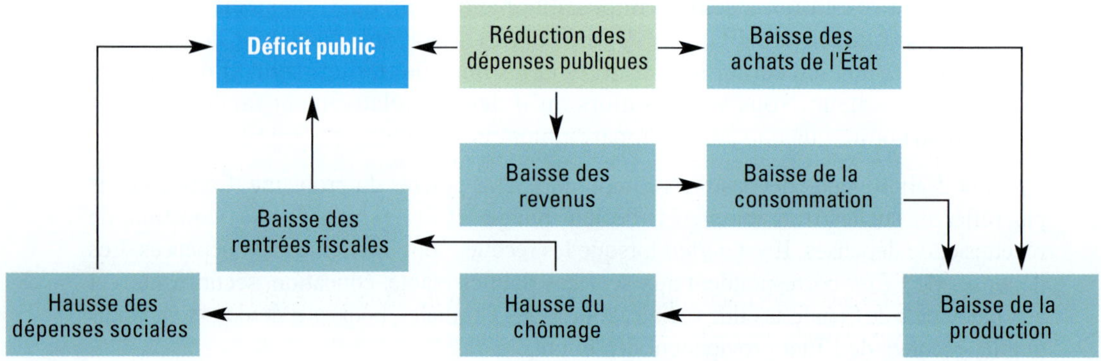

En raison de toutes ses conséquences indirectes, la réduction des dépenses publiques n'a pas nécessairement pour effet de faire baisser le déficit autant que prévu.

Dans l'analyse que nous venons de faire d'un problème économique, le schéma de variables s'est révélé bien commode. Dans le prochain chapitre, nous compléterons notre boîte à outils en nous familiarisant avec le modèle des courbes d'offre et de demande. Nous serons alors en possession de deux instruments simples, polyvalents et précieux dans l'étude de l'économie globale.

Exercices

1. Le schéma de variables

a) Établissez sous forme de schéma les principales relations entre les quatre variables suivantes : taux d'intérêt, mise en chantier de maisons neuves, ventes d'automobiles neuves et taux d'épargne. Représentez chaque relation par une flèche allant de la cause à l'effet. Évitez de compliquer le schéma et contentez-vous d'indiquer les relations directes entre les variables.

b) Transformez le texte suivant en un schéma de variables : « Les achats massifs de dollars par la Banque du Canada n'ont pas réussi à stabiliser le dollar. On s'attend aujourd'hui à ce que la banque centrale fasse grimper les taux d'intérêt de façon substantielle. Celle-ci craint en effet qu'une baisse du taux de change n'ait une influence néfaste sur les prix au pays, même si elle devrait favoriser les exportations. »

Conseils :

— *Rappelez-vous* qu'une variable est quelque chose qui peut être mesuré et dont la valeur est susceptible de changer : la Banque du Canada n'est donc pas une variable, pas plus que le dollar proprement dit (mais *le taux de change du dollar* est bel et bien une variable).

— Une fois que vos variables sont sur la table, tracez les relations qui les unissent à l'aide d'une flèche partant de la variable qui influe sur l'autre. Exemple : la flèche qui relie *taux de change et exportations* est dirigée vers *exportations* et non l'inverse.

— Le texte proposé ne demande pas une connaissance approfondie de l'économie. Si certains mots vous échappent, consultez un dictionnaire. Pour le reste, faites preuve d'initiative et d'imagination.

2. Économiste ou politicien ?

Parmi les affirmations suivantes, lesquelles relèvent de l'analyse positive et lesquelles relèvent de l'analyse normative ?

a) La récession aux États-Unis fait baisser les exportations québécoises.

b) L'ALÉNA devrait créer des emplois au Québec.

c) La lutte contre l'inflation est un objectif primordial pour le Canada.

d) La discrimination dans l'embauche rend l'économie moins efficace.

e) Les soins médicaux non essentiels devraient être payants.

3. LES SYSTÈMES ÉCONOMIQUES

Le but de cette section consiste à distinguer les deux principales formes de *systèmes économiques* : le capitalisme et le socialisme, ainsi que des variantes de ces deux systèmes. Nous ferons aussi référence aux penseurs qui ont influencé la formation de ces systèmes économiques.

Un *système économique* est un ensemble de règles et de mécanismes qui régissent le fonctionnement d'une économie.

Le capitalisme libéral

Entre le milieu du XVIIIe siècle et la fin du XIXe siècle, la *révolution industrielle* marque l'essor du capitalisme libéral en Angleterre. Caractérisée par l'invention de machines et par des progrès techniques importants, la révolution industrielle entraîne la création des premières entreprises manufacturières. Au début, les entrepreneurs souhaitent une plus grande libéralisation de l'économie. Étant donné la rareté de la main-d'œuvre, l'État cède aux pressions des entreprises : il supprime la *Loi des pauvres* (qui interdit aux chômeurs de se déplacer d'une ville à l'autre) et abolit le droit d'association des travailleurs (qui appartenaient jusque-là à des corporations de métiers[1]).

La *révolution industrielle* marque le passage de la production artisanale à la production mécanisée.

Les penseurs les plus influents de l'époque croient que le capitalisme libéral possède tous les atouts nécessaires pour combler les besoins de la société. Témoin attentif de la révolution industrielle, Adam Smith (1723-1790) est le premier économiste à publier une œuvre d'envergure : *Recherches sur la nature et les causes de la richesse des nations* (1776). Il y soutient que la liberté économique des individus (offrir et demander les biens souhaités) est la condition nécessaire et suffisante à la croissance économique ; selon lui, par conséquent, le rôle de l'État doit se limiter à la protection civile et morale de la société.

Le *capitalisme libéral* se caractérise par la liberté d'entreprise, le droit au profit, la propriété privée des moyens de production et le libre marché.

Pour Adam Smith, le capitalisme libéral se caractérise donc par la présence d'un grand nombre d'entreprises stimulées par la concurrence. La propriété privée des ressources productives (le capital) et la liberté d'entreprise, incarnées par l'entrepreneur motivé par le profit, encouragent le développement de la production. Le libre marché, basé sur le jeu de l'offre et de la demande, permet aux entrepreneurs de mieux répondre aux besoins des consommateurs et de mieux utiliser les ressources productives. La hausse ou la baisse des prix, qui résulte des changements dans l'offre ou la demande, indique en effet au producteur quels sont les biens recherchés par les acheteurs. Quant à l'État, son

À la fin du XIXe siècle, les crises économiques et les progrès techniques dans la production entraînent la formation de très grandes entreprises.

1. Au début de la révolution industrielle, les corporations obligeaient les entreprises à engager des travailleurs ayant effectué au moins sept ans d'apprentissage dans leur métier.

intervention est jugée néfaste car elle empêche les ajustements du marché ; son rôle consiste uniquement à garantir la propriété privée et les libertés économiques des individus.

À partir de 1850, le capitalisme libéral, composé jusqu'alors de petites entreprises, cède le pas à un capitalisme de grandes entreprises. Deux facteurs expliquent cette mutation. D'une part, les nombreuses crises économiques, causées par des surplus de production, forcent les entreprises les plus faibles à disparaître ou à se faire absorber par les plus fortes. D'autre part, les progrès techniques favorisent la production à grande échelle de nouveaux biens (acier, métallurgie, chemins de fer, automobiles), production qui requiert un capital substantiel et provoque la naissance de grandes industries. Dans le même temps, une nouvelle méthode de production, fondée sur le travail à la chaîne, voit le jour et est adoptée par l'ensemble des grandes entreprises. Les tâches sont décomposées ; les pièces se déplacent d'un ouvrier à un autre par l'intermédiaire d'un convoyeur qui impose la cadence et, par conséquent, la productivité du travail. Celle-ci augmente de 50 % aux États-Unis, entre 1920 et 1929.

LES ÉCONOMISTES CLASSIQUES ET NÉOCLASSIQUES

Après Adam Smith, d'autres théoriciens ont développé la pensée économique libérale dite classique.

Jean-Baptiste Say (1767-1832) publie le *Traité d'économie politique* en 1803. Il fait connaître les idées de Smith et y apporte quelques nuances. Il précise notamment que la richesse d'un peuple peut s'accroître au fur et à mesure qu'apparaissent de nouveaux besoins, lesquels favorisent de nouvelles productions, donc la création de nouvelles richesses.

David Ricardo (1772-1823) est sans doute l'auteur qui a le plus influencé la pensée économique de son temps. Il publie en 1817 *Des principes de l'économie politique et de l'impôt.* Ricardo, qui recherche comme Adam Smith les causes de la croissance économique, soutient que la valeur des biens dépend non seulement de la quantité de travail nécessaire à leur production, mais aussi de la quantité de travail consacrée à la fabrication des équipements productifs (le capital). C'est pourquoi il stipule que l'augmentation de la richesse d'une nation repose sur l'amélioration des techniques de production et, en fin de compte, sur l'efficacité économique.

Enfin, d'autres théoriciens vont s'efforcer de démontrer les avantages du capitalisme libéral, mais à partir de raisonnements différents. Ces théoriciens, appelés *économistes néoclassiques*, réfutent la thèse selon laquelle le travail est la source de la valeur des biens. Ils soutiennent que la valeur d'un bien dépend plutôt de sa rareté et de la satisfaction obtenue par l'utilisateur de ce bien. D'autre part, ils se sont surtout attardés à analyser les comportements individuels (ou microéconomiques) des agents économiques plutôt que les phénomènes économiques d'ensemble (ou macroéconomiques).

L'intervention de l'État dans l'économie

En 1929, l'économie américaine tombe en panne. Amplifiée par le krach de la Bourse de New York, la dégringolade de la production se poursuit pendant quatre ans (1929-1933). La méfiance s'empare alors des entrepreneurs, qui cessent d'investir. Les faillites se multiplient, ce qui fait chuter la production de plus belle et provoque une hausse du chômage. La chute du revenu des travailleurs entraîne dans son sillage une baisse de la consommation.

> Le manque de modestie des économistes est légendaire, autant que l'était celui des médecins du temps de Molière.
>
> Edmond Malinvaud

La plupart des économistes prescrivent alors le remède libéral : laisser les salaires — et donc les coûts de production — baisser afin d'inciter les entreprises à produire davantage. Entre 1929 et 1933, les salaires baissent de 30 %, mais la production continue de chuter et le nombre de chômeurs, de grimper : il passe de 3 millions en 1930 à 15 millions en 1933. Pendant ce temps, le président Herbert Hoover décide de laisser agir les forces du marché.

L'échec dramatique de la politique économique du gouvernement Hoover favorise l'élection, en 1932, de Franklin D. Roosevelt. Ce dernier propose un programme audacieux, appelé New Deal, qui s'appuie sur l'intervention de l'État pour favoriser la relance économique à travers diverses mesures, telles que les subventions à l'agriculture, la mise en chantier de grands travaux publics, l'aide aux chômeurs, etc. C'est le début de l'*interventionnisme économique*.

La *pensée économique interventionniste* naît dans le contexte de la crise économique des années 1930.

John Maynard Keynes (1883-1946) est l'économiste qui a le plus contribué à bâtir la théorie de l'interventionnisme économique. Alors que le capitalisme connaît la plus grave de ses crises, Keynes recherche la meilleure manière d'utiliser les ressources productives afin de satisfaire le plus grand nombre de besoins. Il publie en 1936 son œuvre majeure, la *Théorie générale de l'emploi, de l'intérêt et de la monnaie*, dans laquelle il tente de démontrer comment une combinaison des mécanismes du marché et de l'intervention de l'État permet de procurer un emploi à tous. En tant qu'ardent défenseur du capitalisme, Keynes est persuadé que, s'il peut *accompagner* les mécanismes du marché, l'État ne peut les *remplacer*[2].

Les interventionnistes croient aux vertus d'une économie mixte : l'État encadre et stabilise l'économie de marché.

Selon Keynes, l'État peut faire varier le niveau de ses dépenses et de l'impôt pour influer sur les crises économiques. Par exemple, lorsque l'économie ralentit, l'État hausse ses dépenses afin de stimuler la demande et donc la production. L'État peut aussi stimuler la consommation des ménages et l'investissement des entreprises par l'intermédiaire de sa banque centrale. Celle-ci favorise alors la baisse des taux d'intérêt pour inciter les gens à emprunter. De la sorte, l'État assume, conjointement avec les mécanismes du marché, la coordination de l'activité économique.

Après la Seconde Guerre mondiale, l'interventionnisme fait l'objet d'un très large consensus au sein des pays capitalistes industrialisés. Ainsi au Canada, en 1945, le gouvernement publie un énoncé de politique économique (appelé *Livre blanc sur*

---

2. Selon Keynes, « L'élargissement des fonctions de l'État [...] nous apparaît [...] comme le seul moyen possible d'éviter une complète destruction des institutions économiques actuelles et comme la condition d'un fructueux exercice de l'initiative individuelle. » *Théorie générale de l'emploi, de l'intérêt et de la monnaie,* Paris, Payot, 1936, p. 373.

Une *économie mixte* est une économie capitaliste dans laquelle l'État intervient pour compenser les insuffisances de la propriété privée ou des mécanismes du marché.

l'emploi et le revenu) visant à adopter des politiques économiques keynésiennes pour maintenir l'emploi et le revenu à des niveaux élevés. En Suède, l'État met en place ce qu'on appelle le « modèle social-démocrate » ; il adopte des programmes sociaux pour redistribuer la richesse, mais laisse la production de biens à l'entreprise privée. En France aussi, non seulement l'État intervient dans le domaine social, mais il prend le contrôle d'un nombre considérable de grandes entreprises nationales. D'autres gouvernements tentent plutôt d'influer sur le développement et la compétitivité de leurs entreprises (au Japon, c'est par l'entremise, entre autres, du ministère de l'Industrie et du Commerce international). Dans les années 1960 aux États-Unis, le gouvernement adopte diverses mesures sociales ayant pour objectif de réduire la pauvreté. Mais les fortes dépenses militaires liées à la guerre du Vietnam viennent freiner cet élan. À partir des années 1980, les gouvernements américains ont plutôt opté pour des politiques néolibérales qui remettent en cause l'intervention de l'État dans le secteur social.

Le socialisme

À l'instar de l'interventionnisme économique, le socialisme est apparu comme une solution au problème de la répartition de la richesse. Toutefois, la solution des socialistes est beaucoup plus radicale que celle des interventionnistes, puisqu'elle conduit à l'abolition du système capitaliste.

La pensée économique *socialiste* émerge dans le contexte de misère de la fin du XIXe siècle.

Karl Marx (1818-1885) est l'auteur qui a le plus influencé la pensée *socialiste*. Il publie en 1867 *Le Capital*, une analyse critique de l'économie capitaliste. Selon lui, la différence entre le salaire et la valeur créée par le travail est la *plus-value*, que s'approprie le capitaliste, d'où l'exploitation du travailleur. Comme ce rapport de domination a pour effet d'enrichir les uns aux dépens des autres, les socialistes proposent de remplacer le système capitaliste par le socialisme, dont le principal objectif serait de satisfaire les besoins de tous par l'entremise d'un emploi garanti. Les socialistes proposent donc l'abolition de la propriété privée des entreprises et du mécanisme du marché, et leur remplacement par un système de planification économique d'État.

Dans une économie socialiste, c'est l'État qui décide des trois questions fondamentales de la science économique, soit quoi, combien et comment produire.

Dans un système socialiste, l'État oriente l'activité des entreprises par l'intermédiaire d'un plan qui prévoit les quantités à produire, les salaires et les prix. Étant donné qu'elle prend en considération des milliers d'activités différentes, la planification économique centralisée comporte plusieurs étapes. Dans un premier temps, l'État détermine quels biens seront produits et dans quelles quantités. Au cours de cette étape, il dresse l'inventaire des ressources disponibles, afin de les répartir en fonction des priorités (ou besoins) qu'il a établies. Puisque les ressources sont limitées, l'État doit faire de nombreux arbitrages entre les besoins à satisfaire. Par exemple, s'il décide d'allouer plus de ressources à la production d'un bien (les camions), il doit nécessairement en allouer moins à la production d'un autre bien (les automobiles).

Les entreprises exécutent les ordres d'achat et de vente prescrits par le plan de l'État.

Le plan de l'État prescrit quelles quantités les entreprises doivent produire ainsi que la provenance de leur approvisionnement en biens intermédiaires et la destination de leur production. La réussite de la planification dépend donc de la coordination entre les ordres de livraison et les ordres d'approvisionnement.

L'État fixe les prix ; la monnaie sert seulement à acheter les biens dans les magasins d'État.

Étant donné qu'il fait les choix et fixe les objectifs économiques à la place des ménages et des entreprises, l'État doit également fixer les prix. Dans ces circonstances, les prix ne reflètent pas nécessairement la demande des ménages et l'offre des entreprises. La monnaie joue seulement un rôle passif dans l'économie ; elle ne sert qu'à acheter les biens en vente dans les magasins d'État.

Le modèle soviétique

> « Si le capitalisme subsiste en dépit de ses imperfections et de ses injustices, c'est parce qu'il n'y a pas de remplaçant présentable. »
>
> Alfred Sauvy

Le modèle socialiste que nous venons de décrire correspond au premier système socialiste implanté dans le monde, soit en Russie, dans les années suivant la révolution de 1917. Le Parti communiste prend alors la direction de l'État et décrète une série de mesures qui visent à supprimer le système capitaliste, notamment par la nationalisation des grandes entreprises et des banques. En 1918, la reconnaissance par l'État socialiste de l'égalité des nations en Russie marque la naissance de l'Union soviétique (ou URSS : Union des républiques socialistes soviétiques). Après avoir tenu tête à l'Allemagne et largement contribué à la victoire des Alliés au cours de la Seconde Guerre mondiale, l'Union soviétique élargit sa zone d'influence et implante le socialisme dans plusieurs pays d'Europe de l'Est. À la même époque, la Chine et quelques-uns de ses voisins rejoignent également le camp socialiste, qui regroupe désormais le tiers de la population mondiale. Cependant, au fur et à mesure que l'économie se complexifie, le système socialiste à la soviétique connaît de plus en plus de problèmes. Le **tableau 1.1** fait un bref bilan comparatif des systèmes économiques.

L'effondrement du socialisme en Europe de l'Est

Au début des années 1990, le système socialiste s'effondre brutalement dans les pays d'Europe de l'Est. Souvent montrée du doigt à cause des longues files d'attente à l'entrée de magasins à moitié vides, l'économie socialiste n'arrive pas à satisfaire les besoins de la population et fait figure d'économie de pénurie. Cette pénurie résulte de trois problèmes économiques majeurs qui remontent aux années 1960 et 1970 : la stagnation de la production, la détérioration de la productivité et les difficultés chroniques d'approvisionnement des entreprises.

Tableau 1.1

LES CARACTÉRISTIQUES DU CAPITALISME LIBÉRAL, DE L'ÉCONOMIE MIXTE ET DU SOCIALISME

	Capitalisme libéral	Économie mixte	Socialisme
Coordination de l'activité économique	Les mécanismes du marché	Les mécanismes du marché et l'État	La planification centralisée
Propriété des moyens de production	Les individus	Les individus et l'État	L'État
Détermination des choix économiques	Les mécanismes du marché	Les mécanismes du marché et l'État	L'État
Détermination des quantités à produire	Les mécanismes du marché	Les mécanismes du marché et l'État	L'État
Détermination des prix et des salaires	Les mécanismes du marché	Les mécanismes du marché et l'État	L'État

Le problème fondamental des économies socialistes est la lourdeur bureaucratique de la planification centralisée. Comme il assigne les tâches aux entreprises et désigne les usagers des produits, l'État ne peut évaluer avec précision la quantité de biens susceptibles de satisfaire les besoins de la population. Les problèmes d'approvisionnement, à la fois en biens de consommation et de production et en biens intermédiaires, s'expliquent par les difficultés de coordination entre les entreprises, submergées de directives bureaucratiques de tous ordres. Lorsqu'une entreprise connaît un problème de production ou d'approvisionnement, toute la chaîne de production est paralysée, d'où les pénuries en série.

Or, la pénurie incite les responsables d'entreprises à s'approprier une partie de la production et à la revendre à d'autres entreprises. D'où l'existence d'un marché noir interentreprises qui a pour effet d'aggraver la pénurie dans les réseaux de distribution officiels et d'attiser le mécontentement de la population à l'égard du système. Ce mécontentement grandissant a finalement déstabilisé le système socialiste, puis conduit à son effondrement dans les pays d'Europe de l'Est vers la fin des années 1980.

Le retour du libéralisme : le néolibéralisme

Le *néolibéralisme* est un courant de pensée économique proche des idées économiques libérales des XVIIIe et XIXe siècles. Il a connu un essor remarquable à partir du milieu des années 1970. À cette époque, en effet, les économies industrialisées traversent des difficultés graves, marquées par de fortes hausses des prix accompagnées de chômage. Les économistes néolibéraux mettent au banc des accusés l'intervention de l'État, qu'ils jugent inefficace. Selon eux, les mesures destinées à relever les dépenses publiques pour relancer l'économie ont peu d'effets positifs sur la production et l'emploi ; elles ne font qu'amplifier l'inflation. Aux prises avec ces difficultés, les néolibéraux proposent donc que les États laissent agir seules les forces du marché, lesquelles se chargeront de faire les ajustements économiques nécessaires.

Les deux économistes qui ont le plus influencé ce courant de pensée sont Friedrich August von Hayek (1899-1992) et Milton Friedman (1912-2006). Hayek publie en 1948 un livre intitulé *Individualism and Economic Order*, dans lequel il se porte à la défense du libre marché avec la même force qu'Adam Smith. Selon Hayek, le libre marché est plus efficace que l'intervention de l'État parce qu'il favorise le retour naturel à l'équilibre du marché quand une économie tombe en crise. Par ailleurs, les politiques de redistribution du revenu ont un effet pervers sur l'économie, car elles démotivent les individus les plus productifs de la société par des prélèvements d'impôts exagérés. Quant à Milton Friedman, il publie dans les années 1970 et 1980 de nombreux livres dans lesquels il tente de montrer que les interventions de l'État et de la banque centrale ont des effets néfastes sur l'économie de marché. Ces deux économistes réfutent donc les théories de John Maynard Keynes. Avec la crise financière de 2008, le monde a cependant connu un retour en force de l'interventionnisme.

Exercices

1. Capitalisme, socialisme et économie mixte

Pour chacun des énoncés suivants, dites s'il s'agit de *capitalisme libéral*, de *socialisme* ou d'*économie mixte*. Certains énoncés comportent plus d'un choix de réponse.

a) Les individus choisissent leur mode de transport.

b) L'État impose des normes environnementales aux entreprises privées.

c) Le prix des logements est surveillé par un organisme d'État.

d) Les chômeurs et les malades disposent d'une protection sociale offerte par l'État.

e) Les salaires sont déterminés par l'offre et la demande seulement.

f) Les quantités de biens produites sont fixées par l'État.

g) La production d'électricité est prise en charge par l'entreprise privée et par l'État.

h) L'État assure un salaire égal à tous.

i) Une loi oblige les entreprises privées à payer un salaire minimum à leurs employés.

j) L'État ne produit aucun bien ni aucun service et ne redistribue la richesse créée d'aucune manière.

2. Libéralisme, socialisme, interventionnisme et néolibéralisme

Dites à quel courant de pensée économique chacun des énoncés suivants appartient:
L: libéralisme (ou néo-libéralisme)   I: interventionnisme   S: socialisme.

a) Un système économique qui enrichit les uns aux dépens des autres n'est pas efficace.

b) L'État doit accompagner les individus et les entreprises, et non les remplacer.

c) L'intervention de l'État décourage l'initiative privée.

d) L'offre et la demande correspondent à des lois économiques naturelles.

e) Des individus libres qui cherchent leur profit personnel contribuent à l'enrichissement collectif.

f) Le capitalisme est un système basé sur l'exploitation des travailleurs salariés.

g) Un emploi garanti à tous permet de satisfaire les besoins de tous.

h) Une combinaison des mécanismes du marché et de l'État permet de satisfaire les besoins du plus grand nombre d'individus.

i) Les politiques de redistribution du revenu démotivent les individus les plus productifs.

j) Les propriétaires d'entreprises s'approprient la plus-value créée par les travailleurs.

RÉSUMÉ

La consommation de biens sert à satisfaire des besoins. S'il est possible de combler certains besoins précis, il n'en demeure pas moins que les besoins sont illimités. Les biens sont produits à l'aide des ressources productives, que l'on peut classer en trois grandes catégories: la terre (ou ressources naturelles), le capital (ou équipements productifs) et le travail (ou main-d'œuvre). Contrairement aux besoins, les ressources existent en quantité limitée. La science économique consiste justement à étudier la façon de satisfaire au mieux les besoins à l'aide des ressources disponibles.

Les biens subissent souvent une série de transformations. On les appelle biens intermédiaires jusqu'à ce qu'ils atteignent leur forme finale. Parmi les biens finals, on distingue les biens qui servent à satisfaire directement des besoins (les biens de consommation) et les

biens qui servent à produire d'autres biens (les biens de production ou équipements productifs). Dans le même ordre d'idées, on distingue les dépenses de consommation (achat de biens de consommation) des dépenses d'investissement (achat de biens de production).

L'économie est efficace lorsque les ressources sont utilisées de façon à produire le maximum de biens utiles. Pour être efficace, il faut être productif (produire beaucoup de biens avec peu de ressources) et produire les biens qui correspondent aux besoins.

Les valeurs personnelles et les phénomènes économiques sont souvent étroitement liés. Lorsqu'on discute d'un problème économique, il est important de bien faire la distinction entre ce qui relève de l'analyse positive (relations mesurables et vérifiables entre variables) et ce qui relève de l'analyse normative (jugements de valeur sur une situation). L'étude d'un problème économique doit commencer par une analyse positive rigoureuse.

Dans ce manuel, nous utilisons deux outils, à la fois simples et pratiques, pour mieux comprendre l'économie. Le premier est le schéma de variables dans lequel on identifie les variables se rapportant au problème étudié et les relations entre elles. Le second est le modèle de l'offre et de la demande, que l'on verra dans le prochain chapitre.

Pour satisfaire efficacement les besoins de ses membres, une collectivité doit s'appuyer sur un système économique. Il existe deux grands types de systèmes économiques modernes : le capitalisme libéral et le socialisme. Dans le capitalisme libéral, les mécanismes du marché (l'offre et la demande) déterminent les prix des produits et des ressources, et coordonnent ainsi l'activité économique ; la propriété du capital est privée ; chacun cherche à défendre ses propres intérêts. À l'opposé du capitalisme, le socialisme est un système dans lequel l'État, en tant que propriétaire des biens de production, planifie l'ensemble de l'activité économique ; il détermine les quantités produites et le prix des biens ainsi que les salaires. Entre ces deux systèmes économiques, il existe plusieurs formes d'économie mixte dans lesquelles la coordination de l'activité économique est assumée à la fois par le marché et par l'État.

De nombreux penseurs se sont préoccupés de la meilleure façon d'utiliser les ressources productives afin d'augmenter le bien-être de la population. Adam Smith est un des premiers à avoir analysé la formation du capitalisme libéral. Témoin de la révolution industrielle qui marque la naissance du capitalisme libéral au XVIIIe siècle, il est un ardent défenseur de ce système économique car il croit que la recherche du profit privé, associée aux libertés économiques de produire et de consommer des biens (mécanismes du marché), ne peut qu'améliorer le sort de toute la population.

Les socialistes pensent tout à fait le contraire car, devant la misère qui frappe alors la majorité de la population, ils constatent que le capitalisme ne permet pas de satisfaire efficacement les besoins. Karl Marx, le penseur socialiste le plus influent de son temps, attribue cette inefficacité à la nature même du capitalisme, qui repose sur l'exploitation des travailleurs salariés par les propriétaires privés des moyens de production. Les socialistes pensent que l'État doit s'approprier tous les biens de production afin d'orienter l'économie dans le sens de l'intérêt collectif et de répartir équitablement la richesse créée.

Pendant que le capitalisme s'enfonce dans la crise des années 1930, un nouveau courant de pensée économique voit le jour : l'interventionnisme économique. Son inspirateur, John Maynard Keynes, prône une intervention de l'État dans l'économie afin de maintenir le niveau de l'emploi à son maximum. Il croit en effet que le chômage est une source d'inefficacité et d'inégalité. Dans les années 1970, enfin, on assiste à un retour en force des idées libérales, lesquelles accusent l'interventionnisme de miner l'initiative privée et le dynamisme de l'économie.

Exercices supplémentaires

1. Des mots et des concepts

Classez les termes suivants dans une de ces trois catégories: travail, capital, nature.

- Bien de production
- Bien intermédiaire
- Ressource productive
- Équipement productif
- Ressource naturelle
- Monnaie
- Main-d'œuvre

2. L'efficacité économique

a) Mimi scie 400 planches en 8 heures, Toto scie 450 planches en 10 heures. Qui est le plus productif? Définissez la productivité.

b) Donnez un exemple concret de productivité pour chacune des trois ressources productives.

c) Examinez chacun des trois cas suivants. Dites si les changements proposés vous semblent souhaitables. Comparez ensuite les trois cas.

- Votre lave-vaisselle vous permet de ranger la cuisine en 10 minutes (en comptant le temps passé à travailler pour le payer) au lieu de 20 minutes.
- Avec la nouvelle tondeuse à gazon, l'employé d'un terrain de golf tond quotidiennement une surface deux fois plus grande qu'avec l'ancienne tondeuse.
- Une méthode révolutionnaire faisant appel à des électrodes fixées sur le crâne pendant le sommeil (et inventée aux États-Unis) permet d'apprendre à se débrouiller en espagnol en 90 heures au lieu de 180. Évidemment, le nouveau «cours» d'espagnol ne donne droit qu'à deux crédits (contre quatre en tout pour l'ancien cours).

d) Peut-on être inefficace tout en étant très productif?

e) Qu'est-ce que l'efficacité économique?

3. Objectif et subjectif

Donnez quelques exemples de déclarations reliées au domaine de l'économie qui relèvent de l'analyse positive d'une part et de l'analyse normative d'autre part.

4. Les systèmes économiques

Quelle est la préoccupation commune des trois types de systèmes économiques modernes?

5. Le capitalisme libéral

a) Quelle est la différence fondamentale entre le capitalisme libéral et l'économie mixte ?

b) Pourquoi les entrepreneurs réclament-ils la suppression de lois et de règlements pendant la révolution industrielle ?

c) Quel est le rôle de l'État dans le capitalisme libéral ?

d) Pourquoi, selon les penseurs économiques libéraux, le capitalisme libéral est-il le système économique qui permet de mieux satisfaire les besoins de la société ?

6. L'interventionnisme économique de l'État

Pourquoi peut-on affirmer que la théorie de Keynes est un compromis entre la théorie économique libérale et la théorie économique socialiste ?

7. Les problèmes de la planification centralisée

a) Quelles sont les principales étapes de la planification centralisée ?

b) Pourquoi la planification centralisée a-t-elle échoué en Union soviétique ? Expliquez.

CHAPITRE 2

LES **MARCHÉS**

Nous privilégierons, dans ce manuel, l'utilisation d'un outil qui est à la fois simple, efficace et très répandu : le modèle des courbes d'offre et de demande. Grâce à ce modèle, nous pourrons mieux déchiffrer et mieux prévoir le comportement des différents intervenants dans l'économie.

Dans ce chapitre, nous vous présenterons d'abord un exemple typique du marché des biens, avant d'approfondir les notions d'offre et de demande, souvent mal comprises. Nous examinerons ensuite la dynamique du marché, car celui-ci est constamment soumis à des changements. Puis nous tenterons d'appliquer notre nouvel outil à différents domaines, comme le marché du travail ou le marché financier. Plus tard, lorsque nous aurons bien compris le rôle de chacun des grands acteurs de l'économie, nous pourrons utiliser le modèle du marché pour analyser les équilibres économiques *globaux*.

Le modèle du marché, ou modèle de l'offre et de la demande, fait parfois — depuis la fin des années 1970 — l'objet d'un véritable culte. Mais il ne s'agit après tout que d'un modèle, c'est-à-dire d'une façon *simple* de représenter une réalité *complexe*. Notre but immédiat est de faire l'acquisition d'un outil pratique. Ce n'est que plus loin que nous tenterons d'évaluer les mérites et les limites du modèle du marché.

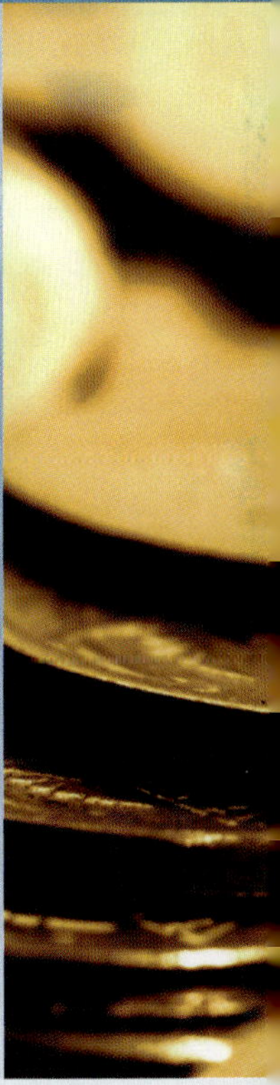

1. L'ÉQUILIBRE DU MARCHÉ

Pour présenter le modèle de l'offre et de la demande, nous nous appuierons sur un exemple : le transport aérien de passagers sur la ligne Montréal-Paris. Deux acteurs se font face : d'un côté, les voyageurs, de l'autre les transporteurs. Chacun cherche à défendre ses intérêts de façon optimale. Commençons par nous intéresser aux demandeurs, c'est-à-dire les voyageurs.

La courbe de demande

La quantité demandée d'un bien varie en sens inverse de son prix.

Supposons que, en janvier, on enregistre la vente de 4000 billets à 500 $ l'unité. Quelles variables se cachent derrière ces deux valeurs ? Y a-t-il un lien entre elles ? Pour trouver la réponse à ces deux questions, regardez le point *B* sur le graphique de la **figure 2.1** : il reflète les deux chiffres cités, et les deux variables que ceux-ci représentent — la *quantité demandée* et le *prix* — sont indiquées sur les axes. Comme, bien évidemment, les voyageurs se basent, entre autres, sur le prix pour décider s'ils achèteront ou non un billet, il n'est pas étonnant que les deux variables se retrouvent ici associées.

Essayons maintenant d'imaginer comment réagirait la seconde variable si la première changeait de valeur. Si le prix des billets était moins élevé, le nombre de personnes décidant de voyager serait sûrement plus grand (la quantité de billets vendus serait, par exemple, égale à 5000 pour un prix de 400 $ l'unité : point *C*). Si le prix était plus élevé, certains consommateurs renonceraient par contre à leur voyage (mettons 3000 voyageurs si le billet était à 600 $: point *A*). C'est le *prix* qui influe sur la *quantité* demandée (car le voyageur subit le prix sans l'influencer) et les deux variables évoluent en sens inverse.

Figure 2.1

LA DEMANDE DE SIÈGES D'AVION

La demande. Plus le tarif du vol Montréal-Paris est bas, plus il y a de voyageurs qui désirent acheter un billet d'avion. La demande est décroissante.

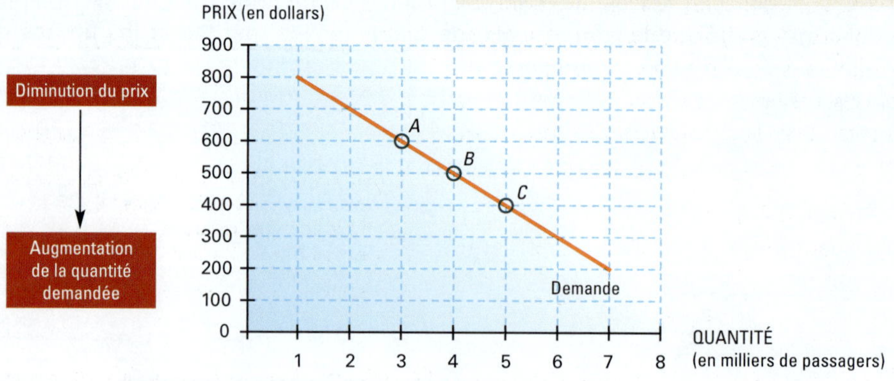

L'ensemble des points du graphique peut être réuni par une courbe: la courbe de demande. Cette courbe est décroissante (elle «descend»), puisque la quantité demandée varie en sens inverse du prix.

La demande est une manière de se comporter en général et non un acte en particulier.

On pense souvent, à tort, que la demande équivaut à la quantité achetée. On entendra dire, par exemple, qu'un individu qui achète trois salades (à 1 $ pièce) le samedi a une demande de «trois». Or, chaque achat ne constitue qu'un élément, un cas particulier, de la demande. Si, un samedi, les salades se vendent 2 $ pièce, il se peut que le même individu se contente d'en acheter deux. Notre consommateur n'aurait pourtant pas changé ses habitudes; il aurait simplement réagi à une nouvelle situation. Le chiffre de deux salades (à 2 $ pièce) se trouvait déjà virtuellement dans sa tête. La demande ne se limite donc pas à une simple quantité. Elle est un ensemble de possibilités, qui sont les quantités associées à chaque prix possible.

La courbe d'offre

La quantité offerte d'un bien varie dans le même sens que le prix.

Un raisonnement similaire peut être fait pour l'offre. Essayons, avant d'aller plus loin, de bien nous mettre dans la peau des offreurs, c'est-à-dire les compagnies aériennes. Plusieurs compagnies aériennes desservent la ligne Montréal-Paris. Pour simplifier, considérons qu'aucune d'entre elles n'est assez grosse pour exercer une influence sur le prix. Comment réagiraient ces compagnies si, pour une raison quelconque[1], les billets d'avion se vendaient plus cher? Il y a fort à parier que les transporteurs aériens chercheraient à augmenter le nombre de vols ou à utiliser des avions plus gros, quitte à sacrifier d'autres lignes en perte de popularité. Il se peut même que des concurrents habituellement absents se «pointent» sur le marché. Une hausse du prix des billets ferait donc augmenter la quantité de sièges offerts. La courbe de l'offre est croissante (voir la **figure 2.2**).

Figure 2.2

L'OFFRE DE SIÈGES

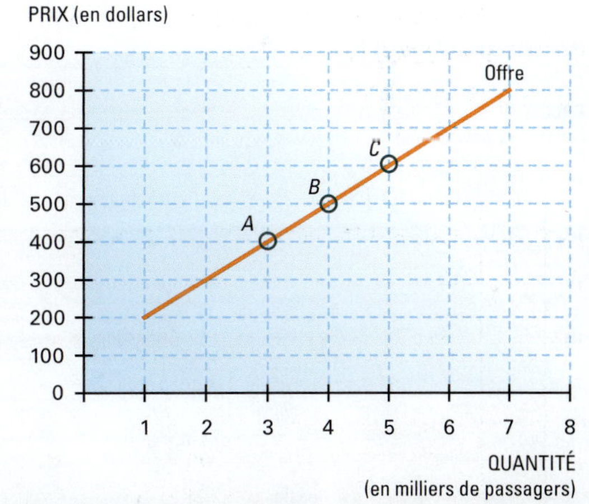

L'offre. Plus le tarif est élevé sur cette ligne aérienne, plus les compagnies trouvent intéressant d'y offrir leurs services. Une hausse de tarif se traduit donc par une augmentation du nombre d'avions affectés à la ligne aérienne. L'offre est croissante.

Comme le demandeur, l'offreur ne choisit sa quantité qu'après s'être informé du

1. Un dollar en hausse, une exposition à Paris, une nouvelle mode pourraient, par exemple, faire en sorte que les voyageurs soient plus nombreux que d'habitude.

prix. Même si les demandeurs et les offreurs finissent par influer sur le prix d'équilibre, aucun d'entre eux ne contrôle ce prix sur un marché concurrentiel. Illustrons à l'aide de quelques exemples la réaction d'une entreprise lorsqu'elle voit le prix de son produit baisser ou augmenter sur le marché.

> Pour chaque prix, le producteur a une quantité à offrir.

Si le prix de l'avoine est en baisse cette année, l'agriculteur choisira plutôt de semer du blé ou de l'orge ; la quantité d'avoine offerte sur le marché aura diminué à la suite d'une baisse de son prix. De même, le paysan colombien abandonnera la culture du café si le prix diminue trop (et se tournera vers la culture de la coca, du cannabis ou du pavot). Il est clair, à partir de ces exemples, que l'offreur cherchera à produire les biens dont le prix augmente sur le marché. Si vous n'en êtes pas convaincu, vous feriez mieux de bien réfléchir avant de vous lancer dans les affaires.

> À court terme, la hausse de la production fait augmenter les coûts.

La reconversion n'est pas aussi simple pour toutes les entreprises. Ainsi, malgré la baisse du prix des mémoires d'ordinateur, les quelques offreurs maintiendront leur production. Leur activité exige en effet des investissements initiaux très lourds (de l'ordre de quelques milliards de dollars), mais leurs coûts de production sont relativement faibles par la suite. Quoi qu'il en soit, à plus long terme, les producteurs cesseront leurs investissements, et la quantité offerte finira par baisser. Si, au contraire, le prix des mémoires augmente, les producteurs feront de nouveaux investissements afin d'augmenter la quantité offerte le plus tôt possible.

L'OFFRE DE PÉTROLE

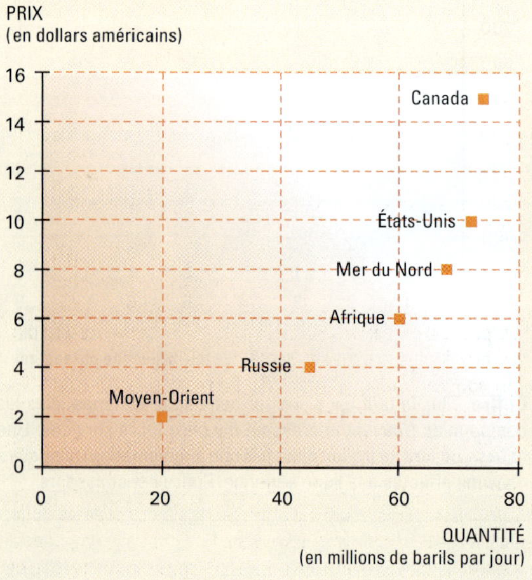

Les points sur le graphique sont basés sur une étude de l'ONU pour l'année 1994. Les principaux pays du Moyen-Orient ont la capacité de produire 20 millions de barils de pétrole par jour au coût de 2 $ le baril. La Russie (ainsi que divers autres pays ou régions) pourrait produire 25 millions de barils supplémentaires au coût de 4 $ le baril. La production mondiale pourrait donc passer de 20 à 45 millions de barils à condition que le prix augmente de 2 à 4 $. Lorsque le prix passe à 6 $, les puits de l'Afrique (et de quelques autres régions) deviennent rentables à leur tour et la quantité offerte monte à 60 millions de barils (et ainsi de suite). Les coûts de production étant croissants, la quantité offerte ne peut en effet augmenter que si le prix de vente en fait autant, comme le stipule la loi de l'offre.

En 2005, l'OPEP estime que le coût du baril atteint 20 $ pour les nouveaux puits d'Amérique du Nord, et qu'il dépasse largement ce prix pour la mer du Nord, dont les gisements sont en voie d'épuisement. En définitive, depuis 1994, la courbe d'offre de pétrole s'est déplacée vers le haut, et donc vers la gauche : l'offre a reculé.

(Note : 1 baril = 158,8 litres)

Source : ONU (données de 1994), *World economic and social survey 1995.*

Les offreurs qui veulent accroître leur production finissent toujours par se heurter à un obstacle à court terme : la hausse des coûts de production. Pour produire plus de blé, il faut utiliser des terres de moins en moins fertiles (les meilleures ont été cultivées en premier). Pour monter de nouvelles usines de mémoires électroniques, il faut une armée d'experts de moins en moins faciles à trouver (les meilleurs sont déjà très occupés). C'est pour cette raison que la courbe d'offre est croissante. Les producteurs veulent bien augmenter leurs quantités produites à condition d'être dédommagés : puisque cette production accrue fait monter les coûts (de production), il faut que le *prix* (de vente) monte lui aussi.

L'équilibre du marché

Les offreurs et les demandeurs, qui sont les deux acteurs du marché, ont des intérêts *opposés*. Les demandeurs (les voyageurs, pour reprendre notre tout premier exemple) cherchent à obtenir le prix le plus bas et les offreurs (les compagnies aériennes) cherchent à obtenir le prix le plus élevé. Ces deux forces opposées vont *s'équilibrer* automatiquement autour d'un prix qui mettra les deux adversaires d'accord. Dans notre exemple (voir la **figure 2.3**), le prix d'équilibre est de 500 $: on constate qu'à ce prix le nombre de places offertes par les compagnies (4000 places) est égal au nombre de places achetées par les voyageurs. Les compagnies vendent toutes les places qu'elles choisissent d'offrir (à ce prix-là), et tous les voyageurs qui désirent traverser l'Atlantique (pour ce prix-là) obtiennent une place dans un avion.

Cet équilibre entre quantité offerte et quantité demandée se fait automatiquement (si le marché fonctionne librement et qu'il y règne une véritable concurrence). Pour nous en convaincre, supposons que les compagnies aériennes fixent le prix à un niveau différent du prix d'équilibre de 500 $. Lorsque le prix est trop élevé (600 $, par exemple), une partie des places est inoccupée (seules 3000 places sur les 5000 offertes sont vendues). Pour remplir leurs avions, les compagnies baissent alors le prix. De l'autre côté, lorsque le prix est trop bas (400 $, par exemple), elles manquent de sièges (5000 voyageurs se disputent les 3000 places). Les compagnies ont alors intérêt à augmenter le prix. En somme, au-delà de 500 $, le prix tend à diminuer ; en deçà, il tend à augmenter. Le prix tendra donc toujours vers 500 $, c'est-à-dire le point où l'offre et la demande s'équilibrent.

Figure 2.3

L'ÉQUILIBRE DU MARCHÉ DU TRANSPORT AÉRIEN DE PASSAGERS

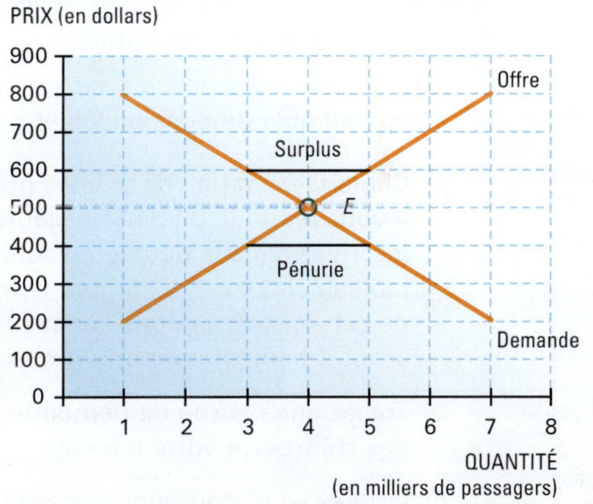

Le point d'équilibre. Au départ, le tarif est de 500 $. Pour ce prix-là, les compagnies aériennes offrent 4000 sièges, qui sont tous vendus (point *E*). C'est le *prix d'équilibre.* En effet, si le billet coûtait plus cher (600 $ par exemple), la quantité offerte serait plus élevée (5000 sièges) et le nombre de passagers désirant voyager diminuerait (3000 personnes) : il y aurait des sièges vides (2000) et les compagnies aériennes réduiraient alors le prix du billet. Si celui-ci tombait en deçà de 500 $ (400 $ par exemple), il y aurait cette fois une pénurie de sièges (5000 voyageurs pour 3000 sièges disponibles), et le tarif remonterait.

Exercices

1. Les courbes d'offre et de demande.

a) Tracez les courbes d'offre et de demande sur un graphe, à partir des données ci-dessous. Déterminez le prix et la quantité d'équilibre.

Demande et offre d'allers-retours sur la ligne Montréal-Miami

Prix *(en dollars)*	**Quantité demandée** *(en milliers)*	**Quantité offerte** *(en milliers)*
100	22	10
200	20	12
300	18	14
400	16	16
500	14	18
600	12	20

b) Commentez la phrase suivante : si le tarif des billets Montréal-Miami-Montréal était de 400 $, tous les sièges seraient occupés et tous les voyageurs pourraient obtenir une place.

2. Qu'est-ce que la demande ?

Cet exercice vous permettra de vérifier que votre demande personnelle correspond à un ensemble de possibilités et non à un chiffre précis.

a) Choisissez un de vos artistes préférés dont il vous manque encore plusieurs disques. Inscrivez dans la deuxième colonne du tableau ci-contre le nombre de disques de cet artiste que vous seriez prêt à acheter pour chaque prix proposé.

b) Tracez une courbe de demande à partir des chiffres de votre tableau.

c) D'après vous, pourquoi les gens voient-ils la demande comme une quantité précise plutôt que comme un ensemble de possibilités ?

Prix	**Quantité**
5	
10	
15	
20	
25	
30	

3. L'équilibre du marché concurrentiel

Pourquoi le point où les quantités demandée et offerte sont égales est-il appelé *point d'équilibre* ?

2. LES MÉCANISMES D'AJUSTEMENT

Divers événements peuvent entraîner une modification de l'offre ou de la demande. Par exemple, une baisse du prix du fer peut modifier l'offre d'acier : le producteur d'acier sera prêt à vendre la même quantité d'acier à un prix plus bas. Une hausse du tarif des transports en commun pourra faire augmenter la demande d'essence dans une ville : les travailleurs utiliseront plus volontiers leur automobile et seront prêts à payer leur essence plus cher. Un ralentissement de l'économie américaine diminuera le nombre de clients potentiels pour les exportateurs québécois. Nous verrons dans cette section comment les changements de l'offre ou de la demande conduisent le marché vers un nouvel équilibre.

La demande et l'offre changent

Divers événements peuvent entraîner une modification de l'offre ou de la demande (c'est-à-dire un *déplacement* de ces courbes). Une baisse des coûts de production, par exemple, fait déplacer la courbe d'offre d'un produit vers la droite, alors que la hausse du prix d'un substitut de ce produit fait déplacer la courbe de demande vers la droite.

L'exemple de la **figure 2.4** montre comment la baisse des coûts de production (associée à une baisse du prix du carburant) se reflète sur l'offre. Une telle baisse permet en effet aux transporteurs aériens d'offrir la même quantité de places à un prix plus bas qu'auparavant. Il y a alors une surabondance de places : la hausse de l'offre a déséquilibré le marché. Mais, en réaction à l'écart entre quantité demandée et quantité offerte, le prix se met à baisser, et le marché finit par se retrouver en équilibre.

Figure 2.4

L'ÉVOLUTION DU MARCHÉ DU TRANSPORT AÉRIEN SUR LA LIGNE MONTRÉAL-PARIS

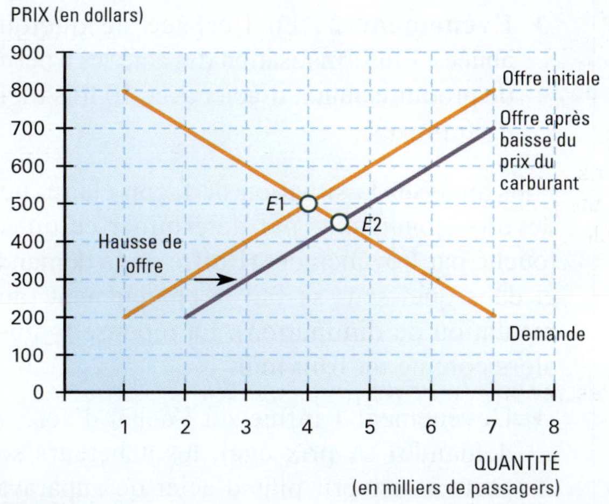

Le déplacement de l'équilibre. Une baisse du prix du kérosène influe directement sur les coûts de production des compagnies aériennes. Celles-ci sont maintenant disposées à offrir de meilleurs tarifs, par exemple, à vendre 4000 sièges à 400 $ l'unité, contre 500 $ précédemment. Le point d'équilibre se déplace vers *E*2. Le nouveau tarif d'équilibre est de 450 $ (contre 500 $ avant la baisse du prix du carburant), et la quantité d'équilibre est passée de 4000 à 4500. Nous pouvons en déduire que tout changement de l'offre (ou de la demande) fait déplacer le point d'équilibre. Autrement dit, toute variation du prix ou des quantités échangées sur le marché provient d'un déplacement de la courbe d'offre ou de demande.

Figure 2.5

LE MARCHÉ DE L'ACIER

A– L'augmentation de la demande

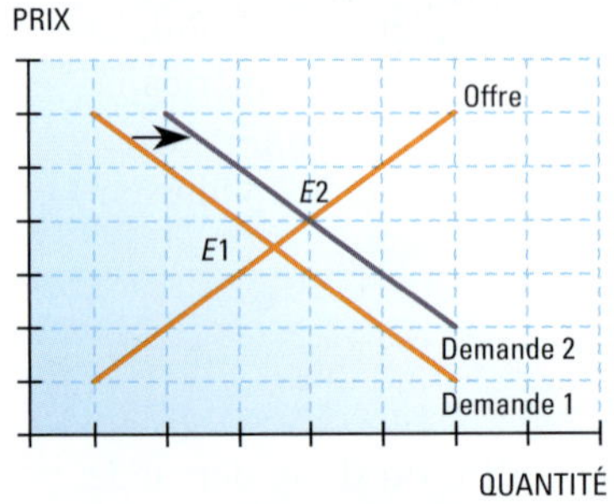

B– L'augmentation de l'offre

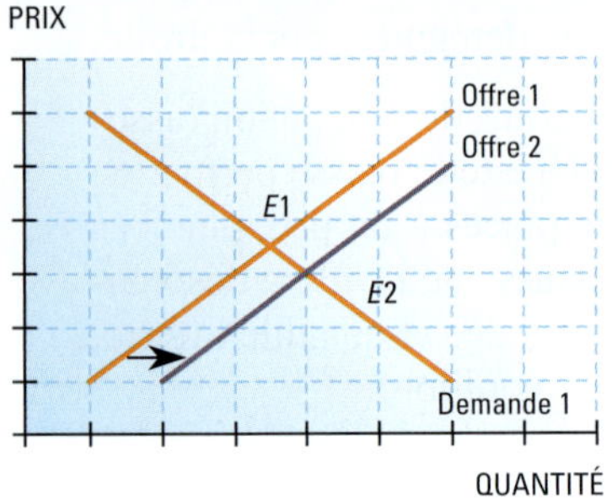

C– Le résultat combiné

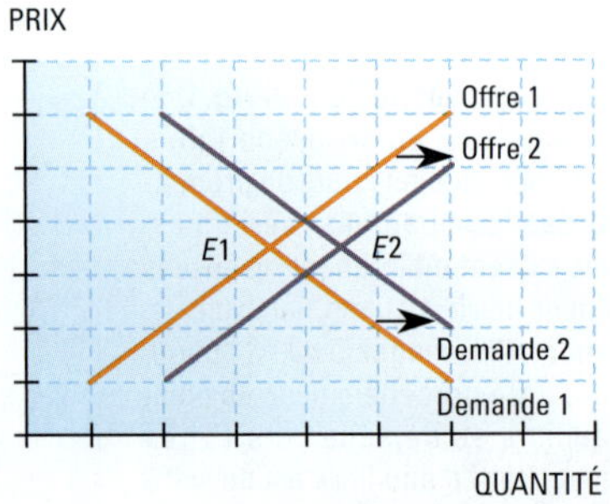

L'augmentation de la demande fait grimper le prix d'équilibre (**A**), par contre, celle de l'offre le fait diminuer (**B**). À la suite de l'accroissement combiné de l'offre et de la demande, il est impossible (en l'absence de chiffres précis) de déterminer si le prix d'équilibre augmente, diminue ou reste stable (**C**). Par ailleurs, dans les trois scénarios, la quantité vendue augmente.

Il va de soi qu'il faut *d'abord* examiner chaque événement de façon isolée, en supposant que les autres variables n'ont pas changé. Dans l'exemple précédent, il serait vain d'évaluer les conséquences d'une baisse du prix du carburant sur le marché du transport aérien si, dans le même temps, les pilotes voient leurs salaires augmenter, les bagagistes se mettent en grève et les algues bleues envahissent toutes les plages tropicales.

Un exemple typique d'ajustement du marché

Pour illustrer de façon plus générale comment le marché revient automatiquement à l'équilibre, nous examinerons un marché assez concurrentiel : celui de l'acier. Nous vous proposerons deux événements susceptibles de déséquilibrer le marché, c'est-à-dire de créer un écart entre la quantité demandée et la quantité offerte. Dans chacun des cas, nous verrons comment le prix se déplace automatiquement pour ramener le marché à l'équilibre. Nous combinerons ensuite les deux événements pour évaluer leur effet global sur le prix du marché et la quantité vendue.

- **Événement 1 :** la forte croissance du secteur industriel en Asie entraîne la construction de nombreux ponts et usines (à structure d'acier).
- **Événement 2 :** en l'espace de quelques années, l'informatisation des aciéries a permis de produire autant d'acier avec 10 fois moins d'employés.

Pour analyser la situation de façon claire, nous devons *commencer* par déterminer ce qui est touché par l'événement (l'offre ou la demande) et dans quel sens se fait le changement (augmentation ou diminution). La réponse tombera alors comme un fruit mûr.

- L'événement 1 influe sur l'achat d'acier (la demande). À prix égal, les acheteurs sont prêts à acquérir plus d'acier qu'auparavant (la demande augmente). Sur la **figure 2.5a**, la courbe de demande se déplace *vers la droite*. Le prix d'équilibre augmente, et la quantité vendue augmente.

- L'événement 2 influe sur la production d'acier (l'offre). Les coûts ayant baissé, les producteurs sont prêts à vendre les mêmes quantités d'acier à un prix plus bas qu'auparavant (l'offre augmente). Sur la **figure 2.5b**, la courbe d'offre se déplace *vers la droite*. Le prix d'équilibre diminue, et la quantité vendue augmente.

CARBURANT ET DÉFORESTATION

1– Le marché de l'éthanol après le versement de subventions

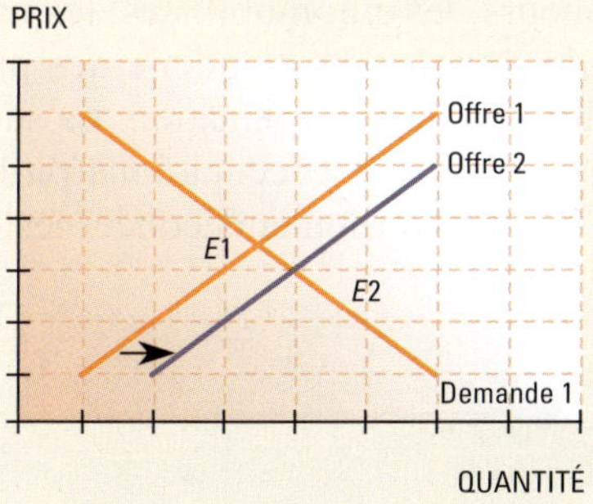

Les subventions de l'État font baisser le coût de production de l'éthanol. L'offre d'éthanol augmente. Le prix de l'éthanol descend et la quantité d'éthanol demandée augmente.

2– Le marché du maïs après la hausse de production de l'éthanol

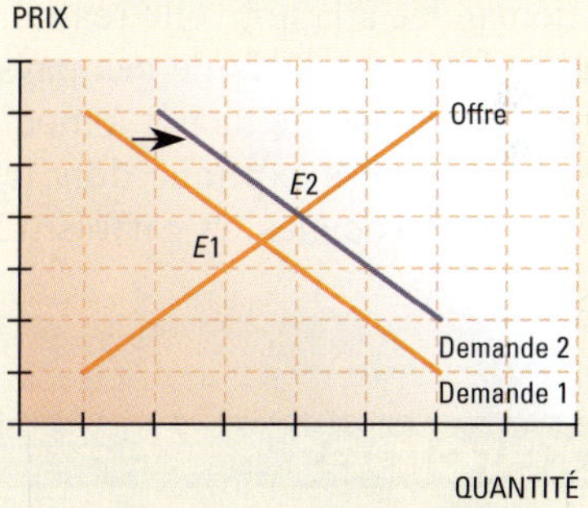

Les producteurs d'éthanol ayant besoin de maïs, la demande de maïs augmente. Le prix du maïs grimpe. (Même chose pour la canne à sucre.)

3– Le marché de la viande de bœuf après la hausse du prix du maïs

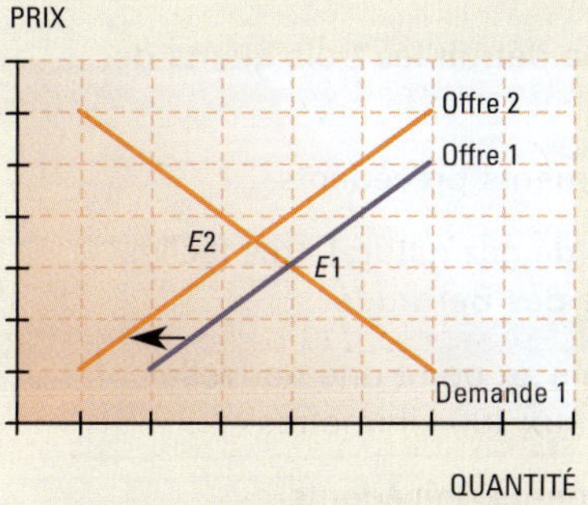

La hausse du prix du maïs fait augmenter le coût de production de la viande de bœuf. L'offre de viande de bœuf recule. Le prix du bœuf grimpe.

4– Le marché des terres agricoles après la hausse du prix du maïs

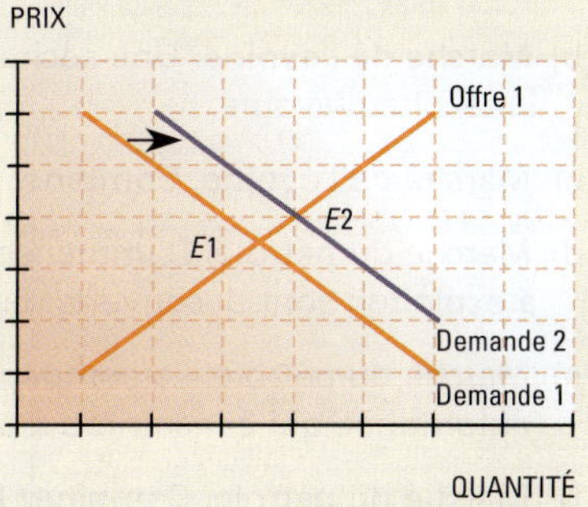

La hausse du prix du maïs (et de la canne à sucre) pousse les fermiers à défricher de nouvelles terres. Le prix des terres grimpe et la déforestation s'accentue.

Combinons les deux mouvements précédents (voir la **figure 2.5c**) et comparons les deux points d'équilibre (*E*1 et *E*2). Il est clair que la quantité vendue a augmenté. Par contre, on ne peut rien dire du prix d'équilibre. Ce dernier, soumis à deux forces inverses (la hausse de la demande le fait monter, et la hausse de l'offre le fait baisser), peut aussi bien augmenter que diminuer ou rester stable: le prix varie de façon *indéterminée*.

Dans certains cas, les marchés semblent avoir une certaine difficulté à s'ajuster. Ainsi, une hausse relativement *modeste* de la demande mondiale a fait doubler le prix du pétrole entre juin 2007 et juin 2008. La spéculation, aidée par les techniques de leviers financiers, a pu amplifier le phénomène mais, par définition, son effet n'est que temporaire. Le fait que certains gros consommateurs (la Chine, l'Indonésie et le Mexique notamment) aient limité les hausses des prix internes de l'essence, grâce à des subventions considérables, a par contre retardé l'ajustement de la quantité demandée à la nouvelle réalité. Les camionneurs, les automobilistes, les navigateurs et les industriels de ces pays, préservés de l'explosion mondiale des prix du pétrole, n'ont pas été incités à modifier leurs habitudes de consommation. La surréaction du marché s'explique donc en bonne partie par les préoccupations purement politiques et sociales, et parfois très légitimes, des gouvernements concernés.

Exercices

1. Les mécanismes d'ajustement

Quel sera l'effet de chacun des événements suivants sur le prix et la quantité d'équilibre? (Tracez au préalable des courbes d'offre et de demande, et indiquez seulement dans quel sens changent le prix et la quantité: *hausse, baisse, aucun* changement, changement *indéterminé.)*

a) Marché de l'avoine. Aux États-Unis, un rapport du Service fédéral de la santé publique indique que la consommation de son d'avoine diminue l'incidence du cancer de l'intestin.

b) Marché de l'avoine. Une sécheresse en Iowa détruit les trois quarts de la récolte d'avoine.

c) Marché de l'avoine. Combinez les deux éléments précédents.

d) Marché du pétrole. D'immenses gisements de gaz naturel, très faciles à exploiter, sont découverts dans le triangle des Bermudes.

e) Marché du pétrole. La compagnie Ford a mis au point une nouvelle automobile qui consomme à peine 3 litres aux 100 kilomètres.

f) Marché du pétrole. Combinez les deux éléments précédents.

g) Marché du beurre. Le prix de la margarine augmente.

h) Marché de la soie. Les vers à soie sont maintenant nourris avec un produit de synthèse qui leur est distribué grâce à des tuyaux en plastique dont le débit est commandé par un ordinateur.

2. Débat: Marché de l'énergie et sauvegarde de la planète

Selon vous, quelle est la façon la plus écologique de produire de l'énergie? L'État doit-il encourager la production d'éthanol, d'énergie éolienne, ou d'autres sources d'énergie? Par quels moyens? Que faire pour freiner la croissance de la consommation d'énergie? L'augmentation du prix du pétrole est-elle favorable ou néfaste à l'environnement? Le Québec devrait-il accroître ses exportations d'électricité? Utilisez le modèle des courbes d'offre et de demande pour défendre votre point de vue au sein d'un groupe de discussion.

3. APPLICATIONS DU MODÈLE DE L'OFFRE ET DE LA DEMANDE

Jusqu'ici, nous avons utilisé des exemples basés sur le marché des biens, mais tout ce que nous avons dit s'applique également aux autres marchés: le marché financier, le marché du travail et le marché des changes. Chacun d'eux fait intervenir un demandeur, un offreur, une marchandise, un prix et un mécanisme d'équilibre. Nous examinerons ici, de façon sommaire, le marché du travail et le marché financier. Mais tout d'abord, apportons quelques précisions sur la notion de marché concurrentiel. Nous aurons ainsi un point de repère pour évaluer les marchés dans la réalité, même si la concurrence est loin de régner à l'état pur sur tous les marchés et qu'elle n'est parfois qu'un état transitoire. En outre, nous serons mieux outillés lorsque viendra le moment de discuter du rôle du marché (concurrentiel) et de celui de l'État dans la bonne marche de l'économie.

Les caractéristiques du marché concurrentiel

Les conditions d'un marché concurrentiel parfait sont les suivantes:

1. *Atomicité*. Il existe un grand nombre de demandeurs et d'offreurs dont aucun n'est assez important pour exercer une influence sur le prix.
2. *Libre entrée*. Les entreprises peuvent s'implanter sur le marché sans rencontrer d'obstacles (tels que des coûts d'implantation prohibitifs ou des barrières juridiques).
3. *Homogénéité*. Les marchandises se ressemblent suffisamment aux yeux des demandeurs pour que ceux-ci soient prêts à choisir indifféremment parmi elles. L'homogénéité est le contraire de la différenciation.
4. *Information parfaite*. Les demandeurs et les offreurs connaissent le prix des marchandises et savent où se les procurer.
5. *Mobilité parfaite*. Le transport des marchandises et l'accès au marché se font librement et sans frais.

Certains marchés sont dominés par un petit nombre d'entreprises ou par une seule entreprise. Il s'agit dans le premier cas d'une situation d'***oligopole*** et dans le second, d'une situation de ***monopole***.

Le marché du blé possède toutes les caractéristiques du marché concurrentiel : grand nombre de producteurs et d'acheteurs ; coûts d'entrée faibles (pour des cultivateurs déjà établis) ; homogénéité du produit ; cotation des prix du blé sur diverses Bourses ; coûts de transport et d'entreposage minimes. Le marché automobile, par contre, est loin d'être concurrentiel, surtout en ce qui concerne les trois premiers critères : le nombre d'entreprises est limité à une douzaine dans le monde (on parle alors d'oligopole) ; la création d'une toute nouvelle entreprise entraînerait des coûts énormes en capital, en recherche, etc. ; la perception des différentes marques varie beaucoup selon les consommateurs ; les prix effectifs sont parfois différents des prix affichés et les modèles ne sont pas toujours faciles à comparer ; les coûts de transport sont relativement faibles par rapport au prix du produit, mais ils ne sont pas négligeables.

Le marché du travail : qui est le véritable demandeur ?

Nous savons que le marché est l'endroit où se rencontrent les offreurs et les demandeurs. Voyons si notre modèle d'offre et de demande est applicable au marché du travail. Ici, la *marchandise* est le temps de travail (manuel ou intellectuel). Le travail se loue plutôt qu'il ne se vend, et son *prix* (ou plutôt son coût de location) s'appelle « salaire ». Nous pouvons donc tracer une courbe de la demande de travail sur un graphique (voir la **figure 2.6**) dont l'axe vertical représente le salaire (le prix), et l'axe horizontal, le nombre de travailleurs (la quantité). Au fait, qui est le *demandeur* de travail ? N'oublions pas que le demandeur est celui qui est prêt à donner de l'argent pour obtenir une marchandise. Le demandeur est ici l'employeur : c'est bien lui qui veut acheter les services des travailleurs et qui est prêt à y mettre le prix. Ici, ce n'est donc pas le mot « demandeur » qui est important, mais le concept qui se cache derrière ce mot.

Figure 2.6

LE MARCHÉ DU TRAVAIL

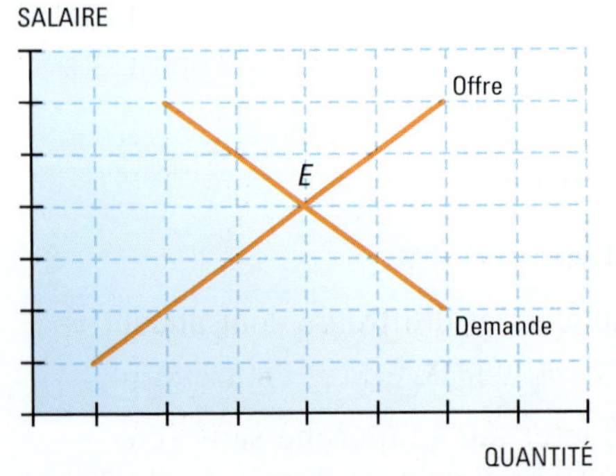

L'offre de travail (par les travailleurs) et la demande de travail (par les entreprises) influent sur le salaire.

Même s'ils prétendent « offrir » un emploi aux travailleurs, il est clair que les employeurs sont des *demandeurs* sur le marché du travail. Prétendre le contraire serait jouer sur les mots. D'ailleurs, pour vérifier cette affirmation, il suffit d'observer la courbe de demande. Nous savons que cette courbe est décroissante : plus le salaire est élevé, plus la quantité de travail demandée est faible. Autrement dit, les employeurs sont moins portés à embaucher quand les salaires sont hauts. Prenons un exemple pour illustrer cette situation. Lorsqu'une entreprise de déneigement se voit obligée de payer ses employés 50 $ par heure, elle cherche à limiter sa main-d'œuvre en utilisant de gros chasse-neiges. Si la même compagnie pouvait trouver des employés à 1 $ l'heure, elle pourrait en embaucher quelques centaines et les munir chacun d'une simple pelle.

Les *offreurs* de travail sont les travailleurs : comme tous les offreurs, ils ont quelque chose à vendre et désirent être payés en retour. Plus le salaire est alléchant et plus nombreux sont les gens disposés à travailler. La courbe d'offre de travail est bien croissante, comme le sont généralement les courbes d'offre. Et puisqu'elles évoluent en sens inverse, les courbes d'offre et de demande vont nécessairement se rencontrer. Ce point de rencontre correspond au salaire en vigueur sur le marché.

Lorsqu'un déséquilibre se produit sur le marché du travail, le salaire d'équilibre s'ajuste. Par exemple, les changements technologiques peuvent faire augmenter la demande d'informaticiens (dont les salaires montent) et faire baisser la demande de caissiers de banques (dont les salaires diminuent). En principe, le marché devrait finir par s'équilibrer : les jeunes délaissent les emplois moins rémunérateurs et s'orientent vers les nouveaux métiers plus payants (voir la **figure 2.7**).

Figure 2.7

LE DÉPLACEMENT DE L'ÉQUILIBRE SUR LE MARCHÉ DU TRAVAIL

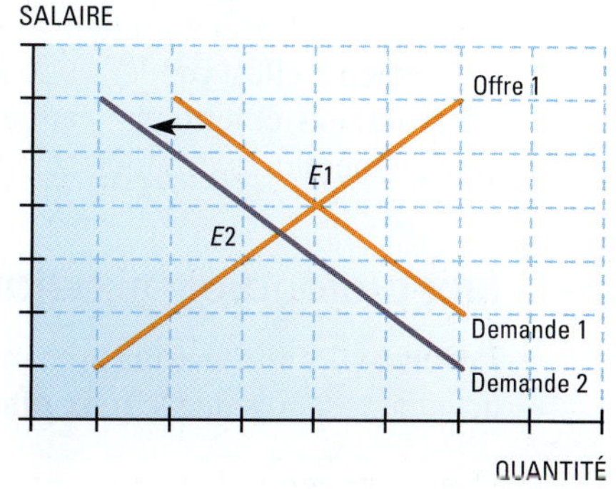

Une baisse de la demande de travail par les entreprises fait baisser le niveau de salaire sur le marché.

Là encore, il ne s'agit que d'un modèle simplifié. Tout d'abord, le marché du travail est réglementé par des lois, des conventions collectives et des normes sur le salaire minimum, ce qui le rend très rigide. Mais, même dans un marché du travail parfaitement concurrentiel, les déséquilibres pourraient être longs à disparaître. Il est peu probable que les caissiers, quoiqu'ils soient encore jeunes, parviennent tous à devenir ingénieurs en criant ciseau. Par ailleurs, le travail n'est pas une vulgaire marchandise dont on peut laisser fluctuer le prix pour équilibrer le marché. Pour la plupart des gens, le travail constitue non seulement la principale source de revenu, mais également un élément essentiel de l'existence sociale.

On ne doit donc pas faire concorder à tout prix le marché du travail avec le modèle théorique de l'offre et de la demande. On renverserait la logique des choses puisqu'on mettrait l'humanité au service de la théorie économique. Le but du modèle du marché du travail est simplement de nous aider à mieux comprendre la réalité.

Le marché financier

Le marché financier met en contact les emprunteurs (demandeurs) et les épargnants (offreurs). Du côté de la demande, on retrouve les agents économiques qui sont en quête de financement : les entreprises (qui veulent investir), les particuliers (qui veulent acheter une maison ou une automobile) et même l'État (qui émet des obligations pour financer sa dette). Du côté de l'offre, on retrouve principalement les particuliers (qui épargnent pour assurer leur avenir), mais aussi des entreprises (qui placent à court terme leur fonds de roulement). À vrai dire, les particuliers sont souvent représentés par des organismes, comme les caisses de retraite, les fonds de placement et même les banques. Le marché financier est ainsi un lieu d'affrontements entre poids lourds.

Pour simplifier les choses, on peut considérer que les particuliers pris *globalement* (l'ensemble de la population) détiennent une épargne nette qu'ils souhaitent placer, tandis que les entreprises cherchent les sommes qui leur permettront de financer leur investissement. Les particuliers jouent alors le rôle d'offreurs et les entreprises, le rôle de demandeurs. Plus le taux d'intérêt est élevé, plus les particuliers voudront épargner et moins les entreprises voudront investir.

On peut se demander s'il est bien prudent pour les entreprises de s'endetter. Il est pourtant clair que, dans le processus de production, les dépenses précèdent toujours les rentrées d'argent. D'abord, les entreprises empruntent ; puis, elles achètent de l'équipement grâce auquel elles produisent ensuite des biens ou des services que, finalement, elles vendent. Ceux qui font l'éloge des épargnants et qui fustigent les emprunteurs émettent un jugement normatif. En réalité, les uns et les autres sont complémentaires et indissociables.

Prix plafond et prix plancher

Le **prix plafond** est un prix maximum imposé par l'État dans le but de protéger les acheteurs, tandis que le **prix plancher** vise à garantir un revenu minimum aux vendeurs.

Figure 2.8

PRIX PLAFOND ET PRIX PLANCHER

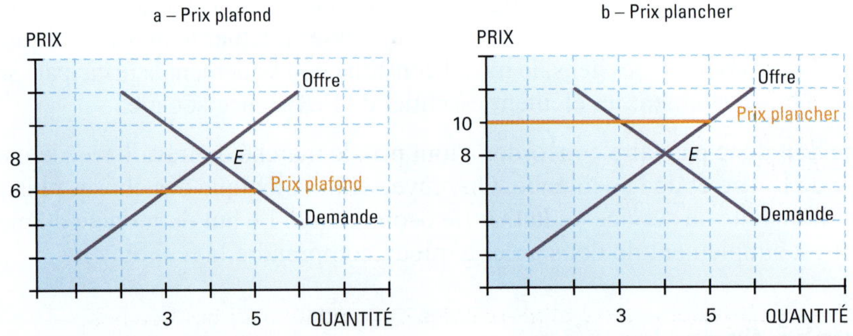

Le **prix plafond** permet aux acheteurs de payer 6 $, soit 2 $ de moins que le prix du marché. Par contre, il provoque une pénurie puisque la quantité demandée grimpe alors à 5 unités, tandis que la quantité offerte descend à 3 unités.

Le **prix plancher** permet aux travailleurs de recevoir un salaire horaire de 10 $, soit 2 $ de plus que le prix du marché. Mais, selon le modèle de l'offre et de la demande, ce prix plancher cause un surplus de main-d'œuvre sur le marché du travail.

Dans certains cas, les autorités cherchent à protéger les acheteurs du prix excessif de certains produits essentiels. Elles fixent alors un *prix plafond*. Ainsi, le niveau et le rythme d'augmentation des loyers ont été plafonnés par plusieurs gouvernements ou municipalités après la Deuxième Guerre mondiale. Dans d'autres cas, l'État fixe un prix minimum, ou *prix plancher*, pour garantir un revenu convenable à certains offreurs. Les prix plancher sont notamment pratiqués sur des produits agricoles, dont les cours sont souvent faibles et instables. Le salaire minimum est aussi un prix plancher.

Les prix plafond et les prix plancher peuvent jouer un rôle de stabilisation des prix et des revenus. Sans le salaire minimum, le niveau de vie de certains travailleurs risquerait de descendre en dessous du minimum vital. Sans les prix plancher du lait ou des céréales, certains agriculteurs auraient parfois du mal à survivre.

Certains économistes critiquent l'usage des prix plafond et des prix plancher. Selon eux, lorsque le prix plafond s'éloigne trop du prix du marché, les producteurs finissent par diminuer leur offre, ce qui aggrave la pénurie. Par ailleurs, le salaire minimum inciterait les employeurs à embaucher moins, tout en amenant plus de travailleurs sur le marché, d'où une augmentation du chômage.

Exercices

1. Les conditions de la concurrence parfaite

Évaluez dans quelle mesure les cinq conditions de la concurrence parfaite sont présentes sur les marchés suivants.

- Avoine
- Garderies privées
- Hélicoptères
- Déneigement des entrées de garage
- Vente d'ordinateurs personnels
- Vente de cinémas maison

2. Les différents types de marché

a) Qui sont généralement les offreurs et les demandeurs sur les marchés suivants : marché des biens, marché du travail, marché financier ?

b) Quel nom donne-t-on au prix sur le marché du travail et sur le marché financier ?

c) Démontrez, pour chacun des trois marchés énoncés à la question *a*, que l'offre est croissante, et la demande décroissante.

Débat

Pourra-t-on nourrir la planète ?

Au cours du xxe siècle, le prix des céréales, base de l'alimentation humaine, a eu tendance à baisser. Bien qu'ayant quadruplé en l'espace de 100 ans, la population mondiale a été de mieux en mieux nourrie, et à un coût de moins en moins élevé. Le problème de la nourriture semblait réglé une fois pour toutes. Mais, à partir de 2007, le prix de nombreux produits agricoles, et plus particulièrement celui des céréales, s'est envolé. Même si cette poussée de fièvre a été amplifiée par des phénomènes purement conjoncturels et réversibles, il est clair que la tendance de fond s'est maintenant inversée. La question de l'alimentation se pose désormais en ces termes : Les plus démunis auront-ils encore les moyens de payer leur nourriture ? Les plus favorisés seront-ils contraints de modifier leurs habitudes alimentaires ? Pourrons-nous accroître la production agricole sans mettre en danger l'équilibre écologique de la planète ?

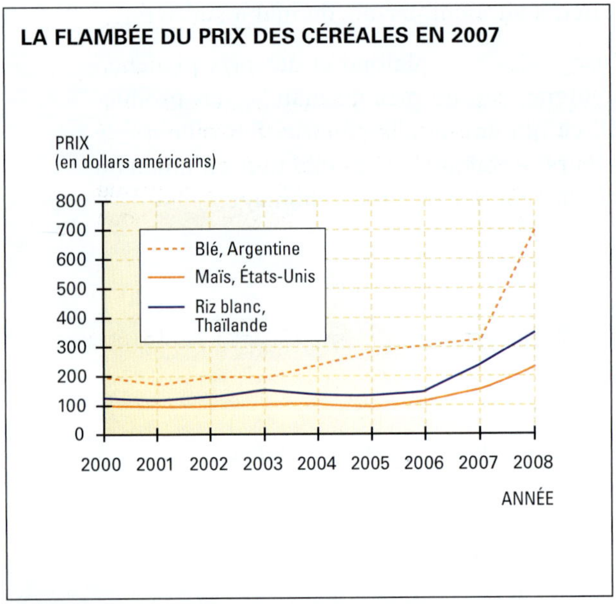

Source : FAO.

Pour répondre à ces questions, nous utiliserons les deux principaux outils que nous venons d'acquérir : le schéma de variables et le modèle de l'*offre* et de la *demande*. Commençons par décomposer le problème en le prenant à rebrousse-poil. À long terme, on n'évitera une flambée des prix que si la *production* arrive à suivre la *consommation*. Il nous reste à identifier les variables qui détermineront, dans les prochaines décennies, la production agricole et la consommation alimentaire.

On s'attend à ce que la population passe d'environ 6 milliards d'habitants en 2000 à 9 milliards en 2050. Si la croissance démographique se ralentit par rapport à celle du xxe siècle, l'augmentation en termes absolus reste considérable. En même temps, des centaines de millions d'individus (notamment en Chine, en Inde et au Brésil) devraient voir leur niveau de vie augmenter sensiblement. Or, la hausse des revenus s'est toujours accompagnée d'une augmentation de la consommation de viande, et le bétail lui-même consomme des quantités appréciables de céréales. Par ailleurs, la production d'éthanol, qui devrait théoriquement permettre de diminuer les émissions de gaz carbonique, se traduit également par une utilisation accrue de céréales.

La consommation devrait connaître une forte hausse.

Il existe deux façons évidentes de produire plus : accroître les surfaces disponibles pour l'agriculture ou améliorer la productivité des terres existantes. Or les terres se faisaient déjà rares en Occident au siècle dernier. Même un pays neuf comme le Canada a vu sa superficie agricole plafonner dès les années 1930. Partout dans le monde, beaucoup de belles terres agricoles ont tendance à être englouties par l'urbanisation et l'étalement des villes. Désormais, l'expansion se fait surtout au détriment des forêts tropicales, notamment celles de l'Amazonie et de l'Indonésie.

La production pourra-t-elle encore suivre?

Les solutions sont en même temps sources de problèmes.

Si la production agricole a pu augmenter au XXe siècle, c'est donc grâce à une augmentation de la productivité. En utilisant plus de machines, d'engrais chimiques, de pesticides, d'énergie et d'eau, on a réussi à multiplier les rendements. Ces méthodes semblent avoir atteint leurs limites, et elles se sont montrées coûteuses pour l'environnement (voire pour la santé). Les manipulations génétiques, qui suscitent une telle méfiance, peuvent-elles prendre le relais? Ici encore, nous serons appelés à faire un *arbitrage*: hausse de la productivité ou prudence face aux OGM?

Si la production agricole ne peut plus suivre, il faudra peut-être freiner la consommation, et ce en ralentissant la croissance démographique mondiale d'une part et en modifiant nos habitudes alimentaires d'autre part. Facile à dire, d'autant plus qu'il s'agit de phénomènes évoluant sur le long terme. Alors, devrons-nous nous agripper à notre bifteck, pendant que nos congénères crient famine? Mais sommes-nous sûrs que, dans une telle lutte, nous serons encore du bon côté de l'assiette?

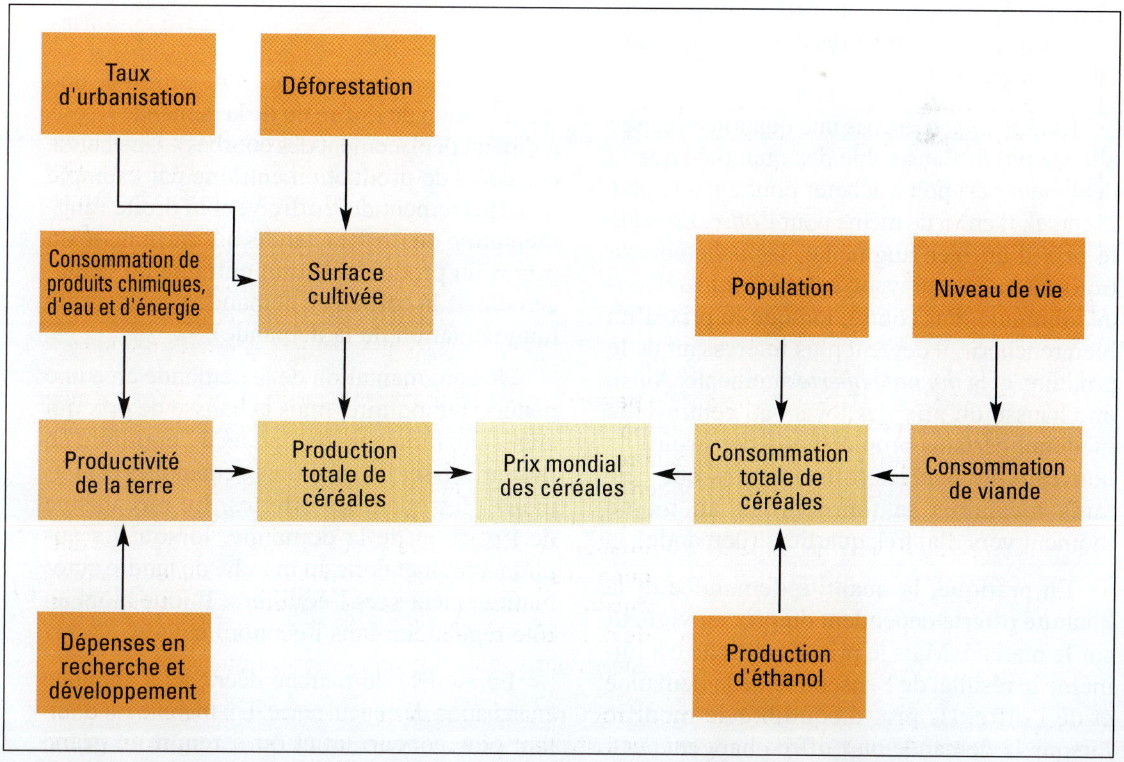

Questions à débattre

Prenez soin, dans votre argumentation, de bien distinguer les *éléments normatifs* des *éléments positifs*.

1. On affirme plus haut que « les solutions sont en même temps sources de problèmes ». Citez quelques *arbitrages* illustrant ce principe.
2. Selon vous, quelles sont les solutions à retenir pour résoudre le problème du prix des céréales et le problème plus général de l'alimentation ? (Basez-vous sur les variables représentées par les cases les plus foncées du schéma.) Comment parviendrez-vous à modifier les variables choisies ?

RÉSUMÉ

Le marché est le lieu où se rencontrent le demandeur et l'offreur. En théorie, ceux-ci ne subissent aucune contrainte directe : ils prennent leurs décisions en toute liberté et en fonction de leurs intérêts. Le demandeur cherche à acheter au prix le plus bas, et l'offreur cherche à vendre au prix le plus élevé. Le prix du marché est le résultat de l'équilibre entre ces deux forces.

La *demande* n'est pas une quantité précise : elle est plutôt l'ensemble des quantités que le demandeur est prêt à acheter pour chaque prix éventuel. Il en va de même pour l'*offre*. Lorsque le prix d'un bien augmente, les acheteurs le trouvent moins attrayant, et la *quantité demandée* diminue. Par contre, lorsque le prix d'un bien renchérit, il devient plus intéressant de le produire, et la *quantité offerte* augmente. Ainsi, une hausse du prix des loyers au centre-ville inciterait certains promoteurs à construire de nouveaux immeubles (offre), tandis que certains locataires se tourneraient au même moment vers d'autres quartiers (demande).

En pratique, la quantité demandée et la quantité offerte dépendent du prix en vigueur sur le marché. Mais le prix du marché est lui-même le résultat de l'ensemble de la demande et de l'offre. Ce prix d'équilibre se modifie lorsque la demande ou l'offre changent.

Divers événements peuvent entraîner une modification de l'offre ou de la demande (c'est-à-dire un déplacement des courbes). Une baisse des coûts de production entraîne par exemple un déplacement de l'offre vers la droite (augmentation de l'offre), tandis qu'une hausse du prix d'un produit substitut entraîne un déplacement de la courbe de demande vers la droite (augmentation de la demande).

Une augmentation de la demande crée une pénurie temporaire, mais la hausse de prix qui en résulte ramènera le marché à l'équilibre en faisant baisser les quantités demandées et augmenter les quantités offertes. Le mécanisme de l'offre et de la demande, lorsqu'il s'applique, permet donc au marché de tendre automatiquement vers l'équilibre. Il joue alors un rôle régulateur dans l'économie.

Le modèle du marché décrit ici s'applique en situation de concurrence. Un marché est d'autant plus concurrentiel qu'il réunit un grand nombre de demandeurs et d'offreurs de taille modeste (atomicité), qu'il demeure ouvert à de nouveaux producteurs éventuels (libre entrée) et que les produits sont comparables (homogénéité), accessibles (mobilité) à des endroits et à des prix connus (information). En réalité, certains marchés sont très concurrentiels (les aliments, les vêtements) et d'autres le sont beaucoup moins (l'automobile, l'électricité); certains s'apparentent à des oligopoles (quelques gros offreurs dominent le marché), d'autres à des monopoles.

Le modèle du marché s'applique non seulement aux biens, mais également au travail (les ménages offrent leurs services aux entreprises) et aux services financiers (les emprunteurs demandent de l'argent aux prêteurs par l'intermédiaire des banques ou de la Bourse).

Le prix du marché est généralement un signal efficace pour l'allocation des ressources et contribue ainsi à rendre l'économie plus productive. Cependant, l'être humain, qui est au cœur de l'économie, obéit à une mécanique beaucoup plus complexe que celle du modèle de l'offre et de la demande. Il serait par exemple absurde de considérer le travailleur comme une simple marchandise. Les gouvernements interviennent parfois en fixant des prix plafond (prix maximum imposé dans le but de protéger les acheteurs) ou des prix plancher (qui visent à garantir un revenu minimum aux vendeurs).

Exercices supplémentaires

1. Les acteurs du marché

a) Comment les demandeurs réagissent-ils lorsque les prix augmentent ? Expliquez les raisons de leur conduite.

b) Quelle différence faites-vous entre *prix* et *coûts* ?

c) Pourquoi, à court terme, est-il nécessaire que le prix augmente pour que les producteurs consentent à accroître leur production ?

2. Le modèle de l'offre et de la demande

a) Tracez les courbes de demande et d'offre sur un graphe, à partir des données ci-dessous.

Demande et offre de déblayage de neige (pour une entrée de garage ordinaire)

Prix *(en dollars)*	Quantité demandée *(en milliers)*	Quantité offerte
5	240	100
10	200	130
15	160	160
20	110	200
25	60	250
30	10	300

b) Quels seront le prix et la quantité d'équilibre sur ce marché ?

3. De belles courbes

a) Tracez une courbe d'offre passant par les points (*P*, *Q*) suivants : (10, 1) et (50, 5). Tracez une courbe de demande passant par les points (50, 1) et (10, 5).

b) Quel est le prix d'équilibre sur ce marché ? (Il s'agit d'un marché concurrentiel.)

c) Pourquoi est-il impossible que le prix soit de 35 $? Pourquoi est-il impossible qu'il soit de 25 $?

d) Supposez que la courbe d'offre se déplace vers la droite et passe désormais par les points (0, 1) et (40, 5). Quel événement pourrait expliquer ce changement de l'offre ? Quel est le nouveau prix d'équilibre ?

4. Les courbes se déplacent

Indiquez l'effet de chacun des événements suivants sur le prix et sur la quantité d'équilibre (*hausse, baisse, aucun* changement ou changement *indéterminé*). Pour vous aider, tracez au préalable des courbes d'offre et de demande. (Tous les exemples sont fictifs !)

a) Marché des cigarettes. Le ministère de la Santé de l'Ontario interdit de fumer en plein air dans un rayon de 5 km autour d'une école ou d'un hôpital.

b) Marché du flétan. Le ministère des Pêches de Terre-Neuve interdit la pêche au filet pour le flétan. Seule la pêche à la ligne reste permise, et uniquement pour les pêcheurs professionnels.

c) Marché du bois. Le ministère des Forêts de la Colombie-Britannique diminue de moitié le tarif des droits de coupe sur le séquoia. Au même moment, la vogue de ce bois bat son plein dans la province.

d) Marché du travail du Québec. Le ministère de l'Emploi du Nouveau-Brunswick offre une remise totale d'impôts pour une durée de 99 ans à toute entreprise qui quitterait le Québec afin de s'installer dans la province.

5. L'automatisme des marchés

Donnez, pour le marché des biens, le marché du travail et le marché financier, un exemple montrant que, en théorie, le jeu de l'offre et de la demande permet d'éliminer automatiquement un déséquilibre.

6. Le marché du travail

a) Qui est l'offreur et qui est le demandeur sur le marché du travail ?

b) Comment désigne-t-on le prix du travail ?

c) Comment les ménages et les entreprises devraient-ils réagir lorsque le salaire varie ? Expliquez.

7. Débat : Le salaire minimum

a) Les économistes partisans du libre marché soutiennent que le salaire minimum est une des causes du surplus de main-d'œuvre sur le marché du travail. Utilisez des courbes d'offre et de demande (voir la figure 2.7, page 41) pour expliquer leur raisonnement.

b) Pensez-vous qu'on devrait supprimer le salaire minimum ? Donnez des arguments précis.

DEUXIÈME PARTIE

L'ANALYSE DE LA SITUATION

SOMMAIRE

CHAPITRE 3 LE PIB ET LA CROISSANCE ÉCONOMIQUE
CHAPITRE 4 LA CONSOMMATION DES MÉNAGES
CHAPITRE 5 L'INVESTISSEMENT DES ENTREPRISES
CHAPITRE 6 L'ÉTAT ET LES FINANCES PUBLIQUES
CHAPITRE 7 LE COMMERCE AVEC L'ÉTRANGER
CHAPITRE 8 LES BANQUES ET LA CRÉATION DE MONNAIE

CHAPITRE 3

LE **PIB** ET LA **CROISSANCE ÉCONOMIQUE**

Dans ce chapitre, nous définirons les grands rôles économiques au lieu d'étudier séparément des individus et des organismes : en adoptant cette démarche, nous perdons peut-être en précision, mais nous gagnons en commodité. Nous pourrons donc aborder l'économie de façon *globale* et scientifique en *mesurant* les activités de chaque acteur (ou agent économique) et en observant leur *interdépendance*, ce qui nous permettra d'évaluer le niveau global de la production (ou PIB). Nous serons alors bien outillés pour chercher à comprendre, dans les chapitres suivants, le comportement de chacun des grands *acteurs de l'économie* et leur influence sur l'évolution du PIB ainsi que sur les hauts et les bas de l'économie.

1. LES RELATIONS ENTRE LES AGENTS ÉCONOMIQUES

En économie globale, il y a quatre acteurs principaux, qu'on appelle aussi *agents économiques* : les ménages, les entreprises, l'État et l'étranger. À cela, il faudra ajouter un cinquième mousquetaire : les banques.

Les ménages

En tant qu'individus, nous participons tous activement à l'économie. Dans le cas le plus typique, nous travaillons et nous utilisons notre salaire pour nous procurer des biens. Le plus souvent, nous agissons en groupe. C'est le cas lorsqu'un père, une mère et des enfants utilisent la même maison et partagent leurs repas. C'est pourquoi on nous qualifie généralement de *ménages*.

Le ménage est un groupe d'individus demeurant sous le même toit et prenant des décisions économiques en commun. Il fournit les ressources productives à l'économie (il offre son temps de travail et finance le capital) et en tire des revenus. Le ménage utilise ensuite ces revenus pour consommer ou épargner. Tout individu fait partie d'un ménage, quelles que soient ses autres fonctions. Une personne peut même constituer un ménage à elle toute seule.

Les entreprises

La compagnie Sony produit des téléphones portables, des consoles de jeux, des ordinateurs portables, qu'elle vend par l'intermédiaire d'un réseau de distribution. Grâce aux recettes provenant de ces ventes, Sony peut payer ses ouvriers, ses chercheurs, ses matériaux et ses équipements. Sony est une *entreprise*.

Les entreprises sont des organisations et non des personnes en chair et en os comme les ménages. Leur rôle sur la scène économique consiste à produire des biens destinés à la vente. Les recettes qui proviennent de ces ventes servent à financer les ressources utilisées dans le processus de production.

L'État

L'*État* joue aussi un rôle de producteur, à l'instar des entreprises. C'est lui qui s'occupe de la sécurité publique, de l'éducation (jusqu'à un certain âge), de la santé (dans certains pays), etc. Contrairement aux entreprises, cependant, l'État ne vend pas aux usagers les services qu'il produit. En pratique, cela signifie que la fréquentation de l'école, les soins de santé et l'usage des routes sont gratuits au Québec, peu importe le nombre d'enfants qu'on a, la fréquence de ses maladies ou le nombre de kilomètres qu'on parcourt.

Pour financer sa production, l'État prélève de l'argent à la source : c'est le système des impôts. En principe, tout le monde est obligé d'y contribuer et a accès aux services produits par l'État. Il n'y a donc pas de lien direct entre l'utilisation d'un service et le paiement de ce service. On constate également que, si les services produits par l'État sont gratuits sur le plan individuel, ils ne le sont pas sur le plan global.

L'État regroupe en gros les ministères, les municipalités, le réseau scolaire et le système de soins de santé. Par contre, même si l'État en est propriétaire, les sociétés d'État (comme Hydro-Québec) font plutôt partie des entreprises, puisqu'elles vendent des produits à leurs clients.

L'étranger

Les trois agents que nous venons de présenter sont les agents nationaux. Le quatrième agent — l'*étranger* — réunit les ménages, les entreprises et les États situés à l'extérieur du territoire national. Ceux-ci sont soumis à d'autres lois et exercent leurs activités dans d'autres environnements économiques. Il est commode de les grouper dans une même catégorie dans la mesure où nos relations avec eux passent par un canal bien précis, la frontière. L'étranger vend et achète des biens aux trois acteurs nationaux : ce sont les importations et les exportations. Ses rapports avec nous couvrent aussi d'autres domaines : il peut, par exemple, nous prêter de l'argent, ou nous verser des intérêts.

Le cinquième mousquetaire : les banques

> « Un banquier est un homme qui vous prête un parapluie quand il fait beau et qui vous le retire quand il pleut. »
>
> Anonyme, XVIIIe siècle

En dehors des quatre acteurs économiques proprement dits, il en existe un cinquième dont le rôle principal est de réunir les épargnes de certains d'entre eux et de les diriger vers ceux qui ont besoin de financement. Il s'agit des banques et des autres institutions financières. Ces organismes ont une fonction un peu particulière, dans la mesure où ils ne participent pas directement à l'économie « concrète », mais exercent quand même une influence sur la production, influence qui est croissante dans le contexte actuel de globalisation des marchés.

Les agents économiques et la rationalité

Même si les agents possèdent chacun leurs caractéristiques, ils ont un point commun : tous cherchent en principe à défendre leurs intérêts et à maximiser leur bien-être. Le ménage cherche à satisfaire le maximum de besoins en faisant le minimum d'efforts. Rares sont les individus qui étirent volontairement le temps consacré aux travaux ménagers, souhaitent obtenir des diminutions de salaire ou demandent à payer des produits plus cher que leurs voisins. On dit que les ménages sont *rationnels*, puisqu'ils se comportent de façon à atteindre leurs objectifs. Nous adopterons ici l'*hypothèse de la rationalité* car, si nous connaissons tous des individus qui échappent à cette règle, cette hypothèse est à la fois réaliste et utile dans le cadre de notre étude.

Les autres agents obéissent également à la règle de la rationalité. Les entreprises veulent maximiser leurs profits. Pour cela, elles sont amenées à réduire au minimum leurs coûts de production et à accroître leurs recettes. L'hypothèse de la rationalité nous permettra de mieux comprendre le comportement des agents économiques et, surtout, de mieux le prévoir.

> « Est-il vraiment rationnel d'être rationnel ? »
>
> Serge Latouche

LES DÉPENSES DES UNS SONT LES RECETTES DES AUTRES

Il n'y a pas de recette sans dépense.

Pour comprendre la façon dont les agents économiques interagissent, nous utiliserons un exemple sous forme de travail pratique. Cet exercice ne demande aucune connaissance particulière mais plutôt de l'imagination et de la persévérance. Il nous permettra de constater notamment que toute *dépense* pour un agent est en même temps une *recette* pour un autre ; il n'y a ni recette sans dépense, ni exportation sans importation, ni épargne sans emprunt. On ne peut donc recommander à tous de vendre sans jamais acheter, ni d'épargner sans jamais s'endetter. Nous constaterons ainsi que toute mesure destinée à un agent économique touche nécessairement les autres agents : si on supprime une dépense quelque part, on supprime nécessairement une recette ailleurs.

TRANSACTIONS

La liste suivante présente les principales transactions (en milliards de dollars) entre quatre agents économiques : les ménages, les entreprises, l'État et l'étranger. Chacune est accompagnée d'un exemple qui vous mettra sur la bonne piste si besoin est. Nous ajouterons les banques à la fin de l'exercice.

1. Importations de produits finis : 45
   (exemple : la famille Plouffe achète du café colombien)
2. Exportations : 40
   (exemple : la compagnie Bombardier vend des locomotives au Brésil)
3. Impôts sur le revenu des particuliers : 25
   (exemple : Gérard paie 20 000 $ d'impôt fédéral sur son salaire)
4. Impôts sur les profits des entreprises : 22
   (exemple : la compagnie Alcan paie 200 $ d'impôts sur ses profits annuels)
5. Ventes de biens et de services à l'État : 20
   (exemple : la compagnie Vallières-Micro vend 300 000 ordinateurs au ministère de l'Éducation)
6. Dépenses de consommation des ménages (produits locaux) : 55
   (exemple : Julie s'achète un mobilier de salon)
7. Salaires des employés du secteur public : 18
   (exemple : les infirmières reçoivent leur paye)
8. Salaires des travailleurs du secteur privé et des sociétés d'État : 80
   (exemple : Hydro-Québec verse leur indemnité de vacances à ses employés)
9. Profits distribués aux particuliers : 19
   (exemple : la compagnie Alcan verse 200 000 $ en dividendes à chacun de ses actionnaires)
10. Transferts sociaux (comme l'assurance-chômage et les allocations familiales) : 17
    (exemple : la famille Plouffe reçoit 12,50 $ par mois pour son troisième enfant)

Questions

1. Les comptes des agents économiques

a) Inscrivez les dix transactions dans les comptes des quatre agents économiques présentés au **tableau 3.1**. Chaque transaction doit apparaître dans deux comptes différents (une fois sous forme de recette et une fois sous forme de dépense). *Suggestion :* pour chaque transaction, désignez au préalable l'agent économique qui reçoit la somme mentionnée et celui qui doit la débourser.

b) Calculez le solde de chaque compte, ainsi que les épargnes ou les emprunts nécessaires pour équilibrer les comptes, et inscrivez-les dans le tableau.

Tableau 3.1

LES COMPTES DES AGENTS ÉCONOMIQUES (à remplir)

Dépenses	**Ménages**		**Recettes**
Consommation			Salaires
Consommation			Salaires
Impôts			Revenus de placement
Épargne			Transferts sociaux
Total			**Total**

Dépenses	**Entreprises**		**Recettes**
Salaires			Ventes aux ménages
Intérêts et dividendes			Ventes à l'État
Impôts			Ventes à l'étranger
			Emprunt
Total			**Total**

Dépenses	**État**		**Recettes**
Achat de biens et services			Impôts des ménages
Salaires			Impôts des entreprises
Transferts aux ménages			*Emprunt*
Total			**Total**

Dépenses	**Étranger**		**Recettes**
Achat de biens et services			Vente de biens et services
Épargne			
Total			**Total**

2. L'équilibre du circuit

a) Dessinez un circuit économique composé de quatre cases (une pour chacun des agents économiques) et de dix flèches (une pour chacune des dix transactions monétaires) pointant vers l'agent qui reçoit l'argent (voir le schéma de la figure 3.1).

b) Supposez que, dans votre schéma, chaque agent économique représente un bassin, et chaque flèche un conduit par lequel de l'eau arrive au bassin ou s'en écoule. Y a-t-il des risques d'inondation ou de sécheresse ?

c) Ajoutez le cinquième agent économique (les banques), qui est chargé de recueillir les excédents et de les distribuer aux agents déficitaires: complétez le schéma de la figure 3.1 de façon que le système soit en équilibre.

Figure 3.1

LES TRANSACTIONS ENTRE LES AGENTS ÉCONOMIQUES SOUS FORME DE FLUX MONÉTAIRES (à remplir)

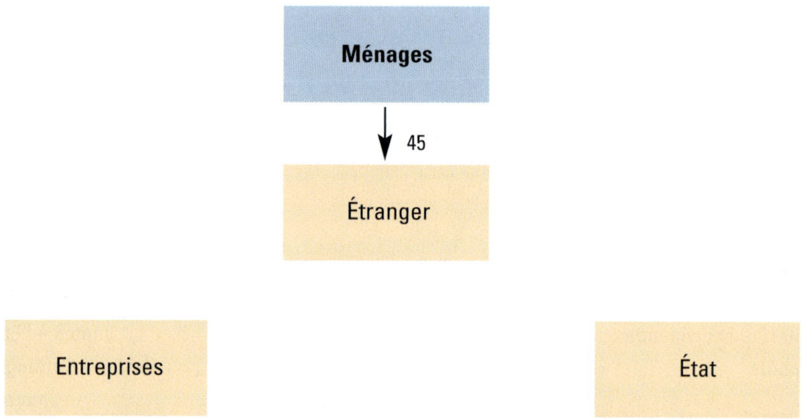

3. Un peu d'analyse

a) Le déficit de l'État pose-t-il un problème de *financement* dans notre exemple ?

b) Si l'État décidait de réduire son déficit en diminuant de 4 ses achats et de 2 les salaires de ses employés, quelles en seraient les répercussions sur les autres agents économiques et sur l'ensemble du modèle ?

Exercices

1. Les agents économiques

Donnez le nom des deux agents économiques qui participent à chacune des transactions suivantes et précisez s'il s'agit pour eux d'une dépense ou d'une recette.

a) Elvis Gratton achète *Le Petit Robert québécois.*

b) La compagnie de tracteurs Agrilot de Plaisance vend 12 000 tracteurs à l'Australie.

c) Le gouvernement du Québec paye ses fonctionnaires.

d) Alcan achète 30 000 tonnes de bauxite à la Guyane.

e) Jos Bleau touche ses allocations familiales.

2. **Le comportement des agents**
   a) Qu'est-ce que la rationalité économique?
   b) L'hypothèse de la rationalité économique est-elle réaliste?
   c) Un être rationnel doit-il nécessairement obtenir toute l'information pertinente avant d'agir?

2. LES DÉPENSES DES AGENTS ÉCONOMIQUES ET LE PIB

Après avoir terminé l'étude de ce chapitre, nous serons en mesure de calculer la production annuelle d'un pays, c'est-à-dire son *produit intérieur brut*, ou *PIB*. Nous aurons alors à notre disposition un outil qui nous permettra d'analyser la situation d'une économie et de prévoir son évolution.

Le PIB du Canada (en 2008) et les éléments qui le composent sont présentés au **tableau 3.2**, page suivante. Nous verrons comment procéder pour comprendre et retenir la structure de ce tableau, ce qui sera relativement facile maintenant que nous nous sommes familiarisés avec les agents économiques. Nous tenterons ensuite d'analyser l'importance relative de chaque composante, puis de mesurer l'évolution de la production au fil des années.

Chaque agent achète une partie de la production

En comptabilisant les ventes de produits finis, on peut évaluer le PIB.

Nous savons qu'un certain nombre de biens passent d'une entreprise à l'autre en subissant une série de transformations : ce sont les biens *intermédiaires*. Tôt ou tard, ces biens atteignent leur forme *finale*, et ceux qui les ont produits (principalement les entreprises) les vendent aux divers agents économiques (notamment aux ménages). Le moment est alors tout à fait approprié pour mesurer la production. Notre démarche consistera donc à comptabiliser les *dépenses* effectuées par les agents économiques pour acheter des produits. Évidemment, pour éviter de compter plusieurs fois le même bien, nous prendrons bien soin de nous limiter aux produits finis.

Les ménages *consomment*.

En étudiant le tableau 3.2, on constate que les ménages canadiens ont acheté en 2008 des biens d'une valeur globale de 893,0 milliards de dollars (première ligne, dernière colonne). Ces dépenses des ménages, qui constituent la *consommation* (ou consommation personnelle), représentent le principal débouché des producteurs. On considère la consommation comme une dépense, car on adopte ici le point de vue des utilisateurs et non celui des producteurs.

Les dépenses des entreprises nous intéressent dans la mesure où elles portent sur des produits finis. La compagnie Ford, par exemple, achète des pneus et des climatiseurs à divers fournisseurs. Ce genre de dépense ne nous concerne pas, car ces produits

Tableau 3.2

LE PIB DU CANADA PAR LES DÉPENSES

		2002	2008	2008
		(en milliards de dollars de 2002)		*(en milliards de dollars de 2008)*
Consommation	(C)	655,7	820,6	893,0
Investissement	(I)	222,5	327,4	369,2
Dépenses publiques	(G)	224,4	267,4	314,0
Exportations	(X)	479,2	476,7	559,8
Importations	(M)	–428,3	–579,4	–534,1
Écart statistique		–0,6	0,6	0,6
Total : PIB		**1152,9**	**1313,3**	**1602,5**
Population (en millions d'habitants)		*31,373*		*33,311*

Source : Statistique Canada, *Cansim,* tableaux 380-0017, 051-0001.

intermédiaires feront plus tard partie d'une automobile (qui est le produit *fini*). Par contre, lorsqu'elle dépense son argent pour acheter des robots ou qu'elle construit une nouvelle usine, la compagnie Ford se procure des produits finis.

Les entreprises *investissent,* c'est-à-dire qu'elles achètent des équipements.

En général, les produits finis achetés ou fabriqués par les entreprises sont les biens d'équipement (la machinerie et les immeubles), qui constituent le *capital.* C'est grâce à l'*investissement* que les entreprises renouvellent et accroissent leur stock de capital. Si la consommation permet aux ménages de satisfaire leurs besoins immédiats, l'investissement est essentiel au développement des capacités de production des entreprises et, par conséquent, à la progression du niveau de vie. L'investissement a atteint 369,2 milliards de dollars pour l'ensemble du Canada en 2008. Notons que ce chiffre inclut les maisons neuves destinées aux ménages, qui peuvent en effet être considérées comme une forme d'équipements productifs, ainsi que les investissements faits par l'État.

L'État produit des services qu'il offre directement à la population.

Le troisième agent économique, l'État, contribue lui aussi au produit intérieur brut. Les ménages sont les principaux bénéficiaires des dépenses qu'il effectue (notamment dans les domaines de l'éducation, de la santé et de la sécurité publique). Étant donné que ces produits ne sont généralement pas vendus aux ménages, on se base sur les budgets gouvernementaux pour en mesurer la valeur. Nous nommerons cette composante du PIB dépenses gouvernementales, ou *dépenses publiques*. En 2008, l'État (l'ensemble des paliers de gouvernement au Canada) produisait des services d'une valeur de 314,0 milliards de dollars.

L'étranger achète nos *exportations.*

Une partie de la production est vendue à l'extérieur du pays. En 2008, l'étranger a acheté pour 559,8 milliards de dollars de produits canadiens. Ces dépenses (du point de vue de l'acheteur étranger) sont nos *exportations*. Pour le Canada (et plus encore pour le Québec), cette composante représente une part non négligeable du PIB.

Lorsque les ménages consomment et que les entreprises achètent des machines, les biens qu'ils se procurent viennent parfois de l'étranger. Dans le tableau 3.2, les montants attribués à la consommation et à l'investissement sont donc surévalués, puisqu'ils ne concernent pas uniquement des biens produits au pays. S'il est facile de connaître les dépenses des ménages ou des entreprises (les commerçants tiennent une comptabilité précise de leurs ventes), il est malaisé d'obtenir des détails quant à la provenance de chaque produit vendu. Après tout, lorsqu'un individu achète une demi-douzaine de paires de chaussettes, il se préoccupe peu de savoir que la paire de chaussettes à carreaux est entièrement indigène, que les deux paires en coton sont directement importées de l'étranger et que les trois autres paires sont fabriquées à Montréal avec de la laine australienne. La façon la plus simple de tenir compte du fait qu'une partie des dépenses effectuées pour acheter des produits concerne en réalité le PIB d'autres pays consiste à soustraire les *importations* (534,1 milliards) du reste des dépenses.

Après vérification, et compte tenu du fait qu'on peut recouper certaines données, on procède à un léger ajustement des chiffres : c'est ce qu'on appelle dans le tableau l'*écart statistique* (ici 0,6 milliards ou 600 millions). Nous ne nous préoccuperons pas de ces montants, qui ne dépassent jamais quelques misérables milliards de dollars (nous étudions ici l'économie *globale*).

Le produit intérieur brut se calcule à partir de la consommation des ménages (C), de l'investissement des entreprises (I), des dépenses publiques de l'État (G)[1], des exportations à l'étranger (X) et des importations (M). Vous aurez sans doute reconnu au passage les agents économiques. Lorsqu'on les connaît, il est facile de se rappeler que :

$$\mathbf{PIB = C + I + G + (X - M)}$$

soit, à partir des données du tableau 3.2,

$$\mathbf{893{,}0 + 369{,}2 + 314{,}0 + (559{,}8 - 534{,}1) = 1601{,}9}$$[2]

Les trois premières composantes du PIB (soit C + I + G) correspondent aux agents intérieurs, c'est pourquoi on les regroupe parfois sous la dénomination commune de *demande intérieure finale*.

---

1. Rappelons que l'État contribue dans une faible mesure à la production de biens d'équipements, et que nous avons inclus ces dépenses particulières dans l'investissement (I).

2. Il reste à tenir compte de l'écart statistique pour obtenir une valeur plus précise du PIB.

La consommation est de loin la composante la plus importante du PIB. Après tout, l'économie n'est-elle pas au service des êtres humains, c'est-à-dire des ménages ? On constate cependant que chacun des types de dépenses pèse lourd dans la balance de l'activité économique. Ainsi, une chute de l'investissement par les entreprises, des compressions budgétaires par l'État ou un ralentissement des ventes à l'étranger peuvent provoquer une baisse du PIB avec son cortège de chômeurs.

Nous nous contenterons pour le moment de chiffrer la contribution de chaque composante à l'ensemble de la production. Ainsi, la consommation représente 55,7 % du PIB (car 893,0/1602,5 = 0,557 = 55,7 %), l'investissement, 23,0 %, les dépenses publiques, 19,6 %, et les exportations, 34,9 %. Cette dernière proportion montre à quel point l'économie canadienne est une économie ouverte, puisque plus du tiers des produits sont vendus à l'étranger.

Sommes-nous vraiment plus pauvres qu'avant ?

Même si la mode est parfois au pessimisme économique depuis le milieu des années 1970, le PIB ne cesse d'augmenter, bon an mal an. Les baisses véritables du PIB sont tout à fait exceptionnelles. Dans le tableau 3.2, on observe que le PIB est passé de 1152,9 milliards de dollars en 2002 à 1602,5 milliards de dollars en 2008. L'augmentation semble appréciable : essayons de la mesurer avec précision et d'apporter les nuances qui s'imposent.

> Le *taux de croissance* du PIB au cours d'une période donnée s'obtient en divisant la variation du PIB (au cours de la période) par le PIB initial.

Une simple soustraction (1602,5 – 1152,9) nous indique que le PIB a augmenté de 449,6 milliards en 6 ans (de 2002 à 2008). Mais, tout étant relatif sur cette terre, il nous faut comparer cette augmentation au PIB initial si nous voulons être en mesure d'interpréter ce chiffre. Le *taux de croissance* du PIB est donc de 449,6/1152,9 = 0,390 = 39,0 %. En effet, lorsqu'une variable passe de la valeur a à la valeur b au cours d'une période donnée, son taux de croissance est égal à $(b - a)/a$.

> **Taux de croissance entre le point *a* et le point *b* = *(b – a)/a***
>
> **Proportion = Partie/Tout**

La hausse du PIB signifie-t-elle véritablement que le niveau de vie a progressé de 39,0 % ? Non, car les prix et la population ont augmenté pendant cette période. Il serait incorrect de comparer directement le PIB de 2008 (dernière colonne) au PIB de 2002 (première colonne), puisque les prix ont changé et que les dollars de 2008 n'ont pas la même valeur (pour ce qui est du pouvoir d'achat) que ceux de 2002. Pour permettre une véritable comparaison, nous avons donc converti le PIB de 2008 en dollars de 2002 (colonne du milieu)[3]. Il devient alors possible de mesurer la croissance *réelle* du PIB

---

3. Nous verrons au chapitre 4 comment faire cette conversion. Avant de nous pencher sur la technique, cherchons d'abord à bien maîtriser le concept.

L'inflation fausse la comparaison entre les PIB de deux années différentes. Pour connaître la croissance *réelle* du PIB, il faut tenir compte de l'inflation.

(parce qu'on a tenu compte de l'évolution des prix). On s'aperçoit que le PIB de 2008 ne vaudrait en fait que 1313,3 milliards de dollars si les prix n'avaient pas changé depuis 2002. Le taux de croissance réelle est donc de (1313,3 – 1152,9)/1152,9 = 13,9 %. Le chiffre de 39,0 % calculé précédemment ne représentait que la croissance *nominale*.

La production canadienne a donc augmenté réellement de 13,9 % en six ans, ce qui n'est pas négligeable (même si on se demande où cette richesse a bien pu passer). Notons par ailleurs que la population canadienne a elle aussi augmenté : elle est passée de 31,373 millions en 2002 à 33,311 millions en 2008 (**tableau 3.3**). Le PIB réel par habitant était de 36 748 $ en 2002 (soit 1152,9 milliards/31,373 millions) et de 39 425 $ en 2008 (soit 1313,3 milliards/33,311 millions). Évidemment, pour que la comparaison soit valable, nous avons utilisé les données exprimées en dollars de 2002. Nous pouvons en conclure que le niveau de vie moyen de la population canadienne a augmenté de 7,3 % pendant cette période de cinq ans (soit [39 425 $ – 36 748 $]/36 748 $). Il faut toutefois reconnaître que le PIB n'est qu'une mesure de la production : il ne reflète pas toujours avec précision le niveau de bien-être d'une population.

Tableau 3.3

L'ÉVOLUTION DU PIB RÉEL PAR HABITANT AU CANADA

	2002	2008	Taux de croissance réel 2002-2008
PIB (en milliards de dollars de 2002)	1152,9	1313,3	13,9 %
Population (en millions d'habitants)	31,373	33,311	6,2 %
PIB par habitant (en dollars de 2002)	36 748	39 425	7,3 %

Note : Données tirées ou déduites du tableau 3.2.

Les dépenses du PIB : un outil de comparaison entre pays

Nous vous proposons maintenant un petit tour d'horizon économique. Vous aurez l'occasion de mettre en pratique les connaissances que vous venez d'acquérir.

Le **tableau 3.4** présente la répartition des diverses composantes du PIB pour un éventail de pays. Il ne s'agit pas de sommes d'argent mais bien de proportions. Ainsi, on peut constater, par exemple, que 56 % de toute la production du Canada est destinée à la consommation des ménages. Ces proportions nous permettront de faire des comparaisons entre les pays sans nous préoccuper de la taille de leur économie ou de la valeur de leur monnaie.

Tableau 3.4

LA STRUCTURE DE LA DEMANDE DANS DIVERS PAYS EN 2006

	Consommation	Investissement	Dépenses publiques	Exportations	Importations	**Total PIB**	Taux de croissance réelle du PIB *(moyenne annuelle 1997-2006)*	Population *(en millions d'habitants)*
	C +	I +	G +	X −	M =	**C + I + G + X − M**		
	(en pourcentage du PIB)							
Canada	55	23	19	36	34	**100**	3,4	32,6
États-Unis	71	19	16	11	16	**100**	3,2	299,4
Bolivie	63	12	15	43	33	**100**	3,2	9,4
Niger	79	18	11	15	24	**100**	3,6	13,7
Tunisie	62	24	14	54	54	**100**	4,9	10,1
Maurice	68	25	15	60	67	**100**	4,6	1,3
France	57	21	24	27	28	**100**	2,3	61,3
Suisse	60	22	11	48	41	**100**	1,8	7,5
Inde	58	34	11	23	26	**100**	6,5	1109,8
Chine	33	45	14	40	32	**100**	9,2	1311,8
Japon	57	23	18	14	13	**100**	1,1	127,8

Note : Pour le Japon, les États-Unis, la Suisse et le Niger, les données sont de 2005.

Source : Banque mondiale, *Rapport sur le développement dans le monde,* 2008.

Les petits pays (en nombre d'habitants) sont généralement plus ouverts que les grands pays.

Examinons d'abord les données du commerce extérieur. Certains pays semblent relativement autosuffisants : les États-Unis et le Japon exportent et importent relativement peu. Cela s'explique par le fait que les producteurs américains et japonais bénéficient d'un vaste marché intérieur (ils ont donc moins besoin d'exporter) et qu'ils disposent de ressources suffisantes pour produire une plus grande variété de biens (ils ont moins besoin d'importer). À l'opposé, l'île Maurice et la Suisse — deux pays à faible population — dépendent largement des marchés extérieurs pour s'approvisionner et pour écouler leur production : elles disposent d'un marché intérieur limité et leur main-d'œuvre peu nombreuse les contraint à se spécialiser dans un nombre restreint de domaines. Remarquons que le Canada — et plus encore le Québec — est également une économie relativement ouverte (ce qui n'est pas nécessairement un handicap). Par ailleurs, faut-il considérer les exportations américaines ou japonaises comme négligeables ? Certes non. Onze pour cent d'un PIB aussi gros que celui des États-Unis pèsent lourd dans l'économie mondiale. Notons enfin que d'autres facteurs peuvent expliquer les écarts entre les pays quant au taux d'exportation : le niveau de développement, les choix politiques, etc.

Grâce à un fort taux d'investissement, certains pays connaîtront une croissance économique rapide.

L'Inde et la Chine consacrent une part considérable de leur production à l'investissement, c'est-à-dire à la fabrication de machines et à la construction de bâtiments. Ces investissements se font aux dépens de la satisfaction des besoins immédiats. On constate, par exemple, que les Indiens reçoivent relativement moins de services publics et les Chinois, moins de biens de consommation que les Canadiens. C'est grâce notamment à ce sacrifice que la production de l'Inde et de la Chine a pu connaître une croissance phénoménale ces dernières années (consulter l'avant-dernière colonne du tableau 3.4). On remarque également que, malgré leur grande population, l'Inde et la Chine sont des pays très ouverts sur les marchés extérieurs. Dans leur stratégie de décollage économique, en effet, ces deux pays ont d'abord misé sur leur principal avantage par rapport à la concurrence étrangère — soit une main-d'œuvre abondante et peu chère — en attendant que leur marché intérieur se développe.

Le Niger consacre la presque totalité de sa production à la consommation des ménages. À cause de leur faible niveau de vie, les Nigériens mettent la priorité sur la satisfaction des besoins immédiats (la consommation) au détriment de la croissance future (l'investissement). La structure du PIB du Niger nous révèle que l'économie de ce pays est encore sous-développée.

Comparons, pour conclure, les colonnes des exportations et des importations. Ces deux variables sont reliées car, si un pays exporte, ce n'est pas pour le plaisir de faire vivre les autres à ses dépens, mais plutôt pour être en mesure de payer ses importations. Un pays pauvre comme le Niger semble avoir de la difficulté à exporter suffisamment. Il lui faudra sans doute faire appel aux prêts étrangers, à l'aide internationale ou au soutien de ses travailleurs expatriés pour financer le déficit de son commerce extérieur.

Si certains pays exportent moins qu'ils n'importent, c'est que d'autres sont dans la situation inverse. Il est clair que les exportations des uns sont en même temps les importations des autres ou, si l'on préfère, qu'il ne peut y avoir un déficit quelque part sans qu'il y ait un surplus ailleurs. Rappelons-nous que toute dépense pour l'un est une recette pour l'autre. Le surplus commercial de la Chine s'explique en bonne partie par le déficit commercial des États-Unis, ou vice-versa.

Si les commentaires que nous venons de faire sur le tableau 3.4 vous intimident, dites-vous qu'il ne s'agit que d'une prise de contact. Dans les chapitres suivants, nous aurons l'occasion d'approfondir tous les concepts du tableau en étudiant le comportement de chacun des agents économiques au sein de l'économie globale.

L'entre-deux-guerres : une période d'instabilité pour le PIB

Laissons de côté l'*espace* du vaste monde et faisons maintenant un voyage dans le *temps*. La période de l'entre-deux-guerres (1918 à 1939) a été marquée par une forte instabilité ; tout le monde a entendu parler de la grande crise des années 1930. À la **figure 3.2**, on voit très nettement le PIB plafonner en 1929, année du krach de la Bourse de New York, pour s'enfoncer ensuite dans la dépression jusqu'en 1933. En fait, ce n'est qu'en 1939, au début de la Deuxième Guerre mondiale, que le PIB canadien dépassera le niveau de 1929. Remarquez que toutes nos données sont exprimées en dollars constants (cette fois, tout est en dollars de 1986), ce qui nous permet à la fois d'éviter l'écueil de l'inflation et de nous faire une idée du niveau de vie de nos aînés. Notez également que la population du Canada était d'environ 11 millions d'habitants dans les années 1930.

Regardons les faits de plus près et, puisque nous savons décomposer le PIB en différentes dépenses, essayons d'évaluer la responsabilité de chaque catégorie d'agents économiques dans la crise. La figure 3.2 indique que l'investissement a faibli avant la consommation, c'est-à-dire que les entreprises ont réduit leurs achats avant le krach, et les ménages après. Au fur et à mesure que le nombre de chômeurs augmentait, la consommation (globale) des ménages diminuait. Par la suite, l'investissement a tardé à se redresser : son comportement a donc été assez perturbateur.

Les exportations ont chuté dès 1929. On pourrait penser que la crise a frappé nos clients (les États-Unis) avant nous mais, en réalité, la chute de la valeur des exportations canadiennes s'explique par la baisse du prix du blé. En 1938, le niveau des exportations ne dépassait pas celui de 1928. Il semble que la vague de protectionnisme qui a déferlé sur le monde à cette époque n'ait pas favorisé la reprise de l'économie mondiale. Les importations ont suivi à peu près la même tendance que la consommation (ce qui est normal puisque ce sont les ménages qui finissent par acheter la plupart des biens importés).

Figure 3.2

L'ÉVOLUTION DU PIB CANADIEN PENDANT L'ENTRE-DEUX-GUERRES

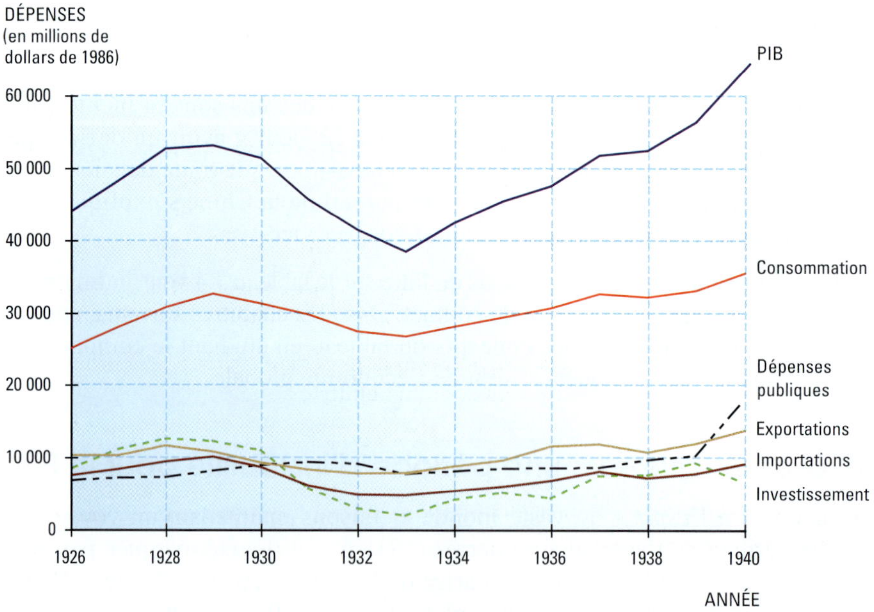

Source : Statistique Canada, *Cansim.*

Malgré tout le mal qu'on a pu en dire, l'État est encore l'agent économique qui a le mieux maintenu ses achats à travers la tempête. Il a certainement eu un effet plus stabilisateur (ou moins déstabilisateur) que les entreprises. L'État n'a toutefois retrouvé son dynamisme qu'à partir de 1939, à cause des dépenses occasionnées par les préparatifs de guerre. Est-ce à dire que les guerres sont bonnes pour l'économie ? Rien n'est moins sûr : la crise des années trente est peut-être justement la conséquence indirecte de la déstabilisation économique provoquée par la guerre de 1914-1918.

Exercices

1. La répartition des dépenses (tableau 3.2, page 58)

a) On a dit un peu plus haut qu'en 2008 l'investissement constituait 23,0 % du PIB canadien, les dépenses publiques, 19,6 %, et les exportations, 34,9 %. Vérifiez cette affirmation en recalculant ces chiffres.

b) Calculez la proportion de chacune des composantes du PIB pour l'année 2002.

2. Le taux de croissance réel (tableau 3.2, page 58)

a) Calculez le taux de croissance réel de la consommation au Canada entre 2002 et 2008.

b) Calculez le taux de croissance réel des exportations canadiennes entre 2002 et 2008. Comparez votre réponse avec le résultat obtenu en *a* et commentez.

c) Même question avec les dépenses publiques. Commentez.

d) Quelle a été la proportion du PIB consacrée à l'investissement en 2002 ? Comparez-la avec celle de l'année 2008 (colonne de droite). Commentez.

e) Quel a été le taux de croissance réel du PIB par habitant entre 2002 et 2008 ? (Donnez le détail de vos calculs.)

3. Analyse du tableau 3.4, page 62

a) Expliquez pourquoi l'énoncé suivant révèle une mauvaise compréhension des chiffres du tableau : « Les Nigériens consomment plus que les Suisses. »

b) Quel est le pays dont l'économie dépend le plus du commerce extérieur ? Quelle est la principale raison de cette dépendance ?

c) Expliquez pourquoi la Tunisie est appelée à un avenir économique plus brillant que la Bolivie.

d) Quel prix les Indiens et les Chinois ont-ils à payer pour maintenir un taux d'investissement particulièrement élevé ?

3. LE PIB ET LES REVENUS

La seule source globale de revenu est la production. Plus celle-ci est importante, plus les revenus distribués à la population sont élevés. Si un individu reçoit un revenu sans produire, c'est que d'autres ont produit pour lui. Si personne ne produit, personne ne peut avoir de revenu. De temps à autre, certains se passionnent pour les opérations boursières et la spéculation immobilière, bercés par l'illusion que *tout le monde* peut s'enrichir sans travailler. Ces personnes sont amèrement déçues lorsque survient un effondrement des cours de la Bourse ou de la valeur de l'immobilier. Sans nier le rôle utile que peut jouer la Bourse dans l'économie, il faut admettre qu'à l'échelle d'un pays le niveau de vie sera élevé seulement si la production est élevée.

La production est la seule source de richesse.

Lorsque les entreprises vendent leurs produits, que font-elles de l'argent récolté ? Une partie de cet argent se transforme en salaires (elle sert à rémunérer le *travail*), et une autre est distribuée aux détenteurs du *capital* (par exemple, aux actionnaires). Le reste sert à payer les fournisseurs (les autres entreprises) qui distribueront, à leur tour, ces recettes à leurs employés, actionnaires et fournisseurs.

Les recettes tirées de la vente des biens sont donc finalement versées aux ressources qui en ont permis la production : le travail et le capital. Plus la production est grande, plus les revenus reçus par les ménages (qu'ils soient travailleurs ou propriétaires du capital) sont élevés.

Le **tableau 3.5** illustre la relation entre la production (ligne 9) et le revenu (ligne 4). Le revenu intérieur net suit plus ou moins l'évolution du PIB. La principale source de revenu est le travail salarié (ligne 1). Les revenus provenant du capital (tels que les dividendes versés aux actionnaires ou les intérêts perçus sur les placements) sont inscrits à la ligne 2 et les revenus tirés d'une combinaison de capital et de travail (les personnes qui travaillent à leur compte) sont inscrits à la ligne 3. L'ensemble de ces revenus constitue le revenu intérieur net (RIN).

Le produit intérieur brut (PIB) représente la valeur de la production annuelle d'une économie. Sa contrepartie, le revenu intérieur net (RIN), est la somme des revenus distribués à tous ceux qui ont contribué à la production.

En principe, le RIN devrait correspondre au PIB mais, en pratique, on constate une différence non négligeable entre le *produit* (PIB) et les *revenus* (RIN) qui en découlent. Comment expliquer cette différence ? Tout d'abord, il faut se rappeler que, lorsqu'elles produisent, les entreprises usent, abîment et détruisent une partie de leurs équipements (ou capital). Avant même de penser à distribuer des revenus, elles doivent allouer des sommes d'argent à l'entretien et au remplacement de ces équipements (c'est ce qu'on appelle l'*amortissement*). Si le PIB représente la production totale *effectuée*, on peut dire que le produit intérieur net (PIN, ligne 6) équivaut à la production effectivement *disponible*. Nous reviendrons sur le concept d'amortissement au chapitre 5.

Une fois qu'on a tenu compte de l'amortissement, l'écart qui subsiste entre le produit (PIN) et le revenu (RIN) est dû à des facteurs comptables. À cause des impôts indirects (comme les taxes de vente), la plupart des produits ont deux prix. Une automobile vendue 20 000 $ par le producteur coûtera par exemple 23 000 $ à son acheteur (si la taxe de vente est de 15 %). Sous l'angle de la production achetée,

Tableau 3.5

LE PIB CANADIEN PAR LES REVENUS

		2002	2004	2005	2006	2007	2008
		(en milliards de dollars courants)					
Salaires	[1]	593,3	657,2	695,1	743,3	788,4	827,0
Revenus du capital	[2]	190,0	233,2	261,6	275,4	293,6	305,2
Autres revenus tirés de la production	[3]	75,4	84,2	85,1	86,4	90,5	97,5
Total RIN (Revenu intérieur net)	[4]	**858,7**	**974,7**	**1041,7**	**1105,1**	**1172,4**	**1229,8**
Impôts indirects nets	[5]	138,1	148,8	155,5	160,8	167,3	166,6
Total PIN (Produit intérieur net)	[6]	**996,8**	**1123,5**	**1197,2**	**1265,9**	**1339,7**	**1396,4**
Amortissement	[7]	155,6	167,8	176,0	185,2	195,2	206,7
Écart statistique	[8]	0,6	−0,4	−0,5	−0,6	0,7	−0,6
Total PIB (Produit intérieur brut)	[9]	**1152,9**	**1290,9**	**1372,6**	**1450,5**	**1535,6**	**1602,5**
Indice des prix à la consommation (2002 = 100)		*100,0*	*104,7*	*107,0*	*109,1*	*111,5*	*112,7*

Source : Statistique Canada, *Cansim*, tableaux 380-0016, 326-0002.

l'automobile vaut 23 000 $, mais les revenus que l'entreprise pourra redistribuer à ses employés, actionnaires et fournisseurs ne sont que de 20 000 $. Pour que le revenu (RIN) et le produit (PIN) — qui ne sont que deux facettes du même phénomène économique — concordent, il faut donc tenir compte des impôts indirects.

Dans la section précédente, nous avons calculé la valeur du PIB canadien en additionnant les dépenses effectuées par les divers agents économiques (voir le tableau 3.2, page 58). Ici, nous obtenons le même résultat en utilisant la valeur des revenus distribués par les entreprises (tous ces chiffres sont relativement faciles à obtenir : le ministère du Revenu est bien placé pour les connaître). Ce résultat reflète deux réalités : d'une part, la production est vendue aux différents agents économiques (qui effectuent des *dépenses* pour se la procurer) et, d'autre part, elle génère des *revenus* (pour ceux qui ont contribué à la production). Ces deux réalités se traduisent par les deux méthodes de calcul du PIB. On voit que celles-ci donnent des résultats très semblables. Le PIB sera la moyenne des deux résultats (la ligne 8 du tableau 3.5 présente l'écart statistique, c'est-à-dire l'ajustement nécessaire pour faire concorder les deux chiffres).

Exercices

Le revenu à l'échelle du pays

a) Construisez un tableau sur le modèle du tableau 3.5 (page 67) avec les données les plus récentes possible.

b) Comparez la proportion des Salaires, des Revenus du capital et des Autres revenus tirés de la production par rapport au RIN pour la première et la dernière année du tableau 3.5.

RÉSUMÉ

Dans l'économie globale, il existe quatre acteurs principaux, ou agents économiques : les ménages, les entreprises, l'État et l'étranger. Chacun d'eux joue un rôle bien particulier.

Le ménage est un groupe d'individus demeurant sous le même toit et prenant des décisions économiques en commun. Le ménage fournit des ressources productives à l'économie (il offre son temps de travail et finance le capital) et en tire des revenus. Le ménage utilise ces revenus pour consommer ou épargner. Les entreprises sont des organisations qui produisent des biens destinés à la vente. L'État produit également des biens (plus précisément des services) mais, contrairement aux entreprises, il finance sa production grâce aux impôts au lieu de vendre ces biens aux usagers. Tous les non-résidents (ou l'étranger) sont groupés dans la même catégorie. L'étranger vend et achète des biens aux trois autres agents : ce sont les importations et les exportations.

En dehors des quatre agents économiques proprement dits, il en existe un cinquième dont le rôle principal est de réunir les épargnes des uns et de les diriger vers ceux qui ont besoin de financement. Ce sont les banques et les autres institutions financières.

Même s'ils possèdent chacun leurs caractéristiques propres, les agents ont un point commun : tous cherchent en principe à défendre leurs intérêts et à maximiser leur bien-être.

Le comportement d'un agent économique influe nécessairement sur les autres agents, en vertu du principe selon lequel toute dépense pour l'un est en même temps une recette pour l'autre. On ne peut donc recommander à tous de vendre sans jamais acheter, ni d'épargner sans jamais s'endetter. Toute mesure destinée à un agent économique touche du même coup les autres agents.

L'évaluation de la production annuelle d'un pays (ou produit intérieur brut, PIB) repose sur les dépenses effectuées par les agents économiques pour acheter les divers produits finis. À peu de choses près, le PIB est égal à la somme de la consommation des ménages, des dépenses d'investissement des entreprises, des dépenses de l'État pour la production des services à la population, et du solde du commerce avec l'étranger (exportations moins importations).

Sur le plan global, les revenus découlent directement de la production. C'est pourquoi la comptabilisation des revenus (salaires et revenus du capital) permet aussi de calculer le PIB, après certains ajustements. On a ainsi deux façons de mesurer la production (l'approche par les *dépenses* et l'approche par les *revenus*).

Pour chiffrer la contribution des diverses composantes à l'ensemble de la production, on divise la valeur de chacune par le PIB. Les proportions ainsi obtenues peuvent servir à analyser l'évolution des composantes à travers le temps ou à comparer les pays entre eux.

Le taux de croissance du PIB mesure la variation relative de la production au cours d'une période donnée. Pour obtenir ce taux, on divise l'écart entre le PIB de deux années par le PIB de l'année initiale. Mais avant d'interpréter le résultat obtenu, il faut tenir compte de la variation des prix au cours de la période considérée. La valeur du PIB peut en effet augmenter (à cause de l'inflation) sans que la production ait réellement changé. Pour contourner ce problème, les organismes qui préparent les statistiques publient des valeurs exprimées en dollars d'une année de référence.

Exercices supplémentaires

1. Qu'est-ce qu'un agent économique?

a) Énumérez les cinq agents économiques.

b) Pourquoi est-il nécessaire de regrouper les millions d'individus et d'organisations qui composent la société en catégories d'agents économiques?

c) Sur quelle base peut se faire ce regroupement?

d) Expliquez pourquoi Hydro-Québec fait partie des entreprises et non de l'État.

e) À quel agent économique associez-vous les organisations ou les individus suivants: les consommateurs, les travailleurs, les institutions financières, les compagnies, les non-résidents, l'administration publique, les particuliers?

2. Les relations entre les agents économiques

La liste ci-dessous présente les principales transactions entre les agents économiques (le montant de chacune de ces transactions est exprimé en milliards de dollars).

- Dépenses de consommation des ménages en produits locaux: 60
- Impôts sur le revenu des particuliers: 30
- Transferts sociaux: 22
- Profits distribués aux particuliers: 24
- Importations de produits de consommation: 50
- Exportations de matières premières: 45
- Ventes de biens et services à l'État: 25
- Impôts sur les profits des entreprises: 27
- Salaires des employés du gouvernement: 23
- Salaires des travailleurs du secteur privé et des sociétés d'État: 85

a) Inscrivez les dix transactions dans les comptes des quatre agents économiques. (Utilisez comme modèle le tableau 3.1R, page 71.)

b) Calculez les totaux et les épargnes ou les emprunts nécessaires pour équilibrer chaque compte.

c) Dessinez un circuit économique qui montre les flux de dépenses et de recettes des agents économiques. Ajoutez ensuite au schéma les institutions financières, de façon à illustrer le mouvement de l'épargne et de l'emprunt. (Utilisez comme modèle la figure 3.1R, page 72.)

3. La véritable croissance

a) Qu'est-ce que le taux de croissance réel du PIB et comment fait-on pour le calculer?

b) Comment peut-on évaluer si le niveau de vie d'une population a vraiment augmenté au cours des années?

4. Croissance et proportion

Dans la phrase suivante, relevez le chiffre qui représente une proportion et celui qui représente un taux de croissance: « En dépit d'une hausse des dépenses d'investissement de 5 %, les investissements ne représentent que 20 % du PIB. »

5. Des millions de millions

a) À partir des données suivantes, calculez le PIB du Japon en 1993 (tous les chiffres sont en billions de yens de 1990).

- Consommation: 262
- Investissement brut: 136
- Dépenses publiques: 45
- Épargne brute: 149
- Importations: 32
- Exportations: 41

b) Le PIB du Japon a été de 454 billions de yens en 1994 et de 458 billions en 1995 (en yens de 1990). À partir de ces chiffres, calculez le taux de croissance du PIB japonais pour 1994 et 1995. Indiquez si les taux obtenus représentent la croissance réelle ou la croissance nominale.

Note: N'oubliez pas que le billion vaut un million de millions; le trillion vaut un million de billions, etc.; le milliard vaut mille millions; le trilliard vaut mille trillions, etc.

6. Le PIB par deux approches

a) À partir des données suivantes, calculez le PIB, le PIN et le RIN.

- Salaires: 260
- Revenus du capital: 86
- Autres revenus tirés de la production: 34
- Consommation: 298
- Dépenses publiques: 100
- Investissement brut: 102
- Amortissement: 64
- Taxes indirectes: 60
- Importations: 134
- Exportations: 138

b) À partir des données suivantes, calculez le PIB, le PIN et le RIN.

- Dépenses publiques: 145
- Salaires: 270
- Revenus du capital: 90
- Exportations: 160

- Taxes indirectes : 85
- Importations : 165
- Épargne personnelle : 25
- Investissement net : 80
- Dépenses de consommation des ménages : 285
- Autres revenus tirés de la production (travailleurs à leur compte) : 60
- Amortissement : 50
- Prestations d'assurance-chômage : 35

7. Travail de recherche

Obtenez des chiffres sur la répartition des dépenses du PIB dans divers pays, puis commentez-les (voir le tableau 3.4, page 62).

Réponses aux questions de l'encadré des pages 54-56

1. **Les comptes des agents économiques**, questions *a* et *b* : voir le tableau 3.1R ci-dessous.

Tableau 3.1R

LES COMPTES DES AGENTS ÉCONOMIQUES

Dépenses	**Ménages**		**Recettes**
Consommation	45	18	Salaires
Consommation	55	80	Salaires
Impôts	25	19	Revenus de placement
Épargne	*9*	17	Transferts sociaux
Total	**134**	**134**	**Total**
Dépenses	**Entreprises**		**Recettes**
Salaires	80	55	Ventes aux ménages
Intérêts et dividendes	19	20	Ventes à l'État
Impôts	22	40	Ventes à l'étranger
		6	*Emprunt*
Total	**121**	**121**	**Total**
Dépenses	**État**		**Recettes**
Achat de biens et services	20	25	Impôts des ménages
Salaires	18	22	Impôts des entreprises
Transferts aux ménages	17	*8*	*Emprunt*
Total	**55**	**55**	**Total**
Dépenses	**Étranger**		**Recettes**
Achat de biens et services	40	45	Vente de biens et services
Épargne	*5*		
Total	**45**	**45**	**Total**

Figure 3.1R

LES TRANSACTIONS ENTRE LES AGENTS ÉCONOMIQUES SOUS FORME DE FLUX MONÉTAIRES

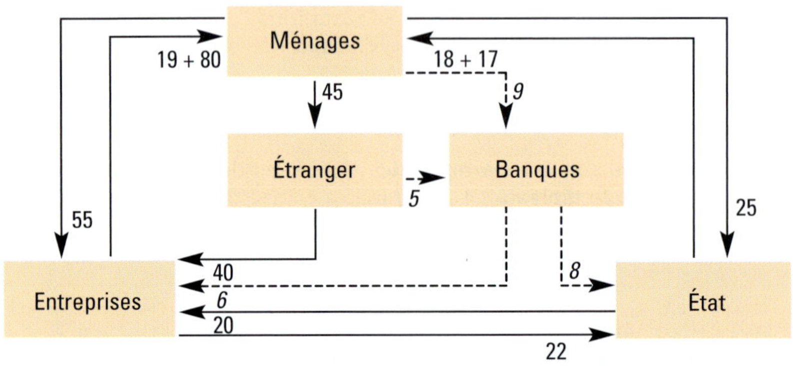

2. L'équilibre du circuit

a) Voir la figure 3.1R.

b) On constate qu'aucun des agents économiques n'équilibre ses recettes et ses dépenses. Les ménages et l'étranger épargnent (ils dépensent moins qu'ils ne reçoivent), tandis que les entreprises et l'État empruntent. Globalement, les dépenses (des quatre agents) sont cependant égales aux recettes (des quatre agents) : les épargnes sont donc égales aux emprunts. Cela n'est pas étonnant, puisque chacun des dix montants de la liste des transactions a été placé à la fois dans la colonne *recettes* d'un agent et dans la colonne *dépenses* d'un autre agent. Les banques vont équilibrer les entrées et les sorties d'eau en épongeant les épargnes et en les distribuant aux agents qui ont besoin de financement. Elles évitent ainsi que les bassins des entreprises et de l'État ne soient à sec et que les bassins des ménages et de l'étranger ne débordent.

c) Voir la figure 3.1R.

3. Un peu d'analyse

a) Il est clair que, si l'État est en déficit, c'est qu'il existe un montant d'épargne équivalent chez les autres agents économiques. En effet, si l'État a pu faire plus de dépenses qu'il n'a eu de recettes, il a de toute évidence trouvé de l'argent quelque part. En principe, il est normal que les ménages épargnent (globalement) et que les entreprises utilisent ces épargnes (en émettant des actions, par exemple) pour financer leurs investissements. L'étranger devrait normalement tendre vers l'équilibre entre les dépenses et les recettes, et ce pour deux raisons : premièrement, il est impossible qu'un pays ait un surplus dans son commerce extérieur sans qu'un autre pays soit déficitaire ; deuxièmement, il n'est pas plus intéressant de s'endetter à l'étranger (en important trop) que de se priver des fruits de ses efforts (en exportant trop).

b) On peut être tenté de croire que, si l'État diminuait ses dépenses de 6 (soit 4 + 2), il réduirait son déficit de 6. Il faut toutefois tenir compte du fait que toute dépense en moins pour un agent est une recette en moins pour un autre agent. Les fonctionnaires mis à pied paieraient moins d'impôts, coûteraient plus cher en assurance-chômage et achèteraient moins aux entreprises. Ces dernières, à leur tour, feraient moins de profits, effectueraient des mises à pied et paieraient moins d'impôts. L'État se ferait donc réexpédier une bonne partie de la neige qu'il aurait voulu pelleter chez le voisin.

CHAPITRE 4

LA **CONSOMMATION** DES **MÉNAGES**

Les ménages jouent deux grands rôles dans l'économie: ils contribuent à la production (par leur travail) et se partagent les produits (en les consommant). En théorie, les ménages sont rationnels: ils cherchent à satisfaire leurs besoins de façon optimale. Les décisions qu'ils prennent sur le plan économique sont basées sur ce principe, que leurs besoins soient immédiats ou futurs. Pour atteindre son objectif, un ménage doit se poser trois grandes questions:

- Combien de temps faut-il consacrer au travail rémunéré?
- Quelle proportion du revenu faut-il consacrer à l'épargne?
- Comment faut-il répartir ses dépenses entre les produits?

Tout en répondant à ces questions fondamentales, nous aurons l'occasion d'étudier la relation entre revenu, consommation et épargne et l'impact de ces trois éléments sur le PIB, ainsi que l'influence d'autres variables, telles que la richesse et le taux d'intérêt, sur la consommation. Comme toujours, nous examinerons la question sous un angle global. Nous continuerons également de garnir notre boîte à outils, d'une part, en découvrant une méthode simple et originale pour convertir les données nominales en données réelles et, d'autre part, en faisant la distinction entre flux et stocks.

1. LES TROIS ARBITRAGES DES MÉNAGES

On oublie souvent qu'un choix comporte généralement une contrepartie. Si nous voulons vraiment comprendre comment le ménage prend une décision, nous devons tenir compte non seulement de la possibilité qu'il a choisie, mais également de celle à laquelle il a renoncé.

Plus qu'un simple choix

L'*arbitrage* consiste à opter pour l'une ou l'autre des deux possibilités dans la balance. En choisissant l'une, on sacrifie l'autre : c'est le *coût d'option.*

Quand on s'arrête devant une vitrine pour admirer un objet dont on a envie, on a parfois l'impression que la décision à prendre se résume alors à un choix entre deux possibilités : acheter ou ne pas acheter. Mais, en réalité, le choix se fait entre l'objet convoité et un autre objet de prix équivalent. On ne se dit pas vraiment : « Est-ce que j'achète ces souliers ? », mais plutôt « Est-ce que je suis prêt à sacrifier le pantalon pour obtenir ces souliers ? »

Même s'il ne s'en rend pas toujours compte, l'individu ou le ménage fait plus qu'un simple choix : il procède à un *arbitrage* entre deux possibilités. Chaque fois qu'il choisit quelque chose, il est obligé de renoncer à quelque chose d'autre. Son choix a un coût, qu'on appelle le *coût d'option.*

La notion de coût d'option est applicable à de nombreux domaines de l'économie. L'ex-employé qui utilise son propre immeuble et ses économies pour ouvrir un magasin à son compte peut bien se dire que tout est profit pour lui, mais il vient de renoncer à un salaire (il aurait pu travailler ailleurs), à un loyer (il aurait pu louer son immeuble) et à des intérêts (il aurait pu placer ses économies). On ne peut pas avoir le beurre et l'argent du beurre.

Le meilleur chemin pour arriver au but

Le *travail* et le *temps libre* permettent, chacun à leur manière, de satisfaire les besoins des ménages.

S'il veut maximiser la satisfaction de ses besoins, le ménage doit prendre trois grandes décisions économiques, qui sont toutes trois des arbitrages (voir la **figure 4.1**). En premier lieu, il doit faire un choix entre le *travail* (toute activité rémunérée par un salaire) et le *temps libre* (le temps qui n'est pas consacré au travail). Le travail est le moyen le moins direct (mais parfois le seul) de satisfaire des besoins : il procure un salaire, qui peut ensuite être consacré à l'achat de biens destinés à combler les besoins. Ce que nous appelons ici le « temps libre » ne se résume pas aux loisirs (jouer au tennis, faire du lèche-vitrine) ; il inclut aussi d'autres types d'activités (faire la sieste, prendre une douche, poursuivre des études, exécuter des tâches domestiques). Laver la vaisselle, par exemple, permet de satisfaire directement un besoin qui pourrait aussi bien être comblé, de façon indirecte, grâce au salaire tiré d'un travail (en engageant un domestique ou en achetant un lave-vaisselle).

Lorsqu'il reçoit son salaire, le ménage doit le répartir entre la *consommation* (dépenser tout de suite) et l'*épargne* (dépenser plus tard). Les deux possibilités ont ici aussi un point commun : la satisfaction des besoins (immédiats ou futurs). Chaque

Figure 4.1

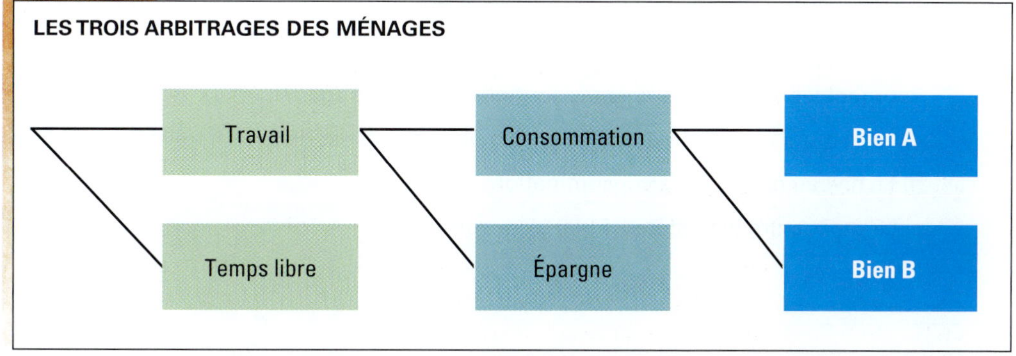

ménage répartira son salaire entre les deux possibilités, en fonction de ses priorités. Même la cigale et la fourmi font un arbitrage : la cigale mise sur les besoins présents et la fourmi se préoccupe davantage de l'avenir. Chacune obéit à sa propre logique économique et cherche à maximiser la satisfaction de ses besoins.

Une fois leur salaire en poche, les ménages doivent faire un arbitrage entre la satisfaction des *besoins immédiats* et celle des *besoins futurs.*

Les ménages doivent décider comment répartir leurs dépenses : chaque fois qu'ils choisissent un bien, ils renoncent en même temps à un autre bien.

Un fois que le ménage a fixé le montant d'argent qu'il destine à la consommation, il lui reste encore à faire des choix entre divers biens. Combien de couples ont eu à débattre de l'arbitrage suivant : l'un veut aller en voyage dans les Antilles et l'autre préférerait changer le mobilier du salon ? Il est certain que le ménage ne peut faire les deux avec la même somme d'argent. À moins qu'on ne soit vraiment très riche (ce qui est quand même exceptionnel), tout achat d'un bien implique le sacrifice d'un autre bien.

Dans sa vie courante, le ménage ne suit pas nécessairement de façon systématique cette séquence des arbitrages en trois étapes. Il lui arrive par exemple de sacrifier une épargne pour acheter un bien ou de renoncer à une retraite dorée pour mieux profiter de sa jeunesse. Dans ces cas-là, le ménage fait plusieurs arbitrages en même temps, mais le principe reste le même : il prend trois types de décisions afin de maximiser la satisfaction de ses besoins.

Chaque ménage a sa façon de voir les choses. Les uns valorisent le temps libre, l'épargne ou l'achat de biens durables, les autres sont plus matérialistes et portés sur le court terme. Cependant, en dehors de ces comportements individuels qui nous intéressent peu ici, les ménages réagiront tous de la même façon à une série d'événements extérieurs : les changements dans le salaire, le taux d'intérêt et le prix des produits modifieront respectivement l'arbitrage entre travail et temps libre, entre consommation et épargne, et entre l'achat d'un bien ou d'un autre bien. On reconnaît ici les trois marchés évoqués dans le chapitre 2, soit, dans l'ordre : le marché du travail, le marché financier et le marché des biens. Nous y reviendrons un peu plus loin.

Exercices

On demande un arbitre

Pourquoi les situations suivantes sont-elles des arbitrages?

a) Le nombre d'heures durant lesquelles un individu est disposé à travailler.

b) Le niveau global de la consommation.

c) Le choix entre les différents biens consommés.

2. LA CROISSANCE RÉELLE DES SALAIRES

Aujourd'hui, la production de la plupart des travailleurs n'a pour ainsi dire aucun lien direct avec les besoins qu'ils cherchent à satisfaire. C'est ainsi qu'on peut voir des travailleurs de l'automobile se déplacer à bicyclette, et des analphabètes porter des t-shirts en coton aux couleurs de l'université de Harvard. Nous, les ménages, travaillons presque tous dans des domaines spécialisés. Nous sommes même encadrés par des calendriers, des horaires et des déplacements qui limitent notre marge de décision. Apparemment, nous contribuons, par notre travail, à satisfaire les besoins de la société et non les nôtres.

Travailler pour satisfaire des besoins

Malgré les apparences, nous travaillons en réalité pour satisfaire nos propres besoins. Cependant, contrairement aux animaux qui se contentent de brouter, de gober ou de picorer pour apaiser leur faim, nous devons franchir un chemin souvent long et sinueux entre une heure au travail et un repas au restaurant. Mais au bout du compte, le résultat est le même: c'est grâce à notre travail que nous sommes attablés devant une bonne assiette.

En décidant de travailler, nous *sacrifions* du temps libre: il s'agit là d'un arbitrage typique. Supposons que je travaille déjà 40 heures par semaine et que l'on me propose de faire 4 heures supplémentaires. D'une part, ces quatre heures me procureront un supplément de revenu: je pourrai alors m'acheter de nouveaux biens et combler certains besoins que j'ai dû négliger jusqu'ici. Par contre, je sacrifierai quatre heures de temps libre: la matinée du samedi (la tasse de café, la partie de hockey avec les amis) ou bien, par exemple, l'heure qui précédait le souper (l'apéritif sur une terrasse, la balade en vélo, la déclaration d'amour ou l'arrosage du jardin). Je pèse les deux possibilités, même si je n'en suis pas conscient, car elles me conduisent toutes deux au même but: satisfaire des besoins.

Tant que la balance penchera du côté du travail (c'est-à-dire tant que la valeur que j'accorde aux besoins satisfaits grâce au salaire supplémentaire dépasse la valeur des besoins que le temps libre sacrifié m'aurait permis de combler), j'aurai intérêt à augmenter la quantité de travail que je suis prêt à fournir. À la longue, un équilibre finira par s'établir entre les deux plateaux de la balance. En effet, le salaire que je gagnerai me rapportera de moins en moins de satisfaction, tout comme ma première paire de chaussures de sport m'avait davantage comblé de joie que la troisième batterie de cuisine de mon chalet. À force de travailler et de gagner de l'argent, je suis comme le chat bien nourri qui dédaigne les souris.

« Il faut parfois avoir le courage de ne pas travailler, mais ce luxe n'est pas un devoir pour tout le monde. »

M. Hiygabdea

L'offre de travail

Comment être motivé pour travailler davantage si l'argent ainsi gagné semble de moins en moins attrayant? Pour faire à nouveau pencher la balance du côté du travail, il faut que le salaire augmente. N'oublions pas que, plus on travaille, plus on apprécie le temps libre. La personne débordée de travail et d'obligations familiales qui lance « Il faudrait me payer cher pour me faire renoncer à cette sieste ! » illustre bien les deux éléments de l'arbitrage : d'une part le travail et de l'autre son concurrent, le temps libre.

Nous avons déjà abordé brièvement la notion d'offre de travail dans le chapitre 2 (pages 40-41). Maintenant, nous comprenons mieux pourquoi la quantité de travail que les ménages sont prêts à offrir augmente en fonction du salaire qu'ils sont susceptibles de gagner (voir la **figure 4.2**).

Certaines personnes profitent parfois d'une augmentation de salaire pour travailler moins, ce qui semble contredire ce que nous venons d'avancer. Ces personnes se disent, par exemple, qu'elles gagneront maintenant autant d'argent en 30 heures qu'elles ne le faisaient auparavant en 40. Elles pourront alors satisfaire les mêmes besoins en travaillant moins. Doit-on les considérer comme farfelues, voire anormales? Pas vraiment. Elles sont simplement arrivées au point où l'argent supplémentaire représente peu comparativement aux heures de temps libre bien employées.

Figure 4.2

L'OFFRE DE TRAVAIL

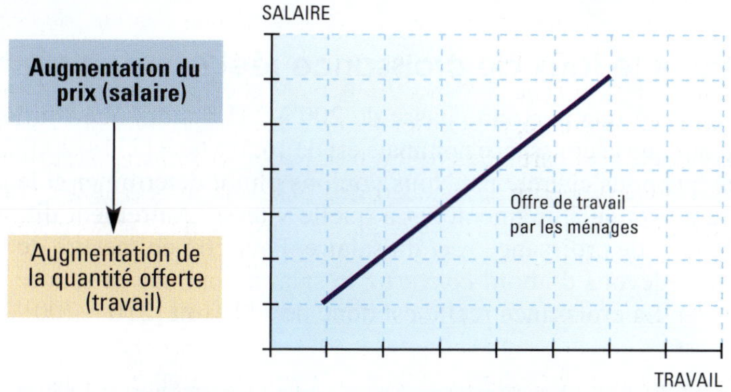

Plus le salaire est élevé, plus les ménages sont disposés à offrir leurs services aux entreprises. En effet, plus les ménages travaillent, moins ils apprécient l'argent et plus ils aiment le temps libre : le seul moyen de les attirer au travail est de leur proposer un meilleur salaire.

Le salaire nominal et le salaire réel

Lorsque les prix montent, la croissance *réelle* du salaire (le pouvoir d'achat) est inférieure à sa croissance *nominale* (le montant indiqué sur la paie).

Mon employeur m'offre cette année une augmentation de 10 % (mon salaire horaire passe de 10 à 11 $). Devant la bonne nouvelle, je saute de joie, estimant que cela vaut vraiment la peine de travailler un peu plus. Puis, je réfléchis : en ce moment, les prix augmentent de 10 % par an, de sorte que mon salaire n'a pas vraiment changé, puisqu'il me permettra d'acheter la même quantité de biens que l'an dernier, ni plus ni moins. Si le taux de croissance *nominal* de mon salaire est bien de 10 %, son taux de croissance *réel* est de 0 % !

Nous avons déjà fait, à propos du PIB (voir le chapitre 3, pages 60-61), la distinction entre les données en valeur nominale (celles qui sont généralement disponibles) et les données en valeur réelle (celles qui nous intéressent). Voyons maintenant un moyen facile de calculer la valeur réelle à partir de la valeur nominale et du niveau des prix.

Pour comprendre comment calculer le salaire réel, reprenons l'exemple ci-dessus à l'envers : si, en ajoutant 10 % au salaire, on obtient 11 $, quel était le salaire initial ? Attention, il ne faut pas enlever 10 % à 11 $: cela ferait 11 $ – 1,10 $ = 9,90 $, et non pas les 10 $ attendus. En effet, la variation de 10 % ne porte pas sur le salaire final (de 11 $) mais bien sur le salaire initial (que l'on cherche). La seule façon de s'en sortir ici est de diviser 11 $ par 1,10, ce qui donne bien 10 $.

Il existe donc un moyen très simple d'ajouter un pourcentage à un nombre et de revenir au point de départ. Pour ajouter 10 % à un nombre, on le multiplie par 1,10 (on ajoute ainsi 10 cents par dollar). Dans notre exemple : 10 $ × 1,10 = 11 $. Pour revenir au point de départ, c'est-à-dire pour enlever les 10 % qui ont été ajoutés à un nombre, on divise ce nombre par 1,10. Ici, 11 $/1,10 = 10 $. Cette méthode offre de nombreux avantages, notamment celui d'être réversible.

Dans l'exemple qui précède, 10 % représente le *taux* de croissance (ce qu'on *ajoute* à la valeur initiale) et 1,10 représente le *facteur* de croissance (ce par quoi la valeur initiale est *multipliée*). Si les prix montaient de 50 %, le facteur correspondant serait de 1,5. S'ils montaient de 100 %, ce facteur serait de 2 (les prix doubleraient, tout simplement !). Nous n'avons fait qu'utiliser de façon plus précise un principe que la plupart des gens connaissent déjà intuitivement.

Comment calculer le taux de croissance réel ?

Supposons que le salaire d'une personne passe de 200 à 231 $ alors que l'inflation est de 10 %. Nous savons que la croissance nominale est de 15,5 % (soit [231 – 200]/200), mais ce n'est pas ce que nous cherchons. Nous voulons plutôt déterminer si le pouvoir d'achat de cette personne a augmenté, et à quelle vitesse. Autrement dit, nous voulons connaître le taux de croissance *réel* du salaire. Pour être en mesure de faire une comparaison, nous devons d'abord *convertir* le salaire nominal en salaire réel[1] (soit 231/1,10 = 210 $). La croissance réelle est donc de 5 % (soit [210 – 200]/200).

1. Pour pouvoir comparer la taille d'une personne mesurant 6 pieds à celle d'une autre mesurant 1,80 m, on applique le même principe : on convertit un des deux nombres dans l'autre unité.

$$\text{Facteur} = \text{Taux} + 1$$

$$\text{Salaire réel} = \frac{\text{Salaire nominal}}{\text{Facteur d'inflation}}$$

Bien souvent, on ne dispose que du taux de croissance nominale et du taux d'inflation. La façon la plus simple de calculer le taux de croissance réel est de passer par l'intermédiaire des facteurs :

$$\text{Facteur} = \text{Taux} + 1$$

$$\text{Facteur réel} = \frac{\text{Facteur nominal}}{\text{Facteur d'inflation}}$$

$$\text{Taux} = \text{Facteur} - 1$$

	nominal		d'inflation		réel
Taux	15,5 %		10 %		5 %
	↓ +1		↓ +1		↑ −1
Facteur	1,155	÷	1,1	=	1,05

Dans l'exemple ci-dessus, la croissance nominale du salaire de 15,5 %, combinée à une hausse des prix de 10 %, aboutit à une croissance réelle de 5 %.

Facteur nominal : 1 + 15,5 % = 1 + 0,155 = 1,155

Facteur d'inflation : 1 + 0,10 = 1,10

Facteur réel : 1,155/1,10 = 1,05

Taux réel : 1,05 − 1 = 0,05 = 5 %

Cette méthode s'applique aux autres variables mesurées en argent, par exemple le PIB ou le taux d'intérêt. De plus, c'est la seule façon exacte de procéder. Compte tenu de sa relative simplicité et de sa grande portée, il serait dommage de la remplacer par une méthode dite *approximative*. Vous ne voudriez sûrement pas que votre employeur ou votre banque utilise un calcul approximatif en ce qui concerne votre salaire ou vos économies !

L'illusion monétaire

Les travailleurs ne sont pas immédiatement conscients de l'inflation. En outre, les contrats de travail fixent généralement des salaires nominaux (et incluent, parfois, une clause d'indexation sur le coût de la vie). À court terme, les travailleurs ont tendance à se baser sur le salaire nominal ; ils se laissent impressionner par les chiffres. Autrement dit, ils souffrent d'*illusion monétaire*.

Les ménages se basent-ils vraiment sur le salaire *réel* comme ils le devraient?

Lorsque le taux d'inflation varie (par exemple lorsqu'il passe de 0 à 10 % par an ou l'inverse), les travailleurs risquent encore davantage de souffrir d'illusion monétaire. Ils surestiment l'augmentation de leur salaire nominal lorsque l'inflation s'accélère et la sous-estiment lorsque l'inflation ralentit. Certains travailleurs seront très fiers de voir leur salaire doubler alors que les prix en ont fait autant ; ils iront même jusqu'à se sentir coupables d'être si « bien » payés. Par contre, ils accepteront difficilement une baisse de salaire de 5 % consécutive à une baisse des prix de 8 %. Même si leur pouvoir d'achat a alors augmenté, ils auront le vague sentiment d'avoir été lésés.

Exercices

1. L'arbitrage entre revenu et loisir

a) Qu'est-ce que les économistes entendent par temps libre ?

b) Quelle est la force qui pousse M. X à travailler ? Quelle est la force qui l'incite à ne pas travailler ? (Soyez très précis.)

c) Compte tenu de votre réponse précédente, expliquez ce qui pourrait modifier le rapport de forces et pousser M. X à offrir plus d'heures de travail.

d) Si le salaire horaire augmente de 10 % et que le niveau général des prix augmente également de 10 %, M. X aura-t-il envie de travailler plus ? Justifiez votre réponse en utilisant des termes précis.

2. Les taux et les facteurs

Quels sont les facteurs de croissance correspondant aux taux de croissance suivants ? 12 %, 5 %, 50 %, –5 %, 0 %, 100 %, 8,6 %, –50 %, 200 %.

3. Les valeurs réelles et les valeurs nominales

Calculez le taux de croissance réel du salaire dans chacun des cas suivants.

a) Le salaire passe de 400 à 500 $, et les prix augmentent de 20 %.

b) Au cours de l'année, le salaire nominal a augmenté de 21 % et l'inflation a été de 10 %.

c) Au cours de l'année, le salaire nominal a augmenté de 32 % et l'inflation a été de 10 %.

d) Au cours de l'année, le salaire nominal a augmenté de 44 % et l'inflation a été de 20 %.

e) Au cours de l'année, le salaire nominal a augmenté de 10 % et l'inflation a été de 21 %.

f) Le salaire passe de 400 à 500 $, et l'indice des prix passe de 120 à 145.

3. LA CONSOMMATION ET L'ÉPARGNE

La consommation est la composante principale du PIB. Nous avons vu au chapitre 3 (page 60) qu'environ 60 % de la production canadienne est achetée par les ménages. À ce titre, le Canada ressemble à beaucoup d'autres pays[2].

D'où provient le revenu des ménages?

Le revenu est sans aucun doute la variable qui a le plus d'effets sur la consommation des ménages. Plus on est riche, plus on peut dépenser; plus on est pauvre, plus on doit se serrer la ceinture. Ce raisonnement est valable également pour la collectivité dans son ensemble: un nombre accru de chômeurs (des personnes dont le revenu est peu élevé) fait baisser la consommation globale.

Qu'est-ce qui détermine le revenu global des ménages?

Il faut parfois résister à la tentation de raisonner sur le plan individuel afin de ne pas perdre de vue le fait que nous nous intéressons ici à la consommation *globale* (de l'ensemble de la population). C'est pourquoi nous nous baserons sur le revenu intérieur net (RIN) tel que nous l'avons calculé au chapitre précédent. Comme nous l'avons constaté alors, le RIN est la contrepartie du PIB.

Le revenu personnel est l'ensemble des revenus des ménages. Il est directement relié au PIB.

Si le revenu global des ménages provient essentiellement du travail et du capital, il faut également tenir compte d'autres revenus qui ne sont pas directement reliés à la production (comme l'assurance-chômage ou les prestations sociales). Ces revenus représentent des *transferts* entre ménages. On peut considérer, par exemple, qu'une partie du salaire des travailleurs est redistribuée aux chômeurs. Si personne ne produisait, personne ne pourrait recevoir de prestations de chômage. Les transferts sont donc reliés, *indirectement*, à la production. Lorsqu'on connaît le revenu global des ménages (ou *revenu personnel*), on est en mesure d'étudier l'influence de ce revenu sur la consommation.

L'influence du revenu sur la consommation

La relation entre le revenu et la consommation a été mise en évidence par Keynes au moment de la grande crise des années 1930. Le célèbre économiste faisait alors l'hypothèse suivante: « Les hommes tendent à accroître leur consommation à mesure que le revenu croît, mais non d'une quantité aussi grande que l'accroissement du revenu[3]. »

---

2. La situation canadienne est toutefois un peu plus complexe que celle des grands pays (comme les États-Unis), puisque à peu près la moitié de ces 60 % provient d'échanges extérieurs. Le PIB canadien dépend donc autant des ménages canadiens que des ménages étrangers. Nous rendrons compte de cette dimension au chapitre 7.
3. John Maynard Keynes, *Théorie générale de l'emploi, de l'intérêt et de la monnaie,* Paris, Payot, 1939, p. 114.

Avant de vérifier la validité de cette hypothèse, notons ses implications. Les revenus, nous venons de le voir, proviennent de la production. Si la production diminue, le revenu (à l'échelle nationale) en fera autant. Selon le principe de Keynes, cette baisse de revenu se traduira par une baisse de la consommation des ménages. Les entreprises seront alors portées à réduire davantage leur production, ce qui créera un cercle vicieux et l'apparition d'une crise de sous-production et de chômage (voir la **figure 4.3**).

Figure 4.3

LE CERCLE VICIEUX DE LA SOUS-PRODUCTION

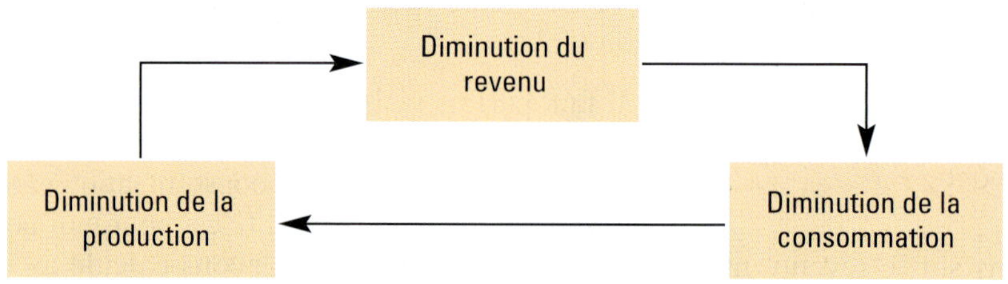

Le deuxième élément de l'hypothèse keynésienne vient modérer ce phénomène : la consommation évoluant moins vite que le revenu, le cercle vicieux perd de son énergie à chaque tour. Au bout de quelque temps, la dégringolade s'arrête et l'économie se stabilise à un niveau de production inférieur au niveau initial. Le même raisonnement est valable dans l'autre sens : lorsque la production, le revenu et la consommation augmentent de concert, l'économie finit aussi par se stabiliser. En effet, au fur et à mesure que le niveau d'activité économique (et donc le revenu) augmente, l'épargne prend de plus en plus d'ampleur et finit par freiner la croissance.

> La *propension marginale à consommer* est égale à la variation de la consommation divisée par la variation du revenu. La *propension marginale à épargner* est égale à la variation de l'épargne divisée par la variation du revenu.

On peut voir dans le **tableau 4.1** que la consommation augmente avec le revenu, mais moins vite que celui-ci (conformément à l'hypothèse de Keynes). Plus précisément, chaque fois que le revenu augmente de 100 (milliards de dollars), la consommation augmente de 75. La **propension marginale à consommer**, qui représente le rapport entre ces deux variations, est ici de 75/100 = 0,75. Cela signifie que, pour chaque dollar supplémentaire qu'il perçoit, le ménage augmentera ses dépenses de 75 ¢ (les 25 ¢ restants s'ajouteront à son épargne, ce qui fait que la **propension marginale à épargner** est de 0,25 ou 25/100). On constate également que, même si le niveau absolu de l'épargne tend à augmenter avec le revenu, la propension à consommer reste la même quel que soit le revenu. Enfin, lorsque le revenu est nul, on remarque que la consommation des ménages est quand même de 25 : il s'agit de la consommation minimale.

Tableau 4.1

LA RELATION ENTRE LE REVENU ET LA CONSOMMATION (données fictives)

Revenu	Consommation	Épargne
0	25	**–25**
100	100	**0**
200	175	**25**
300	250	**50**

Le tableau illustre l'hypothèse de Keynes selon laquelle « les hommes tendent à accroître leur consommation à mesure que le revenu croît, mais non d'une quantité aussi grande que l'accroissement du revenu ».

De nombreuses analyses statistiques, effectuées depuis la Deuxième Guerre mondiale, ont prouvé que l'hypothèse de Keynes était valable à *court terme*. On a constaté, d'une part, que la propension à consommer est relativement stable (donc prévisible) et, d'autre part, qu'elle est inférieure à 1 (ce qui veut tout bonnement dire que la consommation croît moins vite que le revenu). Sachant cela, les gouvernements peuvent non seulement prévoir la consommation, mais également tenter de la modifier en jouant sur le revenu. Ainsi, des mises à pied chez les fonctionnaires ou une baisse de leur salaire réduiront le revenu global des ménages (dont les fonctionnaires font partie). Si ces mesures ne sont pas compensées par une hausse du revenu des autres ménages, la consommation globale diminuera.

Mais, en économie, les choses ne sont jamais simples très longtemps, puisque le monde ne cesse d'évoluer. Depuis Keynes, un certain nombre de nouvelles hypothèses ont été émises dans le but de raffiner la relation entre revenu et consommation (surtout à plus long terme).

Selon certains économistes, le niveau de la consommation varie aussi en fonction de l'âge des individus. Les jeunes ménages, par exemple, ont une forte propension à consommer. Certains s'endettent (pour payer leurs études ou meubler leur nouvelle maison) et se basent davantage sur le revenu qu'ils espèrent gagner au cours de leur vie active que sur leur revenu du moment. Toute évolution de la structure d'âge de la population finira par modifier la propension à consommer.

L'influence du taux d'intérêt sur la consommation

Le revenu n'est pas la seule variable qui influe sur la consommation des ménages. Ainsi, un taux d'intérêt très bas peut inciter un individu à consommer davantage (grâce au crédit). C'est la raison pour laquelle certains commerçants proposent, à grand renfort de publicité, des taux d'intérêt faibles, voire nuls (du moins en apparence). Il n'en demeure pas moins que, si le ménage n'a pas un revenu suffisant pour payer ses dettes, même un taux d'intérêt nul ne pourra pas modifier sa consommation. Inversement, un taux d'intérêt élevé favorisera l'épargne au détriment de la consommation.

Il est temps de revenir sur la notion d'arbitrage que nous avons évoquée au début du chapitre. Il y a arbitrage parce que les ménages qui épargnent davantage doivent consommer moins (et vice-versa). En outre, la consommation et l'épargne visent toutes deux à satisfaire des besoins, soit immédiats (pour la consommation), soit futurs (pour l'épargne). Or, les modifications du taux d'intérêt perturbent l'équilibre entre les deux possibilités : un taux d'intérêt élevé rend l'épargne plus attrayante parce qu'il permettra de satisfaire un plus grand nombre de besoins futurs.

Même si les ménages se laissent parfois abuser par le taux d'intérêt nominal (celui qui est affiché dans les banques et publié dans les journaux), seul le taux d'intérêt réel compte vraiment[4]. Ainsi, de l'argent placé à 10 % ne rapportera en réalité que 4,8 % si le taux d'inflation est de 5 %. On fait ici le même calcul que pour le salaire réel (voir plus haut à la page 79) : 1,10/1,05 = 1,048. De même, lorsque le taux d'intérêt (nominal) est de 15,5 % et le taux d'inflation de 10 %, le taux d'intérêt réel est de 5 % (car 1,155/1,10 = 1,05).

La consommation et la richesse

Un individu qui vient d'hériter de l'immense ferme de sa vieille tante augmentera-t-il sa consommation ? Précisons tout de suite que la ferme ne rapporte rien et que le revenu de l'héritier n'a pas changé. Pourtant, celui-ci pourrait être porté à dépenser plus librement, sachant qu'en cas de coup dur il pourra toujours revendre une partie de son héritage.

> « Moi aussi je mets de l'argent de côté, mais pas du bon côté. »
>
> Jules Renard

Avez-vous remarqué que cet individu est devenu plus riche, même s'il ne gagne pas plus d'argent ? Il faut donc faire une distinction fondamentale entre *richesse* et *revenu*. La richesse est un *stock*. Elle représente la valeur des actifs accumulés : argent liquide, compte en banque, placements, maison, immeubles, etc. Le revenu est un *flux* : il consiste en des rentrées périodiques d'argent. Lorsque le revenu dépasse la consommation, la richesse s'accumule (le niveau du bassin s'élève ; voir la **figure 4.4**).

Figure 4.4

LES FLUX ET LES STOCKS

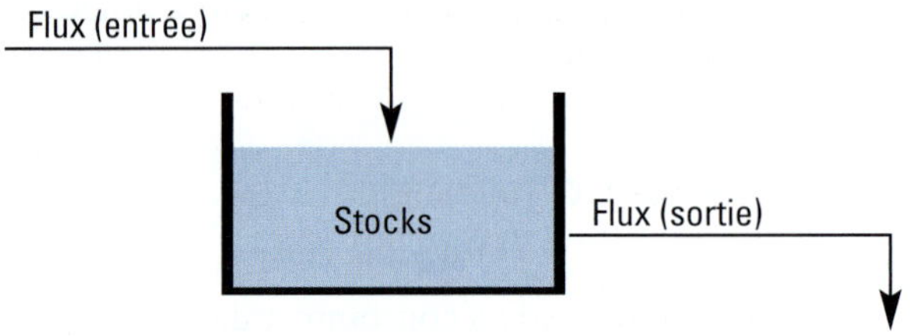

Les flux représentent des montants d'argent qui circulent. Ils se calculent pour une période donnée (par exemple : mon salaire est de 50 000 $ par an et mon loyer est de 800 $ par mois). Le stock représente ce qui existe à un moment donné (par exemple, il y avait 2000 $ dans mon compte d'épargne le 31 décembre).

4. Les personnes qui épargnent beaucoup en sont généralement bien conscientes.

La richesse moyenne des ménages peut évoluer. À certaines périodes, les ménages s'équipent en biens durables, acquièrent des propriétés, remplissent leur compte d'épargne et garnissent leur portefeuille d'actions. Puis, les années suivantes, ils vivent sur les biens qu'ils possèdent déjà, accumulent des dettes ou voient leur richesse diminuer à cause d'une chute du prix des actions ou de l'immobilier. Lorsque le niveau de richesse est au plus bas, l'augmentation du revenu des ménages tarde parfois à se traduire par un accroissement de la consommation. À d'autres moments, au contraire, lorsque le niveau de richesse est très élevé, le degré de confiance des ménages s'accroît en proportion et leur ardeur consommatrice semble insatiable. Si c'est avant tout le revenu qui influe sur la consommation des ménages, d'autres facteurs viennent donc parfois brouiller les cartes.

En somme, la consommation et l'épargne dépendent principalement du revenu, tout en subissant l'influence de la richesse et du taux d'intérêt. La **figure 4.5** ci-dessous résume les relations entre ces diverses variables.

Figure 4.5

LES DÉTERMINANTS DE LA CONSOMMATION ET DE L'ÉPARGNE

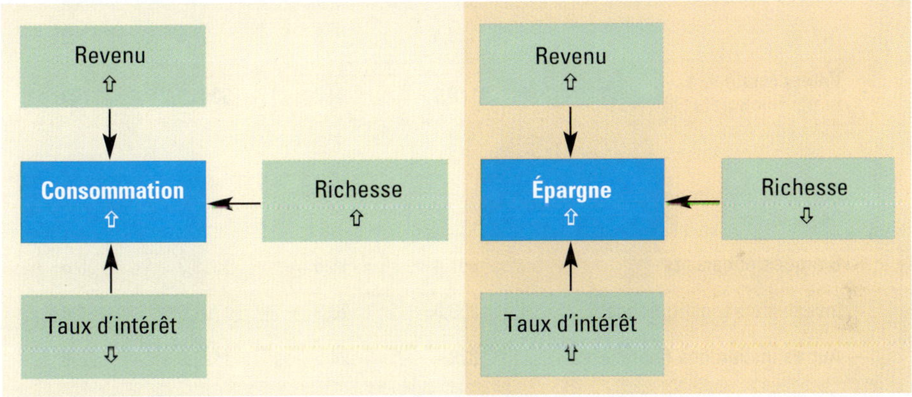

LA MONDIALISATION DE L'ÉPARGNE DES MÉNAGES

Si le taux d'épargne des ménages canadiens a tendance à diminuer, leur richesse financière (mesurée par la valeur des actifs financiers) a plus que doublé de 1990 à 2007 (voir le **tableau 4.2**). Cette situation s'explique par un changement de comportement des ménages. En raison des faibles taux d'intérêt, ils ont en effet déserté les dépôts bancaires et les obligations pour placer leur surplus dans des actions cotées en Bourse[a], lesquelles ont généré des gains exceptionnels au cours de la période citée[b]. C'est ce qui explique les données du tableau : la part de la richesse financière des ménages sous forme de dépôts bancaires et d'obligations est passée de 39,1 à 26,3 % de 1990 à 2007, alors que la part détenue sous forme d'actions passait de 17,7 à 26,6 % au cours de la même période.

a. Selon une étude de l'Autorité des marchés financiers du Québec (organisme gouvernemental qui contrôle et régularise les activités financières), la proportion des Québécois détenant des actions est passée de 4 à 31 % de 1977 à 1999.

b. L'indice de la Bourse de Toronto a augmenté de plus 300 % entre 1990 et 2007.

Tableau 4.2

LA RICHESSE FINANCIÈRE DES MÉNAGES CANADIENS : RÉPARTITION ET ÉVOLUTION

	1990		2007	
	(en milliards de dollars)	*(part relative en pourcentage)*	*(en milliards de dollars)*	*(part relative en pourcentage)*
1. Par types de placements				
– Monnaie et dépôts bancaires	409,3	33,1	748,7	24,2
– Actions	219,5	17,7	819,7	26,6
– Obligations	74,1	6,0	64,0	2,1
– Assurance-vie et retraite	401,2	32,4	1362,0	44,1
– Autres	133,4	10,8	91,6	3,0
Valeur totale des actifs financiers	**1148,9**	**100**	**3041,5**	**100**
2. Par types d'institutions financières				
– Banques et caisses	651,4	48,6	1809,2	36,6
– Investisseurs institutionnels	359,6	26,9	1701,8	34,5
– Autres institutions financières	328,4	24,5	1428,0	28,9
Valeur totale des actifs financiers	**1339,4**	**100**	**4939,0**	**100**

Source : Statistique Canada, Comptes du bilan national, *Particuliers et entreprises individuelles*, tableau 378-0004.

On observe également que la richesse financière des ménages est plus souvent confiée à des *investisseurs institutionnels,* tels que les fonds de retraite, les fonds de placement et les compagnies d'assurances. Longtemps dominée par les banques et les caisses, la gestion de l'épargne des ménages se retrouve maintenant dans ces organismes, et plus particulièrement dans les *fonds de placement,* dont les actifs ont connu une hausse exceptionnelle de 1500 % entre 1990 et 2007 au Canada (avant de s'écrouler en 2008). La montée spectaculaire des investisseurs institutionnels les met presque à égalité avec les banques et les caisses en ce qui concerne les actifs, lesquels ont atteint 1700 milliards de dollars en 2007, soit l'équivalent de 110 % du PIB canadien.

Les *investisseurs institutionnels* sont les fonds de retraite, les compagnies d'assurance et les fonds de placement.

Un *fonds de placement* est un organisme qui met en commun les montants placés par les ménages et les placent dans les marchés boursiers et financiers.

Cette nouvelle configuration de la gestion de l'épargne a des conséquences sur la sécurité et la stabilité de la richesse financière des ménages. Contrairement aux dépôts bancaires — qui sont assurés jusqu'à concurrence de 100 000 $ par personne —, les titres boursiers et financiers n'offrent aucune garantie sur la sécurité des placements. L'épargne des ménages est donc exposée à un degré de risque plus grand en cas de chute des marchés boursiers.

La gestion de l'épargne par les investisseurs institutionnels contribue à mondialiser l'épargne des ménages.

En confiant leur épargne aux fonds de placement, les ménages ne sont pas moins à l'abri des soubresauts des marchés boursiers et financiers, puisque ces fonds effectuent la majeure partie de leurs placements dans ces derniers. En plus d'être moins restreints que les banques dans leurs stratégies financières, les fonds de placement se livrent une forte concurrence qui les incite à faire des placements plus risqués afin d'offrir des rendements plus élevés pour s'attirer les clientèles. Enfin, puisque les investisseurs institutionnels sont devenus les principaux acteurs de l'intégration mondiale des marchés boursiers et financiers, l'épargne des ménages est désormais entrée dans sa phase de mondialisation.

Exercices

1. La propension à consommer

a) On constate que, lorsque le revenu national passe de 200 à 300, la consommation totale des ménages passe de 180 à 270. Quelle est la propension à consommer ?

b) Compte tenu de votre réponse à la question a, dites ce que feront les employés de l'État s'ils perçoivent 5 milliards de dollars de plus en salaires.

c) Pourquoi la propension à consommer ne peut-elle être ni supérieure à 1 ni inférieure à 0 ?

2. L'influence du revenu futur

a) Montrez, par quelques exemples concrets, que les ménages tiennent compte de leur revenu futur lorsqu'ils font certains achats.

b) Selon vous, quelle est l'étape de la vie des ménages où ces derniers dépensent moins qu'ils ne gagnent ?

c) Selon vous, que fera un ménage qui reçoit une somme d'argent inattendue ? Que fera un ménage qui a subi une perte de revenu imprévue ?

3. Les flux et les stocks

a) Distinguez, parmi les éléments suivants, ceux qui constituent des flux et ceux qui constituent des stocks.

- Revenu
- Richesse
- Patrimoine
- Salaire
- Débit d'une rivière
- Volume d'eau dans un lac
- Solde d'un compte bancaire
- Retrait d'un compte bancaire
- Nombre de disques vendus au cours de la semaine
- Nombre de disques en magasin le lundi matin

b) Dites si les situations suivantes concernent les flux ou les stocks.

- Les clients sont rares.
- Les magasins sont déserts.

c) Montrez, à l'aide de la notion de flux et de stocks, que le raisonnement suivant pourrait se révéler tout à fait faux : « Ce pays ne doit pas produire grand-chose, car on ne trouve rien sur les tablettes des magasins. »

d) Distinguez parmi les éléments suivants la richesse et le revenu. (Attention, un des éléments ne devrait pas figurer dans cette liste !)

- Chalet
- Salaire
- Obligations
- Bons du Trésor
- Pourboires
- Actions
- Solde d'un compte d'épargne
- Maison
- Intérêts perçus sur des obligations
- Dividendes distribués aux actionnaires
- Plus-value sur une propriété
- Vente d'une propriété

RÉSUMÉ

Les ménages jouent deux grands rôles dans l'économie : ils contribuent par leur travail à la production et ils se partagent les biens de consommation. Leurs décisions d'ordre économique sont basées sur le principe de la satisfaction maximale des besoins immédiats et futurs.

Les ménages doivent se poser trois grandes questions d'ordre économique : combien de temps faut-il consacrer au travail rémunéré ? quelle proportion du revenu faut-il consacrer à l'épargne ? comment faut-il répartir l'argent à dépenser entre les divers produits ? Les décisions relatives à chacune de ces questions sont des arbitrages, puisque le choix d'une possibilité implique qu'on renonce à l'autre possibilité : c'est ce qu'on appelle le coût d'option.

Le travail rémunéré permet aux ménages d'acheter des produits et, donc, de satisfaire des besoins. Le temps libre — c'est-à-dire tout le temps qui n'est pas consacré au travail rémunéré — permet également de satisfaire des besoins, et ce de façon plus directe. Pour travailler davantage, les ménages doivent sacrifier du temps libre, et vice-versa. Le ménage doit donc faire un arbitrage entre les deux possibilités. Toute augmentation de salaire fait pencher la balance en faveur du travail : c'est pourquoi la quantité de travail offerte par les ménages tend à s'accroître en même temps que le salaire.

Lorsque les prix augmentent, le pouvoir d'achat (ou salaire réel) diminue, et vice-versa. Les ménages ne peuvent donc se fier uniquement au salaire nominal pour prendre des décisions concernant le travail. Le salaire réel s'obtient en divisant le salaire nominal par le facteur d'inflation. Si, par exemple, les prix ont augmenté de 15 %, on divisera le salaire nominal par 1,15 pour déterminer sa valeur réelle.

Une fois leur salaire en poche, les ménages doivent faire un arbitrage entre la satisfaction des besoins immédiats et celle des besoins futurs, c'est-à-dire entre la consommation et l'épargne. La consommation dépend en premier lieu du revenu, qui provient lui-même, au niveau global, de la production. Généralement, les dépenses des ménages augmentent lorsque les revenus augmentent, mais dans des proportions moindres. La relation entre revenu et consommation, qui a été mise en évidence par Keynes, permet de mieux comprendre l'évolution de la situation économique.

D'autres variables peuvent influer sur la répartition des revenus entre l'épargne et la consommation. Lorsque les taux d'intérêt augmentent, par exemple, les ménages ont tendance à accroître leur épargne au détriment de leur consommation. Le niveau de richesse des ménages — à ne pas confondre avec le niveau de revenu — influe également sur la consommation et l'épargne. Quand ils possèdent de plus grandes richesses, sous forme de monnaie, de placements ou de propriétés, les ménages consomment généralement une proportion plus grande de leur revenu.

Exercices supplémentaires

1. L'offre de travail

a) Sur le marché des fruits et légumes, est-ce le cultivateur ou le consommateur qui offre des tomates ?

b) Sur le marché monétaire, est-ce l'emprunteur ou le prêteur qui offre de l'argent ?

c) Définissez avec précision ce qu'est un offreur et ce qu'est un demandeur.

d) Sur le marché du travail, est-ce le travailleur ou l'employeur qui offre du travail ?

2. Le débat sur l'offre de travail

a) D'après vous, les travailleurs se basent-ils sur le salaire nominal ou sur le salaire réel lorsqu'ils déterminent la quantité de travail qu'ils désirent offrir à court terme ?

b) Qu'est-ce que l'illusion monétaire ?

c) Pourquoi certains ménages réduisent-ils le nombre d'heures travaillées lorsque leur salaire augmente ?

3. Le salaire réel

Un employé se réjouit de voir son salaire hebdomadaire passer de 430 à 475 $. Persuadé que son niveau de vie a augmenté, il décide de planifier ses achats pour l'année et parcourt le journal à la recherche de soldes. Il ne porte pas une grande attention à l'article qui annonce un taux d'inflation de 11 % pour l'année en cours.

a) Calculez le taux de croissance réel du salaire de cet employé.

b) Cet employé a-t-il raison de se réjouir ? Son niveau de vie va-t-il réellement augmenter ?

4. La formule des facteurs

Entre janvier et février, une personne voit sa consommation de cigarettes passer de 10 à 11 paquets tandis que le prix du paquet de cigarettes passe de 5 à 6 $.

a) Complétez le tableau ci-dessous.

	Prix	Quantité *(consommation réelle)*	Prix × Quantité *(consommation nominale)*
Janvier	5 $	10 paquets	50 $
Février	6 $	11 paquets	66 $
Taux de croissance			
Facteur de croissance			

b) Est-il exact d'affirmer que la consommation de cigarettes de cet individu a augmenté de 32 % ?

c) Écrivez une équation permettant de trouver la quantité consommée à partir de la consommation nominale.

d) Écrivez une équation permettant de trouver le facteur réel à partir du facteur nominal. Comparez-la avec la formule des facteurs donnée à la page 79.

5. Le niveau de la consommation et de l'épargne

Dites quel effet (hausse ou baisse) devraient avoir les événements suivants sur la consommation et sur l'épargne.

a) Le revenu moyen augmente.

b) Le coût de la vie a fortement augmenté.

c) On craint une augmentation du prix des appareils ménagers.

d) Le taux d'intérêt augmente de 2 %.

e) Le taux d'intérêt et le niveau des prix augmentent de 4 %.

f) Les salaires et le niveau des prix augmentent de 4 %.

6. L'influence du revenu sur la consommation

a) Expliquez comment une économie peut s'enliser dans le cercle vicieux de la sous-production.

b) Comment la structure d'âge influe-t-elle sur la propension à consommer des ménages ?

7. Le taux d'intérêt réel et le taux d'intérêt nominal

a) Sachant qu'il n'y a pas d'inflation, dites combien vaudront réellement dans un an 100 $ placés à 8 % d'intérêt.

b) Sachant que l'inflation est de 8 %, dites combien vaudront réellement dans un an 100 $ placés à 8 % d'intérêt.

c) Sachant que l'inflation est de 21 %, dites combien vaudront réellement dans un an 100 $ placés à 10 % d'intérêt.

d) Si le taux d'intérêt réel passe de 8 à 10 %, combien d'argent faut-il placer pour obtenir 108 $ au bout d'un an ? Qu'en déduisez-vous sur l'attitude probable de l'épargnant ?

8. Le taux d'intérêt et la consommation

a) Expliquez, à l'aide d'un schéma de variables, la relation entre le taux d'intérêt, la consommation et l'épargne des ménages.

b) Pourquoi une hausse des taux d'intérêt peut-elle modifier l'arbitrage entre consommation et épargne ?

CHAPITRE 5

L'INVESTISSEMENT DES ENTREPRISES

Les entreprises constituent, avec les ménages, l'un des deux principaux piliers de l'économie. Les premières produisent les biens que les seconds consomment. Or, les travailleurs et les propriétaires des entreprises ne sont autres que les ménages; il est pourtant utile de bien distinguer les rôles si on veut y voir clair. Les entreprises et les ménages obéissent chacun à leur propre logique. Nous avons noté au chapitre précédent que les ménages cherchent avant tout à maximiser la satisfaction de leurs besoins. Dans ce chapitre, nous verrons que l'objectif principal des entreprises est la recherche du profit maximal, ne serait-ce que pour faire face à la concurrence, d'une part, et pour satisfaire leurs actionnaires, d'autre part. Ce principe est d'autant plus vrai aujourd'hui dans le contexte de déréglementation et de mondialisation amorcé dans les années 1980. Quant aux actionnaires, souvent représentés par des caisses de retraite ou des fonds mutuels, ils imposent des normes de gestion financière et des critères de rentabilité aux entreprises qu'ils contrôlent, réduisant parfois leur marge de manœuvre sur le plan de la production proprement dite.

Notre but ici n'est pas d'étudier le fonctionnement de l'entreprise individuelle, mais bien d'examiner le rôle de l'ensemble des entreprises dans l'économie globale. Nous nous intéresserons à leur production (la valeur ajoutée), aux ressources qui leur permettent de produire (plus particulièrement à travers l'investissement) et au rapport entre ces deux éléments (la productivité). Enfin, ces notions de base connues, nous proposerons quelques points de vue sur les entreprises modernes dans une économie mondialisée.

1. LA VALEUR AJOUTÉE

La principale fonction de l'entreprise est de produire des biens. Cependant, aucune entreprise d'envergure ne produit des biens de A à Z. Ford se procure des pièces chez des sous-traitants indépendants, le *New York Times* achète du papier à des compagnies canadiennes et Air Canada n'a jamais construit un seul avion. L'entreprise s'insère généralement à l'intérieur d'une chaîne de production dont elle ne constitue qu'un maillon.

Pour mieux étudier le fonctionnement de l'entreprise, nous la considérerons d'abord comme une boîte noire que nous observerons de l'extérieur. En comparant les produits qui en sortent à ceux qui y entrent, nous pourrons évaluer la véritable production de l'entreprise, c'est-à-dire la valeur ajoutée. Dans la section suivante, nous ouvrirons la boîte noire et examinerons les deux composantes qui s'y trouvent, soit le capital et le travail.

Les ressources productives et la valeur ajoutée

Qu'est-ce que la production ?

Produire, c'est, en gros, transformer un bien en un autre bien. Cette transformation se fait à l'aide de deux ressources productives — le travail et le capital — et parfois d'une troisième, la nature. Ainsi, la farine, l'eau et l'électricité (biens intermédiaires) deviennent du pain (bien transformé) grâce au boulanger (travail), à sa pétrisseuse et à son four (capital).

Lorsqu'il produit son pain, le boulanger bénéficie des efforts d'autres producteurs. Ce n'est pas lui, en effet, qui a produit la farine (ni les autres ingrédients). Il doit donc partager le mérite (et les bénéfices) de la production avec d'autres. Essayons d'évaluer la véritable valeur de la production du boulanger.

La *valeur ajoutée* d'une entreprise est égale à la valeur du produit total moins celle des produits intermédiaires.

Supposons que le boulanger a transformé 150 $ de farine (et autres ingrédients) en 210 $ de pain. Tout bien réfléchi, le pain n'est guère que de la farine présentée sous une forme plus intéressante. En se transformant, la farine (qui s'appelle maintenant pain) a pris de la valeur : elle vaut 60 $ de plus grâce au boulanger et à ses équipements. Si le chiffre d'affaires (ou valeur des ventes totales) de la boulangerie est de 210 $, sa véritable production n'est que de 60 $. Cette *valeur ajoutée* de 60 $ servira d'ailleurs à financer le travail (boulanger) et le capital (pétrisseuse et four) qui ont permis sa création (voir la **figure 5.1**).

Figure 5.1

LA VALEUR AJOUTÉE PAR LES RESSOURCES PRODUCTIVES

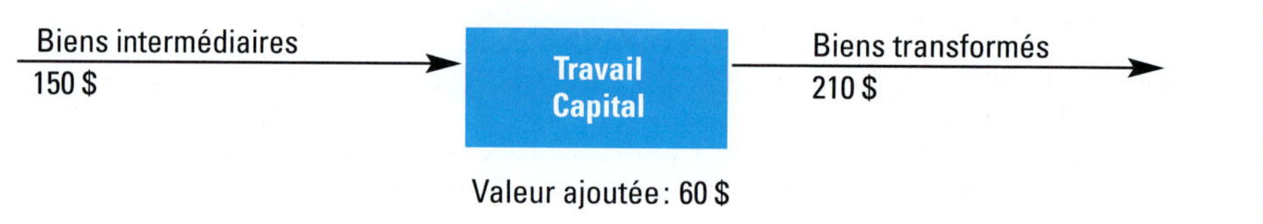

On calcule donc la valeur ajoutée en déduisant du chiffre d'affaires global de l'entreprise les sommes consacrées à l'achat des biens intermédiaires. Ces biens intermédiaires, qu'il est important d'identifier clairement, sont tous ceux qui se retrouveront dans les produits transformés. C'est le cas ici de la farine, de l'eau, du sel et même de l'électricité, qui disparaissent pour donner naissance au pain. Par contre, le four n'est pas un bien intermédiaire : il est encore là après la cuisson du pain, prêt à fournir d'autres services.

LA VALEUR AJOUTÉE DANS UNE ÉCONOMIE COMPOSÉE DE TROIS ENTREPRISES

Les comptes ci-dessous représentent les activités productrices d'une économie qui ne comporterait que trois entreprises. Même si elle est très simplifiée, cette situation permet d'illustrer la relation entre la valeur ajoutée et la production au sein d'une économie.

(Valeurs en millions de dollars)

Dépenses	**Ferme**		**Recettes**
Importation d'engrais	35	100	Vente de blé à la minoterie
Salaires	50		
Profits	15		
Total des dépenses	**100**	**100**	**Total des recettes**

Dépenses	**Minoterie**		**Recettes**
Achat de blé à la ferme	100	50	Vente de farine aux ménages
Salaires	80	150	Vente de farine à la boulangerie
Profits	20		
Total des dépenses	**200**	**200**	**Total des recettes**

Dépenses	**Boulangerie**		**Recettes**
Achat de farine à la minoterie	150	130	Vente de pain aux ménages
Salaires	50	80	Exportation de galettes
Profits	10		
Total des dépenses	**210**	**210**	**Total des recettes**

On obtient le « PIB » de cette économie en additionnant la valeur ajoutée de chacune des entreprises, soit 65 pour la ferme (100 de blé produit moins 35 d'engrais consommé), 100 pour la minoterie (200 de farine produite moins 100 de blé consommé) et 60 pour la boulangerie (210 de pains et galettes produits moins 150 de farine consommée). La somme des valeurs ajoutées (ou PIB) donne 225 (65 + 100 + 60).

Dans le chapitre 3 (page 57), nous avons présenté une autre méthode pour comptabiliser le PIB, laquelle consistait à additionner les dépenses effectuées par les agents lorsqu'ils achètent les produits finis. La somme des dépenses finales, ou PIB, donne également 225 (ce n'est pas surprenant puisqu'on mesure la même chose). Ici, les produits finis sont la farine et le pain vendus aux ménages (50 + 130), ainsi que les galettes vendues à l'étranger (80), dont il faut soustraire l'engrais importé (35), qui se retrouve en quelque sorte incorporé dans les produits finis mais qui fait partie du PIB d'un autre pays.

La valeur ajoutée est le résultat de la transformation effectuée par les ressources productives. Elle sert à financer le travail (les salaires, qui totalisent 180 = 50 + 80 + 50) et le capital (les profits, qui totalisent 45 = 15 + 20 + 10). La rémunération des ressources (salaires + profits) est donc elle aussi égale au PIB (180 + 45 = 225). Nous avons vu cette troisième manière d'évaluer le PIB au chapitre 3 (page 66).

Le PIB par secteur

Pour comptabiliser la production annuelle d'un pays, il pourrait sembler logique de faire l'inventaire des entreprises (ou des industries), puis d'additionner la production de chacune d'entre elles. Cependant, cette méthode présente un défaut majeur, puisque le même produit peut passer d'une entreprise à une autre avant d'atteindre sa forme finale. Ainsi, le blé passe de la ferme à la minoterie, puis à la boulangerie. En comptant la valeur du pain, on compte en même temps celle de la farine et du blé qu'il contient. Par contre, lorsqu'on utilise la valeur ajoutée, on obtient la valeur de la production de chaque industrie tout en évitant de compter le même produit plusieurs fois.

Le **tableau 5.1** présente le PIB canadien par branche d'activité. Il indique la valeur ajoutée de chaque branche, c'est-à-dire la valeur des ventes de chaque branche moins la valeur des biens intermédiaires utilisés par cette branche et provenant d'ailleurs.

Tableau 5.1

LE PRODUIT INTÉRIEUR BRUT PAR BRANCHE D'ACTIVITÉ AU CANADA

Valeur ajoutée au coût des facteurs de production en milliards de dollars de 1992 (dollars enchaînés)

	1997		2007	
	Valeur	Part relative en pourcentage	Valeur	Part relative en pourcentage
Agriculture, foresterie, pêche	23,0	***2,6***	27,1	***2,2***
Mines, eau, énergie	78,3	***8,8***	89,5	***7,3***
Total secteur primaire	**101,3**	***11,4***	**116,6**	***9,5***
Industries manufacturières	151,3	*17,0*	184,7	*15,1*
Construction	45,4	*5,1*	76,9	*6,3*
Total secteur secondaire	**196,8**	***22,1***	**261,6**	***21,4***
Finance, assurance et immobilier	168,5	*18,9*	240,1	*19,6*
Commerce	87,3	*9,8*	144,3	*11,8*
Enseignement et santé	110,0	*12,4*	134,3	*11,0*
Autres services	226,8	*25,5*	327,8	*26,8*
Total secteur tertiaire	**592,6**	***66,5***	**846,4**	***69,1***
Total PIB	**890,7**	***100,0***	**1224,6**	***100,0***

Source : Statistique Canada, *Cansim*.

Il y a plusieurs manières de grouper les branches d'activité. Traditionnellement, on distingue le secteur primaire (activités reliées aux ressources naturelles : agriculture, pêcheries, foresterie, mines), le secteur secondaire (industries productrices de biens : manufactures et construction) et le secteur tertiaire (services vendus par les entreprises et services offerts par l'État). De nos jours, cette classification devient de plus en plus arbitraire. Il est difficile, en effet, de déterminer si une entreprise produit des biens ou des services. Dans quel secteur doit-on classer IBM, qui fabrique des circuits intégrés, assemble des mini-ordinateurs, installe et répare des systèmes informatiques, et crée des logiciels qui valent beaucoup plus cher que le support physique sur lequel ils sont fabriqués ?

Enfin, on annonce périodiquement l'apparition d'un secteur dit « quaternaire », mais on n'a jamais pu s'entendre sur sa définition ni sur son utilité.

Le secteur tertiaire, on le voit dans le tableau 5.1, tend à prendre de plus en plus de place dans la production. On parle parfois de *tertiarisation* de l'économie. Ce secteur n'a cependant rien d'homogène. Son expansion touche aussi bien des activités à faible valeur ajoutée, où les équipements sont relativement peu importants et la productivité est faible (commerce), que des activités très performantes (télécommunications). Si on y regarde de plus près, on peut observer un déclin relatif dans la prestation des services de santé et d'éducation, tandis que la part du commerce augmente sensiblement.

LA TPS : UNE TAXE SUR LA VALEUR AJOUTÉE

Autrefois, le gouvernement fédéral et les provinces du Canada taxaient les produits sans se soucier de leur position dans le processus de la production. Ainsi, le producteur de réacteurs d'avion pouvait payer une taxe sur certaines pièces. Le fabricant de pièces payait une taxe sur son matériel de télécommunications. L'entreprise de télécommunications payait une taxe sur l'électricité. Finalement, la même électricité était taxée trois fois de suite (une fois en tant que telle, une fois sous forme de matériel de télécommunications et une fois sous forme de pièces), ce qui gonflait indûment le prix des réacteurs d'avion. Les produits les plus élaborés (ceux qui passaient entre les mains de nombreuses entreprises spécialisées) étaient surtaxés, alors que les produits plus primaires étaient sous-taxés. Le gouvernement pénalisait les entreprises les plus modernes face à la concurrence étrangère.

Cette taxe un peu absurde fut enfin remplacée par la taxe sur les produits et services (TPS) en 1991. Depuis, on ne taxe que la valeur ajoutée à chaque étape de la transformation d'un produit. Ainsi, au bout du compte, une porte de maison subit une taxe de 13 % (par exemple), qu'elle ait été produite directement à partir d'un arbre ou qu'elle soit passée à travers une série d'entreprises : bûcheron, scierie, menuiserie, vernisseur, entrepreneur. En adoptant la TPS et les taxes provinciales sur la valeur ajoutée, le Canada suivait l'exemple de la plupart des pays industrialisés et abandonnait une taxe héritée d'une époque où l'économie était beaucoup moins spécialisée.

Exercices

1. Les ressources productives

Classez les ressources productives selon trois catégories (travail, capital, nature) dans chacun des cas suivants.

a) Les pêcheurs de morue prennent la mer sur leur chalutier.

b) Deux ingénieurs de la compagnie Exxon rejoignent leur poste sur une plateforme de forage dans la mer de Beaufort.

c) Avant d'ensemencer son champ de maïs, M. A. Grikol le laboure à l'aide de sa charrue.

2. Produit intermédiaire et produit transformé

Voici quelques listes de biens intermédiaires et de biens transformés. Indiquez le genre d'entreprise qui les utilise et distinguez les biens intermédiaires des biens transformés.

a) Arbre, papier.

b) Pétrole brut, essence, huile à moteur.

c) Petits pois frais, papier, boîte de petits pois, fer-blanc, encre.

3. La valeur ajoutée

a) Chaque mois, la boulangerie Roma produit pour 100 000 $ de pain et utilise pour 60 000 $ de farine, 1000 $ de sel et 9000 $ d'électricité (pour la cuisson). Quelle est la valeur ajoutée de la boulangerie ?

b) Donnez un exemple original de valeur ajoutée (dans le style de la question précédente).

c) Donnez une définition (ou une formule) de la valeur ajoutée.

d) Lorsqu'on comptabilise le produit intérieur brut (PIB) par secteur (et par sous-secteur), utilise-t-on la production totale de chaque secteur ou la valeur ajoutée ? Expliquez votre réponse.

e) Pourquoi la valeur ajoutée correspond-elle au coût des ressources productives ?

f) Peut-on dire qu'un commerçant crée de la valeur ajoutée ?

2. L'INVESTISSEMENT ET LA PRODUCTIVITÉ

Supposons qu'une société de transport en commun (que nous baptiserons la STC) décide de se procurer dix nouveaux autobus au cours de l'année. Sachant qu'elle possédait 200 autobus le 1er janvier, et que ces autobus ont une durée de vie moyenne de 10 ans, combien en aura-t-elle le 31 décembre ?

Avant de répondre, n'oublions pas que 1 autobus sur 10 devra *probablement* « prendre sa retraite » chaque année, ce qui nous fait 20 autobus par an. La STC se retrouverait en fin de compte avec 190 autobus à la fin de l'année, soit 200 + 10 – 20.

Le capital et l'investissement

Le *capital* représente l'équipement accumulé par l'entreprise. L'*investissement* est l'achat de nouveaux biens d'équipement.

Dans l'exemple que nous venons d'évoquer, le parc d'autobus représente le *capital* de la compagnie de transport. Ce capital se détruit lentement, usé par le travail et les années : c'est ce qu'on appelle l'*amortissement*. L'achat de nouveaux autobus, ou *investissement brut*, permet par contre de renflouer le capital. Lorsque l'investissement brut est insuffisant (c'est-à-dire inférieur à l'amortissement), le niveau du capital diminue. La compagnie de transport voit ses capacités de production réduites : elle transportera moins de passagers.

Capital initial + Investissement brut – Amortissement = Capital final

L'*investissement net* représente l'augmentation du capital. Il est égal aux achats d'équipement (l'*investissement brut*) moins l'usure de l'équipement existant (l'*amortissement*).

Supposons que, l'année suivante, la STC achète 30 autobus. Comme son amortissement est à présent de 19 (un dixième du capital, qui était passé, rappelons-le, à 190), son parc de véhicules s'agrandit de 11 autobus. Ces autobus supplémentaires représentent l'*investissement net*. Le parc d'autobus s'agrandit, atteignant 201, parce que l'investissement brut dépasse l'amortissement (voir la **figure 5.2**).

Investissement net = Investissement brut – Amortissement
Investissement net = Capital final – Capital initial

L'investissement net est le résultat de deux *flux*: l'investissement brut et l'amortissement. L'investissement net modifie le *stock* de capital. Si le stock de capital a augmenté, c'est que l'investissement net a été positif.

Figure 5.2

LE CAPITAL ET L'INVESTISSEMENT

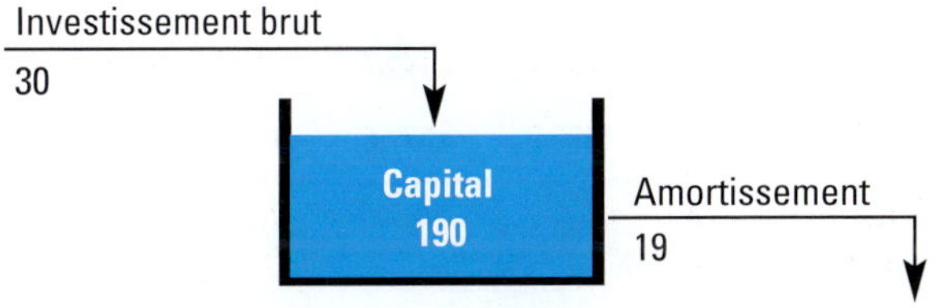

L'*investissement brut* représente la quantité de machines venant s'ajouter au *capital* existant pendant l'année. Mais, dans le même temps, certains équipements usés ou désuets doivent être remplacés: c'est l'*amortissement*. L'*investissement net* mesure l'écart entre l'investissement brut et l'amortissement. Ici, l'investissement net est égal à +11 et le capital, qui était de 190 au départ, passe à 201.

L'investissement et le PIB

L'investissement est une composante importante de la production (rappelons la formule du PIB: C + I + G + [X – M]). Au Canada, environ 20 % des dépenses finales des agents économiques peuvent être qualifiées d'investissement. Ce ratio dépasse 30 % dans certains pays d'Asie dont les capacités de production et le PIB connaissent une croissance particulièrement forte.

Même s'il ne représente que 20 % du PIB au Canada (ce qui n'est pas si mal), l'investissement est plus instable que les autres composantes du PIB. Mieux connaître l'évolution de l'investissement permet donc de mieux prévoir les fluctuations de l'économie.

Nous avons défini l'investissement comme l'achat de biens de production. En 2007, les entreprises canadiennes consacraient 104,1 milliards de dollars à l'acquisition de machines et d'outils, et 197,6 milliards de dollars à la construction d'immeubles, de bureaux, d'usines, d'entrepôts et de résidences (voir le **tableau 5.2**). La construction résidentielle fait également partie de l'investissement, car une maison est considérée comme un équipement qui produit un service (le logement). Pour les entreprises, les stocks manufacturiers représentent une immobilisation d'argent, au même titre que l'équipement. C'est pour cette raison que les stocks manufacturiers sont comptabilisés avec le capital et que leurs variations nettes (9,8 milliards de dollars en 2007) sont comptabilisées avec l'investissement. À cela, il faut ajouter les investissements de l'État (45,7 milliards de dollars, principalement pour la construction et la réparation d'immeubles). Au total, l'investissement canadien s'élevait à 357,2 milliards de dollars en 2007.

Tableau 5.2

L'INVESTISSEMENT ET L'AMORTISSEMENT AU CANADA

	2002	2003	2004	2005	2006	2007
	(en milliards de dollars courants)					
Machinerie et outillage	80,3	80,8	84,7	93,0	99,9	104,1
Construction	116,3	127,3	145,0	162,3	183,2	197,6
Variation des stocks	−2,7	4,3	5,3	9,4	8,1	9,8
Investissement public	28,6	30,1	32,5	37,0	40,9	45,7
Total : Investissement brut	**222,5**	**242,5**	**267,5**	**301,6**	**332,0**	**357,2**
Amortissement	155,6	161,8	167,8	176,0	185,2	195,2
Investissement net	66,9	80,7	99,7	125,7	146,8	162,0
PIB	**1152,9**	**1213,2**	**1290,9**	**1372,6**	**1450,5**	**1535,6**
Nombre de travailleurs (en millions)	*15,310*	*15,672*	*15,947*	*16,170*	*16,484*	*16,866*

Source : Statistique Canada, *Cansim*.

Une bonne partie de cet investissement sert au remplacement des équipements usés : c'est l'amortissement (195,2 milliards sur un total de 357,2 milliards). La différence entre ces deux chiffres représente l'augmentation nette du stock d'équipements, ou investissement net (357,2 – 195,2 = 162 milliards). Au cours de l'année 2007, le stock de capital s'est donc accru de 162 milliards de dollars au Canada, ce qui signifie que les capacités de production canadiennes ont augmenté.

Le lecteur curieux aura noté que le rapport entre amortissement et PIB reste relativement stable à travers les années (autour de 13 %). Cela signifie qu'environ un huitième de tout ce qui est produit dans une année sert à réparer ou à remplacer les équipements qui ont été détruits à cause, justement, de la production.

L'investissement, source d'instabilité

La **figure 5.3** présente l'évolution de quelques composantes de l'investissement au cours des années. Nous y avons ajouté des données sur la consommation des ménages, à titre de comparaison. Il est clair que l'investissement fluctue fortement d'une année à l'autre, surtout si on le compare à d'autres catégories de dépenses.

Figure 5.3

L'INSTABILITÉ DE L'INVESTISSEMENT AU CANADA

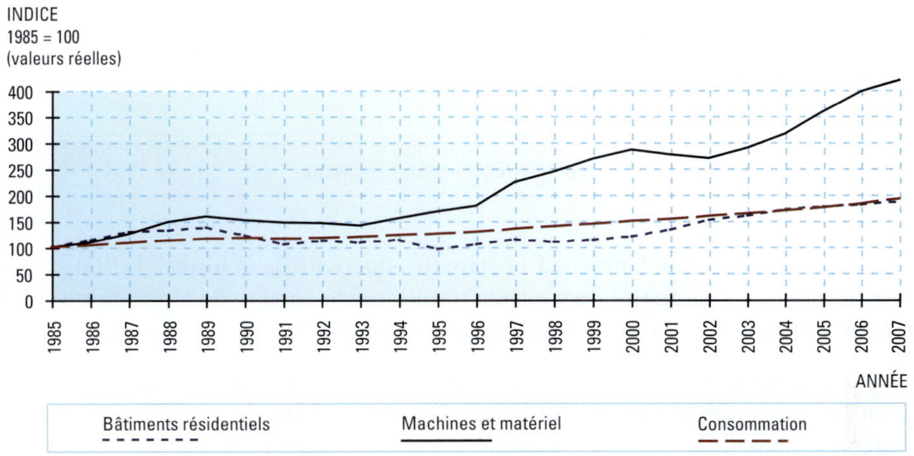

Comparativement aux dépenses de consommation, les dépenses d'investissement sont plutôt instables. Ainsi, même si globalement les dépenses de consommation dépassent de loin les dépenses d'investissement, ce sont parfois ces dernières qui ont la plus grande influence sur les fluctuations du PIB.

Source : Statistique Canada, *Cansim*.

Un exemple nous permettra d'illustrer une des raisons pour lesquelles l'investissement est naturellement instable. Reprenons les chiffres de la STC. Cette entreprise dispose de 200 autobus au début de l'année (c'est son capital) ; elle doit remplacer 1 autobus sur 10 chaque année (c'est l'amortissement) et ne prévoit pas de hausse notable de la clientèle au cours de l'année suivante. Cette entreprise peut donc se contenter d'acheter 20 nouveaux autobus (soit le montant de l'amortissement : 1/10 de 200), ce qui maintiendra son parc d'autobus à 200 unités. Supposons que l'année suivante on prévoie une hausse de 10 % dans la fréquentation des autobus. La STC doit s'arranger pour accroître son parc d'autobus en conséquence, c'est-à-dire le faire passer de 200 à 220 unités (10 % de plus). Pour y arriver, elle devra acheter 40 autobus (20 pour l'amortissement et 20 pour la hausse du capital).

Comme on peut le constater, la compagnie a été obligée de *doubler* son investissement pour être en mesure d'accroître sa production d'à peine *10 %*. Une hausse même modeste de la production est donc impossible sans une accélération sensible de l'investissement, tout comme un camion consomme beaucoup plus d'énergie au démarrage que lorsqu'il roule à sa vitesse de croisière : on appelle d'ailleurs ce phénomène l'*accélérateur d'investissement*.

L'instabilité de l'investissement se répercute sur le PIB. Les brusques variations de l'investissement sont souvent autant responsables du ralentissement de l'économie qu'à l'origine de sa reprise. D'autre part, tout comme certaines dépenses de consommation (biens durables), l'investissement peut être influencé par les perceptions et les prévisions des entreprises. Les gouvernements qui adoptent des politiques destinées à amoindrir les fluctuations de l'économie doivent donc surveiller attentivement ce trouble-fête.

La productivité

Pour mesurer le rendement des ressources productives (ou productivité), on compare le résultat (produit) à l'effort fourni (quantité de ressources utilisée).

L'entreprise qui cherche à augmenter sa production finira par se heurter au phénomène des *rendements décroissants.*

Productivité = Produit/Ressource

Ainsi, on parle de rendement à l'hectare (productivité de la terre), de kilogrammes de coton cueillis à l'heure (productivité du travail) ou de nombre de pages qu'une photocopieuse imprime à la minute (productivité du capital).

Pour augmenter le volume de la production, il est nécessaire d'accroître la quantité ou la qualité des ressources utilisées. En embauchant de nouveaux travailleurs, l'entreprise obtient des résultats presque immédiats, mais l'augmentation du volume de la production atteint vite une limite, faute d'équipements suffisants pour cette nouvelle main-d'œuvre. On dit que, à *court terme,* les *rendements* sont *décroissants*. À long terme, le seul moyen d'accroître la production consiste à faire des investissements (achat de machines, construction d'une autre usine, etc.). Toutefois, il faut généralement un certain temps pour que ces nouveaux biens de production entrent en service.

À *long terme,* les rendements ont en général tendance à augmenter en même temps qu'une entreprise prend de l'expansion. Une meilleure division du travail, des coûts fixes plus dilués, la possibilité d'utiliser davantage d'équipements permettent de faire des économies d'échelle. Par contre, au-delà d'un certain niveau, la taille même de l'entreprise peut devenir une source d'inefficacité : la gestion devient plus complexe, les décisions se font plus lentement et des difficultés de communication apparaissent.

La courbe de demande de travail, que nous avons déjà étudiée sommairement à la fin du chapitre 2, se comprend mieux à la lumière de la loi des rendements décroissants. Étant donné que, passé un certain seuil, ils s'avèrent de moins en moins productifs, les travailleurs embauchés n'intéresseront l'entreprise que s'ils sont payés de moins en moins cher. Sur la courbe de demande de travail de la **figure 5.4** (Demande 1), on constate que, plus le salaire du marché est élevé, moins l'entreprise souhaite embaucher de main-d'œuvre. Remarquez que nous parlons *du* salaire et non *des* salaires des travailleurs. Puisqu'ils ne sont pas « numérotés », ces derniers devraient normalement tous recevoir le même salaire (pour un poste équivalent dans l'entreprise). Dans ces conditions, lorsque le salaire diminue, il diminue pour tous les travailleurs, les nouveaux comme les anciens.

Si la productivité des travailleurs augmente, l'entreprise pourra se permettre de payer ses travailleurs plus cher. Autrement dit, à salaire égal, elle embauchera plus de monde (Demande 2 sur la figure 5.4). Cette hausse de la demande de travail par l'entreprise fait grimper le salaire d'équilibre (point E2 sur la figure).

Cette fameuse loi des rendements décroissants, qui pourrait aussi bien se nommer « loi des coûts croissants », nous permet de mieux comprendre non seulement comment les entreprises déterminent leur courbe de *demande de travail*, mais aussi comment elles déterminent leur courbe d'*offre de biens*. Produire plus signifie tôt ou tard faire appel à des ressources de moins en moins productives et, par le fait même, subir des coûts de plus en plus élevés. L'entreprise n'accepte donc d'accroître sa quantité offerte que si elle peut vendre de plus en plus cher les produits qui lui coûtent également de plus en plus cher. Autrement dit, la hausse du prix du marché est nécessaire pour dédommager l'entreprise des coûts supplémentaires découlant de l'augmentation de sa production. Nous aurons encore souvent l'occasion d'utiliser des courbes d'offre de biens. Il faudra alors garder à l'esprit cette relation étroite entre l'offre de produits et les coûts de production.

Figure 5.4

LA DEMANDE DE TRAVAIL

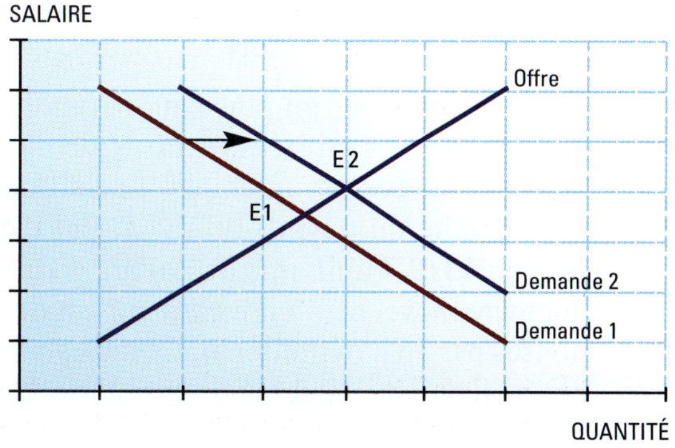

Une hausse de la demande de travail par les entreprises fait augmenter le niveau de salaire sur le marché.

Le taux d'intérêt et la demande de capital

La demande de capital (ou investissement) dépend d'une part du taux d'intérêt et d'autre part du profit escompté. Là encore, l'entreprise est soumise à deux forces opposées. La prévision d'une hausse du volume de ses ventes et de ses profits l'incite à accroître ses capacités de production, c'est-à-dire à investir. Par contre, la hausse du taux d'intérêt, c'est-à-dire du coût de financement de l'investissement, entame sa marge de profit et freine ses achats de capital.

> La hausse du taux d'intérêt ralentit l'investissement, tandis que la hausse du profit escompté l'accélère.

Supposons que la STC, notre entreprise de transport, ait projeté de se procurer de nouveaux autobus dans le but d'accroître sa production. L'entreprise estime que cette dépense — qu'elle financera à crédit, comme il se doit, sur une période de 10 ans (la durée de vie de ces autobus) — lui permettra de faire chaque année un profit équivalant à 12 % du capital investi. Si le taux d'intérêt est de 8 %, par exemple, la STC peut estimer que l'investissement est suffisamment rentable, et aller de l'avant avec son projet. Si, par contre, le taux d'intérêt se met à grimper et atteint 10 %, l'entreprise jugera peut-être que la marge de profit net est trop mince pour qu'elle accepte de se risquer dans l'aventure. De façon similaire, la crainte d'une récession peut amener la STC à réviser à la baisse son taux de profit escompté : elle pourra alors abandonner ou reporter son projet d'investissement, même si le taux d'intérêt n'a pas changé.

Sommes-nous productifs ?

On entend souvent dire que les travailleurs canadiens sont peu productifs. Cette accusation sert à la fois à expliquer la faible progression de leur niveau de vie et à justifier les sacrifices qui leur sont demandés. Qu'en est-il en réalité ?

Nous avons défini plus haut la productivité comme le rapport entre la production et les ressources utilisées. À l'échelle globale, le rapport entre le PIB et le nombre de personnes occupant un emploi devrait donc nous donner une bonne indication de la productivité du travail. En 2007, par exemple, 16,866 millions de travailleurs ont produit 1319,7 milliards de dollars de biens et services (voir le **tableau 5.3**). La productivité moyenne d'un travailleur est donc d'environ 78 243 $ (soit 1319,7 milliards divisés par 16,866 millions). Le tableau 5.3 montre qu'entre 2002 et 2007 les gains de productivité, bien que modestes, ne sont pas négligeables.

Tableau 5.3

L'ÉVOLUTION DE LA PRODUCTIVITÉ AU CANADA

	2002	2003	2004	2005	2006	2007
PIB (en milliards de dollars enchaînés de 2002)	1152,9	1174,6	1211,2	1246,1	1284,8	1319,7
Nombre de travailleurs (en millions)	15,310	15,672	15,947	16,170	16,484	16,866
Productivité (PIB/travailleur) (en dollars)	75 302	74 947	75 954	77 062	77 942	78 243
Taux de croissance de la productivité (en pourcentage)		−0,5	1,3	1,5	1,1	0,4

Source : Statistique Canada, *Cansim*.

Une hausse de la productivité permet à l'entreprise de mieux payer ses employés sans augmenter ses coûts de production.

La hausse de la productivité n'est pas uniquement une question académique. Ce sont les gains de productivité qui permettent en fin de compte à chacun d'entre nous d'obtenir plus de biens (et de satisfaire plus de besoins) en travaillant moins, conformément au principe fondamental de la science économique. Selon les chiffres du tableau 5.3, on pourrait dire, par exemple, que le travailleur moyen pourrait voir son niveau de vie augmenter de 1,3 % par an en moyenne sans qu'il en coûte plus cher à son employeur. De façon similaire, le travailleur pourrait théoriquement travailler de moins en moins tout en conservant le même niveau de vie. Encore faut-il que ce travailleur se trouve (et demeure) dans le bon secteur : l'industrie manufacturière, qui licencie du personnel pour le remplacer par des machines, ou l'industrie du savoir, qui exige une main-d'œuvre particulièrement qualifiée et polyvalente. Par ailleurs, on a aussi constaté que la durée moyenne de la semaine de travail tendait à augmenter sensiblement en Amérique du Nord au cours des années 1990. Ainsi, certains travailleurs seraient plus productifs, non pas parce qu'ils sont plus efficaces, mais parce qu'ils travaillent plus longtemps.

En somme, l'évolution de l'économie n'est pas uniquement *quantitative*, elle est aussi *qualitative*. En même temps qu'elle grossit, l'économie se transforme. Les différences accrues entre les secteurs de l'économie au chapitre des gains de productivité contribuent actuellement à creuser l'écart salarial entre les groupes de travailleurs, alors que cet écart tendait plutôt à se rétrécir entre 1945 et 1975.

> « Si l'homme n'avait pas découvert le feu, on n'aurait pas eu besoin d'inventer les pompiers. »
>
> Ramou

Exercices

1. L'investissement et les capacités de production

a) Au début de l'année, la Société de transport hulloise (STH) possède 200 autobus d'une durée de vie moyenne de 10 ans. Elle compte se procurer 30 nouveaux autobus au cours de l'année. Calculez l'amortissement, l'investissement net et le capital final.

b) L'année suivante, la STH achète 20 autobus. Quel sera son capital à la fin de cette deuxième année ?

2. Le capital

a) Si l'amortissement dépasse l'investissement brut, qu'arrive-t-il à l'investissement net et aux capacités productives de l'économie ?

b) L'investissement net peut être négatif, mais pas l'investissement brut. Commentez cette affirmation.

3. La productivité

a) En vous basant sur les données du tableau 5.2 (page 100) calculez la productivité moyenne par travailleur au Canada en 2002 et en 2007. Calculez le taux de croissance de cette productivité entre 2002 et 2007. S'agit-il d'un taux de croissance réelle ou d'un taux de croissance nominale ?

b) Cette fois, basez-vous sur les données du tableau 5.3 (page 104) pour calculer le taux de croissance réelle de la productivité entre 2002 et 2007. Commentez le résultat.

3. L'ENTREPRISE MONDIALISÉE

Nous venons de voir que les entreprises investissent pour remplacer ou accroître leur capital. Cependant, certaines entreprises utilisent un chemin plus rapide pour augmenter leurs capacités de production : elles fusionnent ou achètent d'autres entreprises. Ces transactions n'augmentent pas les capacités de production totales d'une économie ; elles ne font que changer la propriété des équipements productifs. En 2006, par exemple, le Canada a enregistré 1720 fusions et acquisitions d'entreprises pour un montant de 174 milliards de dollars américains.

Les fusions et acquisitions ne se font pas seulement entre des entreprises d'un même pays, mais aussi à l'échelle internationale. La progression fulgurante des investissements directs étrangers (IDE[1]) dans le monde en témoigne : le montant annuel des IDE est passé de 202 à 1307 milliards de dollars américains entre 1990 et 2006. Selon les Nations unies (CNUCED, rapport 2007), les fusions et acquisitions internationales prédominent dans les IDE : leur valeur annuelle est passée de 120 à 880 milliards de dollars de 1990 à 2006.

Pourquoi les entreprises décident-elles de procéder à des fusions ou à des acquisitions internationales ?

La mondialisation des entreprises

Les *barrières protectionnistes* visent à restreindre les importations.

Dans les années 1950 à 1970, les entreprises implantaient des filiales à l'étranger afin de contourner les *barrières protectionnistes*. Pour vendre un bien dans un autre pays, sans être soumis à un tarif douanier qui avait pour effet d'augmenter son prix de vente, l'entreprise produisait ce bien à l'intérieur du pays en y implantant une filiale. Depuis les années 1990, cette stratégie n'est plus de mise, car les négociations commerciales internationales et les accords de libre-échange ont considérablement réduit les barrières protectionnistes. Avec la mondialisation des échanges, les marchés nationaux ont tendance à se fondre en un seul et grand marché planétaire, lequel compte plus de 1 milliard de consommateurs solvables.

Pour conquérir le marché mondial, les entreprises cherchent à être davantage concurrentielles, c'est-à-dire qu'elles cherchent à offrir des produits de qualité tout en augmentant leur productivité. Les fusions et les acquisitions internationales leur permettent de faire d'une pierre deux coups : elles augmentent leurs parts de marché et diminuent leurs coûts de production. Les nouvelles entités regroupées peuvent réduire le nombre d'employés affectés à la gestion et réorganiser leur chaîne de production à l'échelle internationale, par exemple en confiant la production d'un bien à la filiale étrangère la plus performante ou à un sous-traitant dans un pays à faible coût de main-d'œuvre.

---

1. Les IDE représentent la somme des montants « investis » par des étrangers dans l'économie d'un autre pays, sous forme de fusions et acquisitions internationales ou d'investissements productifs (achats de nouveaux équipements et construction d'usines).

La mondialisation des entreprises gagne ainsi du terrain. En 2006, on comptait sept fois plus d'entreprises multinationales qu'en 1975 et le nombre de filiales étrangères qu'elles possédaient était neuf fois plus élevé. L'entreprise mondialisée est donc une ***multinationale*** présente dans plusieurs pays à travers un vaste réseau de filiales de production, de distribution et de recherche et développement, ainsi qu'à travers un réseau de sous-traitants et d'alliances de toutes sortes. L'***entreprise mondialisée*** produit et vend des biens *dans* et *pour* le monde entier.

Une *multinationale* est une entreprise qui possède au moins une usine (ou filiale) dans un pays étranger. L'*entreprise mondialisée* est organisée en réseaux de filiales à l'échelle de la planète dans le but de conquérir le marché mondial.

L'entreprise mondialisée tire profit des technologies de l'information pour gérer efficacement des réseaux de production très complexes à l'échelle mondiale.

La mondialisation des échanges et des entreprises repose aussi sur la révolution des technologies de l'information et des communications. Étant donné qu'elles facilitent la gestion et les communications de l'entreprise avec ses filiales étrangères, ses partenaires, ses fournisseurs, ses sous-traitants et ses clients, les technologies de l'information permettent l'organisation d'une chaîne de production et de distribution à l'échelle mondiale.

L'importance économique des entreprises mondialisées

Alors que leur nombre ne cesse d'augmenter, les entreprises multinationales pèsent de plus en plus lourd dans l'économie mondiale. Comme le montre la première ligne du **tableau 5.4**, la part relative du PIB mondial imputable aux multinationales est passée de 6,8 à 10 % entre 1990 et 2006. Bien sûr, nous avons pris soin de mesurer la production de ces entreprises en utilisant la *valeur ajoutée* plutôt que le *chiffre d'affaires*, car ce dernier comptabilise plus d'une fois les biens intermédiaires utilisés dans les différentes étapes de la pro-

Tableau 5.4

PORTRAIT ÉCONOMIQUE DES ENTREPRISES MULTINATIONALES (1990-2006)

Indicateur	Valeur aux prix courants *(en milliards de dollars)*		Proportion du PIB mondial *(en pourcentage)**	
	1990	2006	1990	2006
1. Valeur ajoutée	1501	4862	6,8	10
2. Chiffre d'affaires	6126	25 177	27,8	52,1
3. Actifs des filiales étrangères	6036	51 187	27,4	106
4. Exportations des filiales étrangères des multinationales	1523	4707	6,9	9,7
5. Exportations de biens et services dans le monde	4329	14 120	19,6	29,2

* Le PIB mondial en dollars courants : 22 060 milliards de dollars américains en 1990 et 48 293 milliards de dollars américains en 2006.

Source : Conférence des Nations unies sur le commerce et le développement (CNUCED), *Rapport sur l'investissement dans le monde,* 2007.

duction. Notons au passage que, malgré les réductions de personnel effectuées lors des fusions, le nombre d'employés des entreprises multinationales a presque triplé, passant de 25 à 73 millions de personnes (dont 24 millions en Chine seulement) de 1990 à 2006.

La croissance du commerce international (ligne 5 du tableau 5.4) n'est pas étrangère à la mondialisation des entreprises. En effet, comme la nouvelle entreprise mondialisée cherche à tirer profit des avantages économiques de ses filiales étrangères, ces dernières n'hésitent plus à traverser les frontières pour s'acheter les biens intermédiaires nécessaires à leur production sans avoir à « sortir de la famille ». En 2006, les échanges internationaux entre des filiales appartenant à une même entreprise multinationale représentaient 4707 milliards de dollars américains, soit le *tiers* du commerce international.

GENERAL ELECTRIC : DES CIRCUITS ÉLECTRIQUES AUX CIRCUITS FINANCIERS

General Electric (GE) est la plus importante entreprise multinationale au monde. En 2006, elle possédait des actifs d'une valeur de 673,3 milliards de dollars américains, dont 412,7 milliards à l'étranger. Présente dans une quarantaine de pays, elle détenait 1527 filiales, dont 1184 à l'étranger[a], et employait 316 000 personnes, dont 155 000 à l'étranger.

General Electric est née en 1892 de la fusion de deux entreprises : Edison General Electric Company et Thompson-Houston Electric Company. Elle est à l'origine de nombreuses inventions dans les domaines électrique et électronique, dont le célèbre grille-pain vendu pour la première fois en 1909.

General Electric a opéré un changement de cap majeur au tournant des années 1980. La mondialisation incite alors ses dirigeants à réorienter la mission de l'entreprise, abandonnant ainsi la fabrication de produits électroménagers pour la gestion financière de ses actifs.

De 1981 à 2001, General Electric licencie 130 000 employés et se départit de plus de 400 usines et 100 filiales, notamment celles produisant des produits électroménagers, lesquels sont confiés à des entreprises sous-traitantes. Profitant de l'entrée en vigueur de l'Accord de libre-échange nord-américain (ALÉNA) en 1994, General Electric déplace de nombreuses usines au Mexique. Résultat : la proportion du nombre d'employés des filiales étrangères est passée de 20 à 50 % de 1981 à 2006.

Entre-temps, General Electric se met aussi en mode d'achat d'entreprises. Elle acquiert plus de 1000 entreprises dans des domaines nouveaux, tel le secteur des appareils médicaux, et elle développe des entreprises dans le domaine financier. Elle achète le réseau de télévision NBC et, en 2004, Universal Studio d'Hollywood. Aujourd'hui, General Électric est présente dans les six domaines d'activités suivants : GE Commercial Finance (crédit aux entreprises) et GE Money (crédit aux ménages), dont les chiffres d'affaires avoisine pour chacun les 20 milliards de dollars en 2006 ; GE Healthcare (appareils médicaux, chiffre d'affaires de 15 milliards) ; GE industrial (matériel électrique et électroménager, chiffre d'affaires de plus de 33 milliards) ; GE Infrastructure (équipements dans le domaine énergétique, réacteurs d'avions, etc., chiffre d'affaires de 42 milliards) ; et NBC Universal (réseau NBC, studio Universal, etc., chiffre d'affaires de 15 milliards).

a. General Electric se situe au cinquième rang du classement de l'indice d'internationalisation (II) de l'ONU. L'indice d'internationalisation est le résultat de la division du nombre de filiales étrangères par le nombre total de filiales.

Exercices

L'entreprise mondialisée

a) Pourquoi l'entreprise multinationale implantait-elle des filiales à l'étranger avant la vague de réduction des barrières protectionnistes et la création de grandes zones de libre-échange ?

b) Pourquoi la mondialisation incite-t-elle les entreprises à fusionner ou à procéder à l'acquisition d'autres entreprises ?

c) Pourquoi les entreprises multinationales interviennent-elles dans le tiers du commerce international ?

d) Quel est le rôle joué par les technologies de l'information dans le processus de mondialisation des entreprises ?

RÉSUMÉ

L'activité principale de l'entreprise consiste à produire des biens et services à l'aide des ressources productives (travail, capital). Dans la plupart des entreprises, c'est la recherche du profit qui guide les décisions des gestionnaires.

L'entreprise s'insère généralement à l'intérieur d'une chaîne de production dont elle ne constitue qu'un maillon. Dans ce sens, on peut dire que l'entreprise augmente la valeur des biens en les transformant en d'autres biens. La valeur ajoutée, qui représente la contribution de l'entreprise à la production, est égale au produit total de l'entreprise moins la consommation des biens provenant d'autres entreprises (ou biens intermédiaires).

La valeur ajoutée représente la contribution des ressources (travail, capital) à la production. C'est pourquoi elle est partagée entre les ressources sous forme de salaires (pour le travail) et sous forme de profits (pour le capital). Pour mesurer la contribution nette d'une branche d'activité économique à la production totale, on doit utiliser sa valeur ajoutée. La somme des valeurs ajoutées de toutes les branches d'activité est égale au PIB.

Le capital représente le stock d'équipements accumulé par l'entreprise, alors que l'investissement est l'achat de nouveaux équipements. L'investissement (brut) sert, d'une part, à remplacer les équipements usés (amortissement) et, d'autre part, à augmenter le capital (investissement net).

L'investissement est généralement plus instable que les autres dépenses effectuées pour acheter des produits, et cette instabilité se répercute sur l'ensemble du PIB. Les brusques variations de l'investissement sont souvent autant la cause du ralentissement de l'économie que le moteur de sa reprise.

Pour augmenter le volume de la production, les entreprises doivent accroître la quantité de ressources utilisées ou leur qualité. En embauchant de nouveaux travailleurs, on obtient des résultats presque immédiats, mais l'augmentation du volume de la production atteint vite une limite, faute d'équipement suffisant pour cette nouvelle main-d'œuvre. À long terme, le seul moyen d'accroître la production consiste à faire des investissements (achat de machines, construction d'une autre usine, etc.).

On mesure le rendement des ressources productives (ou productivité) en comparant le résultat (la production) à l'effort fourni (la quantité de ressources utilisée). Globalement, il ne peut y avoir d'augmentation du niveau de vie (à ne pas confondre avec la qualité de vie) que si la productivité du travail augmente.

L'apparition de nouvelles puissances industrielles, la révolution technologique et l'effondrement des barrières commerciales dans le dernier quart du XXe siècle ont redéfini le cadre dans lequel évolue l'entreprise. Dans ce contexte, la multinationale traditionnelle est devenue une entreprise mondialisée qui produit et vend des biens dans et pour le monde entier.

Exercices supplémentaires

1. La valeur ajoutée

a) Pour produire 250 000 $ de bière par an, la brasserie Le Houblon utilise 75 000 $ d'orge malté, 5000 $ de houblon, 15 000 $ d'eau de source et 25 000 $ d'électricité. Elle verse aussi 80 000 $ en salaires à ses employés. Calculez la valeur ajoutée de la brasserie.

b) Calculez les profits de l'entreprise.

2. Les nouvelles machines sont arrivées

La compagnie AZ possède 20 machines d'une durée de vie moyenne de cinq ans. Au cours de l'année, elle se procure trois nouvelles machines. Quel sera le stock de machines probable à la fin de l'année ?

3. L'investissement s'accélère

La STC possède 200 autobus d'une durée de vie moyenne de 10 ans.

a) La STC ne prévoit aucune augmentation de sa clientèle pour l'année prochaine. Quel sera le montant de son investissement (en nombre d'autobus) ?

b) La STC prévoit une hausse de 10 % du nombre de ses clients et veut augmenter son capital dans les mêmes proportions. Quel sera le montant de son investissement (en nombre d'autobus) ?

c) Comparez l'augmentation de l'investissement (entre les questions *a* et *b*) avec l'augmentation de la production (à la question *b*). Comment s'appelle cet effet ?

4. Encourageons l'investissement

Le gouvernement souhaite encourager les entreprises à investir davantage. Les entreprises peuvent déduire leurs dépenses d'équipement de leurs revenus, toutefois, celles-ci doivent être amorties sur plusieurs années. Dans cette optique, laquelle des propositions suivantes vous paraît le plus susceptible de stimuler l'investissement ? Expliquez votre réponse. (Les machines ont une durée de vie de cinq ans.)

a) Les machines pourront être amorties à raison de 20 % par an.

b) Les machines pourront être amorties à raison de 30 % les deux premières années et de 13,3 % les trois années suivantes.

c) Les machines pourront être amorties à raison de 15 % les deux premières années et de 23,3 % les trois années suivantes.

5. La productivité

Le tableau suivant montre l'évolution de la production réelle et du nombre d'employés de deux entreprises, de 2001 à 2002.

	2001	2002
ENTREPRISE X		
Quantité produite	2000	2400
Nombre d'employés	200	210
ENTREPRISE Y		
Quantité produite	1000	1210
Nombre d'employés	100	110

a) Calculez la productivité du travail de l'entreprise X et de l'entreprise Y pour chacune des deux années.

b) Quel a été le taux de croissance de la production entre 2001 et 2002 pour chacune des entreprises ?

c) Quel a été le taux de croissance de la productivité entre 2001 et 2002 pour chacune des entreprises ? Commentez brièvement votre réponse.

6. Travail de recherche

Complétez le tableau 5.3 (page 104) à l'aide des données que vous obtiendrez pour des années antérieures ou postérieures à celles qui sont indiquées. Calculez la productivité du travail. Commentez ensuite l'évolution de la productivité.

7. Entreprises mondialisées

Obtenez une liste récente des plus grandes entreprises mondiales et comparez le chiffre d'affaires des plus grosses d'entre elles au PIB de certains pays.

CHAPITRE 6

L'ÉTAT ET LES FINANCES PUBLIQUES

L'État a parfois mauvaise presse dans les milieux politiques. Certains l'accusent de nuire à la bonne marche de l'économie en se mêlant des affaires qui ne regardent que l'entreprise. L'État serait ainsi lourd, inefficace et gourmand en ressources, alors que l'entreprise serait souple, innovante et dynamique. D'autres ne jurent que par l'État, qu'ils considèrent comme le seul rempart contre les dégâts sociaux et écologiques causés par des entreprises obsédées par la recherche du profit.

La meilleure façon d'y voir clair est d'adopter une approche positive et non normative. Sachant que l'objectif économique ultime est la satisfaction maximale des besoins d'une société, nous examinerons les raisons fondamentales de l'intervention de l'État dans l'économie. Nous traiterons notamment des questions suivantes : Quels sont les domaines où l'intervention de l'État est nécessaire ? Comment doit se faire cette intervention ? Comment mesurer le poids de l'État dans l'économie ? Quel est l'impact de la dette publique sur l'avenir collectif ? Comment l'État devrait-il s'y prendre pour faire face aux défis actuels ?

1. L'ÉTAT ET L'EFFICACITÉ ÉCONOMIQUE

Dans bien des cas, le jeu du marché (ou jeu de l'offre et de la demande) règle automatiquement le fonctionnement de l'économie. Lorsqu'il y a trop de spécialistes en psychologie ou en comptabilité, les salaires dans ces domaines finissent par diminuer, ce qui détourne les étudiants vers d'autres spécialités en manque de candidats. Parce que le noyer est plus rare que l'épinette, le marché fera en sorte que son prix soit plus élevé, et les usines de pâte à papier éviteront de l'utiliser. La correction du déséquilibre se fait toute seule, sans que l'État ait besoin d'intervenir.

Le rôle du marché dans la satisfaction des besoins

Les intervenants sur le marché agissent de façon *volontaire* et en fonction de leur intérêt *individuel.*

Voyons comment le marché règle les problèmes économiques et jusqu'à quel point il le fait de manière efficace. Concentrons-nous plus particulièrement sur le marché des biens. Comme tout marché, celui-ci est un lieu où offreurs et demandeurs se rencontrent. Il est basé sur les actions *individuelles* et *volontaires* des entreprises (qui vendent des biens) et des ménages (qui les achètent). Chacun cherche à défendre au mieux son intérêt et, en principe, personne n'est obligé d'acheter ou de vendre.

La recherche de l'intérêt individuel conduit le plus souvent, grâce au jeu du marché, à la satisfaction de l'intérêt général.

Le marché des biens permet automatiquement la production des biens que les ménages jugent utiles : tout accroissement d'un besoin se traduit par une hausse de prix, qui incite les entreprises à accroître leur production. Les entreprises se laissent donc constamment guider par les besoins des ménages. Qui plus est, le jeu du marché empêche les entreprises de gaspiller les ressources. Toute ressource qui devient plus rare et donc plus précieuse voit son prix augmenter (qu'il s'agisse d'une matière première, d'un type de travailleur ou d'un genre de machine). L'entreprise, qui cherche toujours à réduire ses coûts au minimum, se tournera automatiquement vers les ressources les plus abondantes. En fin de compte, les ressources seront utilisées de façon à satisfaire le maximum de besoins, ce qui est le but fondamental d'une économie efficace.

Le marché et la production des biens collectifs

Les *biens collectifs* sont les biens qui sont consommés simultanément par un ensemble d'utilisateurs (l'éclairage et le déneigement de la voie publique ou la défense nationale, par exemple).

Si, en principe, le marché permet à l'économie de tendre automatiquement vers l'efficacité, la règle souffre plusieurs exceptions. En ce qui concerne la plupart des *biens collectifs*, par exemple, le marché ne remplit pas son rôle, car l'intérêt individuel va alors à l'encontre de l'intérêt général. Supposons par exemple qu'une entreprise se propose d'éclairer les rues. Même si le service proposé répond à un besoin réel et que le projet est éminemment rentable, personne ne voudra le payer. Chaque ménage a en effet intérêt à laisser payer les autres, puisqu'on sait très bien qu'un lampadaire allumé brille pour tout le monde (n'oublions pas que la participation au jeu du marché est *volontaire* et répond à l'intérêt *individuel*). Si tous les ménages font le même raisonnement, on ne produira jamais un tel service.

Dans le cas des biens collectifs, il faut généralement qu'une autorité (l'État) force les ménages à payer. Nul doute que chacun des ménages sera heureux de contribuer au financement de l'éclairage public, dans la mesure où tous ceux qui en bénéficieront seront contraints de faire le même effort. La puissance légitime de l'État élimine les *resquilleurs*, ce que le marché « libre » ne permet pas dans ce cas précis.

Les *biens publics* sont les biens collectifs produits par l'État.

Certains biens collectifs échappent exceptionnellement à ce problème, de sorte que leur production peut être confiée au marché. Il s'agit des biens dont l'usage peut être refusé aux ménages qui n'acceptent pas de les payer (biens à *usage exclusif*). C'est le cas des autoroutes, des ponts et des autobus, car l'accès à ces biens collectifs est relativement facile à contrôler. Mais l'État a tendance à prendre en charge la production de la plupart des biens collectifs, que leur usage soit exclusif ou non : l'eau potable, la collecte des ordures ménagères et, dans certains pays, la radio et la télévision[1].

Sur le marché, ceux qui paient les biens sont ceux-là même qui les utilisent. Les ménages, rationnels, évitent de gaspiller les biens qu'ils consomment. Mais les biens collectifs pris en charge par l'État sont financés par les impôts : il n'y a donc plus adéquation entre l'utilisateur et le payeur. Un piéton peut très bien se voir contraint de financer la construction d'une route qu'il n'empruntera jamais, tandis qu'un chef de famille nombreuse pourra envoyer toute sa progéniture à l'école sans payer plus d'impôts que son voisin qui n'a pas d'enfants.

Les externalités : coûts et avantages négligés par le marché

Ceux qui plantent des arbres doivent se souvenir que d'autres jouiront de l'ombre de leurs branches.

Généralement, le marché oblige les intervenants à tenir compte de tous les *coûts* et *avantages* avant de prendre des décisions. Ainsi, un fabricant de piscines estimera que son entreprise est rentable même si la pollution qu'il crée empêche les gens de se baigner dans la rivière. Un fabricant de climatiseurs se souciera peu de savoir qu'il a contribué à un réchauffement de la planète qui fera suer les milliards d'humains qui ne sont pas ses clients. Le citoyen d'une capitale surpeuplée s'estimera très satisfait de l'acquisition d'une automobile qui lui fait gagner un quart d'heure tous les matins, mais qui fait perdre quelques minutes aux milliers de piétons qu'il aura dérangés sur son trajet. Dans chacun de ces cas, ceux qui prennent la décision ne sont pas ceux qui en subissent les effets : l'équilibre normal entre coûts et avantages est faussé. On parle alors d'*externalité*.

1. Dans le cas d'Hydro-Québec ou de Postes Canada, on ne peut parler de biens publics, car il s'agit de deux *entreprises* qui vendent leurs produits directement à ceux qui les utilisent.

Il y a *externalité négative* lorsque ceux qui retirent des avantages d'une décision n'en assument pas eux-mêmes tous les coûts.

La meilleure façon de combattre les externalités est de forcer les intervenants à prendre en considération tous les coûts (ceux qu'ils assument directement et ceux qui sont assumés par d'autres). L'État est bien placé pour faire en sorte que tout le monde soit traité sur un pied d'égalité. Des normes, des règlements ou encore un impôt équivalant aux dommages que l'entreprise polluante fait subir à l'environnement forceront cette dernière à tenir compte de tous les coûts. Les coûts externes auront alors été *internalisés*, c'est-à-dire réintégrés dans les calculs du décideur.

En pratique, il peut être difficile de mesurer les externalités et d'atteindre les coupables. Combien vaut le trou dans la couche d'ozone dont la production industrielle est responsable ? À quoi bon poursuivre une compagnie qui produit de l'électricité à partir de charbon si les pluies acides qu'elle cause se déversent sur un autre pays ?

Il y a *externalité positive* lorsque ceux qui assument les coûts d'une décision n'en retirent pas eux-mêmes tous les avantages.

Les externalités présentées ci-dessus sont des externalités *négatives*, car le responsable reporte une partie des coûts de ses activités sur autrui. Dans d'autres cas, ce sont les avantages qui sont externes : les uns sèment, les autres récoltent. On parle alors d'externalité *positive*. La personne qui prend soin de son corps et de sa santé propagera moins de maladies et de parasites que celle qui méprise les règles de l'hygiène. Si l'achat de vaccins, de condoms ou de shampooing contre les poux s'avère trop coûteux pour certains individus, compte tenu des bénéfices qu'ils en retirent eux-mêmes, il en va autrement pour la société. Il peut valoir la peine que l'État s'en mêle en subventionnant la consommation de ces biens.

Les monopoles : parfois inévitables, souvent inefficaces

Dans certains secteurs de l'industrie, la présence d'une seule entreprise peut s'avérer efficace.

Précisons d'emblée que les monopoles ont leurs mérites économiques. Compte tenu des coûts élevés des infrastructures (les équipements de base), il serait peu judicieux de multiplier les compagnies de chemin de fer, d'électricité ou de distribution du gaz sur un même territoire. Dans plusieurs situations, la présence d'un monopole permet de rationaliser la production et de diminuer les coûts. De plus, grâce à ses énormes ressources, le monopole est en mesure de financer des projets de recherche hors de la portée des entreprises ordinaires.

Le *monopole* préfère toujours vendre un peu plus cher, quitte à se priver d'un certain nombre de clients.

Le monopole présente cependant un défaut sur le plan de l'efficacité. Comme toute entreprise, son but premier est le profit, ce qui l'amène, étant donné sa position privilégiée, à produire de moins grandes quantités et à vendre plus cher que s'il avait de la concurrence. Dans le cas du monopole fictif de la **figure 6.1**, on observe que, s'il y avait concurrence, le prix du marché serait de 8 $ et la quantité produite, de 60 unités (point C). En effet, la concurrence oblige les entreprises à se conformer au prix du marché. Le monopole possède par contre une certaine marge de manœuvre. Ainsi, le monopole de la figure 6.1 peut fixer son prix à 10 $ (point M) car, même s'il se prive de quelques clients (il vend seulement 50 unités au lieu de 60), ses recettes augmentent (elles sont de 50 × 10 $ = 500 $ au lieu de 60 × 8 $ = 480 $ s'il avait dû respecter le prix du marché concurrentiel). Cela ne veut pas dire que le monopole peut vendre à n'importe quel prix (au point X, par exemple, ses recettes sont déjà moins élevées qu'au point M).

À cause du monopole, les acheteurs paient plus cher et consomment moins : l'économie est moins efficace. L'État doit obliger le monopole à se conduire comme si la concurrence existait. Le moyen le moins radical consiste à évaluer le prix qui aurait prévalu sur un marché concurrentiel (si tant est que la chose soit possible) et de forcer le monopole à appliquer ce prix. La surveillance est alors confiée à un organisme public (par exemple le Conseil de la radiodiffusion et des télécommunications canadiennes [CRTC]). Lorsque cela ne nuit pas à la productivité, l'État peut aussi démanteler le monopole, c'est-à-dire l'obliger à se scinder en plusieurs compagnies indépendantes. Enfin, la troisième solution consiste à nationaliser le monopole. L'État en étant devenu propriétaire, l'entreprise peut changer d'objectif et remplacer la recherche du profit par celle du bien public.

Figure 6.1

LE MONOPOLE : UNE PRODUCTION MOINDRE À UN PRIX PLUS ÉLEVÉ

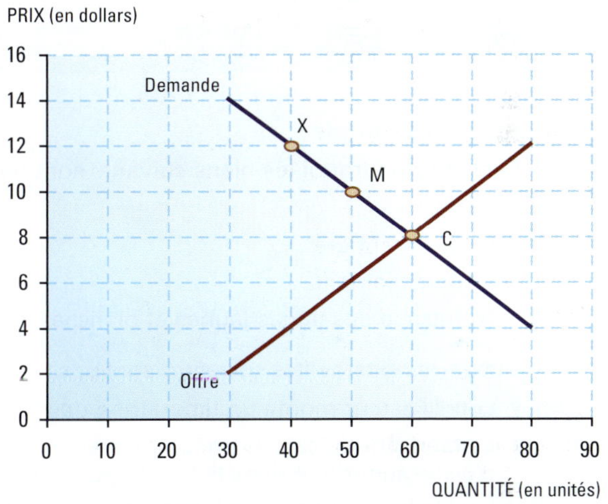

Pour résoudre le problème, l'État réglemente le monopole, le démantèle ou le nationalise.

L'État est-il lui aussi imparfait ?

C'est parfois l'État, et non le marché, qui est responsable du gaspillage des ressources rares.

On se rappellera que l'État finance sa production par le biais des impôts. Du fait de ce mode de financement, la prise en charge de la production des biens collectifs par l'État peut déresponsabiliser l'utilisateur et l'inciter au gaspillage. Pour éviter une mauvaise utilisation des ressources, l'État doit mettre en place des mécanismes de contrôle (par exemple surveiller le poids des camions de transport au moment du dégel). De telles mesures nécessitent un appareil administratif, lequel peut conduire l'État à une lourdeur bureaucratique semblable à celle du monopole. Il faut, lorsqu'on s'interroge sur le rôle de l'État, tenir compte de ses déficiences et pas seulement de celles du marché.

On peut se poser les questions suivantes : Où devrait s'arrêter le rôle de l'État dans la production des biens collectifs ? Quel est le meilleur moyen d'assurer leur production à long terme (et pas seulement à court terme) ? Quels sont les domaines d'où l'État doit se retirer compte tenu de l'évolution des techniques ? Les sous-contrats accordés aux entreprises privées permettent-ils de résoudre les problèmes ou créent-ils une nouvelle source d'inefficacité et de corruption ?

Exercices

1. Donnons l'exemple

a) Expliquez pourquoi les biens suivants sont des biens collectifs.
- La radio
- La garde côtière
- Le déneigement
- Le traçage des lignes jaunes et blanches sur les routes

b) Dites si les externalités suivantes sont positives ou négatives (justifiez votre réponse).
- Louis Pasteur monte un laboratoire de recherche à ses frais.
- Le fabricant de canots pneumatiques Grün Peace répand chaque jour trois litres d'acide sulfurique dans le Saint-Laurent.
- Les chalutiers terre-neuviens font des profits records en exterminant le flétan doré du Pays basque.
- Elvis Gratton, cancre notoire, entreprend des études collégiales.

c) Donnez un exemple original des réalités suivantes.
- Bien collectif à usage non exclusif
- Externalité positive
- Externalité négative
- Monopole naturel

2. Le marché imparfait

a) Expliquez brièvement comment le jeu du marché permet une allocation efficace des ressources.

b) Quelles sont les déficiences du marché et comment peuvent-elles être réglées par l'État ?

L'ÉTAT, LA MONDIALISATION ET LE MARCHÉ

L'État a normalement plus de tête que le marché.

Le marché n'est pas un simple phénomène naturel. Il est aussi une institution, qui fonctionne dans le cadre de règles établies par les États. Les pays qui ont su développer leur économie ont toujours combiné le mécanisme du marché à des règles étatiques et à des politiques éclairées. Jusqu'à nos jours, les réformes économiques centrées uniquement sur les « lois » du marché ou basées exclusivement sur l'intervention de l'État se sont soldées par des échecs. Or, avec le processus de la mondialisation, le marché a acquis une puissance imprévue. Il s'est en partie affranchi des règles nationales, en même temps que la révolution de l'information et des biotechnologies décuplait ses pouvoirs. En se libérant carrément de la tutelle des États et des peuples, le marché risque de rompre le fragile équilibre dans lequel il évolue depuis la révolution industrielle. Or, le marché n'a pas de tête, et donc pas de vision à long terme. Il entraîne l'économie mondiale sans nécessairement savoir où il va.

Faut-il confondre marché et concurrence parfaite ?

Il faut le reconnaître, la concurrence parfaite est plutôt l'exception que la norme. Les secteurs dominés par la petite entreprise sont de plus en plus rares et pèsent de moins en moins lourd dans le PIB. Le développement de nouvelles branches de production, stimulé par la révolution technologique, conduit bien à la création d'une pléiade de petites compagnies, mais la plupart d'entre elles finissent par fusionner ou par être absorbées par de nouveaux géants. Cela est d'autant plus facile dans une économie mondialisée où les règles restreignant les acquisitions internationales ont été considérablement réduites. On peut donc considérer que le marché tend continuellement à détruire la concurrence, que la révolution technologique de son côté ne cesse de susciter. Dans les secteurs clés de demain, que ce soit la biotechnologie, Internet, ou la gestion de l'eau, la concentration est déjà très grande.

La concurrence imparfaite n'est-elle pas un des moteurs du progrès technique ?

L'innovation permet à l'entreprise de s'extraire de l'ornière de la concurrence et de se voir récompensée par un *profit économique*, c'est-à-dire un profit supérieur à celui que rapporte l'utilisation habituelle et routinière du travail et du capital. Si la concurrence parfaite régnait sur tous les marchés, nous ne connaîtrions pas toutes les innovations qui se succèdent à un rythme accéléré depuis les années 1980 : lecteurs MP3, appareils photo numériques, télévision en haute résolution, téléphones portables, appareils médicaux, etc. C'est pourquoi on ne retrouve la concurrence parfaite que dans des secteurs arrivés à maturité et dont la marge de profit est faible : salons de coiffure, scieries, fabricants de claviers d'ordinateur, etc.

2. LE BUDGET DE L'ÉTAT

Nous venons de voir comment l'État intervient sur le marché en réglementant les entreprises et en produisant lui-même certains biens. Toutefois, il ne faut pas oublier que l'État exerce également une influence sur l'économie par l'entremise de son budget. Au Canada, l'État comprend le gouvernement fédéral, les gouvernements provinciaux (qui assument la plupart des responsabilités) et les collectivités locales (comme les municipalités).

Les dépenses et les recettes de l'État

Le budget de l'État regroupe des *dépenses* (principalement les services gouvernementaux) et des *recettes* (provenant surtout des impôts).

Comme tous les agents économiques, l'État a des dépenses et des recettes. Les dépenses découlent en premier lieu du financement des biens et services publics ; c'est pourquoi on les appelle parfois *dépenses publiques* (au sens strict). Elles correspondent au G de la formule PIB = C + I + G + (X – M). Les recettes de l'État proviennent essentiellement des impôts ; c'est pourquoi on parle de *recettes fiscales*. Globalement, on peut dire que l'État utilise les impôts pour financer les services qu'il donne à la population. Nous avons vu au chapitre 3 (voir le tableau 3.3, page 61) que les dépenses publiques en biens et services représentent à peu près 20 % du PIB au Canada. Les dépenses publiques et les impôts ont donc un effet considérable sur l'économie.

Les dépenses et les recettes de l'État ne s'arrêtent pas là. Par exemple, les paiements de transferts (assurance-chômage, bien-être social, etc.) et les intérêts sur la dette constituent également des dépenses pour l'État, même si elles ne correspondent pas directement à une production. Un service de la dette trop élevé vient malheureusement empiéter sur les dépenses de services publics ou les paiements de transferts.

Par ailleurs, les recettes de l'État peuvent être enrichies par des revenus de placement, soit les intérêts sur les prêts accordés par l'État et les dividendes versés par les entreprises dont il est propriétaire. Ces revenus de placement constituent en quelque sorte l'équivalent des dépenses d'intérêt. Enfin, l'État tend de plus en plus à facturer certains services, ce qui lui procure des recettes supplémentaires. Dans ce dernier cas, l'État ressemble à une entreprise, mais il ne s'agit que d'une apparence : les frais payés par les usagers ne servent généralement que d'appoint aux revenus fiscaux.

Le **tableau 6.1** présente un portrait sommaire des recettes et des dépenses de l'État canadien, tandis que la **figure 6.2** montre leur évolution entre 1978 et 2007. Dans le tableau 6.1, les achats de biens et services correspondent en gros aux dépenses publiques

Tableau 6.1

LES RECETTES ET LES DÉPENSES DES ADMINISTRATIONS PUBLIQUES AU CANADA EN 2007

	Dépenses	Recettes	
	(en milliards de dollars courants)		
Dépenses de programmes		256,7	Impôts directs
Biens et services	343,0	263,6	Impôts indirects
Transferts	172,6	46,6	Ventes
Intérêts sur la dette publique	63,5	52,6	Revenus de placement
Total des dépenses	**579,1**	**619,5**	**Total des recettes**
Solde (surplus)	**40,4**		

Importance relative du secteur public par rapport au PIB	
PIB (en milliards de dollars)	1535,60
Biens et services publics/PIB (en pourcentage)	23,3
Dépenses totales/PIB (en pourcentage)	37,7

Source : Statistique Canada, *L'Observateur économique canadien*, août 2008.

comptabilisées dans le PIB (le G de la formule) et aux investissements publics (qui font partie du I dans la formule du PIB).

Figure 6.2

L'ÉVOLUTION DES RECETTES ET DES DÉPENSES DES ADMINISTRATIONS PUBLIQUES AU CANADA

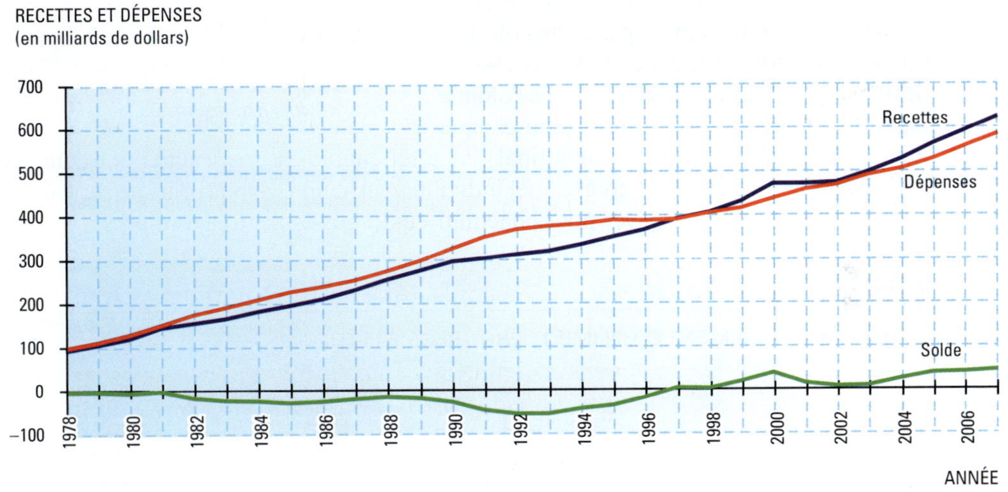

De 1975 à 1997, les administrations publiques canadiennes (tous paliers de gouvernement confondus) n'ont cessé d'être en déficit. La deuxième moitié des années 1990 a été marquée par un resserrement des dépenses combiné à une accélération de la hausse des rentrées fiscales: le déficit a donc vite diminué, pour disparaître en 1997. Par ailleurs, il est frappant de constater le parallélisme entre les récessions (1982, 1991, 2001) et la détérioration du solde budgétaire.

Source: Statistique Canada, *Cansim*.

Les impôts et la réduction des inégalités sociales

Dans les chapitres précédents, nous avons employé deux méthodes pour calculer le PIB, en nous basant sur le fait que la production laisse des traces sous forme de revenus (perçus par ceux qui contribuent à la production) et sous forme de dépenses (effectuées par ceux qui achètent les produits). Ce phénomène n'a pas échappé à la vigilance des gouvernements, puisque ceux-ci ont eu l'idée ingénieuse de taxer à la fois les revenus et les dépenses. Il existe donc deux grandes catégories d'impôts: les impôts sur le revenu (ou impôts directs) et les taxes de vente (ou impôts indirects).

À cela viennent même s'ajouter d'autres impôts plus subtils, puisqu'ils ne sont pas reliés à la production de richesses: c'est le cas de l'impôt sur la propriété (comme la taxe foncière). Ainsi, la même richesse peut être taxée plusieurs fois. De plus, ayant la chance (!) de bénéficier de plusieurs paliers de gouvernement, les Canadiens paient deux impôts sur le revenu et deux taxes de vente sur la valeur ajoutée.

L'impôt progressif réduit les écarts de revenu entre les ménages « riches» et les ménages« pauvres».

La plupart des États utilisent un système d'*impôt direct progressif*, c'est-à-dire qu'ils imposent aux ménages un fardeau fiscal de plus en plus lourd à mesure que leur revenu augmente. Ce système a pour but de réduire les inégalités entre les ménages. Nous étudierons d'abord le fonctionnement de ce système, puis nous évaluerons ses mérites.

Pour déterminer l'impôt sur le revenu, on découpe le salaire en tranches. Chacune de ces tranches est imposée à un taux différent nommé *taux marginal d'imposition.*

Le **tableau 6.2** donne un exemple fictif d'impôt progressif. Dans la première colonne, nous avons indiqué les tranches successives de revenu. Les chiffres de la deuxième colonne représentent le taux d'imposition pour chaque tranche (ou taux d'imposition marginal). Une telle table est suffisante pour déterminer l'impôt sur le revenu de n'importe quel individu. Ainsi, nous avons pris une série de revenus et calculé l'impôt à payer pour chacun d'eux (sous-tableau de droite).

Tableau 6.2

LE FONCTIONNEMENT D'UN IMPÔT PROGRESSIF FICTIF

Chiffres fictifs		Exemples tirés des chiffres fictifs	
Tranche de revenu *(en dollars)*	Taux d'imposition marginal *(en pourcentage)*	Revenu *(en dollars)*	Impôt *(en dollars)*
[1]	*[2]*	*[3]*	*[4]*
0 à 10 000	0	8 000	0
10 000 à 20 000	10	16 000	600
20 000 à 34 000	20	**32 000**	**3 400**
34 000 à 50 000	30	64 000	14 200
50 000 et plus	40	128 000	39 800

D'après ces chiffres fictifs, un contribuable gagnant **32 000 $** paierait **3400 $** d'impôt, répartis sur 3 tranches : (10 000 $ × 0 %) + (10 000 $ × 10 %) + (12 000 $ × 20 %), soit 0 $ + 1000 $ + 2400 $ = 3400 $.

On constate aussi que le contribuable dont le revenu est de 64 000 $ paie quatre fois plus d'impôt que le contribuable dont le revenu est de 32 000 $: c'est l'impôt progressif.

Selon un mythe très répandu, une hausse du salaire brut peut entraîner une baisse du salaire net après impôt. Beaucoup de gens croient en effet que l'impôt est calculé sur le revenu global. Le tableau 6.2 montre qu'il n'en est rien, puisque l'impôt est calculé sur chaque tranche de revenu.

Le superflu des riches devrait servir pour le nécessaire des pauvres; tout au contraire, le nécessaire des pauvres sert pour le superflu des riches.

Le fonctionnement d'une société ne peut être fondé uniquement sur l'économie. D'autres valeurs, comme l'égalité des chances ou l'égalité des conditions de vie, priment les dimensions purement économiques. Si le choix de ces valeurs ne relève pas de la science économique, il nous est cependant permis d'étudier la façon dont elles sont mises en application.

On peut aussi juger qu'une économie est moins efficace lorsque certains besoins essentiels sont négligés (le logement des personnes âgées, par exemple) au profit de besoins moins essentiels (la résidence secondaire, par exemple). De ce point de vue, le marché est encore une fois déficient, puisqu'il se préoccupe uniquement des besoins solvables, c'est-à-dire de ceux qui sont appuyés par de l'argent. L'impôt progressif permet de recentrer les priorités en diminuant le revenu des plus riches (dont les besoins vitaux sont déjà comblés) et en augmentant le revenu des plus pauvres. Il existe d'ailleurs bien d'autres manières pour l'État de redistribuer les revenus. Il suffit de penser aux prestations sociales et aux avantages fournis aux plus démunis… et parfois même aux nantis !

Une trop grande inégalité entre les ménages peut être une source d'inefficacité économique.

On peut dire que, jusqu'à un certain point, des écarts de revenus excessifs peuvent nuire au développement de l'économie. Depuis plusieurs siècles déjà, les États avisés ont compris qu'il était illogique de se priver des talents des enfants les plus doués sous prétexte que ceux-ci n'avaient pas les moyens de se payer des études. Les bourses d'études, lorsqu'elles sont accordées aux élèves doués mais pauvres, constituent une manière de redistribuer les revenus tout en améliorant l'efficacité de l'économie.

Exercices

1. Les tranches d'imposition

À partir des données du tableau 6.2 (page 122), calculez le montant d'impôt direct que paieraient les personnes ayant les revenus ci-dessous. Commentez vos réponses.

a) 10 000 $ b) 20 000 $ c) 40 000 $ d) 80 000 $

2. Les inégalités

a) En quoi la réduction des inégalités peut-elle améliorer l'efficacité économique et renforcer la cohésion sociale ?

b) Selon vous, où doit s'arrêter la réduction des inégalités ? Justifiez votre réponse en distinguant ce qui découle de valeurs personnelles (normatif) et ce qui découle de raisonnements objectifs (positif).

3. Le poids de l'État

En 1992, les dépenses totales des administrations publiques canadiennes étaient de 338,8 milliards de dollars, dont 166,5 milliards étaient consacrés à la production de biens et services publics. La même année, le PIB était de 665,9 milliards de dollars. Mesurez le poids de l'État dans l'économie canadienne. Justifiez le choix de votre instrument de mesure.

3. LA DETTE PUBLIQUE ET LA MARGE DE MANŒUVRE DE L'ÉTAT

La dette publique a longtemps été considérée comme une épée de Damoclès suspendue au-dessus de la tête des citoyens. Pour enrayer son explosion, ceux-ci ont dû consentir beaucoup de sacrifices. Si, au début du XXIe siècle, la plupart des pays occidentaux ont réussi à renverser la vapeur, en éliminant des déficits publics qui duraient parfois depuis plus de vingt ans, la dette est encore là. Faut-il encore se préoccuper de la dette publique ? Comment évaluer son ampleur ? Pourquoi constitue-t-elle un problème ? Quel est le mécanisme qui la fait grossir ou diminuer ? Risquons-nous de voir la dette déraper à nouveau ? Y a-t-il des solutions pour régler le problème actuel et prévenir les problèmes futurs ? Si oui, comment choisir la meilleure ?

Le déficit alimente la dette

Dans les chapitres précédents, nous avons expliqué les notions de flux et de stock : la richesse (stock) des ménages est alimentée par leur revenu (flux), de même que le capital des entreprises (stock) est alimenté par l'investissement (flux). Ce principe est valable pour la dette publique (stock), qui est grossie par les déficits (flux net). C'est donc en s'attaquant aux déficits qu'on peut agir sur la dette.

La figure 6.2 (page 121) montrait que les dépenses du gouvernement fédéral ont dépassé systématiquement ses recettes jusqu'en 1997. Ce problème perdurait depuis 1975. Il n'est donc pas étonnant de voir la dette augmenter continuellement entre 1975 et 1997 (voir sur la **figure 6.3** la courbe intitulée *Dette nette*).

Comment mesurer l'importance de la dette ?

Il est clair qu'on ne peut comparer directement la dette d'aujourd'hui et celle de 1900. Les prix ont changé, la population s'est accrue, la productivité s'est améliorée ; tous ces facteurs se reflètent dans l'évolution du PIB. C'est pourquoi il faut évaluer la dette en fonction du PIB. On constate alors que la dette publique a déjà été très lourde, notamment pendant la Seconde Guerre mondiale. Mais sitôt la guerre terminée, le poids relatif de la dette du gouvernement fédéral s'est mis à diminuer rapidement, pour atteindre 16,1 % du PIB en 1975. Or, à partir de cette année charnière, le poids de la dette a augmenté sans interruption pendant 22 ans. Il ne s'agissait donc plus d'un problème passager (ou conjoncturel). La question de la dette est bel et bien devenue un problème structurel. Même si elle a cessé d'augmenter à partir de 1997, son niveau relatif pèse encore sur les finances publiques.

Sur qui pèse le fardeau de la dette ?

Pour évaluer le fardeau d'une dette, il faut bien reconnaître le *créancier* (celui à qui l'on doit) et le *débiteur* (celui qui doit). Le débiteur devra non seulement rembourser un jour ou l'autre le capital emprunté, mais il lui faudra également verser des intérêts chaque année. La dette se traduit donc par un transfert de richesse entre les deux parties.

Le *débiteur* doit de l'argent au *créancier*.

Figure 6.3

LA DETTE DU GOUVERNEMENT FÉDÉRAL ET LE PIB AU CANADA

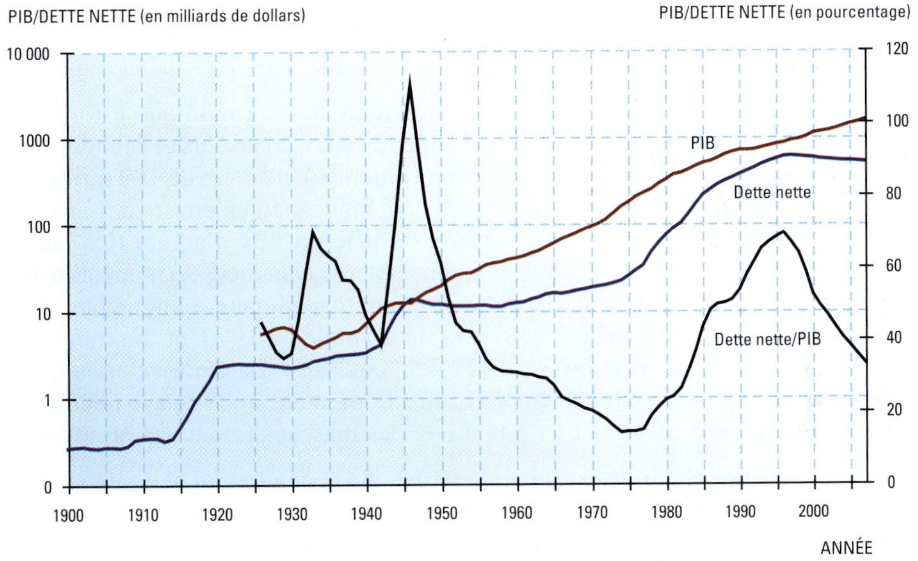

	Dette (nette)	PIB	Dette nette/PIB
Année	*(en milliards de dollars)*		*(en pourcentage)*
1985	209,9	485,1	43,3
1990	362,9	679,9	53,4
1995	550,7	810,4	68,0
1996	578,7	836,9	69,2
1997	588,4	882,7	66,7
1998	581,6	915,0	63,6
1999	*574,5*	982,4	58,5
2000	*561,7*	1076,6	52,2
2007	*508,1*	1535,6	33,1

La dette fédérale augmente sensiblement au cours des deux guerres mondiales (1914-1918 et 1939-1945). Son poids relatif atteint un sommet en 1933 (à cause d'un PIB plus faible engendré par la dépression) et en 1947 (à cause de la hausse de la dette laissée par la guerre). Puis le poids relatif de la dette diminue jusqu'en 1975 (qui marque la fin d'un quart de siècle de croissance rapide) pour remonter par la suite. Ce n'est qu'à l'approche de l'an 2000 que la dette recommence à diminuer, en valeurs relatives comme en valeurs absolues.

Source : Statistique Canada, *Cansim*, *L'Observateur économique canadien*, « Discours du budget », années diverses.

L'achat de *bons du Trésor* (les obligations émises par l'État) est un moyen de prêter de l'argent à l'État.

Qui sont les créanciers et les débiteurs en ce qui concerne la dette publique ? Qui doit de l'argent à qui et qui verse des intérêts à qui ? Il y a, d'une part, les contribuables sur qui repose le fardeau de la dette et, de l'autre, les citoyens qui ont prêté de l'argent à l'État (en achetant des *bons du Trésor*). À première vue, les créanciers et les débiteurs sont les mêmes personnes : nous sommes tous citoyens et contribuables. Lorsque l'État est endetté, on pourrait donc dire que le peuple se doit de l'argent à lui-même.

La réalité est moins simple. Les impôts et les bons du Trésor sont répartis de façon inégale à travers la population. Les personnes les plus pauvres ou celles qui profitent des abris fiscaux paient moins d'impôts que les autres contribuables. Quant aux créanciers, on les retrouve majoritairement dans les classes les plus fortunées. La dette publique se traduit donc grosso modo par un transfert de richesse au détriment de la classe moyenne. Plus la dette est élevée, plus ce transfert est important.

À cause de la dette, une partie de la population profite de la richesse de l'autre: la dette a un effet redistributif.

Il faut se méfier des politiciens qui prétendent que l'argent gaspillé aujourd'hui sera remboursé par les générations futures: un tel raisonnement est absurde.

Lorsque la dette publique est extérieure, la distinction entre créanciers et débiteurs est encore plus évidente. Une dette de 100 millions de dollars de l'État canadien envers des retraités japonais signifie un flux d'argent (les intérêts) des contribuables canadiens vers les citoyens japonais. La partie extérieure de la dette publique canadienne a augmenté rapidement depuis 1980, pour atteindre 26 % de la dette totale en 1996, et diminuer lentement par la suite (cette proportion est de 12,4 % en 2005). La dette extérieure comporte des risques, parce qu'elle finit par réduire le montant que le pays peut importer et parce qu'elle peut mettre l'État à la merci des marchés financiers étrangers.

Selon un préjugé bien enraciné, les folies de la génération actuelle seront payées par ses enfants et petits-enfants. Mais réfléchissons un peu: lorsque nos enfants rembourseront la dette, qui recevra l'argent? Pas nous, qui ne serons sans doute plus de ce monde, mais des personnes de leur propre génération. Nos enfants seront à la fois débiteurs et créanciers de la dette. Nous ne pouvons pas leur enlever ce qu'ils n'ont pas encore produit. Tout ce que nous pouvons faire, au contraire, c'est leur léguer des richesses (les infrastructures créées par l'État), même si elles ont été achetées à crédit!

Même si le fardeau de la dette n'est pas transféré d'une génération à l'autre, la dette publique peut toucher les générations futures par un effet de redistribution des revenus. On pourrait dire par exemple que les enfants des classes moyennes (les principaux contribuables) paieront des intérêts aux enfants des classes riches (les principaux détenteurs de bons du Trésor) et que les enfants des Canadiens actuels (les débiteurs) paieront des intérêts aux enfants des Japonais actuels (les créanciers).

Exercices

La dette publique canadienne

a) Expliquez la relation entre *déficit public* et *dette publique*.

b) Quels événements économiques pourraient automatiquement alléger le déficit public?

c) Quels pourraient être les véritables inconvénients de la dette publique?

Débat

Les services publics devraient-ils être payants ?

Ce qui distingue généralement les biens produits par les entreprises de ceux produits par l'État, c'est que les premiers sont directement facturés à leurs utilisateurs, en fonction de la quantité consommée. Ainsi, l'automobiliste qui fait tous les jours l'aller-retour entre Montréal et Québec ne payera pas plus d'impôts pour l'entretien des routes que celui qui se contente de rouler dans sa petite banlieue. Par contre, il lui en coûtera plus cher d'entretenir sa voiture.

Les adversaires et les partisans de l'État s'opposent régulièrement sur la place publique. Selon les premiers, l'absence de tarification directe déresponsabilise les usagers, qui arroseraient les trottoirs avec de l'eau potable et encombreraient le service des urgences des hôpitaux avec leurs maladies imaginaires. De leur côté, les défenseurs de l'État considèrent comme sacrilège toute notion de privatisation des services de santé ou des transports en commun, et ils réclament plus de subventions pour les logements sociaux et les garderies. Si ces débats passionnés s'appuient avant tout sur des arguments *normatifs*, il n'en reste pas moins que tout le monde devrait au préalable se préoccuper d'un objectif bien concret : quelle est la façon la plus efficace de répondre aux besoins de la société ?

Avant de prendre position sur le sujet proposé, il serait donc utile d'examiner quelques données chronologiques et géographiques, histoire de garder les pieds sur terre, et d'éclairer notre lanterne à l'aide de certaines notions théoriques telles que les externalités, l'accès aux biens collectifs ou l'objectif des systèmes d'assurance. Faute de place, nous nous concentrerons ici sur trois thèmes populaires : la santé, le transport en commun et la tarification de certains services publics.

Selon le rapport *Éco-Santé 2008* de l'OCDE, le coût du système de santé est nettement moins élevé au Canada qu'aux États-Unis (10 % du PIB contre 15,3 %), ce qui n'empêche pas l'espérance de vie des Canadiens d'atteindre 80,4 ans contre 77,8 ans pour les Américains. Au Canada, 70,7 % des dépenses de santé sont assumées par le secteur public contre seulement 45,8 % aux États-Unis, ce qui fait dire à certains que l'État est bien placé pour limiter l'explosion des coûts de la santé, ne serait-ce que par nécessité. Le Japon, dont le système de santé est étatisé à 82,7 %, fait encore mieux que le Canada, avec une espérance de vie de 82,4 ans et un coût équivalant à seulement 8,2 % du PIB. Cette dernière proportion est d'ailleurs en hausse constante pour le Japon et la plupart des pays développés depuis 1992, alors qu'elle plafonne au Canada.

C'est un fait, les coûts de la santé ont tendance à croître plus vite que le PIB, et pas nécessairement parce que l'Ordre des médecins, les compagnies pharmaceutiques ou les sociétés d'assurance privées abuseraient de leur pouvoir. Les progrès de la technologie permettent aujourd'hui de dispenser de nombreux soins autrefois inexistants, et les aspirations de la population évoluent en même temps que la société. Si on pouvait autrefois s'estimer comblé d'échapper à la tuberculose ou de se faire poser un plâtre, on pourrait aujourd'hui souhaiter vivre au-delà de cent ans, au prix de coûteuses innovations. Il est clair que la proportion des dépenses de santé dans le PIB ne peut monter indéfiniment, mais le tableau ci-après nous montre que l'importance de l'État dans les économies canadienne et américaine est loin de connaître une croissance explosive.

Il ne faut pas non plus oublier que le système de santé publique est souvent basé sur le principe de l'assurance. Or, quel est le but d'une assurance ? Afin de se protéger contre le risque, un ensemble de personnes se cotisent pour constituer un fonds d'indemnisation, sachant que seuls les plus malchanceux devront un jour « piger » dans la caisse. Il est rare qu'un

ÉVOLUTION DE QUELQUES INDICATEURS DE SANTÉ AU CANADA, AUX ÉTATS-UNIS ET AU JAPON

	Canada		États-Unis		Japon	
	(en pourcentage)					
	1970	2007	1970	2007	1970	2007
Dépenses en santé/PIB	6,9	*10,0*	7,0	*15,3*	4,6	*8,2*
Proportion du financement public du système de santé	69,9	70,7	36,3	45,8	68,8	*82,7*
Dépenses publiques/PIB	20,6	*19,3*	18,3	*16,1*	10,6	*17,7*
Espérance de vie (en années)	71,3	*80,4*	69,9	*77,8*	67,8	*82,4*

Note : Les données en italique concernent l'année 2006.

Source : OCDE, *Éco-Santé 2008*, base de données.

cotisant regrette de n'avoir pas vu sa maison incendiée, sa voiture accidentée ou ses parents blessés, sous prétexte qu'il aurait aimé « rentrer dans son argent ». Une assurance-maladie permet aux citoyens non seulement d'être soignés, mais aussi de dormir tranquilles.

Dans les villes du Canada, les tarifs moyens du transport en commun ont été multipliés par plus de 24 entre 1951 (année de la fondation de la Commission de transport de Montréal) et 2007, alors que le niveau général des prix n'avait été multiplié que par 8. On peut en déduire que ces tarifs ont carrément triplé en valeur réelle, ce qui en étonnera plusieurs. À la limite, ne serait-il pas plus simple de rendre les transports urbains entièrement gratuits, comme on le fait pour les routes, et d'éliminer du même coup les frais administratifs considérables reliés à la tarification et à la comptabilité ? Quels seraient les avantages d'une telle mesure sur l'environnement, l'urbanisme et le confort de la population ?

On peut, par contre, se demander si les sociétés de transport public sont vraiment efficaces. Il semble que les coûts de production par kilomètre parcouru ne cessent d'augmenter, en valeur réelle, depuis un demi-siècle. Pourquoi un billet d'autobus coûte-t-il 2,75 $ à Montréal et seulement 15 cents en Chine (en 2008) ? Certes, la densité de la population et le niveau des salaires peuvent expliquer bien des choses, mais il reste que les autobus chinois ne fonctionnent pas différemment des nôtres et qu'ils consomment la même essence.

Certains organismes financés par l'État ont pris l'habitude de facturer leurs services : l'usager doit payer pour utiliser les gymnases et les piscines scolaires, ou pour visiter des musées et des parcs nationaux. Beaucoup trouveront là une façon bien raisonnable de générer des revenus. En même temps, les vaccinations, les bibliothèques, les balançoires municipales et les plages demeurent généralement gratuites. Il semble que la démarcation se fasse sur des critères « moraux » : ce qui semble amusant ou superflu sera payant, ce qui est austère, utile ou sacré sera gratuit. Ne devrait-on pas plutôt considérer le problème en termes d'externalités ? Les gens qui se maintiennent en forme ne font-ils pas économiser des sommes appréciables au système public de santé ? Une piscine scolaire plus souvent fermée qu'ouverte ne représente-t-elle pas un véritable gaspillage de ressources ?

Questions à débattre

1. Certains services publics devraient-ils être facturés aux utilisateurs?

Les services publics suivants devraient-ils être payants, en tout ou en partie: le transport en commun, l'utilisation du terrain de tennis municipal, les prises de sang, la consommation de médicaments (par l'intermédiaire d'un ticket modérateur), l'utilisation des routes (par le biais d'une taxe sur l'essence), etc.? Votre argumentation doit s'appuyer sur des concepts précis tels que les externalités, l'efficacité économique, etc., (analyse *positive*), mais rien ne vous empêche de faire intervenir quelques valeurs personnelles (analyse *normative*), pourvu qu'elles soient présentées comme telles.

2. Où doit s'arrêter l'intervention de l'État dans l'économie?

La classe est divisée en deux camps. Le premier défend l'intervention de l'État, car celle-ci contribue à rendre l'économie plus efficace et à réduire les inégalités sociales. Le second soutient que l'intervention de l'État déresponsabilise les citoyens, alourdit le fonctionnement de l'économie de marché et fausse les arbitrages des ménages.

RÉSUMÉ

Le marché — ou jeu de l'offre et de la demande — est l'un des mécanismes qui règlent le fonctionnement de l'économie. Même si les intervenants y agissent sans contrainte et en fonction de l'intérêt individuel, le marché conduit généralement, et de façon automatique, à la satisfaction de l'intérêt général.

Par contre, le jeu du marché s'avère déficient sous plusieurs aspects: il n'assure pas la production de nombreux biens collectifs qui répondent à des besoins essentiels; il conduit certains intervenants à gaspiller les ressources dont ils peuvent faire assumer les coûts par la société (externalités négatives); il pousse d'autres intervenants à s'abstenir de produire des biens très utiles sur le plan global mais peu avantageux sur le plan individuel (externalités positives); et il permet l'apparition de monopoles, qui font souvent preuve d'inefficacité comparativement aux entreprises en situation de concurrence.

Pour régler les problèmes créés ou non résolus par le marché, il est nécessaire de faire appel à une autorité, l'État. Celui-ci assurera la production, ou du moins le financement, des biens collectifs. Il veillera à décourager les externalités négatives et à encourager les externalités positives. Il s'efforcera également de stimuler la concurrence et de contrôler les monopoles. L'impôt progressif permettra enfin de redistribuer les revenus des plus riches vers les plus pauvres.

Qu'il intervienne par le biais d'impôts, de subventions ou de règlements, l'État agit en fonction de l'intérêt général. Mais l'État n'est pas exempt de défauts. Ses interventions finissent parfois par décourager l'initiative individuelle, et il arrive qu'il soit lui-même inefficace.

Le budget de l'État pèse lourd dans l'économie des pays industrialisés. L'État tire ses recettes des impôts directs (impôts sur les revenus tirés de la production) et des impôts indirects (impôts sur la vente des produits). À cela s'ajoutent parfois les revenus tirés des entreprises dont il est propriétaire et les revenus provenant de ses placements. Les dépenses de l'État comprennent le financement des biens et services publics (l'État *produit*) et le financement des transferts (l'État *redistribue*). En plus de ces dépenses proprement dites, l'État doit payer des intérêts sur la dette publique, plus ou moins élevée selon le pays.

Il est faux de croire que le fardeau de la dette publique actuelle sera transmis à la génération future puisque celle-ci sera à la fois débitrice et créancière de la dette.

La dette publique, à cause de son ampleur, constitue cependant un sérieux problème pour certains États. Entre 1975 et 1996, par exemple, la dette publique canadienne a augmenté plus vite que le PIB. Le service de la dette (paiement d'intérêts sur la dette accumulée) a accaparé une part de plus en plus importante du budget, au détriment des autres dépenses. L'État a été amené à réduire ses services tout en augmentant les impôts, sans pour autant parvenir à éliminer le déficit structurel de son budget. Ce n'est qu'à l'approche de l'an 2000 que la dette a commencé lentement à s'alléger, mais son héritage (les lourds paiements d'intérêt et les restrictions dans des services essentiels comme ceux de la santé) continue à se faire sentir.

Exercices supplémentaires

1. Biens collectifs : publics ou privés ?

a) Pourquoi la plupart des biens collectifs sont-ils produits par l'État ?

b) Donnez trois exemples de biens collectifs offerts sur le marché par l'entreprise privée.

2. Les externalités

a) Expliquez comment la production d'un bien sur un marché entièrement libre peut avoir des effets négatifs sur l'ensemble de la société.

b) Que peut faire l'État pour éliminer les externalités négatives ?

3. Le monopole

a) Pourquoi le monopole est-il généralement moins efficace que l'entreprise qui doit faire face à la concurrence ?

b) Faut-il nécessairement éliminer les monopoles pour rendre l'économie plus efficace ? Donnez le pour et le contre en utilisant des exemples réels ou fictifs.

4. Recherche : le budget de l'État

a) Mettez à jour le tableau 6.1 (page 120) en utilisant les données publiées par *L'Observateur économique canadien* ou par *Cansim.*

b) Commentez l'évolution du service de la dette ainsi que celle de la structure des dépenses et des recettes.

5. La fiscalité

a) Quel est le principe de fonctionnement de l'impôt progressif ?

b) Quel est le but officiel de l'impôt progressif ?

c) Peut-on qualifier les taxes de vente d'impôts progressifs ? Expliquez votre réponse.

6. La dette publique

Répondez aux questions à partir des données suivantes.

- Dépenses en biens et services publics : 75 milliards de dollars
- Transferts aux ménages : 45 milliards de dollars
- Service de la dette publique : 38 milliards de dollars
- Recettes fiscales : 116 milliards de dollars
- Dette publique : 508 milliards de dollars
- Produit intérieur brut : 713 milliards de dollars

a) Calculez le déficit budgétaire de l'État.

b) Calculez le poids réel de l'État dans l'économie. Justifiez votre réponse.

c) Calculez le poids relatif de la dette publique dans l'économie.

CHAPITRE 7

LE **COMMERCE** AVEC L'**ÉTRANGER**

Le Canada a une économie très ouverte. En effet, plus du tiers de sa production est écoulé sur les marchés extérieurs et les intérêts étrangers y sont considérables, que ce soit directement par le contrôle d'entreprises ou par l'intermédiaire de placements. La mondialisation des marchés, un phénomène qui ne date pas d'hier mais qui prend continuellement de l'ampleur, lie encore davantage l'économie du Canada à celle des autres pays. On ne peut comprendre la politique économique canadienne sans tenir compte du rôle de l'étranger.

Nous verrons dans ce chapitre comment fonctionne le marché des changes, lieu où sont négociées les différentes monnaies. Puis nous nous pencherons sur la balance des paiements, c'est-à-dire la structure des transactions d'un pays avec le reste du monde. Après avoir examiné les causes et les conséquences des variations du taux de change, nous jetterons un coup d'œil sur la façon dont les pays s'ouvrent de plus en plus sur l'extérieur tout en cherchant à se protéger.

POINTS DE REPÈRE HISTORIQUE

LIBRE-ÉCHANGE, PROTECTIONNISME ET MONDIALISATION DE L'ÉCONOMIE

1854 : Traité de libre-échange entre le Canada et les États-Unis.

1860 : Traité de libre-échange entre la France et la Grande-Bretagne.

1866 : Abrogation, par les États-Unis, du traité de libre-échange entre le Canada et les États-Unis.

1879 : Début de la politique protectionniste canadienne (tarifs douaniers de 30 % à 35 % jusqu'en 1936).

1930 : Alors que la crise économique fait tache d'huile, instauration par les États-Unis de tarifs douaniers sur plus de 20 000 produits.

1944 : Première conférence financière internationale des Nations unies à Bretton Woods (États-Unis) : adoption d'un système monétaire international basé sur le dollar et sur des taux de change stables; création du Fonds monétaire international (FMI) et de la Banque internationale pour la reconstruction et le développement (BIRD), ancêtre de la Banque mondiale.

1947 : Signature de l'Accord général sur les tarifs douaniers et le commerce (GATT), ancêtre de l'OMC.

1949 : Création du Conseil d'aide économique mutuelle (CAEM) des pays socialistes d'Europe de l'Est.

1957 : Fondation de la Communauté économique européenne (CEE), ancêtre de l'Union européenne.

1973 : Instauration du système des taux de change flottants par le groupe des 10 (CEE, Canada, États-Unis, Japon, Suède) et début de l'essor des marchés financiers internationaux.

1975 : Création du G6, qui réunit les pays les plus industrialisés (Allemagne, États-Unis, France, Italie, Japon, Royaume-Uni). Le Canada y adhère en 1976 (G7) et la Russie en 1998 (G8).

1979 : Création du Système monétaire européen (SME).

1990 2000 2010

2004 : Élargissement de l'Union européenne, qui passe de 15 à 25 membres (puis à 27 membres en 2007).

2001 : Adhésion de la Chine à l'OMC.

2001 : Lancement du cycle de négociations de Doha de l'OMC sur l'agriculture et le développement.

1999 : Introduction de l'euro comme monnaie scripturale en Europe.

1999 : Déréglementation financière aux États-Unis (*Gramm-Leach-Bliley Act*) : levée des barrières séparant les activités bancaires, le courtage des titres financiers et les assurances, et autorisation des fusions bancaires.

1996 : Libéralisation des marchés financiers au Japon : levée des barrières séparant les activités bancaires, le courtage des titres financiers et les assurances, et libéralisation des opérations de change.

1995 : Création du Marché commun de l'Amérique du Sud (Mercosur).

1994 : Entrée en vigueur de l'ALÉNA (Accord de libre-échange nord-américain) entre les États-Unis, le Canada et le Mexique.

1994 : Création de l'Organisation mondiale du commerce (OMC) en remplacement du GATT (Accord général sur les tarifs douaniers et le commerce).

1994 : Sommet des Amériques qui lance les négociations pour la constitution d'une Zone de libre-échange des 34 pays des Amériques (ZLÉA), sauf Cuba.

1992 : Fondation de l'Union européenne (UE) qui remplace la Communauté économique européenne (CEE).

1990 : Libre circulation des capitaux dans la CEE.

1988 : Accord de libre-échange entre le Canada et les États-Unis.

1986 : Libéralisation des marchés financiers en Grande-Bretagne : levée des barrières séparant les activités bancaires, le courtage des titres financiers et les assurances, et autorisation de l'achat d'entreprises britanniques par des capitaux étrangers.

1. LE MARCHÉ DES CHANGES ET LA BALANCE DES PAIEMENTS

La plupart des pays possèdent leur propre monnaie, gérée par un organisme public, la banque centrale. Cette monnaie sert de moyen de paiement à l'intérieur du pays, mais qu'en est-il à l'échelle internationale ?

Les transactions internationales

La *devise* est la monnaie d'un pays, vue de l'étranger.

Si la monnaie est nationale, l'économie, par contre, déborde les frontières. Dans quelle monnaie l'entrepreneur japonais doit-il payer le bois de construction qu'il achète au Québec ? Comment comparer les PIB du Canada et du Japon ? Que doit faire l'épargnant japonais qui veut placer ses économies à la Bourse de Toronto ? Toutes ces situations font intervenir deux monnaies différentes. Pour permettre la circulation des produits et des capitaux financiers à travers le monde, il faut que les monnaies des divers pays (les *devises*) soient échangées.

La devise d'un pays est en *demande* chaque fois que ce pays exporte des biens et chaque fois que les étrangers y font des placements. Inversement, les importations et les sorties de capitaux entraînent une *offre* de la devise.

En principe, une entreprise qui vend ses produits veut être payée dans la devise de son pays, que l'acheteur soit étranger ou non. La scierie canadienne qui exporte son bois au Japon a besoin de dollars canadiens pour payer ses employés, son électricité, ses fournisseurs et sa banque. Si elle acceptait de se faire payer en yens, ce serait pour les convertir aussitôt en dollars canadiens. L'exportation d'un produit du Canada vers le Japon entraîne donc un échange équivalent de yens en dollars. Le même phénomène se produit lorsqu'un Japonais achète des actions à la Bourse de Toronto : des yens sont vendus et des dollars canadiens sont achetés en échange. L'investisseur japonais utilise ensuite les dollars canadiens pour payer ses titres boursiers.

L'échange de devises est donc associé à deux types de transactions internationales : d'une part les *opérations commerciales* et d'autre part les *mouvements de capitaux*. Les exportations entraînent un achat (ou *demande*) de la devise nationale, et les importations se traduisent par une vente (ou *offre*) de la même devise. De façon similaire, une entrée de capitaux étrangers occasionne une demande de la devise nationale, et une sortie de capitaux s'accompagne d'une offre de cette devise. À première vue, les opérations commerciales devraient être la principale source du change de devises. Il n'en est rien, cependant, et les mouvements de capitaux tiennent souvent une place prépondérante.

La rencontre de l'offre et de la demande

Tandis que certains agents économiques souhaitent se procurer des dollars canadiens (par exemple les Japonais qui achètent du bois québécois ou qui placent leurs capitaux à Toronto), d'autres cherchent à se départir de leurs devises canadiennes (les Canadiens qui veulent s'acheter une Toyota ou obtenir des actions de Sony). Cette demande (de la part des Japonais) et cette offre (de la part des Canadiens) se font dans le cadre d'un marché : le *marché des changes*. Les cambistes, qui travaillent le plus souvent pour des banques, assurent le relais entre l'offre et la demande de devises : ce sont eux qui effectuent les opérations de change proprement dites. Le prix auquel ils échangent une devise contre une autre s'appelle *taux de change*. Comme sur tous les marchés, ce prix est fonction de l'intensité de l'offre et de la demande.

Le *taux de change* est la valeur d'une devise par rapport à celle d'une autre devise.

Le marché des changes est un marché planétaire. Les cambistes de Londres, New York ou Tokyo n'ont pas besoin de se rencontrer pour échanger des devises. Ils sont reliés par des réseaux informatiques qui leur permettent de suivre l'état du marché. Ils se tiennent sans arrêt au courant des taux pratiqués et du volume de toutes les transactions. Ce processus ne coûte à peu près rien, surtout si l'on tient compte de l'importance des montants échangés à chaque transaction (généralement plusieurs millions de dollars). L'argent lui-même circule presque uniquement sous forme de transferts d'écritures, ce qui revient à dire qu'en enfonçant quelques touches sur un clavier d'ordinateur le cambiste peut envoyer des millions de dollars canadiens d'un côté à l'autre du Pacifique.

Il n'y a qu'un seul *marché des changes* : il est d'envergure planétaire et ouvert 24 heures sur 24.

Si l'on compare la facilité avec laquelle les devises circulent sur le marché des changes aux obstacles que doivent franchir les marchandises exportées par un pays (transport, entreposage, tracasseries douanières, etc.), on comprend que les opérations de change effectuées pour des raisons purement financières (placements à l'étranger ou spéculation) prennent de plus en plus d'ampleur.

Le taux de change

Il existe en fait deux taux de change pour chaque paire de devises : un à l'achat et un à la vente. Ainsi, un cambiste peut acheter le dollar américain à 1,2925 $ CAN et le vendre à 1,2935 $ CAN. La concurrence sur le marché et l'ampleur des sommes échangées explique l'écart apparemment faible entre les deux taux de change. Chaque fois qu'un cambiste effectue une opération de change, le taux utilisé est affiché sur le réseau. Tous ceux qui y sont reliés peuvent suivre ainsi l'évolution du marché.

Le **tableau 7.1** donne le taux de change de quelques devises le 28 octobre 2008 au Canada. Il s'agit du prix de vente (de gros) des cambistes. Ce jour-là, on pouvait par exemple se procurer des francs suisses pour 1,146 $ CAN l'unité (à condition d'en acheter une quantité suffisamment grande).

Signalons un préjugé assez répandu, selon lequel la puissance économique d'un pays est proportionnelle au taux de change de sa devise, ce qui signifierait notamment que la « faiblesse » du dollar canadien par rapport au dollar américain est un signe d'infériorité. Si c'était vrai, le Japon ferait bien mauvaise figure, puisque le yen (¥) vaut à peine plus de 1 cent canadien. En réalité, le taux de change reflète avant tout le niveau des prix dans un pays. Le Japon pourrait très bien créer une nouvelle monnaie qui vaudrait 100 ¥ actuels. Le « nouveau yen » s'échangerait contre 1,353 $ CAN (selon le taux mentionné dans le tableau 7.1), mais rien ne serait changé, sauf que les Japonais deviendraient temporairement des experts dans la division et la multiplication par 100.

Tableau 7.1

LE TAUX DE CHANGE AU 28 OCTOBRE 2008 AU CANADA

Pays	**Devise**	**Devise étrangère en dollars canadiens**	***Dollar canadien en devises étrangères***
Chine	Renminbi	0,1893	5,283
Corée du Sud	Won	0,000 889	*1124,9*
États-Unis	Dollar américain	1,2930	*0,7734*
Japon	Yen	0,013 53	*73,910*
Mexique	Peso	0,096 83	*10,327*
Royaume-Uni	Livre sterling	2,0177	*0,4956*
Russie	Rouble	0,047 32	*21,133*
Suisse	Franc suisse	1,1146	*0,8972*
Union européenne	Euro	1,6147	*0,6193*

Note : Le dollar américain vaut 1,2930 $ CAN ; le dollar canadien vaut donc 1/1,2930 = 0,7734 $ US.
Le yen vaut 0,013 53 $ CAN ; le dollar canadien vaut donc 73,910 yens.

Source : Banque du Canada.

Les risques de change et la spéculation

À cause de la variabilité des taux de change, les affaires à l'étranger présentent pour les entreprises un risque supplémentaire (par rapport aux affaires traitées dans leur pays). Ce risque est appelé *risque de change*. La scierie canadienne qui a signé avec un client japonais un contrat d'exportation de bois, livrable dans les 60 jours et payable en yens dans les trois mois, ne peut évaluer avec certitude la valeur véritable du contrat. Si le taux de change du yen (par rapport au dollar canadien) augmente entre la date de la signature du contrat et la date du paiement, l'entreprise canadienne fait une meilleure affaire que prévu. Si, au contraire, le yen se déprécie, les profits de l'entreprise risquent de s'envoler.

Les agents économiques qui font des affaires avec l'étranger subissent des *risques de change.*

Une entreprise manufacturière semblable à celle que nous venons de mentionner a trop de responsabilités envers ses actionnaires, ses employés et ses clients pour s'exposer au risque de change. Elle a tout intérêt à se concentrer sur la production (sa fonction principale) et à confier les questions de change à des professionnels. Comme dit le proverbe, « chacun son métier, et les vaches seront bien gardées ».

On peut utiliser différentes techniques pour contrer le risque de change.

Il existe de nombreuses méthodes pour se prémunir contre le risque de change. Dans le *change à terme*, les devises achetées ou vendues sont échangées à une date ultérieure mais à un taux fixé immédiatement. Citons également l'*avance en devises*, où l'exportateur emprunte à une banque les devises qu'il compte recevoir ultérieurement d'un client étranger, change ces devises immédiatement (à un taux qu'il connaît) et place ou dépense l'argent obtenu (selon ses besoins). Plus tard, lorsque le client étranger l'aura payé, l'exportateur utilisera les devises fraîchement reçues pour rembourser son emprunt directement.

L'action des spéculateurs est parfois bénéfique. D'autres fois, au contraire, elle déstabilise le marché des changes.

Au contraire des gestionnaires d'entreprise, les spéculateurs aiment le risque de change, car il est leur raison d'être. Les spéculateurs cherchent à prévoir les variations du taux de change : ils essaient d'acheter avant la hausse et de vendre avant la baisse. Lorsque le marché des changes est calme, l'action des spéculateurs est bénéfique. Non seulement ils prennent des risques que d'autres refusent et renforcent ainsi la liquidité du marché, mais ils exercent un effet stabilisateur sur les taux de change. Lorsqu'ils sentent qu'une devise a atteint son prix plafond « normal », ils vendent et font baisser le taux. Lorsqu'une monnaie frôle son prix plancher « normal », les spéculateurs se disent qu'elle va bientôt remonter et ils s'empressent d'acheter, ce qui amorce la remontée du taux de change. Quand le marché des changes est agité, par contre, il n'y a plus de prix plancher ni de prix plafond « normal » ou « habituel ». Ne sachant pas où s'arrêtera la dégringolade d'une devise, à laquelle ils contribuent en la vendant, les spéculateurs amplifient la chute du taux de change. Le problème inverse se pose en même temps pour l'autre devise concernée. En effet, quand le dollar américain dégringole (par rapport au yen), c'est évidemment parce que le yen atteint des sommets (par rapport au dollar).

« Mieux vaut un homme sans argent que de l'argent sans homme. »

Thémistocle

La balance des paiements

L'État n'est pas indifférent à ces fluctuations du taux de change, qui non seulement troublent la tranquillité des exportateurs, mais finissent par affecter de façon directe ou indirecte l'ensemble de l'économie. Nous verrons dans la deuxième section de ce chapitre comment l'État intervient sur le marché des changes, par l'intermédiaire de la banque centrale. Pour le moment, penchons-nous sur la balance des paiements, qui nous permet d'observer toutes les transactions effectuées entre un pays et le reste du monde. Cela permet, d'une part, de voir d'où proviennent l'offre et la demande de la devise de ce pays et, d'autre part, de se faire une idée de la place que les relations avec l'étranger occupent dans son économie.

La *balance des paiements* est le bilan des transactions réalisées entre un pays et le reste du monde. Elle se divise en deux blocs symétriques : la *balance courante* et la *balance des capitaux*.

La *balance des paiements* se divise en deux grandes catégories. La *balance courante* regroupe principalement les échanges commerciaux (soit les exportations et importations au sens large) ; la *balance des capitaux* regroupe les investissements en provenance ou à destination de l'étranger. Par définition, la balance des paiements est en équilibre : lorsqu'un pays importe plus qu'il n'exporte, c'est grâce à l'apport net de capitaux étrangers. En principe, le solde de la balance courante devrait être exactement l'inverse de celui de la balance des capitaux. En pratique, il est difficile de comptabiliser avec exactitude tous les mouvements internationaux de marchandises et de capitaux, ce qui explique l'écart statistique du **tableau 7.2**.

Tableau 7.2

LA BALANCE DES PAIEMENTS DU CANADA EN 2008

	Soldes *(en milliards de dollars)*
Balance courante	+10,2
Balance des capitaux	−8,4
Divergence statistique	**−1,8**

Ce tableau montre que les exportations (et autres opérations courantes) du Canada ont dépassé ses importations de 10,2 milliards de dollars. Théoriquement, cela signifierait que les Canadiens ont placé un montant net de 10,2 milliards à l'extérieur du pays: le solde de la balance des capitaux devrait donc être de −10,2 milliards. En pratique, on constate que les sorties nettes de capitaux diffèrent de ce dernier montant de −1,8 milliard de dollars: c'est ce qu'on appelle les *erreurs et omissions nettes,* ou *divergence statistique.*

Source : Statistique Canada, *Cansim.*

La balance courante

Examinons maintenant de plus près la *balance courante* du Canada. Nous verrons que le surplus obtenu en 2008 cache une réalité plus complexe. Comme le montre le **tableau 7.3**, les exportations canadiennes de biens dépassent largement les importations, tandis que le pays est nettement déficitaire dans son commerce de services.

La *balance courante* comprend les transactions internationales portant sur le commerce de biens et services, sur les revenus de placement et sur les transferts.

Tableau 7.3

LA BALANCE COURANTE DU CANADA EN 2008

	Paiements	**Recettes**	**Solde**
	(en milliards de dollars)		
Biens (balance commerciale)	442,7	489,9	+47,2
Services	*90,5*	*68,0*	*−22,5*
Revenus de placement (intérêts et dividendes)	*83,4*	*69,3*	*−14,1*
Transferts	*10,6*	*10,2*	*−0,4*
Total	**627,2**	**637,4**	**+10,2**

Source : Statistique Canada, *Cansim.*

Le commerce de marchandises est inscrit dans la *balance commerciale.*

La *balance commerciale* est la composante la plus importante, sinon la plus déterminante, de la balance courante du Canada. On y inscrit le commerce de marchandises. Ses paiements (442,7 milliards de dollars en 2008) correspondent aux importations de marchandises — c'est-à-dire de biens au sens strict —, et ses recettes (489,9 milliards) correspondent aux exportations de marchandises. Dans le tableau 7.3, le *surplus commercial* est de 47,2 milliards de dollars (soit 489,9 – 442,7).

La balance commerciale est soumise à l'influence de la conjoncture économique : un ralentissement économique à l'étranger fait diminuer les exportations canadiennes, alors qu'une reprise économique au Canada fait augmenter les importations canadiennes. Dans les deux cas, la balance commerciale canadienne se détériore. Par ailleurs, une hausse du cours des produits agricoles et miniers a pour effet d'améliorer la balance commerciale canadienne, puisque le Canada exporte beaucoup plus de matières premières qu'il n'en importe (27 % contre 15 % en 2007).

Notons que le commerce des biens laisse des traces évidentes, étant donné que les marchandises voyagent par bateau, avion, train, camion ou automobile et même à dos d'homme ou de cheval. Les autres échanges par contre sont *invisibles* : il s'agit du commerce de services, des revenus de placement et des transferts. Ainsi, lorsqu'un Canadien achète une cannette de Coca-Cola fabriquée à Toronto, il verse des droits à la maison mère d'Atlanta : il y a *paiement de services* (ou importation d'invisibles). Il y a également paiement de services par le Canada lorsque le Québécois Elvis Gratton visite Punta Cana. Quand SNC-Lavalin, une entreprise de Montréal, dirige la construction d'un aéroport lybien, il y a *recette de services*. Par ailleurs, les intérêts versés aux détenteurs étrangers de bons du Trésor canadiens sont un exemple de *revenus de placement payés* par le Canada. Les dividendes perçus par un Montréalais sur ses fonds mutuels asiatiques sont un exemple de *revenus de placement reçus* par le Canada. Quant aux transferts internationaux, en voici deux exemples : il y a *recette de transfert* lorsqu'une étudiante italienne de l'Université de Trois-Rivières reçoit un mandat de sa mère pour payer son inscription ; il y a *paiement de transfert* lorsqu'un Québécois reçoit son chèque de pension en Floride, où il passe les six mois d'hiver.

Malgré le déficit chronique des services et des revenus de placement, la balance courante du Canada demeure souvent excédentaire grâce à son surplus commercial, comme cela était le cas en 2008. Par ailleurs, tout ce qui est susceptible de nuire aux exportations canadiennes (récession aux États-Unis, baisse du prix des matières premières) constitue une menace pour ce surplus.

Au chapitre 3, nous avons vu qu'il était possible de mesurer le PIB en combinant les dépenses que les agents économiques avaient faites pour se procurer les produits finis : PIB = Consommation + Investissement + Dépenses publiques + Exportations – Importations. Dans cette équation, les exportations représentent la partie de la production nationale achetée par l'étranger : ce montant correspond grosso modo aux recettes de la balance commerciale et de la balance des services. De même, les importations correspondent aux paiements de la balance commerciale et de la balance des services. Le reste de la balance courante (revenus de placement et transferts) ne porte pas sur des achats de produits.

La balance des capitaux

Les capitaux se déplacent plus facilement que les biens ; il n'est pas rare de voir des milliards de dollars traverser plusieurs frontières dans la même semaine grâce à de simples jeux d'écriture. Ce qui compte en réalité, ce sont les *flux nets*, c'est-à-dire les entrées moins les sorties pendant une période donnée. Si, durant l'année par exemple, les étrangers achètent pour 120 milliards de dollars d'actions et d'obligations canadiennes et en vendent pour 110 milliards, le flux net sera de +10 milliards (10 milliards de dollars seront entrés au Canada). Pour mesurer les flux nets de capitaux, qui sont souvent peu visibles, on compare les avoirs étrangers au Canada et les avoirs des Canadiens à l'étranger en début et en fin d'année.

La balance des capitaux comprend deux grandes catégories. La première regroupe les placements (ou *opérations de portefeuille*), comme l'achat ou la revente d'actions d'entreprises étrangères par les Canadiens, ou encore l'achat ou la revente de bons du Trésor canadiens par les étrangers. La seconde concerne les *investissements directs* faits par les entreprises lorsqu'elles installent des filiales à l'étranger ou qu'elles prennent possession d'entreprises étrangères déjà existantes.

En 2007, les investissements directs accumulés par les entreprises canadiennes à l'étranger atteignaient 515 milliards de dollars (dont 44 % dans des compagnies américaines), alors que les entreprises étrangères détenaient 501 milliards d'actifs d'entreprises installées au Canada (dont 58 % détenus par des compagnies américaines). Par contre, la situation est beaucoup moins favorable pour le Canada en ce qui concerne les opérations de portefeuille, car la valeur des obligations canadiennes détenues par les étrangers dépasse largement celle des obligations étrangères détenues par des Canadiens.

Tous ces mouvements de capitaux ont un impact indirect sur le solde des revenus de placement (qui figurent dans la balance courante). Si les profits générés par les investissements directs sont à peu près équilibrés pour le Canada, ce pays enregistre un déficit au chapitre des intérêts versés aux détenteurs d'obligations.

Exercices

1. L'offre et la demande de devises

Dites, pour chacune des transactions fictives suivantes, si la devise canadienne sera offerte ou demandée sur le marché des changes. (Attention, il y a un piège !)

a) Ford Canada importe des pièces d'automobiles du Mexique.

b) Elvis Gratton, Québécois « de souche », prend ses vacances à Punta Cana.

c) M. Bái Lìdé, résident de Hongkong, achète pour 10 000 $ de bons du Trésor du Canada.

d) L'entreprise Martial K. Ratté et fils, de Drummondville, exporte des fenêtres à Okinawa.

e) La compagnie Métro rachète les magasins Wal-Mart du Québec.

f) Hydro-Québec rachète Hydro-Ontario.

2. Les taux

a) Cherchez dans le journal ou dans Internet les taux de change actuels (en dollars canadiens) des devises figurant dans le tableau 7.1 (page 138).

b) À partir des chiffres que vous avez trouvés, calculez le taux de change du dollar canadien en dollars américains, le taux de change du franc suisse en yens et le taux de change du yen en francs suisses.

3. Les composantes de la balance des paiements

a) Pour chacune des quatre composantes de la balance courante (voir le tableau 7.2, page 140), donnez un exemple de paiement et un exemple de recettes entre le Canada et des pays membres de l'Union européenne (Allemagne, Autriche, Belgique, Danemark, Espagne, Finlande, France, Grèce, Irlande, Italie, Luxembourg, Pays-Bas, Portugal, Royaume-Uni, Suède, etc.). Soyez concret (par exemple : « Mme Tremblay achète une Ferrari »).

b) Donnez un exemple d'entrée et de sortie de capitaux entre le Canada et un pays de l'UE.

4. La balance de l'année

À l'aide des données d'une revue telle que *L'Observateur économique canadien,* ou du site de Statistique Canada, mettez à jour les tableaux 7.2 et 7.3 (page 140).

2. LES VARIATIONS DU TAUX DE CHANGE

Pourquoi le taux de change se met-il parfois à baisser (ou à monter) ? La chute d'une monnaie est-elle la preuve d'un échec ? Et quelles en sont au juste les conséquences ? Y a-t-il moyen de la contrecarrer ? Telles sont les questions auxquelles nous tenterons maintenant de répondre.

La plupart des taux de change fluctuent ; ce n'est un secret pour personne. La **figure 7.1** montre que la parité du dollar américain par rapport au dollar canadien n'a cessé de changer depuis 1975. On remarque aussi que, derrière les sautes d'humeur passagères, le taux de change semble suivre des tendances assez nettes : entre 1976 et 1986, le dollar américain a pris de la valeur par rapport à la devise canadienne (le dollar canadien s'est déprécié) ; la tendance s'est ensuite inversée jusqu'en 1992 ; puis le dollar américain s'est remis à progresser jusqu'en 2002, avant de dégringoler.

L'évolution à moyen terme du taux de change du yen en dollars canadiens semble un peu plus difficile à suivre (il serait sans doute plus simple de comparer le yen au dollar américain). Mais à long terme, le yen apparaît comme une *devise forte* : il a tendance à s'apprécier systématiquement par rapport au dollar canadien et même par rapport au dollar américain, du moins entre 1975 et 1995. La situation est beaucoup moins claire par la suite.

Une *devise forte* est une devise qui tend à s'apprécier à long terme.

Figure 7.1

LE TAUX DE CHANGE AU CANADA

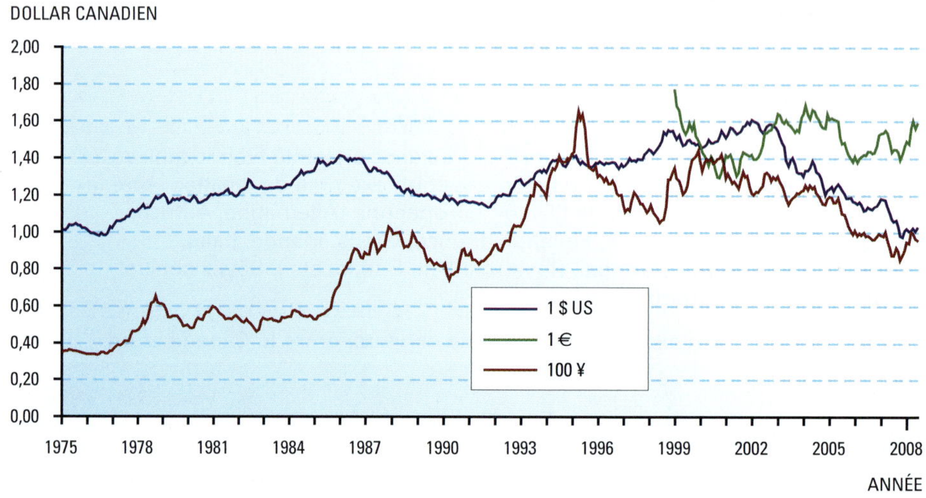

Source : Statistique Canada, *Cansim.*

De quoi dépend le taux de change ?

Rappelons les principales forces qui déterminent la valeur d'une devise sur le marché des changes. Tout d'abord, les importations de biens et services entraînent une offre de la devise nationale. Les importateurs canadiens vendent leurs dollars sur le marché des changes pour se procurer les devises des pays fournisseurs. Des dollars canadiens sont alors disponibles pour ceux qui désirent acheter les exportations canadiennes. Si le Canada importe moins qu'il n'exporte, la devise canadienne sera relativement rare : elle risque donc de se vendre plus cher.

La devise d'un pays est *demandée* sur le *marché des changes* lorsque ce pays exporte, et elle est *offerte* lorsque ce pays importe.

Il en va de même pour les autres composantes de la balance courante. Le paiement de revenus de placement ou de transferts par le Canada implique une offre de la devise canadienne. Et cette même devise est demandée lorsque le Canada reçoit des revenus de placement ou des transferts de l'étranger.

Si l'on se fie à l'ensemble de la balance courante du Canada (voir le tableau 7.3, page 140), le dollar canadien est surabondant sur le marché des changes : l'offre est de 627,2 milliards de dollars (total des paiements) et la demande de 637,4 milliards (total des recettes). Il y a donc un excès de 10,2 milliards de dollars canadiens sur le marché (solde de la balance courante) ; par conséquent, le dollar devrait s'apprécier si l'on ne tient compte que des opérations courantes.

Les mouvements de capitaux exercent aussi une influence, à la fois massive et rapide, sur le marché des changes. Une entrée de capitaux dans un pays se traduit par une demande de sa devise et une sortie de capitaux par une offre de sa devise. Ainsi, un pays qui attire des capitaux étrangers voit sa devise s'apprécier.

La devise d'un pays est *demandée* lorsque les capitaux entrent dans le pays, et elle est *offerte* quand les capitaux en sortent.

En fin de compte, le taux de change d'une devise dépend à la fois du commerce extérieur et des mouvements de capitaux. Le déficit du compte courant canadien fait baisser le dollar, mais le surplus de la balance des capitaux le fait remonter. Tant que les entrées de capitaux sont suffisantes, le taux de change du dollar canadien peut se maintenir.

« L'approche de la faillite apporte aux groupes financiers une conscience intense de la nation à laquelle ils appartiennent. »

André Malraux

Les investisseurs craignent le risque. Plus précisément, ils craignent d'exposer leurs capitaux aux risques de faillite et de nationalisation. Ils redoutent aussi la dépréciation de la devise du pays hôte parce qu'elle fait baisser la valeur de leurs placements. Lorsque la confiance en une devise disparaît, les capitaux sortent précipitamment du pays, ce qui amplifie d'autant plus la chute du taux de change (voir la **figure 7.2**).

Figure 7.2

LES SORTIES DE CAPITAUX ET LE TAUX DE CHANGE

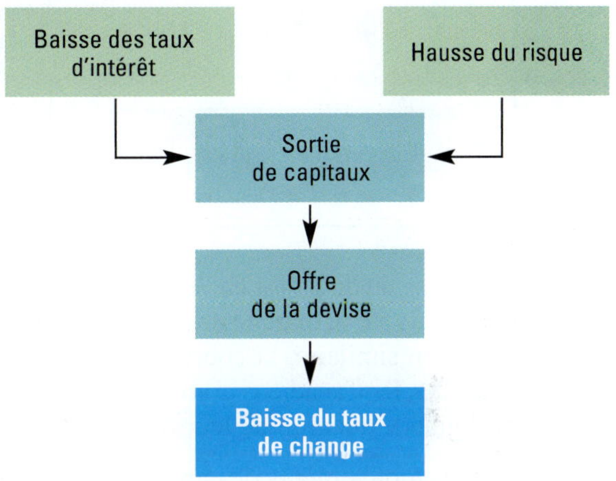

La chute du peso mexicain en 1995 est due à une brusque sortie de capitaux du Mexique (d'où une offre massive de pesos). La crise a été déclenchée par une baisse des taux d'intérêt (ce qui diminuait le rendement des placements au Mexique) et elle s'est poursuivie à cause du manque de confiance des investisseurs. La même année, le yen s'est fortement apprécié à cause d'un mouvement inverse (voir la figure 7.1). Après le tremblement de terre de Kōbe et les problèmes de certaines institutions financières, de nombreux capitaux japonais qui séjournaient à l'étranger sont en effet rentrés au bercail.

Les conséquences d'une dépréciation

La baisse d'une devise est souvent perçue par l'opinion publique comme le signe d'une mauvaise gestion de l'économie, voire comme une humiliation nationale. Et pourtant, la dépréciation n'a pas nécessairement des conséquences négatives.

La baisse de notre devise rend nos produits plus attrayants pour l'étranger, qui les paie moins cher. Nous exportons alors plus facilement. Nos importations diminuent

Figure 7.3

LE REDRESSEMENT AUTOMATIQUE DE LA BALANCE COURANTE

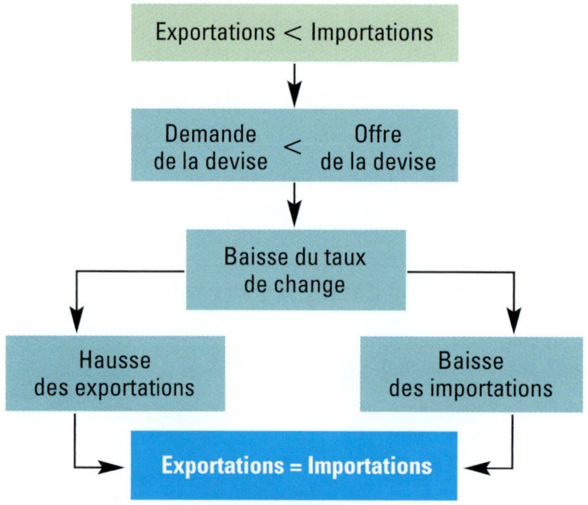

pour les mêmes raisons : les produits étrangers nous coûtent plus cher, de sorte que nous en achetons moins. Grâce à ce mécanisme, la balance courante s'améliore. La dépréciation peut donc apparaître alors comme un moyen de redresser automatiquement un commerce extérieur déficitaire (voir la **figure 7.3**).

La dépréciation redresse la balance courante.

L'ajustement du taux de change sur le marché peut également être représenté par des courbes d'offre et de demande. La **figure 7.4** représente le marché de la devise canadienne. La courbe de demande correspond d'abord et avant tout aux exportations : lorsque le taux de change du dollar est élevé, le Canada exporte peu et la quantité de devises canadiennes demandée sur le marché des changes est faible (la courbe de demande est décroissante). De façon similaire, la courbe d'offre correspond aux importations : lorsque leur devise vaut cher, les Canadiens trouvent avantageux d'importer ; pour cela, ils doivent vendre une plus grande quantité de leur devise (la courbe d'offre est croissante).

Les mouvements de capitaux influent également sur le marché des changes. Une entrée de capitaux (une demande supplémentaire de dollars canadiens) entraîne un déplacement de la courbe de demande vers la droite (le taux de change augmente, figure 7.4b). Une sortie de capitaux amène un déplacement de la courbe d'offre vers la droite (le taux de change diminue, figure 7.4c).

Les courbes peuvent également se déplacer à cause d'événements qui ont des répercussions sur le commerce extérieur. Si une forte reprise économique aux États-Unis fait augmenter les exportations canadiennes, la courbe de demande se déplace vers la droite (le taux de change augmente, figure 7.4b). Si une forte récession au Canada fait diminuer les importations canadiennes, la courbe d'offre se déplace vers la gauche (le taux de change augmente, figure 7.4d).

La dépréciation a un effet positif sur l'emploi et un effet néfaste sur l'inflation.

La hausse des exportations et la baisse des importations qui découlent de la dépréciation de la devise ont pour effet de relancer la demande de biens produits au pays. Les entreprises voient leurs carnets de commande se regarnir, ce qui est bénéfique pour l'emploi. Cependant, on continue d'importer, à un taux majoré, bon nombre de produits qu'on

Figure 7.4

L'AJUSTEMENT SUR LE MARCHÉ DES CHANGES

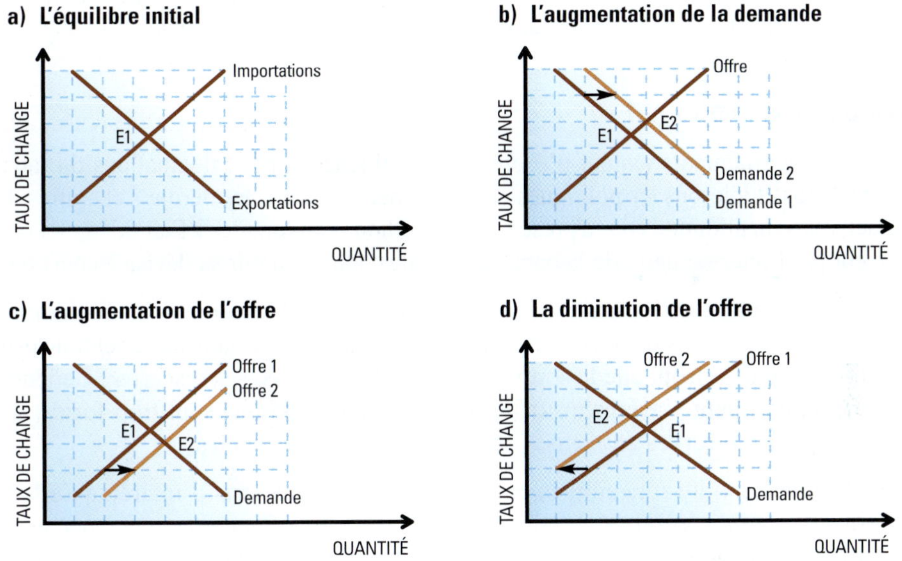

importait avant la dépréciation, ce qui a un effet néfaste sur les prix. Ceux-ci augmentent de façon directe (les produits *finis* importés se vendent plus cher) et indirecte (la hausse du prix des produits *intermédiaires* importés fait augmenter les coûts de production de nos entreprises).

En définitive, la dépréciation n'est pas un remède miracle au déficit du commerce extérieur. D'une part, ses effets positifs tardent parfois à se montrer parce les *quantités* importées et exportées varient lentement, alors que le *prix* des importations augmentent immédiatement. D'autre part, si elle est trop fréquente, elle contribue à alimenter l'inflation et donc à affaiblir la compétitivité des exportations à plus long terme.

> Le *coefficient d'ouverture* mesure la proportion du commerce extérieur (moyenne entre exportations et importations) dans le PIB.

Les variations du taux de change ont d'autant plus d'impact sur l'économie d'un pays que celle-ci est plus ouverte aux échanges extérieurs. Selon les données du tableau 7.3 (page 140), en 2008, le Canada exporte 489,9 + 68 = 557,9 milliards de dollars de biens et services et en importe 533,2 milliards. Si on compare ces chiffres à l'ensemble du PIB (voir le tableau 3.2, page 58, dans lequel on indique que le PIB de la même année s'élève à 1602,5), on constate que les exportations représentent 34,8 % de la production canadienne (soit 557,9/1602,5) et les importations, 33,3 %. Le *coefficient d'ouverture* du Canada atteint donc 34,0 % (soit la moyenne entre le coefficient d'exportation et le coefficient d'importation). La moindre variation du taux de change touche donc de façon directe le tiers de l'économie canadienne, que l'on peut qualifier de très ouverte.

Depuis les années 1980, les mouvements internationaux de capitaux ont pris une telle ampleur qu'ils sont devenus une source d'instabilité sur les marchés financiers et sur le marché des changes. Il ne faut donc pas s'étonner de voir le dollar canadien tantôt sous-évalué (il descend à 0,63 $ US en 2002), tantôt surévalué (il atteint 1,09 $ US en 2007), ce qui fausse les prises de décision économiques.

L'influence de l'État

Certains gouvernements tentent d'exercer une influence sur les fluctuations du taux de change. Nous étudierons les politiques gouvernementales dans les derniers chapitres de ce manuel, mais mentionnons dès à présent deux méthodes auxquelles l'État fait appel (généralement par l'intermédiaire de la banque centrale) pour soutenir sa devise à court terme.

La méthode la plus immédiate consiste à intervenir directement sur le marché en puisant dans les réserves de devises étrangères du pays. Lorsque la banque centrale estime que la devise baisse trop, elle la soutient en la rachetant avec ses réserves[1]. Cependant, cette manœuvre peut s'avérer insuffisante quand les pressions sont trop fortes, d'autant plus que les réserves en devises sont loin d'être inépuisables.

La banque centrale aura alors la possibilité d'agir sur les taux d'intérêt, qu'elle peut facilement faire monter ou baisser. Lorsque les taux d'intérêt augmentent dans un pays, les capitaux étrangers affluent pour profiter d'un meilleur rendement. La hausse des taux d'intérêt a également pour effet de rassurer les investisseurs étrangers, qui y voient une preuve que l'État s'engage à protéger leurs intérêts.

Exercices

1. Pleins feux sur le dollar

Dites si les événements suivants modifient la balance courante ou la balance des capitaux du Canada et précisez s'ils améliorent ou détériorent le solde de la balance concernée. Dites également s'ils feront augmenter ou diminuer le taux de change. (En cas de doute, faites des hypothèses supplémentaires.)

a) La récession frappe beaucoup plus durement les États-Unis que le Canada.

b) Les taux d'intérêt montent brusquement aux États-Unis.

c) Les prix mondiaux du bois, du papier et des principaux métaux diminuent fortement.

d) De nombreux citoyens de Hongkong immigrent au Canada.

e) Le gouvernement québécois vend Hydro-Québec à des investisseurs étrangers.

f) La Banque du Canada fait augmenter le taux d'intérêt au moment où celui-ci baisse aux États-Unis.

---

1. La banque centrale fait l'opération inverse lorsqu'elle désire empêcher le taux de change de trop s'apprécier.

2. La dépréciation, un remède miracle?

Commentez la thèse suivante: «La baisse du taux de change est le meilleur remède pour redresser une balance courante déficitaire. D'ailleurs, si l'État n'intervient pas, cette baisse se produira d'elle-même. En fin de compte, pour régler le problème, le mieux est de ne rien faire.»

3. Coefficient d'ouverture

Vérifiez le coefficient d'ouverture du Canada mentionné un peu plus haut (page 147) en utilisant les données figurant dans les tableaux 3.2 et 7.3 (pages 58 et 140).

3. LE LIBRE-ÉCHANGE ET LA MONDIALISATION

Lorsque des industries ou des régions prospères déclinent, on recherche souvent des coupables à l'étranger. Par exemple, les difficultés des riziculteurs japonais ne sont-elles pas apparues quand leur pays s'est mis à importer librement le riz des pays voisins? De même, la décadence de la ville de Detroit n'est-elle pas en partie imputable à la fuite des usines de pièces et d'assemblage vers des cieux plus cléments pour les investisseurs? Et que dire des industries textiles du Québec, qui semblent s'être écroulées en un temps record? Ne serait-il pas normal, dans de telles circonstances, de vouloir contrôler les importations?

La loi des avantages comparatifs

Nous verrons toutefois que la protection de l'économie nationale contre l'influence extérieure finit souvent par coûter cher. Depuis la Deuxième Guerre mondiale, la tendance est à la libéralisation générale du commerce mondial, dans le cadre d'ententes internationales. En même temps, on assiste au développement de zones de libre-échange, solution intermédiaire entre la liberté du commerce (à l'intérieur de la zone) et le protectionnisme (avec le reste du monde). Cette ouverture toujours plus grande des frontières n'est pas étrangère au fait que beaucoup de produits modernes exigent de gros marchés et que la circulation des produits et des capitaux devient de plus en plus difficile à contrôler. Mais la raison d'être du commerce (intérieur autant qu'extérieur) est d'accroître la spécialisation et donc l'efficacité de l'économie: grâce au commerce, on peut satisfaire un plus grand nombre de besoins avec les mêmes ressources.

Très longtemps, on a cru qu'un pays ne pouvait exporter vers ses voisins que les produits pour lesquels il détenait un *avantage absolu*. Selon ce principe, l'Argentine exporterait du blé, la Thaïlande du riz, l'Égypte du coton et l'Italie du vin; de façon plus actuelle, le Mexique exporterait des pièces d'automobiles tandis que les États-Unis exporteraient les plans de conception et de réalisation de ces pièces. La loi des avantages absolus signifie en même temps qu'un pays moins avancé qu'un autre dans tous les domaines n'aurait aucun intérêt à commercer : le plus fort s'emparerait du marché du plus faible sans rien importer en retour.

Au XIXe siècle, l'économiste David Ricardo a démontré que le commerce peut être avantageux pour tous les pays, quel que soit leur niveau de productivité. Il suffit que chaque pays se spécialise dans un secteur où il est *relativement* mieux placé que dans un autre secteur, face à ses partenaires extérieurs. Si les États-Unis étaient deux fois plus productifs que le Mexique dans la *fabrication* des pièces d'automobiles et trois fois plus productifs dans la *conception* de ces pièces, on pourrait affirmer que les États-Unis détiennent un avantage absolu sur le Mexique dans les deux domaines. Pourtant, les États-Unis ne devraient-ils pas se spécialiser dans la *conception* et abandonner la fabrication à leur partenaire extérieur ? D'ailleurs, tout bien considéré, le coût d'option de la *fabrication* est plus bas au Mexique qu'aux États-Unis : le Mexique a un *avantage comparatif* dans ce domaine. En fait, tous les pays détiennent des avantages comparatifs, et tous ont donc théoriquement intérêt à commercer ensemble.

La loi des *avantages comparatifs*, selon laquelle un pays détient toujours des secteurs dans lesquels il est *relativement* mieux placé que son partenaire extérieur, sert de fondement théorique au développement des échanges internationaux.

Les mesures protectionnistes

Maintenant que nous avons établi l'avantage théorique du commerce international, du moins sur le plan économique, examinons les barrières les plus courantes à ce commerce et les tentatives récentes pour les réduire.

Le *tarif douanier* est la méthode la plus répandue pour limiter les importations. Il pénalise les biens étrangers par une taxe qui ne s'applique pas aux biens produits à l'intérieur du pays. Le tarif douanier permet aux producteurs locaux de regagner une partie du marché que perdent les producteurs étrangers. Si certains emplois sont alors sauvés, c'est au détriment de l'ensemble de l'économie. D'une part, les ménages paient plus cher les biens importés et doivent réduire leur niveau de vie et, d'autre part, les entreprises locales qui utilisent des produits intermédiaires importés voient leurs coûts de production augmenter.

Le *tarif douanier* (ou droit de douane) est une taxe qui s'applique uniquement sur les produits importés. Il fait généralement plus de mal que de bien à l'économie nationale.

La plupart du temps, les tarifs douaniers tendent à rendre l'économie moins efficace. Ils favorisent les industries les moins performantes (qui sont incapables de voler de leurs propres ailes) tout en pénalisant les industries de pointe (qui se voient parfois empêchées de se procurer des pièces étrangères à un coût avantageux). Ils entraînent des représailles et nuisent

En protégeant les industries les plus fragiles, on amoindrit la compétitivité des industries les plus fortes.

surtout aux meilleures industries, c'est-à-dire celles qui ont fait leurs preuves sur le marché mondial.

Le *quota d'importation* consiste à limiter les quantités importées d'un produit.

Le *quota d'importation*, qui consiste à imposer un plafond aux quantités importées d'un produit a, en gros, le même effet que le tarif douanier. Il est cependant plus difficile de mesurer ses effets sur les prix, sur la quantité importée et sur la production locale. D'autres mesures protectionnistes sont plus discrètes. Par exemple, la subvention à une industrie nationale est une sorte de tarif douanier à l'envers : au lieu de faire augmenter le prix des produits étrangers, elle fait baisser artificiellement celui des produits locaux. Les gouvernements qui privilégient l'octroi de contrats à des compagnies nationales pratiquent aussi une discrimination protectionniste. Enfin, la mesure la plus subtile consiste à multiplier les obstacles administratifs à l'importation en imposant des normes de qualité abusives ou des tracasseries administratives aux concurrents étrangers. Inutile de dire que ce genre de jeu se joue à deux et que les obstacles créés par les uns suscitent les représailles des autres.

Les mesures protectionnistes se justifient mieux lorsqu'elles permettent à certaines industries clés d'achever leur développement sans craindre de se faire dévorer par des concurrents étrangers déjà arrivés à maturité. Par ailleurs, les pays placent certains intérêts nationaux au-dessus de la simple logique mercantile. L'un défend son territoire, l'autre protège ses institutions culturelles et sociales dans le but de contribuer à la cohésion de la communauté nationale (sans laquelle il n'y a pas de prospérité économique durable).

La libéralisation du commerce international

Le commerce international, très florissant au début du XXe siècle, a connu un repli sensible entre les deux guerres mondiales. La création du GATT (General Agreement on Tariffs and Trade, ou Accord général sur les tarifs douaniers et le commerce), en 1947, a vite permis de diminuer les barrières protectionnistes et de stimuler à l'échelle internationale le commerce et la spécialisation. L'Organisation mondiale du commerce (OMC), qui prend la relève du GATT en 1995, regroupe aujourd'hui plus de 150 États. L'OMC est chargée de favoriser les négociations commerciales multilatérales entre les membres, de mettre en vigueur les accords déjà signés et de les administrer, de superviser les politiques commerciales nationales et de coopérer avec les autres organisations internationales comme le Fonds monétaire international (FMI) ou la Banque mondiale.

Les principales caractéristiques de l'OMC sont les suivantes :

- la clause de la nation la plus favorisée, ou *clause non discriminatoire* : un État doit étendre à tous ses partenaires les avantages qu'il accorde à l'un d'entre eux ;
- la transparence des barrières : seuls les tarifs douaniers sont permis ; les barrières cachées et les quotas d'importation sont interdits ;

- la lutte contre la concurrence déloyale: les membres peuvent imposer des tarifs compensatoires sur les importations subventionnées ou écoulées au-dessous du prix coûtant («dumping»), et l'atteinte à la propriété intellectuelle est interdite;
- l'existence de mesures particulières pour permettre aux pays en développement de s'adapter progressivement aux règles.

Les différends commerciaux entre membres sont arbitrés par un comité qui cherche d'abord à amener les parties à s'entendre. Si le désaccord persiste, l'OMC tranche et les parties sont tenues de respecter sa décision. Entre-temps, un pays lésé par les importations subventionnées par un de ses concurrents étrangers a le pouvoir de contrecarrer l'effet des mesures protectionnistes dont il est victime en imposant des *droits compensatoires* sur les produits importés.

Les associations économiques

Malgré les progrès accomplis dans cette voie, le monde demeure vaste et divisé, et la liberté complète des échanges n'est sans doute pas pour demain. Plus modestement, certains pays désireux d'élargir leur marché régional ont choisi d'éliminer les barrières douanières qui les séparent et de constituer ainsi des zones de libre-échange.

L'ALÉNA (Accord de libre-échange nord-américain), conclu entre le Canada, les États-Unis et le Mexique, est entré en vigueur en 1994. Cet accord vise à permettre la libre circulation des produits entre les pays membres. Les États-Unis, qui possèdent déjà le plus gros marché intérieur du monde, n'avaient sans doute pas un besoin pressant de s'associer avec un petit pays (le Canada) et un pays en développement (le Mexique). Mais Washington a manifesté à plusieurs reprises son ambition d'étendre un jour l'accord à l'ensemble de l'Amérique, voire aux pays d'Asie-Pacifique.

Les pays membres de l'ALÉNA conservent chacun leur politique commerciale et négocient de façon autonome à l'OMC. Dans ce contexte, il arrive que les tarifs douaniers face au reste du monde diffèrent d'un pays membre à l'autre, ce qui pose un problème. Si, par exemple, le tarif douanier sur les automobiles provenant de l'extérieur de la zone est moins élevé au Canada qu'aux États-Unis, il y a de bonnes chances qu'une Toyota exportée du Japon vers la Californie fasse un petit détour par Vancouver. Pour éviter ce genre de ruse, les pays membres de l'ALÉNA maintiennent des contrôles à leurs frontières intérieures et n'y laissent passer en franchise de droit (sans tarif douanier) que les produits dont le contenu étranger est inférieur à 40 % de leur valeur marchande[2].

Les pays de l'Union européenne (UE) ne rencontrent pas ce genre de problème, car ils sont allés plus loin dans l'intégration commerciale et ont harmonisé leurs

---

2. Source: Secrétariat de l'ALÉNA, *Règles de procédure et code de conduite,* 2000.

barrières extérieures. Ils sont ainsi passés du libre-échange à l'union douanière. Ils partagent aussi un certain nombre de politiques et d'institutions. L'Union européenne constitue maintenant un véritable marché commun. Elle permet la libre circulation non seulement des marchandises, mais également des ressources productives (travail, capital) et s'est dotée d'une monnaie commune, l'euro.

Quel que soit le degré d'intégration qui les caractérise, les associations économiques entre pays constituent à la fois un pas vers le libre-échange (entre leurs membres) et une forme de protectionnisme (vis-à-vis du reste du monde). La spécialisation croissante de l'économie fait en sorte que de nombreuses entreprises ont besoin, pour rentabiliser leurs produits, d'une clientèle de plus en plus large. Les zones de libre-échange permettent à ces entreprises d'avoir accès à un marché assez vaste tout en les protégeant de certains concurrents. De nombreuses entreprises québécoises ont ainsi pu se déployer sur le vaste marché américain grâce à l'ALÉNA (et à sa version initiale, l'ALÉ), à tel point que, dès 1992, les États-Unis ont supplanté le Canada comme premier partenaire commercial du Québec.

Dans certains cas, les accords commerciaux donnent lieu à de mauvaises surprises. Par exemple, le Canada s'est vu poursuivre par diverses entreprises américaines dans le cadre du chapitre 11 du traité de l'ALÉNA. Ainsi, UPS a exigé du gouvernement canadien des dommages et intérêts de 185 millions de dollars après l'avoir accusé de subventionner indirectement la société Postes Canada. Cette plainte, déposée en 2000, a finalement été rejetée par le tribunal d'arbitrage en 2007. Par contre, le Canada a bel et bien perdu sa cause contre d'autres plaignants américains tels que les compagnies S. D. Myers et Ethyl Corporation.

Exercices

1. Les mesures protectionnistes

Nommez cinq mesures protectionnistes et expliquez comment chacune d'elles limite la concurrence étrangère.

2. Le gendarme du commerce international

a) Quel avantage d'ordre économique est associé au développement des échanges internationaux?

b) Pourquoi l'économie mondiale a-t-elle besoin d'un organisme comme l'OMC pour développer les échanges internationaux?

c) Trouvez-vous que les règles de fonctionnement de l'OMC sont équitables pour les pays membres?

Débat

Devons-nous protéger nos industries ?

La mondialisation de l'économie — qui se traduit notamment par la délocalisation d'usines et le rachat d'entreprises par des intérêts étrangers — bouleverse la vie de nos concitoyens. En tant que consommateurs, ils sont ravis de pouvoir se procurer leurs vêtements, leurs articles ménagers ou leurs appareils électroniques à des prix de plus en plus bas. En tant que travailleurs, ils s'inquiètent de la disparition de pans entiers de l'industrie manufacturière, qui se révèle catastrophique pour l'emploi dans certaines régions. En tant que citoyens, ils ne voient pas toujours d'un bon œil l'acquisition de certains fleurons de l'économie nationale par des entreprises américaines, voire chinoises, indiennes et émiratiennes.

Qu'en est-il exactement ? Est-il vrai que nos industries s'écroulent les unes après les autres devant la concurrence des pays à bas salaires ? Devons-nous protéger à tout prix nos industries du vêtement, du meuble ou de l'automobile ? Et même s'il nous en coûte en efficacité, ne serait-il pas prudent de conserver une certaine autosuffisance dans certains secteurs ? Par ailleurs, faut-il s'alarmer de voir Alcan (aluminium), Domtar (papier), Falconbridge (minerais), Molson (bière) et Van Houtte (café) passer aux mains de compagnies étrangères ? Se pourrait-il que, en même temps, les Canadiens prennent possession de nombreuses entreprises étrangères ?

La figure ci-contre nous montre que, après un certain recul faisant suite à la récession de 1991, le nombre d'emplois a augmenté de façon régulière au Québec jusqu'en 2007. Si on y regarde de plus près, on constate que le secteur de la fabrication s'est d'abord montré plus dynamique que le reste de l'économie, pour s'effondrer après l'an 2000. La dégringolade soudaine de l'industrie du vêtement illustre de façon éloquente ce renversement de tendance, d'autant plus qu'elle coïncide avec la suppression progressive par l'OMC des quotas d'importation (notamment en 2002) et avec l'arrivée de la concurrence chinoise (en 2005).

Puisque le nombre d'emplois ne cesse d'augmenter au Québec (la croissance est de 10,5 % entre 2000 et 2007), il est clair que le recul du secteur de la fabrication a été largement compensé par la progression des autres secteurs, notamment dans les services. Pour les uns, l'économie québécoise, en se spécialisant selon ses avantages comparatifs, n'a fait que renforcer son efficacité. Pour les autres, on a rendu notre économie moins diversifiée et moins autonome, et on a remplacé des emplois qualifiés et bien payés par des « jobs » chez Wal-Mart et Tim Horton.

Théoriquement, le commerce extérieur permet de renforcer l'efficacité de l'économie, grâce à une spécialisation mieux adaptée aux avantages de chaque pays. Mais certains États sont accusés de ne pas toujours respecter les règles du jeu : ils imposent parfois des barrières protectionnistes déraisonnables (contre l'acier brésilien ou le bois d'œuvre canadien), ils défendent leurs champions industriels (Boeing, Airbus, Bombardier, Embraer), ils maintiennent leur taux de change à une valeur artificiellement basse (c'est le cas du renminbi chinois). Dans ces conditions, ne serait-il pas utile de se doter d'une stratégie nationale ?

■■■

L'ÉVOLUTION DE L'EMPLOI DANS DIVERSES BRANCHES D'ACTIVITÉ AU QUÉBEC

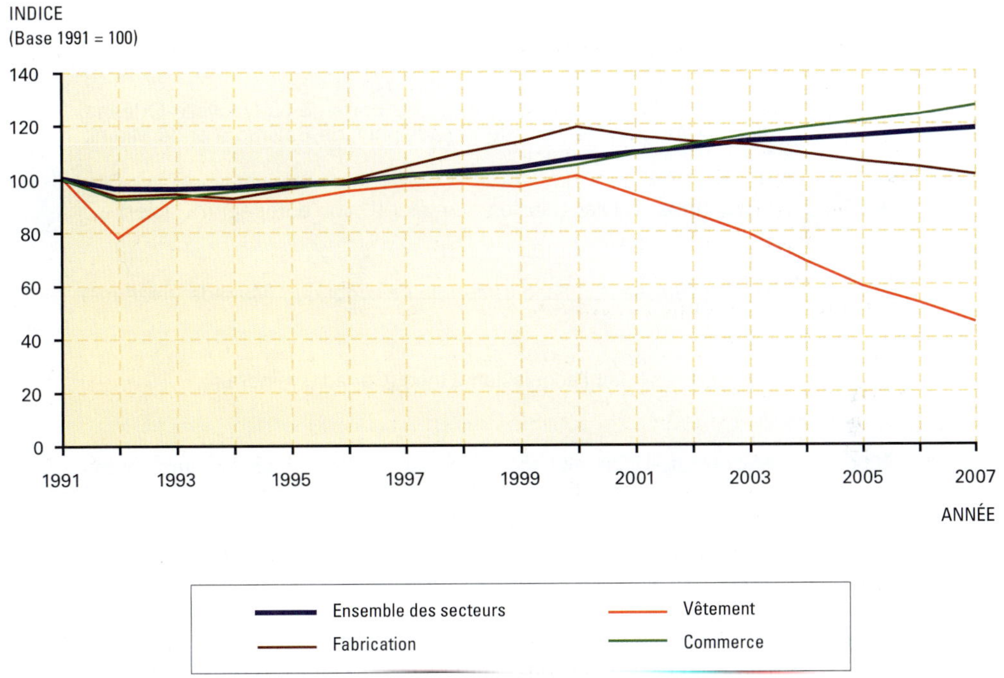

Source : Statistique Canada, *Cansim*.

Nos entreprises peuvent aussi tomber aux mains d'étrangers sans quitter notre sol. La Loi sur Investissement Canada (LIC) de 1985 est là pour veiller au grain, puisque tout projet d'investissement étranger direct doit faire l'objet d'un examen lorsqu'il dépasse un certain montant (ce plancher était fixé à 281 millions de dollars en 2007). Selon un document publié par le Parlement du Canada, « Au 30 juin 2007, depuis l'entrée en vigueur de la LIC en 1985, 12 342 demandes d'acquisitions d'entreprises canadiennes et 3652 demandes de lancement de nouvelles entreprises au Canada avaient été présentées. De toutes les acquisitions étrangères d'entreprises canadiennes, 1545 étaient d'une importance suffisante pour déclencher un examen aux termes de la LIC. Jusqu'ici, aucun investissement n'a été rejeté en vertu de cette dernière.[a] » C'est à se demander si la LIC ne joue pas un rôle purement cosmétique.

a. Michael Holden, « Le processus d'examen des investissements étrangers directs au Canada et dans d'autres pays », Service d'information et de recherche parlementaires de la Bibliothèque du Parlement, Division de l'économie, Ottawa, 19 septembre 2007.

QUELQUES ACQUISITIONS SPECTACULAIRES

2004	Lenovo (Chine) fait l'acquisition de la branche ordinateurs personnels d'IBM (États-Unis, micro-ordinateurs).
2006	DP World (Dubaï) fait l'acquisition des ports de La Nouvelle-Orléans, de New York, de Newark, de Philadelphie, de Baltimore et de Miami.
2006	Mittall (Inde) fait l'acquisition d'Arcelor (Union européenne, acier).
2006	Xstrata (Suisse) fait l'acquisition de Falconbridge (Canada, minerais).
2006	CVRD (Brésil) fait l'acquisition d'Inco (Canada, minerais).
2006	AMD (États-Unis) fait l'acquisition d'ATI (Canada, cartes graphiques).
2006	DP World (Dubaï) cède les six ports américains qu'il contrôle au groupe d'assurance AIG (États-Unis).
2007	Weyerhaeuser (États-Unis) fusionne avec Domtar (Canada, papier).
2007	Rio Tinto (Australie) fait l'acquisition d'Alcan (Canada, aluminium).
2008	InBev (Belgique) fait l'acquisition d'Anheuser-Busch (États-Unis, bière).

Questions à débattre

Défendez ou critiquez les positions suivantes (prenez soin de distinguer vos jugements *normatifs* de vos arguments *positifs*).

Nous devons protéger certains secteurs industriels de la concurrence étrangère, ne serait-ce que pour défendre certaines catégories de travailleurs, pour soutenir les régions en difficulté, et pour maintenir notre autonomie dans des domaines stratégiques. Nous devons également filtrer les investissements étrangers, en ne laissant entrer que ceux qui sont conformes à nos intérêts nationaux. Enfin, nous devons coûte que coûte empêcher nos plus beaux fleurons, comme Bombardier ou Hydro-Québec, de tomber aux mains d'intérêts étrangers.

RÉSUMÉ

Le Canada est une économie très ouverte, puisque plus du tiers de son PIB est exporté et que les intérêts étrangers y sont considérables. La mondialisation croissante des marchés lie encore davantage l'économie du Canada à celle des autres pays. On ne peut comprendre la politique économique canadienne, ni celle des autres pays, sans tenir compte du rôle de l'étranger.

La plupart des pays possèdent leur propre monnaie (ou devise), et c'est pourquoi toute transaction internationale s'accompagne d'une conversion de devises sur le marché des changes. La devise d'un pays est demandée chaque fois que ce pays exporte et chaque fois que les étrangers viennent y faire des placements. Inversement, les importations et les sorties de capitaux entraînent une offre de la devise d'un pays.

À moins d'une intervention gouvernementale, la valeur d'une devise par rapport à une autre (ou taux de change) dépend de l'offre et de la demande de cette devise sur le marché. Le marché des changes est mondial et permanent. Les transactions s'y font de façon instantanée, sous forme d'écritures. Pour amoindrir le risque de change, les agents économiques qui font des affaires avec l'étranger utilisent diverses techniques, comme le change à terme et l'avance en devises.

La balance des paiements regroupe toutes les transactions qu'un pays fait avec le reste du monde. Elle permet, d'une part, de voir d'où proviennent l'offre et la demande de la devise de ce pays et, d'autre part, de se faire une idée de la place que les relations avec l'étranger occupent dans son économie.

La balance des paiements se divise en deux grandes catégories, la balance courante et la balance des capitaux. La balance courante regroupe les échanges commerciaux (c'est-à-dire le commerce de marchandises et de services), les revenus de placement et les transferts. La balance des capitaux regroupe les investissements en provenance ou à destination de l'étranger.

Le taux de change d'une devise dépend à la fois du commerce extérieur et des mouvements de capitaux. Lorsqu'un pays importe plus qu'il n'exporte, sa devise — qui est alors plus offerte que demandée sur le marché des changes — tend à se déprécier.

En principe, la dépréciation (ou baisse du taux de change) d'une devise stimule les exportations (moins chères pour les étrangers) et ralentit les importations. La dépréciation peut ainsi être considérée non seulement comme une conséquence du déficit commercial, mais également comme un remède à ce déficit. En pratique, la dépréciation n'a pas toujours les effets escomptés, et l'importance croissante des mouvements de capitaux vient souvent en contrecarrer les effets.

Il incombe notamment à la banque centrale d'un pays de stabiliser le taux de change à un niveau qu'elle juge compatible avec l'état de l'économie. Pour exercer une influence sur le marché, elle utilise en premier lieu les réserves de devises étrangères du pays. Si cette mesure est insuffisante, elle oriente les taux d'intérêt de façon à attirer (ou à faire fuir) les capitaux étrangers en quête de rendements attrayants.

Le protectionnisme consiste à limiter les importations par la mise en place de tarifs douaniers, de quotas ou d'autres obstacles. S'il peut parfois être justifié à court terme, le protectionnisme finit par pénaliser les industries les plus efficaces, qui se voient coupées à la fois de leurs meilleurs fournisseurs et de leurs meilleurs clients.

Depuis la fin de la Deuxième Guerre mondiale, on observe une tendance à la libéralisation générale du commerce mondial, dans le cadre d'ententes internationales comme l'OMC (Organisation mondiale du commerce). Simultanément, et à une échelle plus limitée, on assiste au développement de zones de libre-échange comme l'ALÉNA (Accord de libre-échange nord-américain) ou l'UE (Union européenne).

Exercices supplémentaires

1. Un marché parfait?

On dit que le marché des changes est permanent et d'envergure planétaire et que les devises circulent facilement. Pourquoi? Le marché du disque et le marché du bois de chauffage possèdent-ils les mêmes caractéristiques?

2. Assurance tous risques?

a) Quels sont les moyens dont disposent les entreprises pour se prémunir contre les variations du taux de change?

b) Comment les spéculateurs profitent-ils des variations du taux de change? Est-il vrai qu'ils amplifient toujours les fluctuations du marché?

3. Le taux de change

En 1991, le dollar américain valait 1,15 $ CAN. En 1995, il oscillait autour de 1,37 $ CAN.

a) Dites si le dollar canadien a pris ou a perdu de la valeur face au dollar américain.

b) Calculez le taux de change du dollar canadien (en dollars américains) pour chacune des deux années.

4. Quelle balance?

Les transactions suivantes doivent-elles figurer dans la balance des paiements du Canada? Si oui, classez la transaction dans la catégorie appropriée (balance commerciale, balance des services, balance des revenus de placement, balance des capitaux) et indiquez le sens de la transaction (entrée de devises au Canada ou sortie de devises du Canada). Précisez enfin comment chaque transaction influe sur le taux de change du dollar canadien.

a) Un cultivateur canadien vend sa production de sirop d'érable à une chaîne de magasins japonaise.

b) Un Italien vend des bons du Trésor allemands.

c) Une firme allemande vend une turbine à une entreprise du Lac-Saint-Jean.

d) Une entreprise canadienne vend au Port de Shanghai une étude d'ingénierie pour la construction d'un entrepôt.

e) Un Américain achète des actions de la compagnie Bombardier.

f) Un Mexicain achète des motomarines Bombardier.

g) Un Ontarien achète des motoneiges Bombardier.

h) Un Américain achète l'usine Bombardier de Sorel.

i) Un Mexicain achète des obligations de la compagnie Bombardier.

j) Une Québécoise passe ses vacances d'été à Capri et ses vacances d'hiver à Denver.

k) Un Américain reçoit des dividendes de la compagnie Bombardier, dont il détient des actions.

5. Une image vaut mille mots

a) À l'aide de la figure 7.2 (page 145), expliquez pourquoi et comment les sorties de capitaux font baisser le taux de change. Expliquez le contenu de chaque case et le raisonnement qui se cache derrière chaque flèche.

b) À l'aide de la figure 7.3 (page 146), expliquez comment un surplus commercial peut s'éliminer de lui-même. Expliquez le contenu de chaque case et le raisonnement qui se cache derrière chaque flèche.

6. Qui dit dépréciation dit inflation ?

a) Puisque le Japon importe environ 14 % de son PIB (voir le tableau 3.4, page 62), quelle serait la conséquence directe sur les prix d'une dépréciation de 10 % du yen ?

b) Calculez le ratio Importations/PIB du Canada (voir le tableau 3.2, page 58).

c) Quelle serait la conséquence directe sur les prix d'une dépréciation de 10 % du dollar canadien ?

d) Pourquoi la dépréciation de la devise a-t-elle des conséquences favorables à court terme et défavorables à long terme sur la compétitivité des exportations ?

7. Au secours de la devise

Quels sont les deux moyens immédiats utilisés par les banques centrales pour soutenir leur devise sur le marché des changes ?

8. Les arguments protectionnistes

Montrez en quoi le protectionnisme peut être dommageable à l'économie nationale. Dans quels cas le protectionnisme pourrait-il se justifier ?

CHAPITRE 8

LES **BANQUES** ET LA **CRÉATION** DE **MONNAIE**

Le niveau de la production d'un pays (ou PIB) est l'un des meilleurs baromètres de l'activité économique. Sa progression à long terme et ses sautes d'humeur à court terme reflètent les problèmes fondamentaux et passagers auxquels doit faire face l'économie nationale. Dans les chapitres précédents, nous vous avons présenté tour à tour les quatre grands acteurs de l'économie, et la façon dont ils agissent sur le PIB par leurs dépenses : les ménages, qui consomment, les entreprises, qui investissent, l'État, qui produit des services, et l'étranger, qui nous achète des biens et nous en vend. Pour compléter le portrait, il nous faut maintenant quitter le terrain de la production réelle et nous rendre dans le monde de l'argent. Place à la cinquième roue du carrosse : les banques.

Qui dit banques dit monnaie. Mais savons-nous vraiment ce qu'est la monnaie, sous quelle forme elle se présente et d'où elle vient ? Dans ce chapitre, nous verrons que la monnaie se définit par ses fonctions et non par sa forme. Nous examinerons ensuite comment la monnaie est créée et détruite par les banques. Enfin, nous jetterons un coup d'œil sur le système bancaire canadien et sur la mutation du système financier mondial. Ce n'est que plus loin dans le manuel, lorsque nous aurons acquis l'ensemble des éléments nécessaires, que nous en ferons la synthèse pour étudier la politique monétaire (voir le chapitre 12).

1. QU'EST-CE QUE LA MONNAIE ?

La monnaie ? Tout le monde sait ce que c'est ! Et pourtant, seriez-vous capable d'en donner une définition suffisamment précise pour qu'on puisse la reconnaître sans hésiter ? Une *carte de débit*, un *carnet de chèques* et un *bon du Trésor* sont-ils de la monnaie ? Pensez-y bien. Si vous avez répondu oui dans n'importe lequel des cas, c'est que votre définition de la monnaie est incorrecte.

Pour notre part, nous définirons la monnaie en fonction des *rôles* qu'elle doit nécessairement jouer, et non de la *forme* qu'elle peut prendre. Nous comprendrons alors pourquoi, à certaines époques et dans certaines sociétés, des coquillages pouvaient être acceptés comme monnaie, alors que des billets de banque auraient été considérés comme du papier sans valeur.

Les *bons du Trésor* sont émis par l'État pour financer ses opérations. En quelque sorte, les acheteurs de bons prêtent de l'argent à intérêt pour un certain temps.

Les trois fonctions de la monnaie

Commençons par nous transplanter dans une société antique, basée uniquement sur le troc, et examinons les problèmes qu'y pose l'absence de monnaie. Dans une telle économie, les échanges sont peu nombreux et la production est peu spécialisée.

La monnaie joue le rôle d'intermédiaire d'échange, c'est-à-dire de *moyen de paiement*.

Un cultivateur désire échanger des tomates de son jardin contre une paire de souliers. Il doit donc aller à la recherche d'une personne qui a besoin de ses tomates et qui veut en même temps se défaire d'une paire de souliers du modèle et de la pointure qui lui conviennent. Inutile de dire que ces deux conditions seront difficiles à remplir en même temps. Par contre, si le cultivateur vivait dans une économie où la monnaie sert d'intermédiaire d'échange, cela serait plus facile. Il commencerait par trouver un acheteur pour ses tomates (il s'installerait dans la section « légumes » du marché). Il irait *ensuite* rencontrer une *autre personne* dans un *autre lieu* pour se procurer des souliers (sans doute dans la rue des Cordonniers). Grâce à la monnaie, l'échange n'a donc pas besoin d'être simultané et bilatéral.

Observons maintenant un autre problème posé par l'absence de monnaie dans les sociétés basées sur le troc. Quatre marchands sont installés sur la place du village. Le premier marchand échange un bœuf contre cinq moutons, le deuxième, un mouton contre deux chèvres, le troisième, quatre chèvres contre un âne et le dernier, deux ânes contre un bœuf. À première vue, ces prix relatifs semblent raisonnables, compte tenu de la grosseur et de l'utilité de chacun de ces animaux. Et pourtant, malgré le petit nombre de biens échangés, ce système de prix est incohérent. Un éleveur pourrait échanger 4 bœufs contre 20 moutons auprès du premier marchand, puis 20 moutons contre 40 chèvres auprès du second. Ces 40 chèvres pourraient ensuite être converties en 10 ânes, puis ces 10 ânes en 5 bœufs. Bref, sur un tel marché, 4 bœufs vaudraient 5 bœufs !

Bien qu'il n'existe que quatre produits sur le marché, ce système de prix relatifs est très complexe. Cependant, si on comparait, par exemple, chaque animal au bœuf (le plus « noble » d'entre eux), tout deviendrait extrêmement simple. L'âne vaudrait 0,5 bœuf, le mouton 0,2 bœuf, etc. (On ne peut aller plus loin dans ces conversions sans se heurter à l'incohérence du système.) La comparaison deviendrait alors facile : tout le monde saurait qu'un bœuf vaut plus qu'un mouton (car 0,5 > 0,2). On aurait ainsi remplacé des prix *relatifs* par des prix *absolus*.

La monnaie sert à mesurer la valeur des biens (*unité de compte*).

Par ailleurs, en l'absence de monnaie, la consommation des produits doit coïncider avec leur production. Un pêcheur, par exemple, devrait consommer ses propres poissons ou les échanger immédiatement contre d'autres biens (des légumes, de la viande, ou encore des vêtements et de la vaisselle). Il lui serait impossible d'épargner, que ce soit pour se « payer » des vacances ou pour prendre sa retraite.

La monnaie permet de conserver de la valeur (*réservoir de valeur*).

La présence de la monnaie résoudrait le problème. Le pêcheur échangerait ses poissons contre de la monnaie pendant les mois où il travaille. Le temps des vacances venu, il pourrait continuer à manger du poisson : il lui suffirait d'échanger son argent contre des poissons. En quelque sorte, l'argent lui aurait permis de conserver le fruit de sa pêche pendant plusieurs mois.

En somme, tout objet, réel ou virtuel, qui réunit ces trois caractéristiques (intermédiaire d'échange, unité de compte, réservoir de valeur) peut être considéré comme de la monnaie.

« L'argent est un bon serviteur et un mauvais maître. »

Alexandre Dumas

Les formes de la monnaie

Pour déterminer si un objet constitue de la monnaie, on doit donc se baser sur les *fonctions* qu'il remplit plutôt que sur sa *forme*. Une pièce de 1 $ ou un billet de 20 $ sont de la monnaie : ils sont acceptés comme *moyen de paiement*, ils peuvent servir à *conserver de la valeur* (pourvu que les prix ne changent pas) et ils peuvent être utilisés comme *unité de compte*. Un compte bancaire constitue également de la monnaie : on peut s'en servir pour payer des biens (en faisant un chèque) et on peut y conserver de la valeur (en n'y touchant pas). La monnaie contenue dans le compte bancaire (le montant inscrit dans le solde) n'est pas tangible : il s'agit d'une simple écriture, le plus souvent sous forme électronique.

La *monnaie scripturale* équivaut au solde des *comptes bancaires* (ou *dépôts bancaires*).

Lorsqu'on regarde les choses de plus près, on se rend compte que la plus grande partie de la monnaie est conservée sous forme d'écritures, que l'on nomme, tout naturellement, la *monnaie scripturale*. Les billets et les pièces ne servent qu'à de petites transactions. Il suffit pour s'en convaincre de comparer le prix d'une coupe de cheveux (payée comptant) à celui d'une automobile (réglée par chèque). Les billets ne sont pas non plus un moyen de paiement très commode lorsqu'il s'agit pour une entreprise de payer ses fournisseurs, de distribuer des salaires ou d'émettre des actions. D'ailleurs, les billets servent rarement de réservoir de valeur : ils ne sont retirés des banques que pour se retrouver très vite dans les caisses des magasins, qui s'empressent de les redéposer dans les banques.

Examinons maintenant le cas des bons du Trésor, des chèques et des cartes de débit. Un bon du Trésor (obligation émise par l'État) n'est pas de la monnaie : s'il peut servir de réservoir de valeur, il ne remplit pas la fonction de moyen de paiement. Un chèque n'est pas de la monnaie. Il sert seulement de véhicule pour le transport de la monnaie inscrite dans un compte bancaire. Si le compte est à sec, il est impossible de tirer un chèque. Le carnet de chèques n'est alors rien de plus qu'un portefeuille vide. Quant à la carte de débit, elle ne constitue pas de la monnaie non plus : elle joue le rôle de véhicule, comme le chèque. En fin de compte, seul le montant inscrit dans le compte bancaire constitue de la monnaie.

Il existe plusieurs catégories de dépôts bancaires, certains étant plus liquides que d'autres. La monnaie stockée dans un compte courant (ou *dépôt à vue*) peut être utilisée instantanément. Il suffit, au moment voulu, de tirer un chèque, de payer par carte de débit, ou d'effectuer un virement. La situation est légèrement différente pour un compte d'épargne (ou *dépôt à terme*) : en effet, il peut y avoir des restrictions quant au délai ou au montant concernés.

Si la monnaie a longtemps été constituée d'or ou d'argent, qui possédaient une valeur en soi, la monnaie d'aujourd'hui est créée à partir de rien. Sa valeur provient uniquement du fait qu'elle est acceptée par tous. C'est pourquoi on qualifie la monnaie moderne de « fiduciaire », c'est-à-dire basée sur la confiance. Ce qualificatif a d'abord été attribué aux premiers billets de banque, et son usage devrait s'étendre maintenant à l'ensemble de la monnaie, y compris à celle qui est inscrite dans les comptes bancaires. Mais les économistes, par tradition, parlent généralement de *monnaie fiduciaire* pour les billets et de *monnaie scripturale* pour les écritures bancaires. Nous ferons comme eux, en gardant à l'esprit que, de nos jours, toute la monnaie est fiduciaire.

La monnaie scripturale et la masse monétaire

La masse monétaire est constituée de l'ensemble de la monnaie en circulation à un moment précis dans une économie. La masse monétaire est donc un stock[1]. Pour la calculer, il suffit d'additionner la valeur des dépôts bancaires (la monnaie scripturale) et la valeur des billets de banque et des pièces de monnaie en circulation (la monnaie fiduciaire). Comme nous pouvons le vérifier dans le **tableau 8.1**, la monnaie scripturale — c'est-à-dire l'ensemble des dépôts bancaires — constitue aujourd'hui l'essentiel de la masse monétaire. Au Canada, la valeur des billets de banque et des pièces de monnaie représente moins de 5 % de la masse monétaire.

En fait, il y a plusieurs façons de mesurer la masse monétaire. Nous avons vu un peu plus haut qu'un dépôt à vue constitue certainement de la monnaie (il en possède les trois caractéristiques). Nous avons vu également que les bons du Trésor ne sont pas de la monnaie (ils ne constituent pas un moyen de paiement). Entre ces deux extrêmes,

1. Nous avons déjà fait à plusieurs reprises la distinction entre *flux* et *stock* (voir la figure 4.4, page 84).

Tableau 8.1

LA MASSE MONÉTAIRE AU CANADA ET SES VARIANTES M2 ET M3 EN AOÛT 2008

	(en milliards de dollars)
Billets de banque et pièces (monnaie hors banques)	50,8
Dépôts à vue des particuliers	247,8
Autres dépôts à vue	217,1
Dépôts à terme des particuliers	313,3
M2	**829,0**
Autres dépôts à terme	313,7
Dépôts en monnaie étrangère des résidents	143,8
Ajustements	-9,7
M3	**1276,9**

Source : Banque du Canada, *Revue de la Banque du Canada,* 26 septembre 2008.

on retrouve des cas un peu moins tranchés. Doit-on compter les dépôts à terme dans la masse monétaire ? Et si oui, lesquels ? C'est pour cette raison que la Banque du Canada, à l'instar des banques centrales des autres pays, propose plusieurs variantes de la masse monétaire, nommées M2 et M3 dans le tableau 8.1. Chaque variante reflète une facette de la réalité et présente un intérêt. Laissons ces détails aux spécialistes : ce qui est important pour nous, c'est qu'il est possible de surveiller le niveau de la masse monétaire.

Le niveau de la masse monétaire et la valeur de la monnaie

La plupart des pays, du moins ceux qui possèdent leur propre monnaie, ont une banque centrale. Cette banque est un organisme public chargé de garantir que la monnaie existe en quantité suffisante tout en conservant sa *valeur*. Nous reviendrons plus en détail sur le rôle de la Banque du Canada (la banque centrale canadienne) dans la section 3.

La monnaie ne constitue pas une richesse en soi !

Nous avons affirmé plus haut que la monnaie est créée à partir de rien. Il ne serait donc pas difficile, si on le voulait, de doubler la masse monétaire. Mais n'oublions pas que, si elle joue le rôle de réservoir de valeur, la monnaie ne constitue pas une richesse en soi. Doubler la masse monétaire ne changerait rien à la richesse existante : cela signifierait simplement que chaque dollar vaut deux fois moins, ou encore que tous les biens coûtent deux fois plus cher. C'est pour cette raison qu'il est si important de mesurer la masse monétaire, afin de pouvoir contrôler son niveau.

Exercices

1. Les fonctions de la monnaie

a) Énumérez et expliquez les trois fonctions de la monnaie.

b) Montrez comment l'hyperinflation (augmentation extrêmement rapide des prix) détruit les trois fonctions de la monnaie et oblige à revenir au troc pour faire des échanges.

c) Expliquez pourquoi un chèque ne constitue pas de la monnaie.

2. Les prix relatifs

a) Combien de prix relatifs est-il possible de créer lorsqu'il existe quatre biens différents ?

b) Combien de prix relatifs est-il possible de créer lorsqu'il existe 1000 biens différents ?

c) Un pays produit annuellement 100 poules, 30 cochons et 4 bœufs (il s'agit d'un très petit pays). Calculez la production totale du pays, sachant qu'un cochon vaut 10 poules et qu'un bœuf vaut 5 cochons.

d) Compte tenu des questions précédentes, faites un commentaire sur la fonction d'unité de compte que joue normalement la monnaie.

3. Quelle sorte de monnaie ?

a) Donnez des exemples de transactions qui se font à l'aide de billets de banque.

b) Donnez des exemples de transactions qui se font à l'aide de monnaie scripturale.

c) Pourquoi la monnaie prend-elle aujourd'hui presque uniquement la forme d'écritures ?

4. La masse monétaire

a) Pourquoi y a-t-il plusieurs variantes de la masse monétaire ?

b) La masse monétaire est-elle un stock ou un flux ?

c) Trouvez des chiffres récents sur la masse monétaire. Source suggérée : Banque du Canada.

2. LA CRÉATION DE MONNAIE

Nous venons de dire que la masse monétaire est un stock dont on peut mesurer le niveau à un instant donné. Nous avons aussi affirmé que ce niveau ne doit pas changer de manière anarchique : par exemple, une hausse brutale du niveau de la masse monétaire a pour effet de provoquer une inflation et de *dévaloriser* la monnaie (ce qui est un comble pour un réservoir de *valeur* !).

De quoi dépend le niveau d'un stock? Comme toujours, du flux qui l'alimente (ainsi que du flux qui le vide). Pour être plus concret, le niveau d'un bassin se met à monter lorsque celui-ci se remplit plus vite qu'il ne se vide. Dans le cas qui nous intéresse, la masse monétaire augmente lorsque de la nouvelle monnaie est créée en abondance.

Nous savons tous que l'or vient des mines et que les billets viennent d'une imprimerie qui travaille pour le compte de la banque centrale. Mais d'où provient la monnaie scripturale? Comment est-elle créée?

Les prêts font les dépôts

La **figure 8.1** présente un modèle de système bancaire très simple. On y retrouve deux banques, la Banque de Montréal et la Banque de Gatino, qui ont chacune deux clients. Ces banques ont pour but de faire des profits en vendant leurs services. Nous les appellerons *banques commerciales*. Une troisième banque, la *banque centrale*, joue un rôle un peu particulier: elle a pour clients non pas des ménages ou des entreprises mais les banques commerciales. Dans notre pays fictif, il n'y a pas de billets: la monnaie n'existe que sous forme d'écritures (les montants inscrits dans les comptes des quatre clients). Ces écritures (ou dépôts bancaires) peuvent à juste titre être qualifiées de monnaie puisqu'elles en remplissent les trois fonctions (moyen de paiement, unité de compte et réservoir de valeur). La masse monétaire est donc la somme des dépôts bancaires.

> La masse monétaire est, à peu de chose près, égale à la somme des dépôts bancaires.

Chacune des banques commerciales possède un compte à la banque centrale. Les montants inscrits dans ces comptes ne sont pas de la monnaie à proprement parler, car ils ne peuvent être utilisés pour acheter des biens: nous baptiserons ces montants *réserves* des banques. Les banques utilisent ces réserves pour se payer entre elles, lorsque le montant des chèques émis par leur intermédiaire dépasse le montant des chèques en provenance de leurs consœurs. Étant donné que les entrées et les sorties occasionnées par les chèques ou les transferts électroniques se compensent plus ou moins, les banques n'ont pas besoin de détenir beaucoup de réserves. Nous supposerons ici que les banques se contenteront de réserves minimales équivalant à 10 % du montant des dépôts bancaires de leurs clients.

Au point de départ (ligne 0 des comptes), la masse monétaire est égale à la somme des quatre dépôts bancaires (de M. Xavier, de Mme Wagner, de Mme Yolande et de la compagnie Z): 0 + 600 + 0 + 0 $ = 600 $. La Banque de Montréal détient des réserves de 60 $ à la banque centrale mais, comme nous l'avons expliqué, ces écritures ne constituent pas de la monnaie. Compte tenu du taux de réserve que nous avons fixé à 10 % dans le paragraphe précédent, ces réserves sont suffisantes, puisqu'elles correspondent au niveau des réserves minimales = 10 % × 600 $ = 0,1 × 600 $ = 60 $.

Suivons maintenant les différentes étapes présentées à la figure 8.1 (les différentes lignes numérotées correspondent aux transactions que nous allons étudier). La première transaction concerne la Banque de Montréal. Celle-ci vend des bons du Trésor (d'une valeur de 500 $) à la banque centrale. La banque centrale crédite de ce montant le compte de la Banque de Montréal. Les réserves des banques commerciales

Figure 8.1

LA CRÉATION DE MONNAIE PAR LES BANQUES

Banque centrale			
Banque de Montréal		Banque de Gatino	
0.	60	0.	0
1.	560	1.	0
2.	560	2.	0
3.	60	3.	500
4.	60	4.	500
5.	510	5.	50
6.	510	6.	50

Banque de Montréal			
M. Xavier		Mme Wagner	
0.	0	0.	600
1.	0	1.	600
2.	500	2.	600
3.	0	3.	600
4.	0	4.	600
5.	450	5.	600
6.	200	6.	600

Banque de Gatino			
Mme Yolande		Compagnie Z	
0.	0	0.	0
1.	0	1.	0
2.	0	2.	0
3.	500	3.	0
4.	500	4.	450
5.	500	5.	0
6.	500	6.	0

Masse monétaire *(en dollars)*	Transactions
600	0. Mme Wagner détient un dépôt de 600 $ à la Banque de Montréal, qui possède 60 $ de réserves.
600	1. La Banque de Montréal vend pour 500 $ de bons du Trésor à la banque centrale.
1100	2. M. Xavier (client de la Banque de Montréal) obtient un prêt de 500 $.
1100	3. M. Xavier fait un chèque de 500 $ à Mme Yolande (cliente de la Banque de Gatino).
1550	4. La compagnie Z (cliente de la Banque de Gatino) obtient un prêt de 450 $.
1550	5. La compagnie Z paie son employé, M. Xavier (chèque de 450 $).
1300	6. M. Xavier rembourse la première moitié de son prêt (250 $).

Note : Les banques ont choisi de garder des réserves égales à 10 % des dépôts.

s'élèvent maintenant à 560 $ (500 + 60). La masse monétaire (somme des comptes de M. Xavier, de Mme Wagner, de Mme Yolande et de la compagnie Z) n'a pas changé.

> Le bassin de la masse monétaire se remplit grâce au robinet du crédit : « Les prêts font les dépôts. »

La deuxième transaction est un prêt accordé par la Banque de Montréal à M. Xavier. La banque crédite donc le compte de M. Xavier d'un montant de 500 $, et remet à celui-ci un carnet de chèques tout neuf. M. Xavier dispose maintenant de plus d'argent dans son compte, sans que le solde des comptes des autres clients ait changé. Cet argent vient de nulle part : il a été *créé*. La masse monétaire a monté : la somme des dépôts bancaires vaut maintenant 1100 $. Il y a 1100 $ de monnaie en circulation. L'augmentation de la masse monétaire est attribuable au prêt qui vient d'être accordé. Autrement dit, ce prêt s'est traduit par la *création* d'un nouveau dépôt.

L'émission d'un chèque ne crée pas de nouvelle monnaie. Le chèque ne fait que déplacer la monnaie existante d'un compte à un autre.

Nous arrivons maintenant à la troisième transaction. Suivez-la bien, car il s'y passe plusieurs choses intéressantes. Comme on pouvait s'y attendre, M. Xavier n'a pas emprunté 500 $ uniquement pour admirer le solde de son livret bancaire. Il achète le vélo de Mme Yolande pour 500 $ et paie cette dernière par chèque. Mme Yolande dépose son chèque à la Banque de Gatino, dont elle est une fidèle cliente. La Banque de Gatino en avise la Banque de Montréal. *Deux* choses — et non pas une seule — vont alors se produire. D'une part, le compte de M. Xavier est débité de 500 $ et celui de Mme Yolande est crédité de 500 $. C'est normal, M. Xavier devait de l'argent à Mme Yolande : sa dette est donc réglée. D'autre part, la Banque de Montréal (où M. Xavier a son compte) doit aussi remettre 500 $ à la Banque de Gatino (celle de Mme Yolande). L'argent n'a pas seulement changé de mains, il a aussi changé de banque. Que faire pour effectuer le règlement entre les banques, puisque les billets n'existent pas dans le pays de notre exemple ? C'est là que les réserves interviennent. Les deux banques commerciales avisent la banque centrale de la situation. La banque centrale débite le compte de la Banque de Montréal de 500 $ et crédite de ce montant le compte de la Banque de Gatino. Quelle est la situation après la troisième transaction ? Calculons la masse monétaire : 0 + 0 + 500 + 600 = 1100 $. La masse monétaire n'a pas changé. Il n'y a pas de nouvelle monnaie. La monnaie s'est simplement *déplacée*. Observons également l'état des réserves des banques. La banque de Gatino vient d'hériter en même temps d'un nouveau dépôt (de 500 $) et de nouvelles réserves (de 500 $, par le fait même). Puisque nous avons fixé le taux de réserves minimales à 10 % des dépôts (soit 500 $ × 0,1 = 50 $), la banque de Gatino se retrouve avec 450 $ de réserves excédentaires.

La quatrième et la cinquième transactions ressemblent aux deux précédentes. La quatrième transaction concerne un prêt obtenu par la compagnie Z. Ce prêt fait à nouveau augmenter la masse monétaire (qui passe de 1100 à 1550 $). La cinquième transaction est l'émission d'un chèque par la compagnie Z pour payer son employé, M. Xavier, qui fait déplacer la nouvelle monnaie d'un compte à l'autre en même temps que d'une banque à l'autre. On constate que les réserves de la Banque de Gatino correspondent maintenant au niveau de ses réserves minimales (voir le paragraphe précédent). La Banque de Gatino a bien fait de prêter à la compagnie Z un montant équivalant à ses réserves excédentaires. Si elle avait prêté plus, le niveau de ses réserves serait descendu en dessous du minimum acceptable ; si elle avait prêté moins, elle se serait retrouvée avec des réserves inutiles et ne rapportant rien.

La sixième transaction concerne le remboursement de la première moitié du prêt de M. Xavier : son compte est donc débité de 250 $. La Banque de Montréal prend note que M. Xavier lui doit 250 $ de moins. On vient d'effacer 250 $ de la masse monétaire, qui redescend à 1300 $. Tout comme le prêt avait donné lieu à la création de monnaie, le remboursement du prêt met un terme à l'existence de cette monnaie.

LA CRÉATION DE MONNAIE

1. La *masse monétaire* est essentiellement constituée de la somme des *dépôts bancaires* (c'est-à-dire les montants inscrits dans les comptes bancaires). Mais d'où viennent ces dépôts bancaires ?
2. L'émission d'un chèque ne fait que déplacer la monnaie existante d'un compte à l'autre. Le solde d'un compte augmente, alors que le solde d'un autre compte diminue d'autant. Aucune monnaie nouvelle n'est créée.
3. Seul le crédit bancaire permet de créer de nouveaux dépôts. Le prêt accordé fait augmenter le solde de son bénéficiaire sans modifier les dépôts des autres clients. La masse monétaire a donc bien augmenté. Par contre, un prêt entre individus ne fait que transférer, d'une poche à l'autre, l'argent existant. Les individus n'ont pas le pouvoir de créer de la monnaie.
4. Lorsqu'un prêt bancaire est remboursé, le solde de l'intéressé diminue. La masse monétaire diminue donc également. Créée à partir de rien lors du prêt, la monnaie retourne au néant.

LES RÉSERVES BANCAIRES

1. Les banques possèdent toutes un compte à la banque centrale. Les montants qui s'y trouvent ne constituent pas de la monnaie en circulation. On les nomme *réserves* des banques.
2. L'émission d'un chèque ne se limite pas à un transfert de monnaie d'un compte à l'autre. Elle s'accompagne d'un transfert de réserves entre les deux banques des clients concernées. À l'instar des dépôts bancaires, les réserves se déplacent par simple jeu d'écriture.
3. À la fin de chaque journée, l'écart entre le montant des chèques émis et le montant des chèques reçus se traduit par un transfert de réserves entre banques. Supposons que la Banque A doit 43 millions à la Banque B, tandis que la Banque B doit 41 millions à la Banque A. Un montant net de 2 millions sera donc transféré des réserves de la Banque A à celles de la Banque B.
4. Contrairement aux émissions de chèques de la vie courante, dont les mouvements d'entrées-sorties s'annulent plus ou moins, l'octroi d'un prêt par une banque se traduit par une perte nette de ses réserves.

Le multiplicateur de crédit

Jusqu'où peut aller le processus de création de monnaie ? Dans l'exemple de la figure 8.1, les banques prêtent leurs réserves excédentaires à M. Xavier dans le cas de la Banque de Montréal et à la compagnie Z dans celui de la Banque de Gatino, et le processus pourrait se continuer ainsi. Toutefois, ces réserves ne sortent pas du système bancaire (le prêt de 500 $ est crédité sur le compte de M. Xavier, qui émet un chèque à l'ordre de Mme Yolande, laquelle le dépose sur son compte en banque, et ainsi de suite). Les banques prêtent ainsi plusieurs fois les mêmes réserves mais, au fur et à mesure que ces prêts se retrouvent sous forme de dépôts, elles doivent constituer de nouvelles réserves minimales (10 % de chaque nouveau dépôt), d'où une diminution graduelle des réserves excédentaires. Par conséquent, le processus d'expansion de la masse monétaire, ou d'accumulation des prêts, prend fin lorsque les réserves excédentaires sont épuisées.

Pour déterminer la croissance potentielle du prêt initial de 500 $ accordé à M. Xavier, il suffit de multiplier le montant de ce prêt par le *multiplicateur de crédit*. Celui-ci est égal à l'inverse du taux de réserves minimales (soit, ici, 1/10 % = 1/0,1 = 10). Dans l'exemple de la figure 8.1, la masse monétaire est donc susceptible d'augmenter de 5000 $, soit 500 $ × 10 ou, encore, 500 $ + 450 $ + 405 $ +… = 5000 $.

Expansion maximale de la masse monétaire = Montant du prêt × Multiplicateur de crédit
Multiplicateur de crédit = 1/Taux de réserves minimales

Pour vérifier la valeur du multiplicateur de crédit, il suffit d'envisager la situation sous l'angle opposé. Supposons que les banques aient décidé de prêter, en tout, 5000 $. Étant donné que « les prêts font les dépôts », les banques se retrouvent avec 5000 $ de nouveaux dépôts. Elles ont donc besoin de nouvelles réserves se montant à 500 $ (soit 5000 $ × 0,1). Or, ce montant est justement égal à celui des réserves excédentaires initiales de notre exemple. Ces réserves se trouvent maintenant entièrement utilisées. Dire que les réserves constituent un dixième des nouveaux dépôts, ou que ces dépôts représentent dix fois le montant des réserves, c'est blanc bonnet et bonnet blanc.

En pratique, le taux de réserve varie selon les pays, les époques et les types de dépôts. Dans nos exemples, nous avons choisi, par commodité, le chiffre de 10 %. Si le taux de réserve avait été plus bas, la cascade de prêts aurait pu se prolonger plus longtemps et l'expansion de la masse monétaire aurait été plus grande. Un taux de réserve de 4 % correspond, par exemple, à un multiplicateur de crédit de 25 (l'inverse de 4 %, ou 4/100, est en effet égal à 100/4, soit 25).

> « Le premier sou est plus difficile à gagner que le deuxième million. »
>
> Jean-Jacques Rousseau

LA COMPENSATION DES CHÈQUES AU CANADA

Au Canada, tous les paiements autres qu'en espèces sont réglés par l'entremise de deux systèmes:

- Le **Système de transfert de paiements de grande valeur (STPGV)** — Le STPGV est un système électronique de transfert qui permet le traitement continu et rapide, tout au long de la journée, de gros paiements ou de paiements pour lesquels le moment du règlement est critique.

  En 2004, le STPGV a permis de traiter, en moyenne, 17 193 paiements quotidiens d'une valeur totale de 130 milliards de dollars environ.

- **Le Système automatisé de compensation et de règlement (SACR)** — Le SACR traite la plupart des paiements ordinaires comme les chèques, les prélèvements automatiques et les transactions par carte de débit.

  En 2004, le SACR a permis de traiter en moyenne 19,8 millions d'effets de paiement par jour d'une valeur globale supérieure à 16,65 milliards de dollars. Les effets papier représentaient 24 % du volume des effets compensés et réglés et 70 % de leur valeur. En comparaison, les effets électroniques équivalaient à quelque 76 % du volume et 30 % de la valeur des effets compensés et réglés.

Questions

1. Quelle est la valeur moyenne des paiements effectués chaque jour au Canada par l'intermédiaire du Système de transfert de paiements de grande valeur et par l'intermédiaire du Système automatisé de compensation et de règlement?

2. Quel est le nombre moyen d'effets électroniques traités chaque jour au Canada par l'intermédiaire du Système automatisé de compensation et de règlement?

Source: Banque du Canada.

Exercices

1. La monnaie scripturale: Qu'est-elle? D'où vient-elle? Où va-t-elle?

a) Qu'est-ce qu'on entend par *dépôts bancaires* dans le cours d'économie globale? Quel est le rapport entre les dépôts bancaires et la masse monétaire?

b) Expliquez pourquoi le dépôt d'un chèque n'entraîne pas de création de monnaie.

c) Commentez l'énoncé suivant: les prêts font les dépôts.

d) Comment la masse monétaire peut-elle diminuer?

e) Comment détermine-t-on la valeur de la monnaie à l'intérieur d'un pays?

f) Montrez, à l'aide d'un exemple, comment la valeur de la monnaie peut diminuer à l'intérieur d'un pays.

2. Les réserves et les prêts bancaires

a) Comment calcule-t-on le montant des réserves excédentaires des banques?

b) Comment calcule-t-on la somme totale qu'une banque peut prêter?

c) Comment calcule-t-on la somme totale que l'ensemble des banques peut prêter?

3. La création de monnaie par le système bancaire

Le tableau suivant illustre un système bancaire fictif dans quatre situations différentes. Pour chacune des situations, on précise le montant des réserves bancaires et la somme des dépôts bancaires de la première banque, ainsi que le taux de réserves minimales. À partir de ces données, calculez, pour chacune des situations, le montant des réserves minimales, le montant des réserves excédentaires, le montant du prêt de la première banque, le multiplicateur de crédit et, enfin, l'expansion maximale de la masse monétaire (ou création totale de monnaie par le système bancaire).

		Première situation	Deuxième situation	Troisième situation	Quatrième situation
A	Réserves bancaires	3 000 $	4 500 $	3 000 $	3 000 $
B	Dépôts bancaires	20 000 $	20 000 $	30 000 $	20 000 $
C	Taux de réserves minimales	10 %	10 %	10 %	5 %
D	Réserves minimales				
E	Réserves excédentaires				
F	Prêts de la première banque				
G	Multiplicateur de crédit				
H	Expansion maximale de la masse monétaire				

3. LE SYSTÈME BANCAIRE ET LA MONDIALISATION FINANCIÈRE

Le système bancaire de la plupart des économies est constitué d'un organisme public, la banque centrale, et d'un ensemble de banques commerciales. Nous nous contenterons ici de décrire le système bancaire canadien ainsi que les transformations récentes des systèmes bancaires et financiers dans le monde. Nous reviendrons sur la politique monétaire dans le chapitre 12, lorsque nous aurons toutes les données pertinentes en main.

Le système bancaire canadien

Résumons les faits. La quantité de monnaie disponible influe sur l'économie : pas assez de monnaie, et les affaires ralentissent ; trop de monnaie, et la valeur de celle-ci diminue. Par ailleurs, la monnaie est créée à partir de rien : il peut donc facilement y en avoir trop. Enfin, ce sont les banques commerciales — dont l'objectif est le profit — qui créent la monnaie (lorsqu'elles accordent des prêts à leurs clients). Compte tenu de tous ces éléments, il est nécessaire qu'un organisme public, en l'occurrence la banque centrale, se mêle de la situation.

Au Canada, la banque centrale se nomme, comme on pouvait s'y attendre, *Banque du Canada.* Créée en 1935, celle-ci n'est devenue un organisme public que deux ans plus tard. Le gouverneur de la Banque (celui dont on voit la signature sur tous les billets) est nommé par le premier ministre, mais il dispose d'une grande autonomie. En outre, son mandat dure sept ans, ce qui le met à l'abri des pressions politiques et partisanes.

Puisqu'elle est chargée d'agir dans l'intérêt public, la banque centrale doit trouver un moyen de contrôler les banques commerciales, qui ne prennent en considération que leur propre profit. Nous avons vu dans la section précédente que les banques commerciales utilisent les réserves qu'elles détiennent à la banque centrale pour régler le transfert de leurs chèques. Ces réserves agissent donc comme un fonds de roulement, qui doit être d'autant plus gros que la banque effectue beaucoup de transactions. Nous avons vu également que, lorsque la banque accorde un prêt, c'est à ce moment que ses réserves risquent le plus de diminuer, puisque l'emprunteur s'empresse de dépenser (par chèque) l'argent obtenu. Même si la loi canadienne n'impose plus aux banques un taux de réserve minimal, il est clair que leurs réserves ne doivent pas descendre au-dessous de zéro.

En somme, plus une banque détient des réserves élevées, plus elle a la capacité d'accorder des prêts et de créer ainsi de la monnaie. En agissant sur les réserves des banques, la banque centrale influe du même coup sur la création de monnaie. La banque centrale peut faire diminuer les réserves des banques en leur vendant des bons du Trésor. Pour acheter ces bons, qui leur rapportent des intérêts, les banques commerciales doivent puiser dans leurs réserves.

La banque centrale contrôle l'offre de monnaie.

La banque centrale ne fait pas affaire avec le public. Ses clients sont les banques commerciales, auxquelles elle fournit à peu près les mêmes services qu'une banque ordinaire offre au public. La banque centrale gère les dépôts des banques (les réserves). Elle s'occupe de la compensation des chèques entre les banques (compensation interbancaire) : elle transfère les réserves d'une banque à l'autre lorsqu'il existe un écart entre le montant des chèques émis et le montant des chèques reçus.

La banque centrale gère les comptes des banques commerciales.

Par ailleurs, la banque centrale peut agir comme prêteur envers les banques, celles-ci lui faisant un emprunt lorsqu'elles se trouvent à cours de réserves. Même si les banques y ont rarement recours, cette possibilité constitue une garantie en cas de crise.

L'État pèse lourd dans l'économie. Il dépense et perçoit des sommes importantes et ses emprunts sont parfois considérables. Il a besoin d'un agent qui gère ses besoins financiers tout en tenant compte des répercussions de ses énormes transactions sur l'ensemble de l'économie. La banque centrale est bien placée pour agir à ce titre.

La banque centrale est l'agent financier de l'État.

Lorsque les dépenses de l'État sont inférieures aux recettes fiscales, la banque centrale cherche à placer avantageusement l'excédent budgétaire. Dans le même ordre d'idées, la banque centrale doit trouver l'argent nécessaire au financement du déficit public. Elle émet alors des obligations — les bons du Trésor — et se charge de trouver des acheteurs. Ce travail l'occupe d'autant plus depuis quelques années que l'échéance des bons est devenue de plus en plus courte, de sorte qu'il faut les refinancer continuellement.

Le taux de change de notre devise a une grande influence sur notre économie. Aussitôt que le dollar baisse, le prix des produits que nous importons augmente, le prix auquel les étrangers paient nos produits diminue, la valeur des actifs que les étrangers détiennent en dollars canadiens diminue et la valeur de nos dettes en devises étrangères augmente.

La banque centrale intervient sur le marché des changes.

C'est à la banque centrale que revient la tâche de stabiliser le taux de change à court terme et de déterminer sa valeur à long terme. Comme nous l'avons vu au chapitre précédent, la banque centrale utilise ses réserves de monnaie étrangère pour acheter sa propre devise lorsque celle-ci est à la baisse. Inversement, la banque centrale accumule des réserves de devises lorsqu'elle cherche à enrayer une hausse trop forte du taux de change.

Le système bancaire canadien est très concentré, puisque les six premières banques canadiennes dominent 80 % du marché. Les banques étrangères, spécialisées dans le financement des entreprises, ne détiennent que 8 % des actifs bancaires, malgré une progression continue depuis leur apparition dans les années 1980 (voir le **tableau 8.2**).

La mondialisation des marchés financiers

Les systèmes bancaire et financier canadiens ont profondément changé avec la *mondialisation des marchés financiers.* Les principaux centres financiers de la planète étant désormais reliés entre eux, les acteurs du marché peuvent négocier des prêts bancaires internationaux et des titres financiers[2] (actions, obligations, bons du Trésor, devises) dans la plupart des pays. Si, en théorie, le libre accès à l'épargne mondiale améliore l'efficacité du financement de l'économie, en pratique, il accentue certains déséquilibres et fait apparaître de nouveaux risques.

La *mondialisation des marchés financiers* s'appuie sur la libre circulation des capitaux à l'échelle mondiale.

La libéralisation du commerce des biens (dans les années 1980 et 1990) a incité les pays à se spécialiser davantage. Le volume du commerce international s'est alors accru à un rythme supérieur à celui du PIB mondial. La forte progression des transactions de devises, qui sont la contrepartie financière des exportations et des importations, a donc accéléré le développement du marché des changes. De plus, aux prises avec d'énormes déficits de leur balance courante, les États-Unis — bientôt imités par

---

2. Un titre financier correspond à une valeur financière dont le prix varie sur les marchés financiers. Une action d'entreprise est un titre de propriété ; une obligation ou un bon du Trésor est un titre de créance (ou de dette).

Tableau 8.2

LES BANQUES AU CANADA

(classées selon leur actif en milliards de dollars pour l'année 2007)*

Les sept banques commerciales canadiennes	
1. Banque Royale	600,3
2. Banque Toronto-Dominion	422,1
3. Banque Scotia	411,5
4. Banque de Montréal	366,5
5. BCIC	342,2
6. Banque Nationale	113,1
7. Banque Laurentienne	17,8
Les sept banques étrangères les plus importantes au Canada	
1. Banque HSBC Canada (Angleterre)	56,7
2. Banque Ing Canada (Hollande)	22,9
3. Citibank Canada (États-Unis)	15,5
4. Citigroup Finance Canada (États-Unis)	10,3
5. Deutsche Bank Canada (Allemagne)	8,7
6. JP Morgan Chase Bank (États-Unis)	6,6
7. Bank of America National Association (États-Unis)	6,1
Les sept institutions parabancaires les plus importantes au Canada	
1. Financière Manuvie (Services financiers et assurances)	352
2. Caisse de dépôt et de placement (Gouvernement du Québec)	257,7
3. Great West (Assurances)	207,6
4. Financière Sun Life (Services financiers et assurances)	187,5
5. Mouvement des Caisses Desjardins	144,1
6. Corporation financière Power	130,3
7. Brookfield Asset Management (Services financiers)	59,8

* L'actif des banques étrangères repose sur l'année 2006.

Source : *Les Affaires*, « Les 500 plus importantes entreprises au Québec », 2007 et 2008.

d'autres pays — décident de laisser entrer librement les capitaux étrangers. Dès lors, les taux de change évoluent au gré des marchés financiers libéralisés. La mondialisation financière a d'ailleurs trouvé un allié important: les technologies de l'information et des communications (TIC), qui permettent une intégration des marchés financiers 24 heures sur 24.

Stimulée par le libre-échange et par la libéralisation des investissements étrangers, la mondialisation des marchés financiers est aussi facilitée par le développement des techniques de communications.

À partir du moment où les capitaux circulent plus librement et plus facilement, les divers acteurs de la planète cherchent à en profiter. Le libre-échange pousse les entreprises à se mondialiser par le biais de fusions et d'acquisitions internationales, de sorte que les investissements directs étrangers augmentent de 550 % de 1990 à 2006. Du coup, les entreprises mondialisées assouvissent leur besoin de financement à travers l'émission d'actions internationales[3], dont la valeur croît de 900 % entre 1990 et 2005. À l'instar des entreprises, les gouvernements émettent de plus en plus d'obligations internationales. Le montant de ces obligations augmente de 700 % entre 1995 et 2005, et atteint 1820 milliards de dollars en 2005[4]. Enfin, d'autres acteurs, aux comportements plus risqués, spéculent[5] toujours davantage sur les marchés financiers. Il ne faut donc pas s'étonner de voir les transactions de devises passer de 700 à 3200 milliards de dollars *par jour* entre 1990 et 2007, ce qui est 80 fois supérieur à la valeur du commerce mondial des biens et services en 2007.

Le volume des transactions financières s'accélère depuis les années 1990.

La mondialisation des banques

Jusqu'aux années 1980, la plupart des systèmes financiers du monde étaient non seulement fermés, mais cloisonnés en quatre fonctions distinctes: les assureurs (de personnes et de biens), les fiducies (gestion de patrimoines familiaux), les maisons de courtage (achats et ventes de titres financiers) et les banques (intermédiaires entre les épargnants et les emprunteurs). Par la suite, les États ont libéralisé leurs systèmes financiers, de sorte que les banques peuvent désormais assumer les quatre fonctions financières par le biais de filiales spécialisées.

Les banques se transforment en groupes financiers offrant toute la gamme des produits financiers.

3. Une action est réputée internationale lorsqu'une entreprise émet des actions dans une Bourse étrangère.

4. Dans cette sous-section, toutes les données sont exprimées en dollars des États-Unis.

5. Spéculer, c'est vendre quand on pense que les prix vont baisser (et qu'ils sont donc au plus haut) et acheter quand on pense qu'ils vont monter. En prenant position, les spéculateurs sont les vendeurs des investisseurs qui veulent acheter, et les acheteurs de ceux qui veulent vendre. C'est une activité risquée puisque, contrairement aux investisseurs, les spéculateurs parient sur l'avenir.

> Comment devenir millionnaire à la Bourse ? Il suffit de commencer à y investir quand on est milliardaire.
>
> (Anonyme)

La libéralisation financière fait exploser le marché des prêts bancaires internationaux, dont le montant augmente de 500 % de 1998 à 2006 (soit 53 % du PIB mondial en 2006, comparativement à 13 % en 1998). Cette mondialisation des activités bancaires s'accompagne d'un nombre record d'implantations et d'acquisitions de banques à l'étranger et d'une concentration bancaire accrue. En 2006[6], les douze premières banques au monde détenaient un actif équivalant à 50 % du PIB mondial, et les cinq premières étaient à l'origine de 60 % des transactions de devises sur le marché des changes.

Au Canada, la vague d'acquisitions des banques a permis d'accroître leur taille, de sorte que l'actif des six plus grandes banques canadiennes est passé de 96 % du PIB en 1995 à 142 % en 2006. Le degré de mondialisation des banques canadiennes est relativement élevé compte tenu du fait que, au début des années 2000, elles réalisaient déjà 25 % de leurs prêts et 33 % de leurs profits à l'étranger.

La montée des investisseurs institutionnels

Les *investisseurs institutionnels*, qui gèrent l'épargne des ménages, occupent une place centrale dans la mondialisation des marchés financiers.

Pendant que les banques se mondialisent, on observe une montée remarquable des *investisseurs institutionnels*, tels que les fonds de retraite, les fonds de placement et les compagnies d'assurances. Les investisseurs institutionnels géraient des actifs de 62 000 milliards de dollars en 2006[7], soit l'équivalent de 129 % du PIB mondial. Comme ils sont à l'origine de plus de 80 % des transactions de titres financiers dans le monde, on peut dire qu'ils sont des acteurs centraux de la mondialisation des marchés financiers.

Certains investisseurs se spécialisent dans les fonds spéculatifs (*hedge funds*). Étant donné qu'ils sont immatriculés dans des paradis fiscaux[8] et qu'ils échappent aux réglementations financières des pays développés, la plupart de ces fonds se caractérisent par des stratégies de placement très complexes et risqués, tels les produits dérivés. Un produit dérivé est un contrat entre deux parties, un acheteur et un vendeur, qui spéculent sur l'évolution future d'un titre financier. L'explosion des fonds spéculatifs (voir le **tableau 8.3**), s'accompagne d'une concentration accrue du secteur : en 2005, on estime que 100 fonds contrôlaient 65 % des actifs de tous les fonds spéculatifs.

---

6. En 2006, les 12 premières banques étaient : UBS (Suisse), Barclays (Royaume-Uni), BNP Paribas (France), Citigroup (États-Unis), HSBC Holding (Royaume-Uni), Crédit Agricole Groupe (France), Royal Bank of Scotland (Royaume-Uni), Mitsubishi UFJ Financial Group (Japon), Deutsche Bank (Allemagne), Bank of America (États-Unis), JP Morgan (États-Unis), ABM AMRO Bank (Hollande).

7. Cet actif est réparti comme suit : fonds de pension (36,7 %), fonds de placement (35,2 %), compagnies d'assurance (28,1 %). Source : International Financial Service London (IFSL), IFSL Research, *Fund management 2007,* octobre 2007.

8. Un paradis fiscal (aussi appelé *centre off-shore*) est un territoire où l'impôt est très faible et le secret bancaire garanti. Des agents économiques y trouvent refuge afin d'éviter de payer des impôts dans leur pays d'origine.

Tableau 8.3

LES FONDS SPÉCULATIFS DANS LE MONDE

	Nombre de fonds	Actif sous gestion *(en milliards de dollars américains)*
1990	610	39
2000	3870	490
2007	10000	1 870

Sources : Banque de France, *Revue de la stabilité financière,* numéro spécial *Hedge funds,* n° 10, avril 2007. Hedge Fund Research (http://www.hedgefundresearch.com/).

Les *fonds de fonds* sont des fonds de placement contenant des parts de fonds spéculatifs.

À l'origine, les fonds spéculatifs s'adressaient à des clients très fortunés et prêts à prendre des risques, mais les banques et les investisseurs institutionnels s'y sont très vite intéressé. De plus en plus, les investisseurs institutionnels offrent aux ménages des *fonds de fonds*, qui regroupent des parts de fonds spéculatifs sans que ceux-ci soient clairement identifiés. Les gestionnaires de fonds spéculatifs ont en même temps recours aux banques, à qui ils empruntent des montants pour augmenter la valeur de leurs placements (stratégie appelée *effet de levier*). Cette imbrication entre les banques et les fonds ajoute d'ailleurs à l'opacité du système. En raison de l'effet de levier, les fonds spéculatifs exercent une influence importante sur les marchés financiers. En 2005, on les retrouvait dans 40 % des transactions d'actions en Bourse, dans le tiers des transactions d'obligations dans le monde et dans plus de la moitié des contrats de dérivés de crédit.

Exercices

1. Le rôle de la banque centrale

a) Énumérez les cinq rôles que doit jouer la Banque du Canada.

b) Pourquoi les banques commerciales ont-elles besoin de réserves ? Comment la banque centrale peut-elle influer sur le niveau de leurs réserves ?

c) Pourquoi la Banque du Canada est-elle bien placée pour servir d'agent financier au gouvernement ?

2. La mondialisation financière

a) Décrivez les causes de la mondialisation des marchés financiers.

b) Décrivez la concentration du pouvoir financier dans le monde et ses conséquences sur les marchés financiers mondiaux.

LES DANGERS DE LA MONDIALISATION FINANCIÈRE

Avec la mondialisation financière, et par l'intermédiaire des investisseurs institutionnels, l'épargne des ménages s'est déplacée des banques réglementées par l'État[a] vers les marchés financiers mondialisés. Désormais, la richesse financière des ménages se concentre donc entre les mains d'acteurs financiers qui, pour offrir des rendements élevés à leurs clients, usent de stratégies de placement de plus en plus risquées (voir dans le chapitre 4 l'encadré intitulé « La mondialisation de l'épargne des ménages », pages 85-87). Dans ce contexte, le rapprochement entre les banques, les investisseurs institutionnels et les fonds spéculatifs n'est pas pour rassurer.

Cette nouvelle configuration du système financier mondial amène plusieurs nouveaux risques. Citons d'abord les risques de défaillance des fonds spéculatifs pour les investisseurs. Dans les années 2000-2006, on enregistre la faillite de 350 fonds spéculatifs en moyenne par an (848 en 2005), soit 10 % de tous les fonds par an. Les causes des faillites vont de la fraude (43 % des cas) à la prise de risques excessive.

Par ailleurs, les fonds de placement et les fonds spéculatifs se caractérisent par une logique de profit à court terme. La durée moyenne de détention des titres financiers par les investisseurs institutionnels est passée de 7 ans dans les années 1960 à 7 mois dans les années 2000. Les fonds liquident donc les titres baissiers pour acheter les titres haussiers afin de maximiser les gains à court terme. Ce type de comportement n'est pas sans conséquences sur la stabilité des marchés financiers et la tranquillité des investisseurs institutionnels, qui détiennent plus de 50 % des actions en Bourse et génèrent plus de 80 % des transactions boursières quotidiennement.

La défaillance de fonds spéculatifs comporte aussi un risque pour les banques prêteuses. La faillite d'un important fonds spéculatif (le Long Term Capital Management, LTCM) en 1998 a menacé la survie de grandes banques américaines, européennes et japonaises. Le LTCM avait misé 130 milliards de dollars avec seulement 4,7 milliards de dollars de fonds propres, soit un effet de levier égal à 28 fois son capital (28 = 130/4,7). Quand le marché a pris une direction opposée à la mise spéculative du fonds, les banques se sont retrouvées avec des dizaines de milliards de dollars de pertes. N'eût été de l'intervention rapide et musclée de la banque centrale des États-Unis, elles auraient fait faillite elles-mêmes.

Lors de la crise financière de 2008[b], environ le tiers des fonds spéculatifs sont disparus, puisqu'ils ont fait l'objet de retraits massifs de leurs clients et de demandes de remboursement de crédit des banques. D'autres fonds ont été forcés de vendre massivement leurs actions en Bourse, provoquant de fortes baisses des marchés boursiers mondiaux, lesquelles ont plongé d'autres fonds en situation de faillite. C'est dans ce contexte que trois des plus importantes banques d'investissement aux États-Unis ont été acculées à la faillite, en raison notamment des lourdes pertes de leurs fonds spéculatifs. Ces banques faisaient partie des cinq à qui l'autorité des marchés financiers des États-Unis (Security Exchange Commission, SEC) avait accordé en 2004 un effet de levier de 40 pour 1 (fonds empruntés sur fonds propres), alors que ce ratio était de 12 pour 1 auparavant. Ces faillites retentissantes ont plongé les marchés financiers américains dans une grave crise tout au long de l'année 2008, laquelle a amené la banque centrale et le gouvernement des États-Unis à organiser plusieurs sauvetages financiers.

Enfin, citons le risque systémique où les opérations d'effet de levier se superposent: des investisseurs et des ménages empruntent pour investir dans des fonds de fonds; les fonds de fonds empruntent pour investir dans des fonds spéculatifs; les fonds spéculatifs empruntent pour investir sur les marchés financiers. Advenant la défaillance de quelques fonds, les banques pourraient exiger le remboursement des prêts (rappel de marge de crédit), ce qui forcerait les fonds à liquider leurs positions, entraînant du coup une déstabilisation des marchés financiers.

Étant donné la concentration des capitaux entre les mains de gros investisseurs institutionnels et la tendance de ces derniers à imiter la réaction des autres, une pareille déstabilisation des marchés financiers pourrait susciter un mouvement de panique et provoquer des faillites bancaires. Une telle crise systémique pourrait atteindre l'économie réelle car, d'un côté, les ménages verraient fondre leur richesse financière et, de l'autre, les entreprises éprouveraient des difficultés de financement. La consommation des ménages et l'investissement des entreprises pourraient diminuer, entraînant une baisse de la production, des emplois et des revenus des ménages.

a. Les dépôts bancaires sont garantis jusqu'à concurrence de 100 000 dollars par institution de dépôt.
b. Nous traiterons en détail de la crise financière mondiale de 2008 à la fin du manuel, page 270.

RÉSUMÉ

On définit la monnaie selon les trois fonctions qu'elle remplit plutôt que selon la forme qu'elle adopte. La monnaie joue d'abord le rôle d'intermédiaire d'échange (moyen de paiement). Elle sert également à mesurer la valeur des produits (unité de compte). Enfin, la monnaie permet de conserver de la valeur (réservoir de valeur).

Avant l'invention de la monnaie, les échanges se limitaient au troc et il était relativement difficile d'épargner et de comptabiliser la valeur des produits. Même si elle n'est pas à proprement parler une ressource productive, la monnaie facilite les échanges et stimule ainsi la spécialisation et l'efficacité économique.

Historiquement, la monnaie a pris la forme de métaux précieux puis celle de billets de banque. Actuellement, la monnaie existe surtout sous forme d'écritures bancaires (ou monnaie scripturale). Au Canada, la monnaie scripturale constitue environ 95 % de la masse monétaire totale.

La monnaie scripturale est constituée de l'ensemble des dépôts bancaires. Tout montant inscrit dans un compte bancaire peut en effet servir de moyen de paiement (par l'intermédiaire d'un chèque, d'un virement ou d'une carte de débit), d'unité de compte et de réservoir de valeur.

Certains dépôts bancaires sont plus « liquides » (plus faciles à négocier) que d'autres. C'est le cas des dépôts à vue (desquels on peut tirer des chèques sans restriction) par rapport aux dépôts à terme (comme les comptes d'épargne). Il existe plusieurs façons de mesurer la masse monétaire, selon que l'on tient compte ou non des différents types de dépôts à terme.

Si, sur le plan individuel, il peut être intéressant de détenir plus de monnaie, il en va autrement sur le plan collectif. Il serait facile de doubler, d'un coup de baguette magique, la masse monétaire d'un pays. Cela ne changerait rien à la richesse existante ; cela signifierait plutôt que chaque dollar vaut deux fois moins qu'avant (ou que tous les biens coûtent deux fois plus cher qu'avant). C'est pourquoi les États doivent surveiller de près la création de monnaie.

La monnaie (scripturale) est créée chaque fois qu'un prêt est accordé par une banque. Le bénéficiaire du prêt constate alors que son dépôt bancaire (c'est-à-dire le solde de son compte en banque) a augmenté. Puisque ce jeu d'écritures ne modifie aucun autre compte, on peut en déduire que la somme des dépôts bancaires (c'est-à-dire la masse monétaire) a également augmenté et qu'il y a eu création de monnaie.

Lorsqu'un chèque est émis, par contre, aucune monnaie n'est créée : il s'agit d'un simple transfert d'un compte à un autre (et d'une banque à une autre). Le chèque sert en somme de véhicule à la monnaie scripturale, un peu comme le portefeuille sert à transporter des billets de banque.

La monnaie est détruite lorsqu'un prêt est remboursé. Le compte de l'emprunteur est alors débité sans qu'aucun autre compte soit crédité. En conséquence, la somme des dépôts bancaires diminue. Pour se maintenir ou augmenter, la masse monétaire doit donc être constamment alimentée par de nouveaux prêts. C'est en contrôlant ces derniers que la banque centrale arrive à contrôler le niveau de la masse monétaire.

Le volume du crédit dépend des réserves dont disposent les banques. Les réserves bancaires servent aux transferts de fonds par chèque d'une banque à l'autre (réserves minimales) et à l'octroi de prêts (réserves excédentaires). Les réserves minimales d'une banque doivent être proportionnelles à la valeur totale des dépôts bancaires que s'y trouvent. Comme les banques visent à faire le maximum de profits, elles cherchent à prêter l'ensemble de leurs réserves excédentaires. Lorsqu'elles le désirent, les banques peuvent se procurer des réserves supplémentaires en vendant des bons du Trésor à la banque centrale.

Au Canada, comme dans la plupart des pays, le système bancaire est composé d'un ensemble de banques commerciales (dont le but principal est de faire des profits en vendant des services au grand public) et d'une banque centrale (qui a pour mandat de défendre l'intérêt général). C'est grâce au système des réserves que la banque centrale peut agir sur la création de monnaie par les banques commerciales. La banque centrale assume également d'autres responsabilités : elle intervient notamment sur le marché des changes pour régler la valeur de la devise nationale.

À partir des années 1990, le système bancaire des pays développés s'est restructuré en profondeur. À l'origine simples intermédiaires entre les déposants et les emprunteurs, les banques ont cherché à élargir leur champ d'action en fusionnant et en offrant la gamme complète des services financiers. La transformation des banques est une réponse à la nouvelle concurrence internationale qu'imposent la mondialisation des activités bancaires et financières et les innovations rendues possibles par les nouvelles technologies de l'information. L'expansion des fonds de placement a notamment contribué à augmenter la disponibilité des capitaux sur les marchés boursiers et financiers.

Le déplacement de l'épargne des banques vers les marchés boursiers et financiers comporte certains risques. Le principal risque pour les ménages est la non-protection des placements sur les marchés boursiers et financiers. Étant donné que ces types de placement n'offrent aucune garantie, la chute soudaine et imprévisible des marchés boursiers et financiers peut provoquer, chez les ménages et les entreprises, une baisse de la consommation et de l'investissement et, par conséquent, un ralentissement généralisé de l'économie, sans compter les désordres que cela entraîne sur le marché des changes.

Exercices supplémentaires

1. La vraie monnaie

Parmi les éléments suivants, lesquels sont considérés comme de la monnaie au Canada?

- Bon du Trésor
- Billet de Canadian Tire
- Billet de 50 $
- Chèque
- Pièce de 2 $
- Carte de débit
- Compte d'épargne bancaire
- Billet de 100 000 ¥
- Peau de castor

2. La création de monnaie scripturale

Qu'est-ce que la monnaie scripturale? Expliquez comment elle est créée et détruite. (Soyez clair et exhaustif.)

3. La masse monétaire

a) Pourquoi la masse monétaire est-elle principalement constituée des dépôts bancaires?

b) Commentez l'affirmation suivante. «Pour augmenter la richesse, la banque centrale n'a qu'à doubler la masse monétaire.»

4. Les réserves des banques

Pourquoi les banques commerciales détiennent-elles des réserves à la banque centrale?

5. La monnaie vient, la monnaie va

Identifiez dans la liste suivante les transactions qui mènent à une création de monnaie et celles qui entraînent une destruction de monnaie.

a) La banque centrale achète pour un million de dollars de bons du Trésor à la Banque du Nord.

b) Une entreprise prospère (Dumas & Fils) prête 10 000 $ à l'un de ses employés.

c) Elvis Gratton emprunte 1 500 $ à la Banque du Nord pour réaliser le voyage de ses rêves à Memphis.

d) La compagnie aérienne King Airlines vend un billet d'avion à Elvis Gratton et dépose le chèque de 500 $ de ce dernier à la banque.

e) Les frères Dalton s'emparent de 5000 $ à la Banque des Laurentides.

f) Pour régler une vieille dette envers Scarfo, M. Lafortune lui fait un chèque de 500 $.

g) Mme X fait un chèque de 300 $ à la propriétaire de son logement, Mme Yu, elle-même cliente de la Banque du Nord.

h) Mme Yu rembourse 500 $ sur son hypothèque.

i) Mme Brassard, de Brossard, fait virer 500 $ de son compte bancaire sur le compte bancaire de sa fille à Montréal.

j) Scarfo prête 10 000 $ au propriétaire d'un casse-croûte réputé.

k) Elvis Gratton rembourse son emprunt de 1500 $ à la Banque du Nord.

l) La Banque des Quatre-Rivières accorde un prêt de 600 $ à Mme Chun.

6. Les réserves minimales

a) À quoi servent les réserves minimales des banques ? Quand dit-on que les réserves des banques sont excédentaires ?

b) Que font les banques quand elles disposent de montants supérieurs à leurs réserves minimales ? Pourquoi ?

7. Les risques financiers

a) Pourquoi le déplacement de l'épargne des banques vers les marchés boursiers et financiers augmente-t-il le risque pour les ménages et l'économie globale ?

b) Décrivez les liens entre la mondialisation des marchés financiers, le libre-échange et la mondialisation des entreprises.

c) Décrivez le risque systémique engendré par la mondialisation des marchés financiers.

TROISIÈME PARTIE

LES CRISES ÉCONOMIQUES ET LEURS SOLUTIONS

SOMMAIRE

CHAPITRE 9 LES CRISES ÉCONOMIQUES

CHAPITRE 10 L'INFLATION ET LE CHÔMAGE

CHAPITRE 11 LA POLITIQUE BUDGÉTAIRE

CHAPITRE 12 LA POLITIQUE MONÉTAIRE

CHAPITRE 9

LES **CRISES ÉCONOMIQUES**

Au cours des 30 années qui ont suivi la Deuxième Guerre mondiale, le PIB a augmenté en moyenne de 5 % par an[1]. Depuis 1975, le taux de croissance de la production tourne plutôt autour de 3 %. À cela s'ajoute un changement qualitatif : la structure de l'économie connaît une série de mutations liées à la mondialisation commerciale et financière.

À ces transformations *structurelles* de l'économie, qui se déroulent sur une longue période, viennent se superposer des sautes d'humeur. Certaines années, tout semble bien aller : la croissance est forte, et le chômage diminue. Puis viennent des années de vaches maigres : le PIB augmente lentement (ou diminue carrément), ce qui met de nombreux travailleurs au chômage. Ces hauts et ces bas de l'économie, que l'on appelle fluctuations ou encore cycles économiques, ont toujours existé. Comme les problèmes qu'ils causent sont reliés aux circonstances du moment, on parle aussi de crises *conjoncturelles*. Nous consacrerons ce chapitre à l'étude des cycles économiques et de leurs causes.

L'économie connaît des récessions périodiques (ou *conjoncturelles*) et, parfois, des transformations *structurelles*.

1. Ce rythme permettait à la production de doubler environ tous les 14 ans, puisque $(1,05)^{14} = 2$.

POINTS DE REPÈRE HISTORIQUE

LES CRISES ÉCONOMIQUES

1860 1890 1910 1930 1950 1970

1873 : Krach mondial des Bourses (Autriche, Allemagne et États-Unis).

1873-1896 : Période de stagnation économique mondiale.

1875-1900 : En raison de la crise économique, émigration de 500 000 Québécois aux États-Unis.

1919-1925 : En raison de la récession au Canada, émigration de 130 000 Québécois aux États-Unis.

1923 : Crise d'hyperinflation en Allemagne.

1929 : Krach de la Bourse de New York suivi d'une crise bancaire aux États-Unis.

1929-1933 : Récession aux États-Unis et au Canada, où le taux de chômage passe de 3 à 25 % et les salaires baissent de 40 %.

1971 : Abandon de la convertibilité du dollar en or par les États-Unis, qui laissent flotter leur devise. Crise du système monétaire international instauré après la Deuxième Guerre mondiale.

1973-1974 : Premier choc pétrolier : le prix du pétrole quadruple en quelques mois.

1975 : Récession mondiale, accompagnée d'inflation.

1980 1990 2000 2010

2008 : Crise financière mondiale dont l'origine est la crise des prêts à surprime aux États-Unis. Il en résulte une récession mondiale.

2001-2002 : Crise financière et économique en Argentine : forte dévaluation du peso argentin suivie d'une récession.

2001 : Récession aux États-Unis.

2000 : Éclatement de la bulle spéculative internet à la Bourse américaine Nasdaq.

1999 : Crise financière au Brésil : le taux de change du real chute de 40 %.

1982 : Début de la crise de la dette des pays sous-développés accentuée par la hausse des taux d'intérêt aux États-Unis. Arrêt des remboursements par le Mexique.

1998 : Crise de la dette en Russie : le taux de change du rouble chute de 30 %.

1997 : Crise économique asiatique : fortes sorties de capitaux des pays du Sud-Est de l'Asie qui entraînent la chute de la devise de plusieurs pays (Thaïlande, Indonésie, Malaisie, Philippines, Corée du Sud, Singapour, Hongkong, Taïwan) et une récession.

1994 : Crise financière et économique au Mexique : forte sortie de capitaux du Mexique qui entraîne une chute du peso mexicain et une récession.

1980-1982 : Récession mondiale.

1991 : Guerre du Golfe (les États-Unis entrent en guerre contre l'Irak qui a envahi le Koweit).

1990-1991 : Récession mondiale.

1990 : Éclatement de la bulle spéculative à la Bourse de Tōkyō et déclenchement d'une longue crise financière et économique au Japon.

1987 : Krach boursier aux États-Unis, où l'indice Dow Jones chute de 22 % en une journée.

1979 : Deuxième choc pétrolier : le prix du pétrole est multiplié par 2,5 entre 1979 et 1981.

1979 : Forte hausse des taux d'intérêt de la banque centrale (Fed) des États-Unis pour combattre l'inflation. Les taux d'intérêt dépassent plusieurs fois 20 %.

1. LES CYCLES ÉCONOMIQUES

Comme nous l'avons dit plus haut, l'économie connaît des hauts et des bas, c'est-à-dire des fluctuations. Voyons comment les cycles économiques se produisent en théorie, puis comment on peut les observer dans la réalité.

Les hauts et les bas de l'économie

Certaines années, la production augmente de façon soutenue. Comme les produits se vendent bien, les entreprises se mettent à embaucher : le chômage diminue, et le revenu global des ménages augmente. Du coup, les produits se vendent encore mieux. De leur côté, les entreprises voient leurs profits grimper. Non seulement elles ont de bonnes raisons d'investir (pour accroître leur capacité de production), mais elles en ont les moyens. On est en pleine *expansion*. L'optimisme et la prospérité se renforcent mutuellement.

L'*expansion* est la phase du cycle économique caractérisée par des taux élevés de croissance du PIB. Si elle favorise la création d'emplois, elle peut néanmoins déboucher, lorsqu'elle est trop vigoureuse, sur une inflation.

Après quelques années de croissance, il se peut que les entreprises commencent à manquer de certains biens essentiels à la production : matières premières, pièces détachées et équipements. La situation de l'emploi s'est améliorée, et c'est tant mieux, mais à la longue l'expansion peut provoquer une pénurie de main-d'œuvre dans certains domaines. Les coûts de production et les prix se mettent alors à monter ; l'expansion tourne à la *surchauffe*.

Pendant la phase d'expansion rapide de l'économie, les ménages et les entreprises n'ont pas hésité à dépenser, quitte à s'endetter plus que d'habitude. Une fois bien équipés, ces agents économiques ralentissent leurs achats, d'autant plus que leur endettement réduit leur marge de manœuvre. La croissance ralentit. Certaines entreprises font des mises à pied ; d'autres ferment. Le chômage augmente, le revenu global des ménages diminue, les dépenses de consommation ralentissent de plus belle. La *récession* s'installe et s'amplifie d'elle-même.

La *récession* est la phase du cycle économique caractérisée par des taux de croissance faibles, voire négatifs, et par une augmentation du chômage.

Observons la réalité

Le PIB est sans doute, malgré ses limites, le meilleur indicateur du rythme de l'activité économique. Pour nous faire une meilleure idée du phénomène des cycles économiques, examinons la **figure 9.1**, qui présente les taux de croissance du PIB canadien[2]. Le graphique montre clairement que l'économie traverse des périodes de récession (notamment autour de 1982, de 1991, de 2001 et de 2008) et des périodes d'expansion. On remarque aussi que ces hauts et ces bas sont plus ou moins prononcés et durent

2. Il s'agit évidemment de la croissance *réelle*, c'est-à-dire en « quantité » produite et non en valeur nominale.

plus ou moins longtemps. La situation « n'est, chaque fois, ni tout à fait la même ni tout à fait une autre ». Il faut par ailleurs signaler que, en raison du grand degré d'ouverture de son économie, la conjoncture du Canada est directement reliée à celles du reste du monde et notamment celle de son principal partenaire commercial, les États-Unis.

Figure 9.1

LES FLUCTUATIONS DE L'ÉCONOMIE CANADIENNE

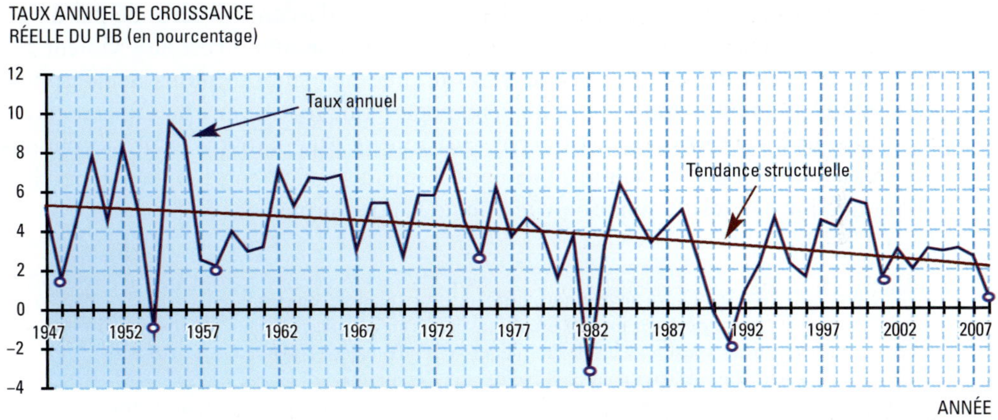

Le graphique illustre les hauts et les bas de l'économie canadienne depuis la Deuxième Guerre mondiale. Les récessions reviennent de façon assez régulière, et avec plus ou moins de force, au terme de quelques années d'expansion. La récession de 1975 inaugure une période de croissance structurelle plus faible et de variations conjoncturelles plus brutales : le PIB diminue carrément lors des récessions de 1982 et 1991. Le ralentissement de 2001 est relativement modeste, mais celui de 2008 montre bien que les fluctuations demeurent un phénomène récurrent. Par ailleurs, au delà des fluctuations (courbe du taux annuel), on observe un net ralentissement de la croissance du PIB au Canada à partir du milieu des années 1970 (courbe de tendance structurelle).

Source : Statistique Canada, *Cansim.*

Nous avons défini un peu plus haut l'expansion comme une période où le taux de croissance du PIB est « élevé ». Il est temps de préciser ce que nous entendons par là. Tout d'abord, on pourrait considérer que le taux de croissance idéal est celui qui permettrait d'éliminer le chômage sans créer de pénurie de main-d'œuvre. En Amérique du Nord, on peut établir ce taux à environ 3 %. Lorsque la croissance se maintient, à long terme, au-dessous de 3 %, le chômage s'accumule. Lorsque la croissance se maintient trop longtemps au-dessus de 3 %, la main-d'œuvre peut commencer à manquer dans certains secteurs.

Pour certains pays, la barre se situe nettement plus haut. En Chine, par exemple, le taux de croissance « normal » du PIB est de 10 %. Le rattrapage économique, l'industrialisation rapide des régions côtières, l'exode rural et le dynamisme démographique de ce pays (où il y a peu d'enfants mais beaucoup de jeunes adultes) expliquent ce taux élevé. Dans ces conditions, on peut considérer que l'économie chinoise est en « récession » lorsque le taux de croissance descend et passe sous les 7 ou 8 %, et que le chômage se met à grimper. On constate également que la Chine, à l'instar d'autres pays d'Extrême-Orient en pleine phase de développement, semble échapper à certaines des récessions mondiales. Toutes ces particularités démontrent que derrière les crises conjoncturelles peuvent se cacher des phénomènes structurels.

Le vocabulaire qui décrit les hauts et les bas de l'économie est particulièrement varié. Comme nous l'avons noté, le *cycle* économique est la succession de deux *phases*: l'*expansion* et la *récession*. Lorsque la croissance est au plus bas, on parle de *creux*. La période où s'amorce la remontée est la *reprise*. Puis on s'approche du *sommet*, qui est suivi d'un *retournement* de tendance. Parfois, cette redescente se termine par un *atterrissage* en douceur. D'autres fois, le ralentissement économique est plus violent. Selon certains économistes, il faut que le PIB diminue pendant au moins deux trimestres consécutifs pour qu'on puisse techniquement parler de récession. Toutefois, nous avons constaté que les critères varient d'un pays à l'autre. C'est pourquoi d'autres économistes définissent la récession comme un «ralentissement sensible, prolongé et généralisé de la production». C'est le point de vue que nous adopterons ici.

> Après la pluie, le beau temps.
>
> Une partie de ce vocabulaire a été emprunté à l'astronomie (et à l'astrologie!). Le *cycle* (terme dérivé d'un mot grec signifiant «cercle») de la Lune est caractérisé par ses *phases*, au terme desquelles la Lune revient à son point de départ: elle a alors décrit un cercle (cycle) complet autour de la Terre. La *conjoncture* est la période, relativement courte, où les astres paraissent alignés aux yeux des Terriens (la «conjonction des planètes»). En économie, un problème conjoncturel est un problème circonstanciel et temporaire. Le terme *récession* (qui vient d'un mot latin signifiant «aller en arrière, se retirer») est également employé pour désigner l'éloignement progressif des galaxies. Le mot *fluctuer* n'a quant à lui aucun rapport avec l'astronomie: il signifiait à l'origine «flotter» et, par extension, «être ballotté par les vagues». Les fluctuations sont donc les *sommets* et les *creux* des vagues économiques.

Le modèle des courbes d'offre et de demande globales

Une des façons d'expliquer les fluctuations économiques consiste à utiliser le modèle du marché (voir le chapitre 2) en le transposant à l'échelle *globale*. Selon ce modèle, le niveau de l'activité économique est la résultante de deux grandes forces: la demande globale et l'offre globale.

La courbe de demande globale (voir la **figure 9.2**) illustre la relation entre deux variables: le niveau général des *prix* dans l'économie et les quantités globales produites (ou *PIB réel*). Chaque point de la courbe représente les quantités que les agents économiques sont prêts à acheter pour un niveau de prix donné. Lorsque le niveau général des prix augmente, les agents économiques achètent une quantité moindre de produits, soit qu'ils cherchent à augmenter leurs encaisses — dévalorisées à cause de l'inflation —, soit qu'ils se tournent plus volontiers vers les produits importés.

La demande globale (DG) est une combinaison de la demande de chacun des quatre agents économiques sur le marché des produits finis. La demande globale comprend donc les dépenses de consommation des ménages (C), les dépenses d'investissement des entreprises (I), les dépenses courantes en biens et services de l'État (G) et les exportations (X). Étant donné que ces quatre composantes de la demande globale contiennent une certaine dose de produits importés, on doit en soustraire les importations (M), qui relèvent en réalité de la demande globale d'autres pays.

DG = C + I + G + (X – M)

Cette équation de la demande globale peut vous sembler familière. Elle ressemble en effet à l'équation du PIB calculé à partir des dépenses (voir le chapitre 3, page 59). Cela n'a rien d'étonnant, puisque le PIB finit par s'ajuster au niveau où la demande globale s'accorde avec l'offre globale.

La courbe d'offre globale met en relation les mêmes variables que la demande globale. Pour chaque niveau de *prix* possible, il existe une *quantité* globale de biens et services (ou PIB réel) que les entreprises sont prêtes à produire. Les entreprises réagissent à une hausse du niveau des prix sur le marché en augmentant leur production ; la courbe d'offre globale est croissante (voir la **figure 9.3**). Nous avons vu aux chapitres 2 et 5 que la courbe d'offre est le reflet des coûts de production. Le fait que ceux-ci finissent par augmenter lorsqu'on dépasse un certain niveau de production explique pourquoi les entreprises n'acceptent d'accroître les quantités produites que si les prix augmentent aussi.

La courbe d'offre globale de la figure 9.3 représentait le cas le plus général. Faisons maintenant quelques nuances. Au fur et à mesure que les dernières ressources productives disponibles sont utilisées, la pente de la courbe

Figure 9.2

LA COURBE DE DEMANDE GLOBALE

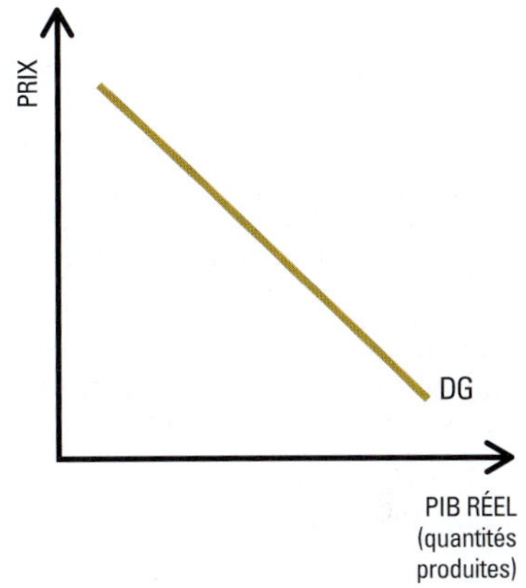

Lorsque le niveau général des prix diminue, la quantité de produits (ou PIB réel) que les agents économiques désirent acheter augmente. La courbe (décroissante) de demande globale illustre cette relation.

Figure 9.3

LA COURBE D'OFFRE GLOBALE

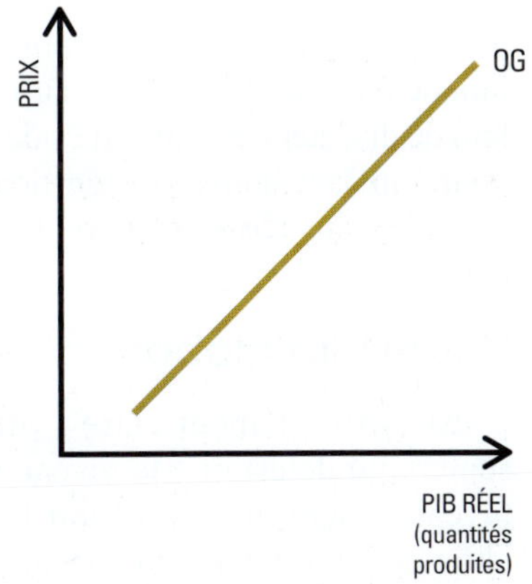

Lorsque le niveau général des prix augmente, les entreprises (dont les coûts de production sont croissants) trouvent avantageux de produire en plus grande quantité.

devient de plus en plus abrupte. Le PIB de *plein-emploi* est le niveau maximal que peuvent atteindre les quantités produites. Passé ce seuil, seuls les prix peuvent encore augmenter. À l'approche du plein-emploi, on observe une accélération progressive de l'inflation : la pénurie de ressources (matières premières, travailleurs qualifiés, équipements) se fait d'abord sentir dans certains secteurs, pour s'étendre ensuite graduellement à l'ensemble de l'économie. Par contre, lorsqu'on s'éloigne du plein-emploi, les pressions inflationnistes finissent par devenir nulles. Les entreprises, qui disposent d'une grande réserve de capacités inutilisées, réagissent aux mouvements de la demande en ajustant leurs quantités produites et non leurs prix. La **figure 9.4** présente la forme élargie de la courbe d'offre globale, avec son extrémité horizontale (situation de sous-emploi) et son extrémité verticale (situation de plein-emploi). Nous aurons l'occasion plus loin de discuter des extrémités de cette courbe, mais pour l'instant nous nous en tiendrons à sa partie centrale, illustrée à la figure 9.3.

Figure 9.4

LA COURBE D'OFFRE GLOBALE ET SES EXTRÉMITÉS

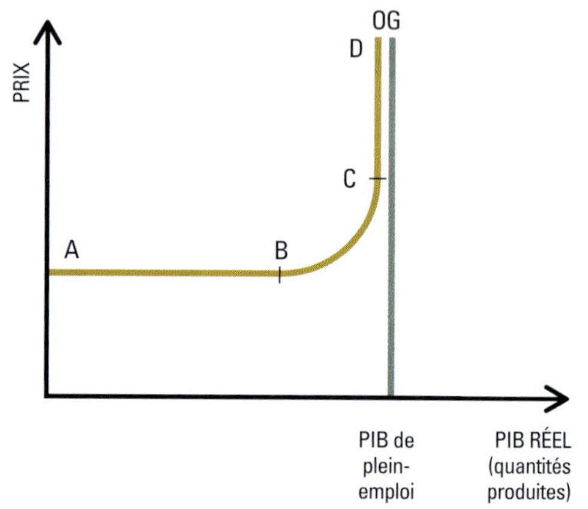

À l'approche du plein-emploi des ressources productives, les entreprises ont de la difficulté à accroître leur production : la courbe d'offre globale tend à devenir verticale (segment CD). Lorsqu'on est loin du plein-emploi, les entreprises peuvent facilement modifier les quantités produites sans avoir à changer les prix (segment AB). Le segment intermédiaire (BC) correspond à la courbe d'offre globale de la figure 9.3.

L'économie est en situation de *plein-emploi* lorsque toutes les ressources sont utilisées et que le PIB réel est à son maximum.

L'équilibre global

C'est l'affrontement entre l'offre et la demande globales (les deux forces en présence) qui détermine le niveau réel de production du pays (ou PIB d'équilibre) et le niveau général des prix (voir la **figure 9.5**). Le PIB d'équilibre ressemble à un bouchon qui flotte dans un bassin : soumis à la force gravitationnelle, qui le tire vers le bas, et à la poussée d'Archimède, qui l'entraîne vers le haut, le bouchon s'immobilise à la surface de l'eau. Selon cette analogie, tout déplacement de l'offre ou de la demande globales aura pour effet de modifier le PIB et le niveau général des prix : la surface de l'eau s'agitera et le bouchon flottera au gré des vagues avant de se stabiliser à nouveau.

Ce modèle de l'offre et de la demande globales nous permettra d'expliquer les fluctuations du PIB et certaines causes de l'inflation. Il nous permettra également de proposer des moyens de faire coïncider le PIB d'équilibre (résultat des forces en présence) avec le PIB de plein-emploi (objectif à atteindre). En effet, rien ne garantit que le PIB d'équilibre s'établira à un niveau qui assure le plein-emploi des ressources. Les récessions (et, à l'opposé, les expansions trop rapides, ou *surchauffes*) témoignent d'un écart entre le PIB de plein-emploi et le PIB déterminé par les forces du marché.

Figure 9.5

L'ÉQUILIBRE GLOBAL

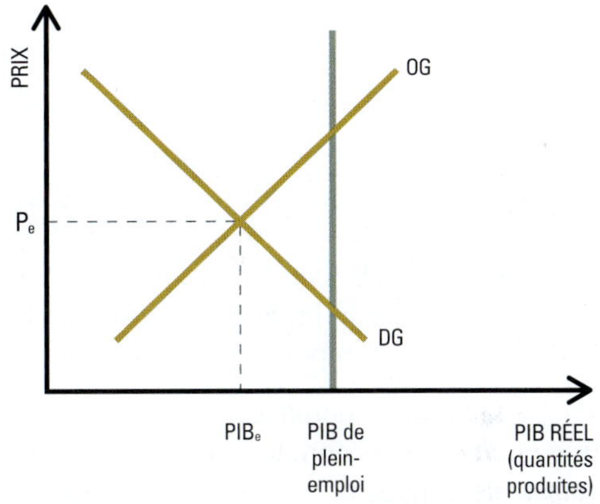

Le niveau de production de l'économie (le PIB d'équilibre ou PIB_e) et le niveau général des prix (P_e) sont déterminés par la double influence de la demande globale et de l'offre globale. Le niveau d'équilibre illustré sur ce graphique n'assure pas le plein-emploi des ressources : le niveau de production est inférieur aux capacités de l'économie, d'où une augmentation du chômage.

Exercices

1. Le cycle infernal (figure 9.1, page 191)

a) Indiquez les périodes de récession que l'économie canadienne a connues depuis 1975.

b) Montrez en quoi cette figure illustre la notion de cycles (ou fluctuations) économiques.

2. La rencontre de deux solitudes

a) Quelles sont les composantes de la demande globale ?

b) Les entreprises doivent-elles toujours augmenter leurs prix lorsqu'elles produisent plus ?

c) La phrase suivante décrit-elle une récession ou une surchauffe ? « L'offre et la demande globales s'équilibrent à un niveau de production inférieur à celui du plein-emploi. »

2. LA CRISE DE LA DEMANDE

Nous venons de voir que le niveau réel de production d'un pays est déterminé à la fois par l'offre globale et par la demande globale. Examinons maintenant comment un recul de la demande globale plonge l'économie dans la récession.

Pourquoi le train se met à ralentir

La demande globale est soumise à plusieurs influences. Parfois, ce sont les exportations (X) qui tirent le train de l'économie. À d'autres moments, ce sont les ménages qui accélèrent le rythme de leur consommation (C) ou les entreprises qui se lancent dans de gros investissements (I). Pendant les années 1960 au Québec, le développement de l'État (G) a fortement stimulé la demande globale. En définitive, l'évolution de la demande globale dépend du comportement de chacun des quatre agents économiques.

Le recul de la demande globale provient souvent de l'étranger. Lorsque leur économie entre en récession, les étrangers — qui voient leur revenu global diminuer — réduisent leurs achats, notamment l'achat de produits importés. Il est clair que les exportateurs de bois d'œuvre québécois font de moins bonnes affaires quand la construction tourne au ralenti aux États-Unis. Dans le même ordre d'idées, une hausse du taux de change de notre devise fait diminuer nos exportations (que les étrangers paient plus cher) et augmenter nos importations (qui sont devenues meilleur marché pour nous). Mais ces variations du taux de change sont plutôt irrégulières et ne peuvent donc expliquer le phénomène récurrent des cycles économiques.

> La baisse des exportations (X) et la hausse des importations (M) font reculer la demande globale.

Ces explications font porter à d'autres pays la responsabilité de nos problèmes : la demande globale recule au Canada parce qu'elle recule aux États-Unis. Cependant, elles ne nous apprennent pas pourquoi la demande a reculé aux États-Unis en premier lieu. Quelle est donc la véritable origine du recul de la demande ?

Les dépenses des ménages fluctuent de façon naturelle. Lorsqu'ils jugent que les perspectives économiques s'améliorent, les ménages essaient de rattraper le temps perdu pendant les périodes moins fastes. Ils remplacent leur vieille automobile, rénovent leur maison ou prennent des vacances. Bref, ils dépensent volontiers, quitte à s'endetter. Une fois bien équipés, les ménages réduisent leurs achats, d'autant plus que leur endettement accru limite leur marge de manœuvre. Lorsqu'ils sont inquiets pour leur avenir, les ménages accordent plus d'importance à l'épargne et réduisent leur consommation en conséquence.

> Quand les ménages consomment (C) moins, la demande globale recule.

> Quand les entreprises diminuent leur investissement (I), la demande globale recule.

Nous avons déjà souligné (dans le chapitre 5) que, pour des raisons naturelles, l'investissement est la composante la plus instable de la demande globale. Une compagnie d'électricité qui désire ajouter une ligne de transmission entre deux grandes villes distantes de 200 km ne s'amusera pas à planter 20 km de poteaux chaque année sous prétexte qu'il s'agit d'un projet à long terme : lorsqu'elle veut accroître ses capacités de production, une entreprise doit se procurer d'un seul coup des équipements qui dureront plusieurs années.

L'investissement peut subir l'influence d'autres facteurs. En pratique, les entreprises empruntent pour investir, puisqu'elles doivent payer les équipements longtemps avant d'en récolter les fruits. C'est pourquoi une hausse des taux d'intérêt freine l'investissement. D'autre part, les entreprises peuvent, tout comme les ménages, s'inquiéter de l'avenir. Elles retarderont leurs investissements si elles jugent, à tort ou à raison, que les perspectives de croissance sont mauvaises.

Enfin, l'État peut décider de réduire son déficit en diminuant ses services et en augmentant les impôts. La première mesure affaiblit directement la demande globale et la seconde affecte les ménages, qui auront alors moins d'argent à dépenser.

> Quand l'État réduit ses dépenses (G), la demande globale recule.

Les causes du recul[3] de la demande globale sont non seulement multiples mais aussi interreliées. Chaque action d'un agent économique a des répercussions sur les autres agents. Ainsi, la réduction des dépenses publiques (G) fera baisser les revenus de certains ménages, qui réagiront en diminuant leur consommation (C). Du coup, les entreprises hésiteront peut-être à investir (I).

Le mécanisme de la crise

Maintenant que nous connaissons les divers événements qui déclenchent la crise de la demande, examinons son déroulement à l'aide de la **figure 9.6**.

Figure 9.6

LA CRISE DE LA DEMANDE

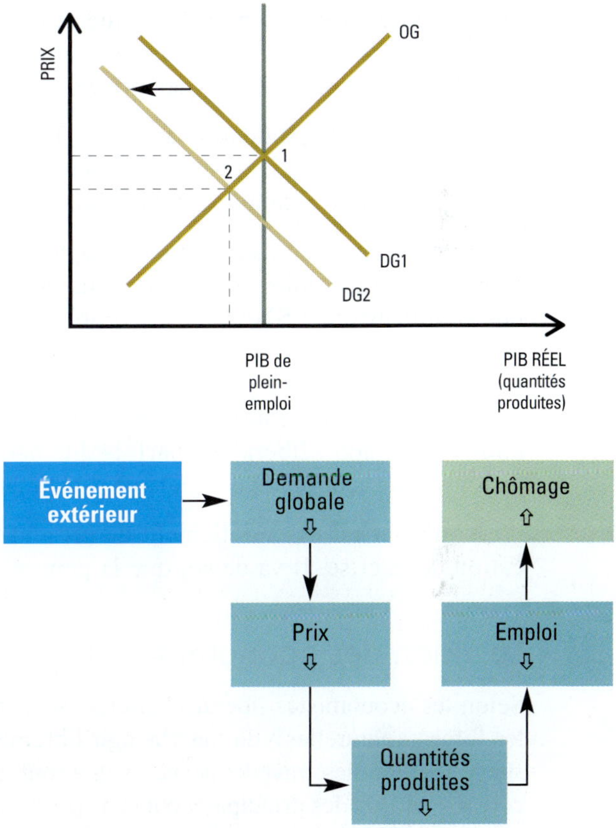

Le recul de la demande globale est déclenché par un événement extérieur (par exemple, une chute des exportations, une baisse de l'investissement ou une perte de confiance des ménages). Le recul de la demande (de DG1 à DG2 sur les courbes) fait baisser le niveau général des prix. Les entreprises réagissent en diminuant la quantité offerte (on se déplace du point 1 au point 2 le long de la courbe d'offre globale). L'économie s'équilibre alors à un niveau de sous-emploi, car les entreprises ont mis à pied les travailleurs devenus inutiles pour elles.

3. Le mot « recul » tel que nous l'utilisons ici est à prendre au sens large : tout ralentissement excessif de la demande peut être considéré comme un recul relatif.

Nous supposons, pour avoir un point de référence commode, que l'économie était en situation de plein-emploi avant qu'un événement extérieur ne fasse baisser la demande globale. Sur le graphique de la figure 9.6, nous avons déplacé la courbe de demande globale vers la gauche. Cela signifie que, pour chaque niveau de prix, la quantité de produits demandée serait plus faible qu'auparavant. La diminution de la pression exercée par la demande entraîne une baisse du niveau général des prix (comparez le nouveau point d'équilibre de l'économie à l'ancien sur le graphique). Les producteurs réagissent à la baisse des prix en diminuant la quantité produite. Notons en passant que, contrairement à la courbe de demande, la courbe d'offre ne se déplace pas : les entreprises se contentent d'ajuster la quantité produite au nouveau niveau des prix.

La baisse de la production aura un effet négatif sur le marché du travail. Puisque les entreprises n'ont pas besoin d'autant de main-d'œuvre, elles font des mises à pied, et le chômage augmente. On s'éloigne du plein-emploi.

Il reste maintenant à déterminer les conséquences de la crise. S'agit-il d'un problème temporaire qui se résorbera de lui-même sans créer trop de dommages, comme une simple grippe ? S'agit-il d'un problème plus profond qui risque de persister ou du moins de créer des dommages graves, comme un rhume mal soigné tournant à la pneumonie ? Sur ce point, les avis divergent. C'est pourquoi nous vous proposons deux grands scénarios que nous associons à deux courants de pensée en économie : la vision « libérale » (parfois dite *néoclassique* ou encore *néolibérale*) et la vision « interventionniste » (parfois dite *keynésienne*).

Notre but est essentiellement de présenter deux points de repère dans l'explication de la crise. Il va de soi que la pensée économique doit être plus nuancée.

La vision des économistes libéraux

Selon les économistes libéraux, la crise se guérira d'elle-même, pourvu qu'on laisse les forces « naturelles » du marché agir librement. Devant le surplus de main-d'œuvre sur le marché, les travailleurs se résigneront à la baisse des salaires. Or, les salaires constituent l'un des principaux coûts de production des entreprises. Ces dernières pourront donc offrir les mêmes quantités de produits à des prix inférieurs, ou offrir pour le même prix des quantités accrues : la courbe d'offre globale se déplacera vers le bas (et par conséquent vers la droite).

Cette augmentation de l'offre globale créera une abondance de produits : les prix des produits diminueront et les quantités demandées augmenteront en conséquence. Pour répondre à leurs nouveaux clients, les entreprises devront recommencer à embaucher, de sorte que le chômage diminuera (voir la **figure 9.7**).

> La crise et le chômage n'auront été qu'une parenthèse dans une économie qui tend perpétuellement vers le plein-emploi.

Tant qu'il y aura du chômage, la courbe d'offre globale continuera à augmenter. La situation se stabilisera lorsque l'économie sera revenue d'elle-même en

Figure 9.7

LA RÉSOLUTION AUTOMATIQUE DE LA CRISE DE LA DEMANDE SELON LES ÉCONOMISTES LIBÉRAUX

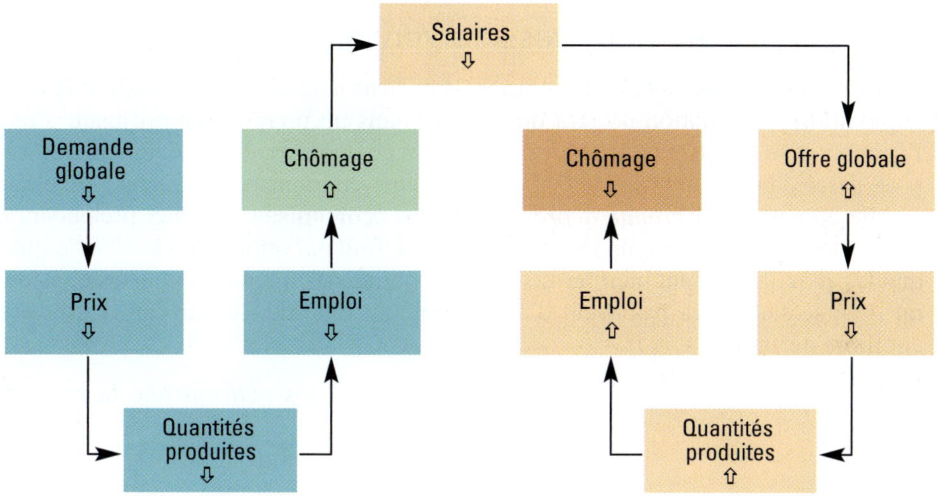

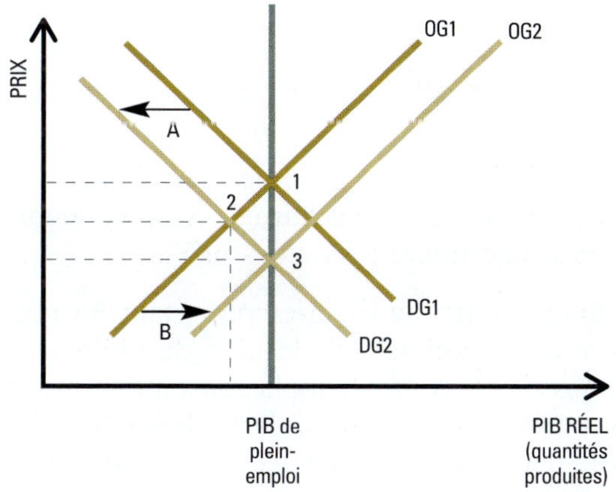

L'économie est en récession (point 2 sur les courbes) et le chômage est élevé (case verte sur le schéma). Selon les économistes libéraux, la concurrence entre les chômeurs fait baisser les salaires et, par là même, les coûts de production des entreprises. Cette baisse des coûts provoque une augmentation de l'offre (la courbe d'offre se déplace vers le bas et donc vers la droite, de OG1 à OG2). L'économie s'équilibre automatiquement à un niveau qui assure le plein-emploi (point 3). Notons également que les prix se situent désormais à un niveau inférieur à leur point de départ, ce qui « dédommage » les travailleurs de la baisse des salaires.

situation de plein-emploi. On pourrait supposer que ce sont les travailleurs qui paient la note en acceptant la baisse des salaires ; or, pour les économistes libéraux, il n'en est rien, la baisse des salaires étant compensée par une baisse des prix (comparer le point 1 au point 3 sur le graphique de la figure 9.7). Le pouvoir d'achat des travailleurs revient ainsi rapidement à son point de départ.

Voilà une vision des choses fort séduisante, puisqu'elle signifie que l'État n'a pas besoin d'intervenir pour régler la crise. On pourrait même ajouter que son intervention serait nuisible. Mais avant d'adopter sans réserve cette théorie, examinons le point de vue des interventionnistes.

La vision des économistes interventionnistes

Selon les économistes interventionnistes, la crise ne peut disparaître d'elle-même. Bien au contraire, la situation ne fera qu'empirer dans un premier temps, jusqu'à ce que l'économie se stabilise à un point où le chômage demeure élevé. C'est un peu ce qui s'est passé dans les années 1930. La vision interventionniste a d'ailleurs été élaborée à cette époque de la *grande dépression*. Si les économistes libéraux prétendent que, dans la tempête, le bateau un moment submergé finit par remonter à la surface (pourvu que les écoutilles soient bien fermées), les économistes interventionnistes considèrent qu'il ne se stabilisera pas avant d'avoir coulé au fond de l'océan (où il trouvera un équilibre définitif!).

Les travailleurs ont de bonnes raisons de résister aux baisses de salaire.

Les interventionnistes pensent que la crise de la demande ne provoquera pas de baisse des salaires, clé de voûte de l'édifice libéral. Pour eux, le marché du travail reste toujours très rigide, car les travailleurs trouvent rarement convaincant l'argument selon lequel la baisse des salaires sera compensée par une future baisse des prix. C'est pourquoi les salaires augmentent toujours plus facilement qu'ils ne diminuent. En effet, lorsque certains travailleurs obtiennent des augmentations, leurs collègues se dépêchent de réclamer les mêmes avantages. Par contre, lorsqu'il est question de baisse de salaire, aucun travailleur n'est prêt à se sacrifier le premier.

Cette rigidité (à la baisse) des salaires existe même en l'absence de lois ou de conventions collectives. Elle provient du fait que, logiquement, les travailleurs se basent sur ce qu'ils peuvent observer directement (le salaire de leurs collègues) et non sur des événements hypothétiques (une future baisse des prix).

La route conduisant au retour automatique au plein-emploi étant fermée, les répercussions du chômage se feront sentir ailleurs. La hausse du chômage fera diminuer le revenu global des ménages et, par contrecoup, la consommation. À son tour, la baisse de la consommation amplifiera la chute de la demande globale. L'économie se trouve alors enfermée dans un cercle vicieux (voir la **figure 9.8**).

Cependant, la situation finira quand même par se stabiliser. À cause de l'épargne, la consommation varie toujours moins rapidement que le revenu. Ainsi, la baisse de la consommation ralentit à chaque tour du cercle vicieux, de sorte que la chute de la demande globale finit par s'amortir. L'économie se stabilise alors à un niveau qu'on peut qualifier d'*équilibre de sous-emploi* (voir le point 3 de la figure 9.8).

Puisque l'offre globale refuse de bouger (à cause de la rigidité des salaires), il ne reste qu'une voie pour ramener l'économie en situation de plein-emploi : il faut que la demande globale retourne à son point de départ. Selon les économistes

Figure 9.8

LA CRISE DE LA DEMANDE ET L'ÉQUILIBRE DE SOUS-EMPLOI SELON LES ÉCONOMISTES INTERVENTIONNISTES

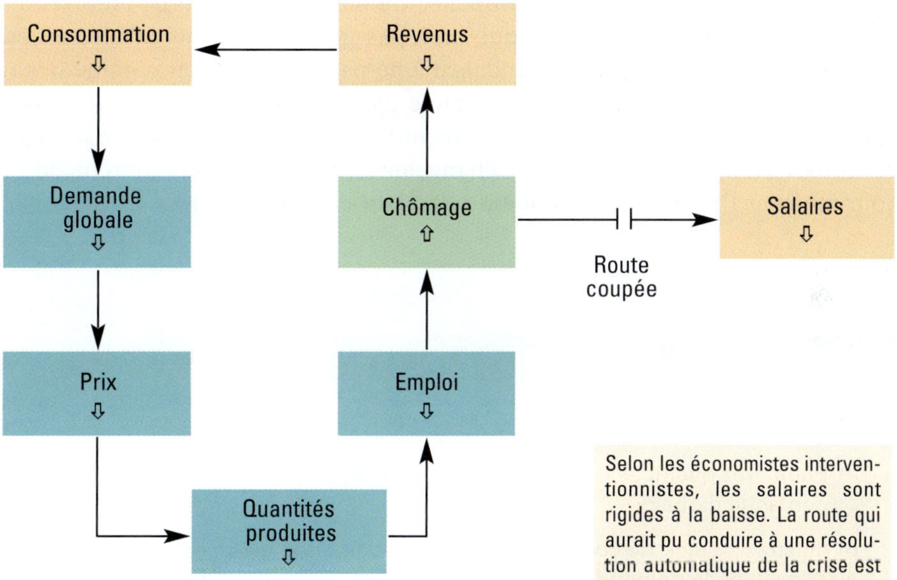

Selon les économistes interventionnistes, les salaires sont rigides à la baisse. La route qui aurait pu conduire à une résolution automatique de la crise est donc coupée. Pire encore, la baisse du revenu des chômeurs fait diminuer les dépenses de consommation. La demande globale recule de plus belle, et l'économie est prise dans le cercle vicieux de la récession. Comme la consommation diminue moins vite que les revenus, le PIB finit cependant par se stabiliser à un niveau de sous-emploi (point 3).

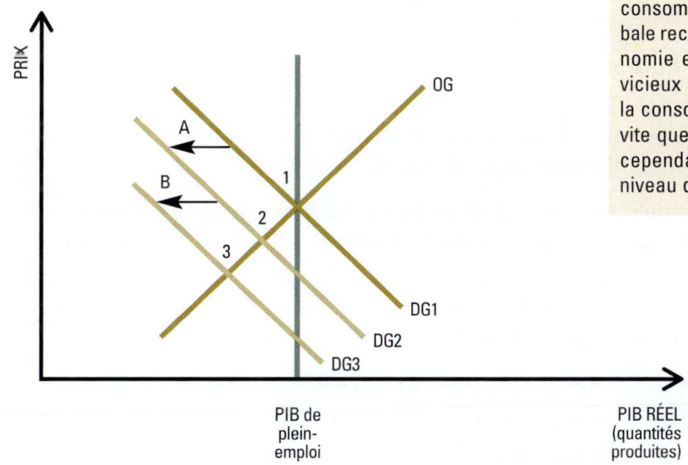

interventionnistes, l'État est seul en mesure de provoquer ce retour, notamment en lançant de nouveaux programmes ou en réduisant les impôts.

On peut se demander pourquoi les économistes ont des points de vue si différents sur la façon dont la crise de la demande se résoudra. En fait, l'incompatibilité entre les modèles proposés est peut-être superficielle, puisque ni l'un ni l'autre n'est foncièrement faux (ce qui explique pourquoi ils possèdent des adeptes convaincus), mais qu'ils sont tous deux incomplets. On peut convenir avec les économistes libéraux que les salaires subissent l'influence du marché, mais on ne doit pas négliger les autres facteurs en cause : n'oublions pas que nous avons affaire à des êtres humains, qui ont une fâcheuse tendance à ne pas se comporter comme des robots. Par ailleurs, la stimulation de la demande globale préconisée par les économistes interventionnistes n'est pas nécessairement la solution parfaite à la crise : les causes de la récession étant multiples et changeantes, il n'existe pas de remède miracle pour ramener l'économie en situation de plein-emploi.

Exercices

1. La crise se déclenche

a) Énumérez quelques événements qui peuvent provoquer un recul de la demande globale.

b) Illustrez à l'aide de courbes le recul de la demande globale. Montrez que le recul de la demande globale se traduit par une baisse des quantités produites et une baisse des prix.

c) Pourquoi la crise de la demande provoque-t-elle du chômage ?

2. Le point de vue libéral

a) Adoptez un moment le point de vue libéral pour expliquer par quel mécanisme l'économie revient automatiquement en situation de plein-emploi après une crise de la demande.

b) Comparez, à l'aide du graphique de la figure 9.7 (page 199), la situation de l'économie au point d'équilibre initial (point 1) et au point d'équilibre final (point 3).

3. Le point de vue interventionniste

a) Selon les interventionnistes, pourquoi les travailleurs refusent-ils qu'on diminue leur salaire ?

b) Expliquez pourquoi la crise de la demande, loin de se résorber d'elle-même, ne peut que s'aggraver si l'État n'intervient pas.

3. LA CRISE DE L'OFFRE

Lors de la récession de 1975, le ralentissement de la production s'est accompagné de taux d'inflation élevés. Or, conformément au modèle de la crise de la demande (voir la figure 9.6, page 197), la récession devrait faire baisser les prix ou, tout au moins, ralentir l'inflation. Comme cela arrive parfois, les théories économiques existantes étaient dépassées par la réalité.

S'ils ne sont pas toujours capables de prévoir les crises, les experts possèdent néanmoins un talent certain pour en expliquer les causes après coup. Même si elle en présentait les symptômes classiques (taux de croissance du PIB très faible, voire négatif, et hausse du chômage), la récession de 1975 n'a pas été causée par un recul de la demande globale.

Le mécanisme de la crise

Le prix du baril de pétrole passa de 2,75 $ US en 1973 à 10,85 $ US en 1974[4]. Le pétrole étant alors, encore plus qu'aujourd'hui, un bien essentiel à la fabrication de nombreux produits (comme matière première ou comme source d'énergie), cette hausse de prix massive a eu un effet spectaculaire sur les coûts de production.

Rappelons que l'offre globale représente toutes les quantités que les entreprises sont prêtes à produire pour chaque niveau de prix (et non pas une quantité particulière). Lorsque les coûts de production augmentent, les entreprises n'acceptent de produire les mêmes quantités que si elles peuvent augmenter leurs prix. Sur le graphique de la **figure 9.9**, on observe qu'à quantité égale chaque point de la courbe OG2 se trouve audessus (à un prix supérieur) du point correspondant de la courbe OG1. D'un autre point de vue, on peut dire qu'à prix égal les quantités que les entreprises sont prêtes à offrir sont moindres : la flèche pointant vers la gauche illustre ce recul de l'offre globale.

Une hausse massive des coûts de production, comme celle qui s'est produite lors de la crise du pétrole de 1974-1975, se traduit donc nécessairement par un recul de l'offre globale. Les autres hausses sensibles du prix du pétrole (en 1979, en 1990 et en 2007) ont sans doute contribué aux récessions de 1980, de 1991 et de 2008, sans toutefois en constituer la cause unique. L'augmentation des coûts de production, qui marque le point de départ de la crise de l'offre, peut aussi provenir de la hausse des impôts sur le revenu des entreprises, de la hausse générale des salaires ou de la baisse du taux de change. Mais ces situations sont plus difficiles à analyser que la hausse du prix des matières premières, dans la mesure où elles n'influent pas uniquement sur les coûts.

> La crise de l'offre se traduit par une combinaison de chômage et d'inflation, que l'on appelle *stagflation*.

Revenons à la figure 9.9. Au nouveau point d'équilibre (point 2 sur le graphique), la production a baissé et les prix ont monté. Il y a simultanément chômage et inflation. Cette combinaison doublement perdante

4. Il s'agit du prix du baril de pétrole arabe léger. Un baril contient environ 0,160 m^3, ou 160 litres.

Figure 9.9

LA CRISE DE L'OFFRE

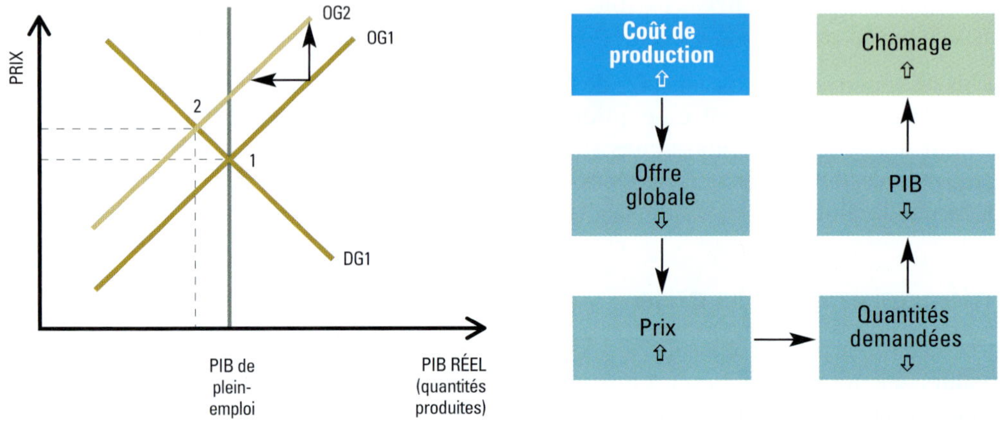

Ici, un événement extérieur (tel qu'une forte hausse du prix de l'énergie) fait augmenter les coûts de production. Les entreprises réagissent en augmentant le prix auquel elles sont prêtes à offrir chaque quantité produite. La courbe d'offre globale se déplace alors vers le haut (et donc vers la gauche). On dit que l'offre globale recule (de OG1 à OG2). La hausse du prix d'équilibre qui en résulte fait diminuer la quantité demandée et l'économie se stabilise à un niveau de sous-emploi (point 2 du graphique). Cette crise, qui combine chômage et inflation, est appelée stagflation.

s'appelle *stagflation*, néologisme construit à partir des mots « stagnation » et « inflation ». Rappelons que la crise de la demande amène elle aussi une baisse du PIB, mais qu'elle s'accompagne par contre d'une baisse des prix.

La vision des économistes libéraux

Les économistes du courant libéral pensent que la crise de l'offre se résorbe d'elle-même et de la même manière que la crise de la demande : le surplus de main-d'œuvre sur le marché du travail fait baisser les salaires. Or, et c'est là le nœud du scénario libéral, les salaires constituent un des principaux coûts de production des entreprises.

Grâce à la baisse des salaires, les coûts de production, qui avaient augmenté au départ, se mettent à diminuer. Ils continueront à diminuer tant que le chômage ne sera pas résorbé. L'offre globale retourne finalement à sa position initiale. Comme pour la crise de la demande, le problème se résout automatiquement : le marché permet un retour au PIB de plein-emploi. Cette fois, par contre, le niveau général des prix revient à son point de départ.

La baisse automatique des coûts de la main-d'œuvre ramène l'offre globale à sa position initiale.

La vision des économistes interventionnistes

Reprenons les données du problème. La crise de l'offre, ou le recul de l'offre globale, provient d'une hausse soudaine des coûts de production (associée, par exemple, à la hausse du prix du pétrole). Pour que l'offre revienne à son point de départ, il faut que cette hausse de coût (prix du pétrole) soit compensée par la baisse d'un autre coût de production (les salaires, ou *coût de la main-d'œuvre*).

Selon les économistes interventionnistes, les salaires baissent difficilement, même s'il y a du chômage (nous avons déjà exposé les arguments des interventionnistes lorsque nous avons étudié la crise de la demande). Pendant une crise de l'offre, la situation est pire, car personne ne peut plus prétendre que la baisse des salaires sera compensée par la baisse des prix. Les travailleurs refusent de payer la note pour tout le monde, ce que proposent en définitive les économistes libéraux. Et si les salaires ne bougent pas, la courbe d'offre ne pourra jamais retourner à sa position initiale.

> Les travailleurs résistent d'autant plus aux pressions sur leurs salaires que leur pouvoir d'achat a baissé (à la suite de la hausse des prix).

Dans le scénario interventionniste, l'unique moyen de revenir au plein-emploi consiste à compenser le recul de l'offre par une hausse de la demande. Seule une stimulation de la demande globale permettra de rééquilibrer l'économie au niveau de production antérieur (voir la **figure 9.10**).

> Seule une augmentation de la demande globale peut neutraliser le recul de l'offre globale.

La solution des économistes interventionnistes entraîne cependant un effet secondaire néfaste : elle provoque une nouvelle augmentation du niveau des prix, déjà en hausse à cause du recul de l'offre. En fait, ce sont les travailleurs qui ont payé la note, même si le chômage a été éliminé, puisqu'ils ont vu leur pouvoir d'achat se réduire. Ils sont alors tentés de revendiquer des hausses de salaire, ce qui provoquera de nouvelles hausses des coûts de production et attisera le cycle infernal de l'inflation.

Figure 9.10

LA SOLUTION À LA CRISE DE L'OFFRE SELON LES ÉCONOMISTES INTERVENTIONNISTES

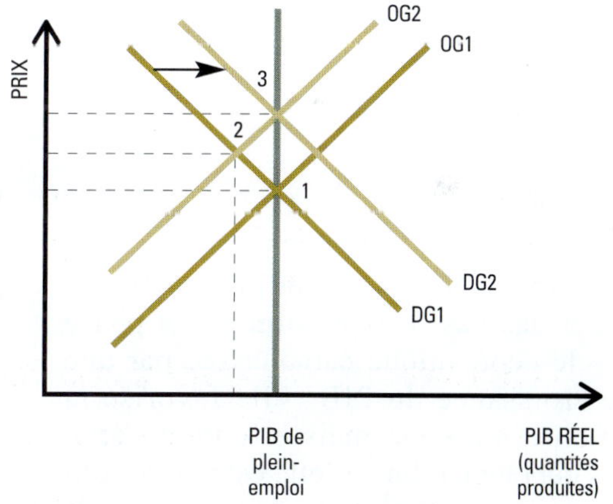

Selon les économistes *libéraux*, la baisse des salaires (causée par le chômage) fait diminuer les coûts de production : l'offre globale retourne à sa position initiale, et la crise se résorbe automatiquement (on revient au point 1). Selon les économistes *interventionnistes*, les salaires sont d'autant plus rigides à la baisse que les travailleurs viennent d'encaisser des hausses de prix : la courbe d'offre globale ne peut retourner à sa position initiale. Le seul moyen de rétablir le plein-emploi consiste alors à stimuler la demande globale (de DG1 à DG2). Au nouveau point d'équilibre (point 3), le chômage a disparu mais, malheureusement, les prix ont encore augmenté.

Exercices

1. La stagflation

a) Nommez quelques facteurs qui font augmenter les coûts de production.

b) Pourquoi la hausse des coûts de production fait-elle reculer l'offre globale ?

c) Quelles sont les conséquences du recul de l'offre globale sur les prix et le niveau du PIB ?

2. Chicanes d'économistes

a) Pourquoi, selon les économistes libéraux, la crise de l'offre se résout-elle automatiquement ?

b) Pourquoi, selon les économistes interventionnistes, est-il indispensable de stimuler la demande globale pour mettre fin à la crise de l'offre ?

c) Commentez le texte suivant. « Les économistes libéraux prétendent éliminer la crise de l'offre en abaissant le niveau de vie des travailleurs. Les économistes interventionnistes prétendent guérir le chômage en lui inoculant le virus de l'inflation. Choisir entre ces deux solutions, c'est comme choisir à quel endroit on veut recevoir un coup de bâton. »

RÉSUMÉ

L'économie connaît périodiquement des hauts et des bas. L'expansion est la phase du cycle économique caractérisée par une forte croissance du PIB ; elle favorise la création d'emplois, mais elle peut néanmoins déboucher, lorsqu'elle est trop vigoureuse, sur une inflation. La récession est la phase du cycle économique caractérisée par des taux de croissance faibles, voire négatifs, et par une augmentation du chômage.

C'est l'affrontement entre l'offre et la demande globales qui détermine le niveau réel de production du pays (ou PIB d'équilibre) et donc sa situation économique immédiate. Le modèle des courbes de demande globale et d'offre globale illustre ce phénomène. Chaque point de la courbe de demande globale

représente les quantités globales (ou PIB réel) que les agents économiques sont prêts à acheter pour un niveau de prix donné. Plus les prix sont bas, plus les agents désirent se procurer des produits. La courbe d'offre globale met en relation les mêmes variables que la demande globale. Pour chaque niveau de prix possible, il existe une quantité globale de biens et services (ou PIB réel) que les entreprises sont prêtes à produire. Comme les coûts de production sont croissants, les entreprises n'acceptent de produire davantage que si les prix augmentent.

L'économie est en situation de plein-emploi lorsque toutes les ressources sont utilisées et que le PIB réel est à son maximum. Les récessions peuvent s'expliquer par une baisse de la demande globale (crise de la demande) ou par une baisse de l'offre globale (crise de l'offre).

Le recul de la demande globale peut provenir de sources diverses : les ménages inquiets pour l'avenir diminuent leur consommation, les entreprises reportent certains projets d'investissement, l'État procède à des réductions budgétaires, les exportations baissent à cause d'une récession à l'étranger. Ce recul de la demande globale fait diminuer le niveau général des prix et le niveau de la production (PIB réel). Les entreprises n'ont plus besoin d'autant de main-d'œuvre. Elles font donc des mises à pied, et le chômage augmente. On s'éloigne du plein-emploi : c'est la *crise de la demande*.

Selon les économistes *libéraux* (parfois dits néoclassiques ou encore néolibéraux), le surplus de main-d'œuvre fera baisser les salaires sur le marché du travail (à condition que le mécanisme du marché ne soit pas faussé par l'intervention de l'État). Il s'ensuivra une baisse des coûts de production, ce qui permettra aux entreprises d'offrir les mêmes quantités de produits à un prix inférieur. L'offre globale augmentera et le niveau général des prix diminuera, ce qui stimulera à nouveau les ventes. Les entreprises se remettront à embaucher et le chômage disparaîtra. En fin de compte, les travailleurs n'auront pas à se plaindre puisque la baisse des salaires aura été compensée par une baisse des prix.

Selon les économistes *interventionnistes* (parfois dits keynésiens), les travailleurs, en toute logique, résisteront aux baisses de salaire. Le chômage aura plutôt pour conséquence de faire diminuer le revenu global des ménages et d'affaiblir davantage la demande globale (par l'intermédiaire de la consommation) : la crise s'aggravera. Pour résoudre le problème, l'État devra intervenir en stimulant la demande globale.

La *crise de l'offre*, moins fréquente que la crise de la demande, s'explique par une hausse soudaine et généralisée des coûts de production. Le recul de l'offre globale qui s'ensuit entraîne en même temps une baisse du PIB réel et une hausse des prix : le chômage se combine à l'inflation. Encore une fois, les avis divergent sur la suite de la crise. Selon les économistes libéraux, le chômage fera baisser les salaires et donc les coûts de la main-d'œuvre. L'offre globale retournera alors à son point de départ et la crise se résorbera d'elle-même. Les économistes interventionnistes jugent ce scénario peu réaliste et préconisent plutôt des mesures susceptibles de relancer la demande globale. Le plein-emploi pourra alors être rétabli, moyennant une certaine dose d'inflation.

Exercices supplémentaires

1. **Quand les États-Unis prennent froid, le Québec éternue !**

   Dites pourquoi un événement extérieur, comme une récession aux États-Unis, influe directement sur l'économie du Québec et décrivez de quelle manière.

2. **À qui la faute ?**

   Déterminez si les événements suivants influeraient au Canada sur la demande globale, sur l'offre globale ou sur les deux.

   a) Le taux de change du dollar canadien augmente de 15 %.

   b) Après quatre années d'expansion, les États-Unis entrent en récession.

   c) À la suite d'un conflit au Moyen-Orient, le prix du pétrole augmente de 50 %.

   d) L'État réduit ses dépenses de 10 %.

   e) Le gouvernement fait passer la taxe sur la valeur ajoutée de 9 à 16 %.

   f) Le taux d'intérêt augmente brusquement.

3. **Les courbes**

   a) Pourquoi la courbe d'offre globale est-elle croissante et la courbe de demande globale décroissante ?

   b) Citez deux événements qui pourraient faire reculer la demande globale et précisez dans chaque cas quelle composante de la demande globale serait touchée en premier.

   c) Pourquoi le changement des coûts de production entraîne-t-il un déplacement de la courbe d'offre globale ?

   d) Que se passe-t-il si la demande globale diminue en même temps que l'offre globale augmente ?

4. **Crise économique et crise chez les économistes**

   Écrivez un texte expliquant les visions libérales et interventionnistes de la crise de la demande. Les figures 9.6 (page 197), 9.7 (page 199) et 9.8 (page 201) peuvent vous servir de guide (il y aurait alors trois parties à développer).

5. **La stagflation**

   Qu'est-ce que la stagflation ? Pourquoi est-elle problématique ? Dans quel contexte se développe-t-elle ? Comment peut-on s'en débarrasser ?

6. **La crise à l'envers : la surchauffe**

   a) Utilisez le schéma de la figure 9.6 (page 197) pour expliquer comment une hausse de la demande globale peut entraîner une surchauffe de l'économie.

   b) Utilisez le schéma de la figure 9.7 (page 199) pour expliquer comment une surchauffe se résorbe automatiquement selon les économistes libéraux.

c) Utilisez le schéma de la figure 9.8 (page 201) pour expliquer comment une surchauffe va en s'amplifiant selon les économistes interventionnistes.

7. Recherche : la situation actuelle

a) À l'aide d'une des nombreuses sources disponibles (*L'Observateur économique canadien*, la *Revue de la Banque du Canada*, *Cansim*, le *Québec statistique*, le Bureau de la Statistique du Québec), essayez d'obtenir le taux de croissance réel du PIB, le taux de chômage et le taux d'inflation pour les 10 dernières années au Québec ou au Canada.

b) Tracez des courbes à partir des données obtenues, en mettant les années sur l'axe horizontal et les taux sur l'axe vertical.

c) Indiquez les récessions sur les courbes (s'il y a lieu).

CHAPITRE 10

L'INFLATION ET LE CHÔMAGE

L'inflation et le chômage sont les deux principaux problèmes causés par les hauts et les bas de l'économie. Lorsque la demande globale est excessive et que les ressources se raréfient, le niveau général des prix se met à grimper. Si, au contraire, la demande ralentit trop fortement, les entreprises cessent d'embaucher ou procèdent à des mises à pied. Selon la conjoncture — surchauffe ou récession —, l'économie souffre soit d'inflation, soit de chômage.

L'inflation et le chômage peuvent aussi être déclenchés par des phénomènes indépendants de la demande globale. La hausse subite des coûts de production (crise de l'offre) provoque une poussée de l'inflation, même si le PIB est inférieur à son niveau de plein-emploi. La délocalisation d'entreprises, due aux innovations et à la mondialisation, peut entraîner un chômage durable, même si la demande est au rendez-vous.

Pour cerner les problèmes de l'inflation et du chômage, nous tenterons de répondre aux questions suivantes. Comment mesure-t-on ces deux phénomènes ? Quelles en sont les principales causes ? Quels en sont les principaux effets négatifs sur l'économie ? Étant donné que la lutte contre la hausse des prix se fait parfois au détriment de l'emploi, et réciproquement, nous conclurons le chapitre en nous penchant sur le dilemme inflation-chômage.

1. L'INFLATION

L'économie connaît tout naturellement des hausses de prix temporaires ou limitées à certains secteurs de production. Ainsi, le prix du café ou des mémoires d'ordinateurs subit des poussées périodiques causées par les mouvements habituels de l'offre et de la demande. C'est seulement lorsque la hausse des prix touche l'ensemble de l'économie, et ce de façon durable, que l'on parle d'inflation.

La mesure de l'inflation

Les prix ne varient pas tous au même rythme ni à la même fréquence. Pour en mesurer les variations, les organismes statistiques nationaux, tels que Statistique Canada, ont créé divers indices de prix dont le plus connu est l'*indice des prix à la consommation* (IPC). L'IPC sert de point de repère lorsqu'on veut connaître l'évolution du pouvoir d'achat des ménages au fil du temps.

L'*indice des prix à la consommation* (IPC) est la moyenne pondérée des indices de prix des divers produits du panier de provision type.

Pour mesurer l'IPC, Statistique Canada commence évidemment par observer les prix d'une variété de produits représentatifs des dépenses d'un ménage. Chaque mois, les enquêteurs effectuent 60 000 relevés de prix sur quelque 600 produits répertoriés à l'échelle du pays. Notons que seuls les produits vendus sur le marché entrent dans la base du calcul de l'IPC. Par conséquent, certains biens et services, notamment ceux de la santé et de l'éducation, sont exclus de l'échantillon retenu par Statistique Canada. Enfin, les taxes (TPS, TVQ, etc.) sont comprises dans les prix relevés, de sorte qu'elles peuvent avoir un effet sur l'évolution de l'IPC.

Étant donné que les prix des différents produits ne sont pas directement comparables (faut-il choisir le prix du lait au litre, au gallon, à la tonne ?), ils doivent être convertis en indices, basés sur une année de référence. Supposons que l'on choisisse 2002 comme année de base et qu'on lui attribue une valeur de 100 (c'est un chiffre rond, bien commode). Si le prix du litre du lait, par exemple, passait de 2 $ en 2002 (année de base) à 2,80 $ en 2010, la valeur de son indice pour 2010 serait égale à 2,80/2 × 100 = 140. Cela signifie qu'un ménage qui aurait acheté pour 100 $ de lait en 2002 devrait débourser 140 $ pour obtenir la même quantité de lait en 2010.

La *pondération* est la valeur relative accordée à chacun des éléments entrant dans le calcul d'une moyenne. La somme des pondérations est égale à 1 (ou 100 %).

Il ne reste plus qu'à combiner les indices de prix de chacun des produits du panier de provision pour obtenir l'indice global des prix à la consommation. Il faut tenir compte du fait que certains prix pèsent plus lourd que d'autres dans le budget d'un ménage. Tous les quatre ans environ, Statistique Canada effectue donc un sondage auprès des ménages afin de connaître leurs habitudes de consommation ainsi que la répartition de leurs dépenses. L'enquête de 2005 (intégrée à l'IPC à partir de mai 2007) montre par exemple que 17,04 % de ces dépenses sont consacrées à l'alimentation et que la *pondération* accordée au logement est de 26,62 % (voir le **tableau 10.1**). Chacune des grandes catégories du tableau 10.1 est à son tour divisée en sous-catégories : ainsi, le lait frais et le poisson se voient accorder une pondération de 0,56 % et de 0,25 %

respectivement. Parce que les habitudes de consommation des ménages évoluent avec le temps, il faut réviser périodiquement les pondérations de l'IPC. Le tableau 10.1 montre d'ailleurs que les pondérations diffèrent d'une région à l'autre, comme elles peuvent aussi varier selon le niveau de revenu. En général, les parts allouées aux produits essentiels — tels que les aliments et les vêtements — ont tendance à baisser lorsque le niveau de vie de la population augmente.

Tableau 10.1

LES PONDÉRATIONS DE L'IPC AU CANADA

	Canada	Québec	Écart
	(en pourcentage)		
Aliments	17,04	20,03	2,99
Alcool et tabac	3,07	3,58	0,51
Logement	26,62	24,61	−2,01
Ameublement et équipement du ménage	11,10	10,86	−0,24
Habillement et chaussures	5,36	5,51	0,15
Transport	19,88	19,09	−0,79
Santé et soins personnels	4,73	5,39	0,66
Loisir, formation et culture	12,20	10,93	−1,27
Total	**100,00**	**100,00**	**0,00**

Note : Ces pondérations, basées sur l'enquête de 2005, ont été intégrées à l'IPC à partir de mai 2007.

Source : Statistique Canada.

Le *taux d'inflation* est égal au taux de croissance de l'IPC.

L'indice des prix à la consommation est en constante progression, comme on peut le voir au **tableau 10.2**, qui présente l'IPC en général (première colonne) ainsi que les indices de diverses catégories de produits. On peut mesurer la vitesse de cette progression en calculant le taux de croissance de l'IPC entre deux années données, c'est-à-dire le *taux d'inflation*. Comme pour n'importe quel taux de croissance, on divise la différence entre les deux valeurs choisies par la valeur de l'année initiale :

Taux d'inflation = (IPC final – IPC initial)/IPC initial

Calculons, par exemple, le taux d'inflation pour l'année 2006. En se reportant à la première colonne du tableau 10.2, on constate que l'IPC est passé de 107,0 en

2005 à 109,1 en 2006. Le taux d'inflation est donc de : (109,1 – 107,0)/107,0 = 2,1/107,0 = 0,020 = 2,0 %.

De la même façon, on peut calculer le taux de croissance de l'IPC entre 1990 et 2000. On obtient alors : (95,4 – 78,4)/78,4 = 0,217 = 21,7 %.

Tableau 10.2

L'ÉVOLUTION DE L'INDICE DES PRIX À LA CONSOMMATION AU CANADA (base 2002 = 100)

	Ensemble	Alimentation	Habillement	Lait frais	Bière	Cigarettes
1950	12,5	11,8	19,7	11,4	11,0	6,3
1960	15,5	14,0	21,8	14,8	12,8	6,4
1970	20,3	18,5	28,1	20,3	15,1	8,7
1980	44,0	48,7	51,0	50,4	28,9	16,4
1990	78,4	79,6	86,6	83,2	70,9	61,8
2000	95,4	93,3	101,1	94,2	94,0	67,1
2001	97,8	97,4	101,3	96,9	97,4	75,8
2002	100,0	100,0	100,0	100,0	100,0	100,0
2003	102,8	101,7	97,2	103,1	103,2	116,2
2004	104,7	103,8	96,7	104,2	107,0	124,9
2005	107,0	106,4	95,4	108,8	109,0	128,9
2006	109,1	108,9	92,9	112,0	109,5	132,5
2007	111,5	111,8	92,2	116,9	112,1	138,4
2008	114,1	115,7	89,2	123,0	113,2	141,2

Source : Statistique Canada, *Cansim*.

> « Aujourd'hui, on connaît le prix de tout et la valeur de rien. »
>
> Oscar Wilde

La hausse des prix ne touche pas tous les ménages de la même manière. En effet, on constate que certains prix progressent plus rapidement que la moyenne (première colonne) ; c'est le cas notamment pour les cigarettes entre 2002 et 2008, ou pour la bière entre 1980 et 2002. Il ne fait donc aucun doute que les acheteurs de cigarettes ou de bière ont été plus fortement affectés par l'inflation que les personnes qui n'en consomment pas.

L'évolution de l'inflation au Canada

Le mouvement des prix est généralement instable. La **figure 10.1** montre que le Canada a connu trois phases différentes d'inflation depuis la Seconde Guerre mondiale.

Figure 10.1

L'ÉVOLUTION DE L'INFLATION AU CANADA

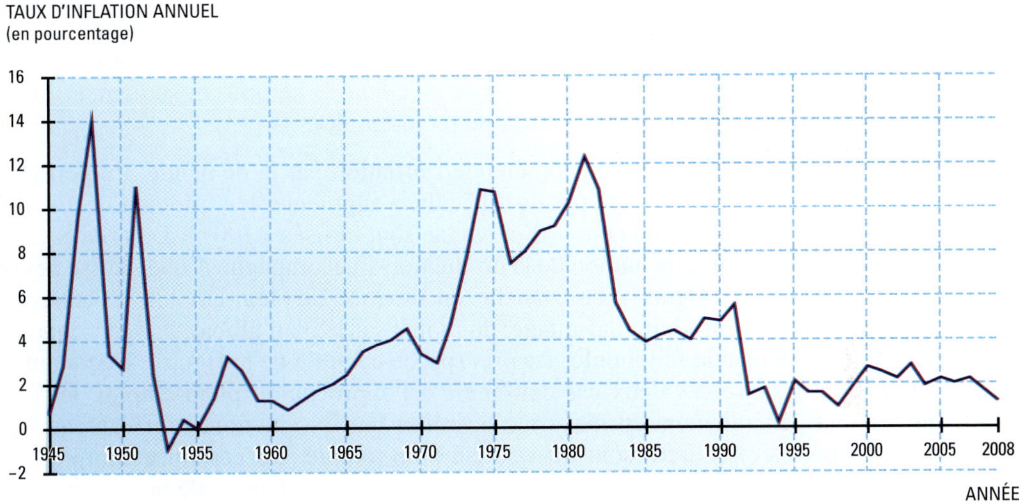

Le taux d'inflation est très variable au Canada. Dans les années 1950 et 1960, il se maintient autour de 3 % en dépit d'une forte croissance économique. Si l'inflation demeure faible durant cette période, c'est que la croissance s'accompagne de gains de productivité importants. Dans les années 1970, on constate que le taux d'inflation augmente sensiblement. Plusieurs phénomènes permettent d'expliquer ce revirement soudain : la forte hausse du prix du pétrole à deux reprises (1974 et 1979), le ralentissement de la croissance de la productivité, les hausses salariales visant à rattraper la perte du pouvoir d'achat. Enfin, les années 1980 marquent le début d'une ère de désinflation. L'inflation devient l'ennemi numéro un des gouvernements et de leur banque centrale. Les politiques anti-inflationnistes ont pour effet de ralentir la progression des prix, mais elles ont tendance à freiner la croissance économique.

Source : Statistique Canada, *Cansim.*

L'*inflation rampante* correspond à une faible hausse des prix (de 2 à 4 % par an) s'étalant sur une longue période. La *désinflation* se caractérise par une baisse graduelle du taux d'inflation. (La *déflation*, quant à elle, correspond à une baisse du niveau général des prix.)

Les années 1950 et 1960 se caractérisent par une faible inflation, ou *inflation rampante*, dont le taux varie entre 2 et 4 % par an. Les années 1970 contrastent avec cette période puisqu'on assiste alors à une *forte inflation*, dont le taux se maintient autour de 10 % entre 1974 et 1982. Entre 1984 et 1992, le Canada se trouve dans une ère de *désinflation* : le taux d'inflation connaît une baisse progressive et reste bas par la suite.

L'inflation par la demande

Nous avons vu au chapitre 9 que la demande globale est constituée des dépenses de consommation (C), des dépenses d'investissement (I), des dépenses en biens et services

L'inflation par la demande découle d'une hausse excessive de la demande globale.

gouvernementaux (G) ainsi que des achats de l'étranger (X). Chacun de ces éléments est susceptible d'augmenter ou de diminuer pour diverses raisons que nous avons déjà évoquées. Lorsqu'elles produisent déjà à pleine capacité, les entreprises ont de la difficulté à répondre à une demande accrue des agents économiques, et les prix se mettent à grimper. Ce type d'inflation porte le nom d'*inflation par la demande* et se produit seulement lorsque l'économie se trouve déjà en situation de plein-emploi.

La **figure 10.2** décrit le phénomène de l'inflation par la demande. En période de récession, les entreprises n'ont pas de difficulté à augmenter leur production, car ni les équipements productifs ni la main-d'œuvre ne sont utilisés à 100 %. Dans ce cas, il est peu probable que l'augmentation de la production s'accompagne d'une hausse des prix (partie gauche de la figure). En revanche, en situation de plein-emploi, les entreprises sont incapables de produire davantage, du moins sur le plan global. Par conséquent, la hausse de la demande fait monter les prix (partie centrale de la figure). L'économie se situe souvent entre ces deux cas extrêmes : à l'approche du plein-emploi, les entreprises sont généralement en mesure d'accroître leur production, sauf dans quelques secteurs où les ressources sont déjà utilisées en totalité. Un certain nombre d'entreprises éprouvent alors plus de difficultés à faire face à la hausse de la demande, d'où un début d'inflation (partie droite de la figure).

Figure 10.2

L'INFLATION PAR LA DEMANDE ET LA CONJONCTURE ÉCONOMIQUE

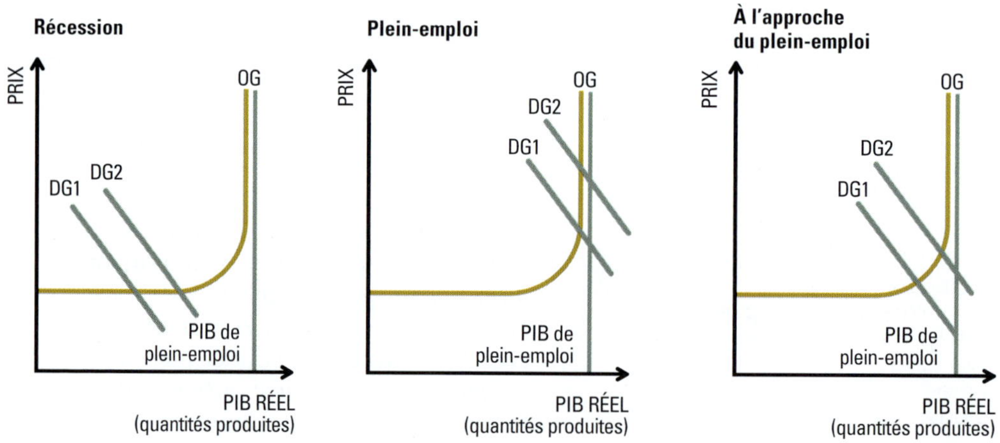

Les prix se comportent différemment selon la conjoncture économique. En période de *récession,* les entreprises peuvent facilement répondre à une hausse de la demande globale parce qu'elles disposent de capacités de production inutilisées.

À l'opposé, en situation de plein-emploi, les entreprises sont incapables d'augmenter les quantités produites, faute de ressources supplémentaires. Par conséquent, les prix augmentent : c'est la *surchauffe.*

Enfin, lorsque l'économie se rapproche du plein-emploi, certaines entreprises disposent encore de capacités de production inutilisées, mais d'autres fonctionnent déjà à plein rendement. La production peut donc encore augmenter, mais les pressions de la demande dans certains secteurs entraînent des hausses de prix.

L'inflation par les coûts

Le coût de certaines ressources productives (matières premières, salaires, équipements, etc.) est susceptible d'augmenter de façon soudaine. La flambée des prix au milieu des années 1970 est un très bon exemple de ce type d'inflation, appelé *inflation par les coûts*. Les brusques hausses du prix du pétrole, en 1974 et 1979, se sont répercutées sur les coûts de production des entreprises.

Il y a *inflation par les coûts* lorsque la hausse généralisée des coûts de production fait reculer l'offre globale.

La **figure 10.3** montre l'impact d'une hausse des coûts de production sur les prix. Lorsque ces coûts augmentent, les entreprises acceptent de continuer à produire les mêmes quantités seulement si le prix de vente des biens augmente lui aussi. Vu sous un autre angle, cela signifie que, à prix égal, les entreprises se mettent à produire moins. On assiste alors à un recul de l'offre globale (de OG1 à OG2). Comme la quantité produite est inférieure à la quantité demandée, il y a une pénurie temporaire qui se traduit par une hausse des prix (de P1 à P2). L'équilibre du marché se déplace du point 1 au point 2. Ainsi, la hausse des coûts de production a entraîné une flambée d'inflation et une baisse du PIB.

Figure 10.3

L'INFLATION PAR LES COÛTS

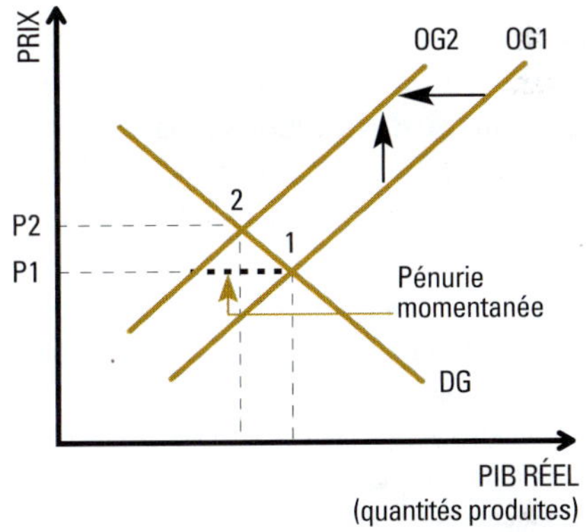

La hausse des coûts de production fait reculer la courbe d'offre vers la gauche (de OG1 à OG2). Ce recul provoque un déséquilibre temporaire sur le marché : la quantité demandée est supérieure à la quantité offerte. Cette pénurie momentanée a pour effet d'augmenter les prix (de P1 à P2), ce qui entraîne un déplacement de l'équilibre du marché du point 1 au point 2. La hausse des coûts de production a donc causé deux changements : une baisse du PIB réel et une hausse du niveau général des prix.

Exercices

1. L'indice des prix et l'inflation

a) À l'aide du tableau 10.2 (page 214), calculez le taux d'inflation pour les années 2001, 2005, 2006, et pour la période 1950-2000.

b) Pourquoi une hausse de l'indice du prix du logement a-t-elle un impact plus important sur l'IPC qu'une hausse de l'indice du prix de l'habillement ?

2. La demande inflationniste

a) Donnez des exemples d'événements susceptibles de provoquer une hausse de la demande globale.

b) La hausse de la demande globale cause-t-elle automatiquement une flambée d'inflation ? Expliquez votre point de vue.

3. L'inflation par les coûts

Pourquoi la hausse des coûts de production finit-elle par engendrer un recul de l'offre globale et une hausse des prix ? Expliquez votre point de vue à l'aide d'un graphique.

MONDIALISATION ET INFLATION

Le phénomène de la mondialisation, qui prend de l'ampleur au cours des années 1990, contribue à ramener l'inflation à des niveaux très modestes ; la désinflation s'étend rapidement à l'ensemble des économies développées. La plus grande ouverture des frontières et la baisse des frais de transports rendent les entreprises plus sensibles à la concurrence. La délocalisation des activités les plus gourmandes en main-d'œuvre vers des pays à bas salaires fait diminuer les coûts de production. Certains secteurs particulièrement exposés, comme les textiles et l'électronique, connaissent même une déflation. Le FMI estime qu'entre 1995 et 2005 la mondialisation a fait reculer les prix de 0,25 % par an, en moyenne, dans les pays avancés. Par contre, les prix et les salaires du secteur des services, mieux protégés de la concurrence extérieure, ont continué à monter.

À partir de 2005, la tendance se retourne. Les prix de l'énergie, des minerais et des produits agricoles s'envolent, poussés par la forte demande de nouveaux géants économiques tels que la Chine et l'Inde. Simultanément, le prix des produits manufacturés cesse de baisser. Simple surchauffe ou hausse durable ? Phénomène conjoncturel ou structurel ? Inflation par la demande ou amorce d'inflation par les coûts ? Probablement tout cela en même temps. Même si la récession de 2008 met brutalement fin à cette poussée d'inflation, on s'aperçoit que celle-ci s'est mondialisée et qu'elle devient moins facile à maîtriser pour les gouvernements nationaux.

Cette remontée des prix est-elle entièrement négative ? Si, après plusieurs décennies de « vaches maigres », la hausse des produits agricoles permet aux cultivateurs d'accroître leurs revenus, elle affecte durement les populations les plus démunies, qui consacrent en général une part importante de leur revenu à l'alimentation. La hausse du prix du pétrole peut paraître favorable à une réduction des émissions de CO_2, mais elle encourage du même coup les producteurs à se déployer dans des écosystèmes particulièrement fragiles.

L'INFLUENCE DU PRIX DES PRODUITS IMPORTÉS SUR L'INFLATION AU CANADA

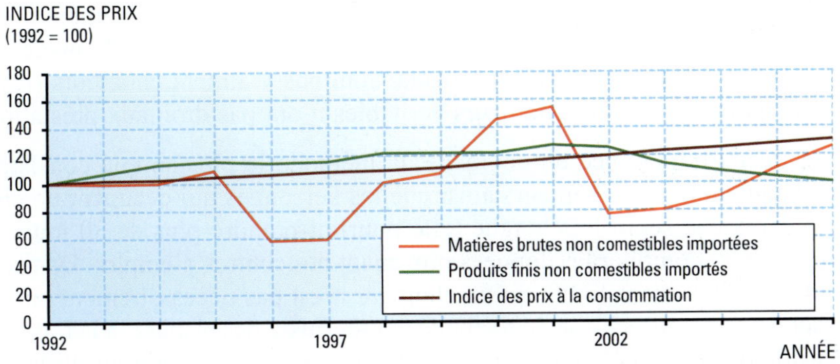

Entre 1992 et 2005, la mondialisation de l'économie a favorisé la baisse des coûts de production et augmenté le degré de concurrence. Cela explique que le prix des produits finis importés par le Canada ait eu tendance à rester stable, voire à diminuer. Ce phénomène, qui a contribué à freiner la hausse des prix à la consommation, commence à s'essouffler autour de 2005, au moment où la forte croissance de géants tels que la Chine et l'Inde a fait grimper en flèche le prix des matières premières, y compris celui des produits agricoles. Cette fois, la mondialisation risque de stimuler l'inflation. On note également que le prix des produits finis, qui sont soumis à une multitude de coûts, évolue de façon beaucoup plus stable que celui des matières premières.

Source : Statistique Canada, *Cansim*.

2. LE CHÔMAGE

La situation du marché du travail reflète en partie l'état de santé de l'économie. Associé à d'autres indicateurs, le taux de chômage constitue un baromètre économique, à condition d'être évalué de façon précise et fréquente.

La mesure du chômage

Avant tout, il faut se mettre d'accord sur la signification du terme *chômage*. Pour être chômeur, on doit évidemment faire partie de la main-d'œuvre, ou *population active*. Nous pouvons déjà exclure de la population active les personnes âgées de moins de 15 ans, qui n'ont pas le droit de travailler. Il faut aussi compter comme inactifs : les retraités, qui ont quitté la vie active, les jeunes qui sont encore aux études, et les personnes ayant choisi de demeurer à la maison pour s'occuper de l'entretien du foyer ou de l'éducation des enfants.

La *population active* est composée des personnes âgées de 15 ans et plus qui ont choisi de participer au marché du travail, c'est-à-dire d'avoir une activité rémunérée.

Un *chômeur* est une personne qui cherche à participer au marché de l'emploi mais ne trouve pas de travail.

La main-d'œuvre n'est pas toujours pleinement utilisée. On appelle *chômeurs* les personnes qui sont à la recherche active d'un emploi. Le taux de chômage mesure la proportion de la population active qui n'a pas trouvé d'emploi. Un chômeur n'est pas nécessairement une personne qui reçoit des prestations d'assurance-chômage. Parmi les prestataires de cette assurance, certains ne sont pas vraiment chômeurs (les fraudeurs), alors qu'une partie des chômeurs véritables n'ont pas droit aux prestations.

Pour évaluer l'importance du chômage, la méthode la plus simple consisterait à recenser, chaque mois, les chômeurs ainsi que les personnes qui occupent un emploi. Mais cette démarche serait très longue (elle pourrait prendre plus de 30 jours !). On pourrait également compiler les données provenant des centres d'emploi. Dans ce cas, la difficulté résiderait dans le fait qu'un chômeur n'est pas nécessairement un prestataire d'assurance-chômage. La seule méthode qui fournisse des résultats à la fois rapides, fiables et homogènes est l'enquête par sondage. C'est la méthode qu'utilise, entre autres, Statistique Canada pour effectuer son Enquête sur la population active.

Statistique Canada mène chaque mois une enquête auprès de 54 000 ménages représentatifs de l'ensemble de la population. Le sondage contient plus de 160 questions au total mais, en général, il suffit d'une vingtaine de réponses pour déterminer la situation de la personne interrogée (voir le questionnaire du sondage sur le Compagnon Web).

Le cas le plus simple à définir est celui des personnes occupées. Toute personne qui travaille, que ce soit pour un employeur ou à son propre compte, est considérée comme occupée, et ce quel que soit le nombre d'heures travaillées durant la semaine de référence. Pour être chômeur, il faut non seulement ne pas avoir d'emploi, mais aussi être prêt à travailler, c'est-à-dire être disponible et avoir cherché activement un emploi pendant la semaine de référence du sondage. Par conséquent, un étudiant à temps plein qui cherche un travail à temps plein ne peut être considéré comme chômeur.

L'ensemble des personnes occupées et des chômeurs forme la population active. La population cible de l'enquête exclut les personnes qui vivent dans les réserves indiennes, les membres à temps plein des Forces armées ainsi que les pensionnaires d'établissements (personnes détenues dans les pénitenciers et patients d'hôpitaux ou de maisons de repos qui y résident pendant plus de six mois).

La **figure 10.4** présente les principaux résultats de l'enquête de Statistique Canada en ce qui concerne le Québec. Nous y avons décomposé la population de façon à mettre en évidence la manière de calculer le taux de chômage et le taux d'activité. Le taux de chômage représente la proportion d'actifs qui n'occupent pas un emploi. Le taux d'activité mesure la proportion des personnes en âge de travailler qui sont effectivement présentes sur le marché du travail.

Taux d'activité = Population active/Population en âge de travailler
Taux de chômage = Nombre de chômeurs/Population active

Figure 10.4

LA STRUCTURE DE LA MAIN-D'ŒUVRE AU QUÉBEC

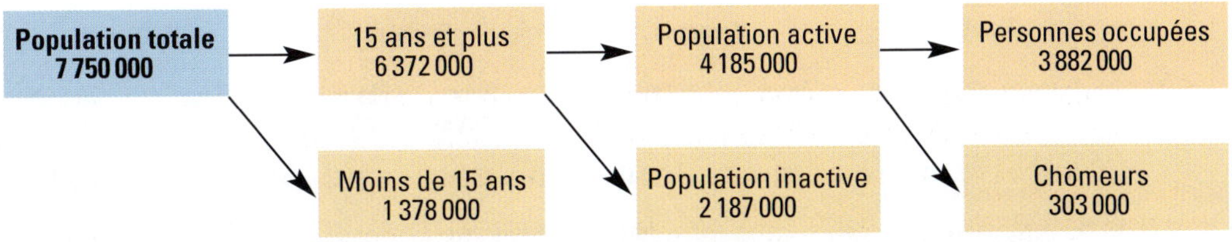

TAUX D'ACTIVITÉ = 4 185 000 / 6 372 000 = 65,7 %

TAUX DE CHÔMAGE = 303 000 / 4 185 000 = 7,2 %

Source : Statistique Canada, *Cansim*, données de 2008.

L'évolution du taux d'activité au Québec

Dans les dernières décennies, le nombre de personnes actives a eu tendance à augmenter plus rapidement que celui de la population en général. Ainsi, au Québec, la population active est passée de 2 786 000 à 4 185 000 entre 1976 et 2008, ce qui correspond à un accroissement de 50 % (voir le **tableau 10.3**, ci-dessous). Cette augmentation exceptionnelle s'explique d'abord par un phénomène naturel, à savoir la forte croissance, dans les années 1970, de la population en âge de travailler — phénomène qui résulte de l'arrivée des enfants du baby-boom sur le marché du travail.

Tableau 10.3

L'EMPLOI ET LE CHÔMAGE AU QUÉBEC

	Taux de chômage	Taux d'activité	Population totale	15 ans et plus	Population active	Personnes occupées	Chômeurs
	(en pourcentage)		*(en milliers)*				
1976	8,7	58,8	6397	4739	2786	2543	242
1996	11,9	61,9	7247	5737	3552	3130	422
2004	8,5	65,8	7549	6113	4024	3681	344
2006	8,0	65,5	7652	6252	4094	3765	329
2008	7,2	65,7	7750	6372	4185	3882	303

Source : Statistique Canada, *Cansim*.

La hausse est également due à d'autres facteurs structurels, soit l'augmentation constante du taux d'activité des jeunes de 15 à 24 ans (voir le **tableau 10.4**, colonne 7) et de celui des femmes (colonne 5) depuis le début des années 1970. La conjonction de ces deux facteurs s'est traduite par une progression continue du taux d'activité de la population québécoise, lequel est passé de 58,8 % en 1976 à 66 % en 2003. Ce rattrapage, qui a favorisé la croissance de la production et du niveau de vie, est malheureusement presque terminé : le taux d'activité féminin est maintenant relativement proche du taux masculin et le vieillissement de la population commence à se faire sentir.

Tableau 10.4

ÉVOLUTION DU TAUX D'ACTIVITÉ ET DU TAUX DE CHÔMAGE AU QUÉBEC SELON L'ÂGE ET LE SEXE

	Total		Hommes		Femmes		15-24 ans	
	Taux d'activité	Taux de chômage	Taux d'activité	Taux de chômage	Taux d'activité	Taux de chômage	Taux d'activité	Taux de chômage
	[1]	[2]	[3]	[4]	[5]	[6]	[7]	[8]
	(en pourcentage)							
1976	58,8	8,7	76,7	8,1	41,4	9,7	59,8	15,2
1981	61,9	10,5	76,5	10,0	47,9	11,4	63,9	17,0
1982	60,4	14,0	74,4	14,0	47,0	14,0	60,9	22,6
1983	61,1	14,2	74,7	14,3	48,1	14,0	62,3	22,3
1984	61,7	13,1	74,8	12,9	49,1	13,3	63,1	19,5
1985	62,3	12,3	74,7	12,5	50,5	12,1	63,6	17,9
1990	64,2	10,4	74,7	10,3	54,3	10,5	66,2	14,6
1991	63,6	12,1	73,3	12,6	54,4	11,6	64,2	18,2
2000	63,1	8,5	70,6	8,7	55,9	8,2	61,3	13,9
2001	63,5	8,8	70,7	9,0	56,5	8,5	62,6	13,7
2003	66,0	9,1	72,3	9,7	60,0	8,5	68,4	14,1
2007	65,7	7,2	70,6	7,9	61,0	6,4	66,6	12,5
2008	65,7	7,2	70,4	8,2	61,1	6,2	67,6	12,1

Source : Statistique Canada, *Cansim*.

Théoriquement, le taux d'activité devrait évoluer en douceur, au rythme des changements démographiques et sociaux, tandis que le taux de chômage devrait suivre les hauts et les bas de l'économie. Si les deux premières colonnes du tableau 10.4 confirment ces principes, on y relève cependant deux faits insolites. D'une part, le taux de chômage a tendance à grimper beaucoup plus vite qu'il ne redescend, lors d'une récession (comme cela s'est produit en 1982 ou en 1991). D'autre part, certaines récessions (1982) font parfois fléchir le taux d'activité. Or, ce fait est anormal, puisque les travailleurs qui deviennent chômeurs lors d'un ralentissement économique n'en demeurent pas moins des personnes actives.

Le chômage déguisé

Si le nombre d'inactifs augmente pendant les récessions, ce n'est certes pas parce que les travailleurs se mettent soudain à vieillir, à étudier plus longtemps ou à mettre au monde des enfants — quitte à rajeunir, à abandonner leurs études et à placer leurs enfants en pension dès que l'économie reprend. L'explication est ailleurs.

Le *travailleur découragé* est un chômeur qui, bien qu'il souhaite travailler, ne cherche plus d'emploi parce qu'il est persuadé de ne pas en trouver.

Pendant les récessions, un certain nombre de travailleurs désespèrent de trouver du travail. Puisqu'ils ne recherchent pas d'emploi de façon active, ces *travailleurs découragés* ne sont pas officiellement considérés comme des chômeurs. Mais on pourrait aussi bien les appeler des *chômeurs déguisés*. La récession de 1982, qui fut particulièrement violente, a fait doubler le nombre de travailleurs découragés au Québec. Le taux de chômage véritable aurait été de 2 à 3 % plus élevé si on avait tenu compte de ces chômeurs déguisés.

On parle de *thésaurisation de la main-d'œuvre* lorsqu'une entreprise conserve des employés dont elle n'a pas immédiatement besoin.

Il existe une forme encore plus subtile de sous-utilisation des travailleurs : la *thésaurisation de la main d'œuvre*. Lorsqu'elles font face à une baisse de la demande, les entreprises hésitent parfois à congédier une partie de leur main-d'œuvre, par crainte de perdre des travailleurs formés et expérimentés. Dans ces circonstances, elles préfèrent continuer à payer leurs employés, même si elles leur confient peu de tâches correspondant à leurs qualifications. Quand l'économie reprend, les entreprises tardent parfois à recruter de nouveaux employés, puisqu'elles disposent déjà de main d'œuvre excédentaire. Alors que, dans le cas précédent, les travailleurs découragés étaient déguisés en inactifs, on pourrait dire que, cette fois, les chômeurs sont déguisés en… travailleurs.

Les types de chômage

Les causes du chômage sont-elles identiques pour tous ? Certes non. Une personne peut avoir quitté volontairement son emploi en vue de réorienter sa carrière. Une autre a été licenciée parce que son entreprise faisait face à une baisse temporaire de la demande. Enfin, une troisième personne ne trouve pas d'emploi parce que ses qualifications ne correspondent pas à celles qu'exigent les employeurs. Ces situations illustrent les trois principales catégories de chômage : le chômage frictionnel, le chômage conjoncturel et le chômage structurel.

Le *chômage frictionnel* désigne la situation des travailleurs qui se trouvent temporairement entre deux emplois.

Lorsqu'une personne quitte volontairement son travail en vue de trouver un emploi dans une autre entreprise ou une autre région, elle entre dans la catégorie du *chômage frictionnel*. Plusieurs facteurs sont susceptibles d'inciter un travailleur à quitter son emploi : la recherche de nouvelles responsabilités, l'insatisfaction sur le plan professionnel, la mutation du conjoint dans une autre région, etc. Les nouveaux diplômés entrent également dans cette catégorie, car ils se trouvent entre deux situations : les études et le premier emploi. Il en va de même pour les travailleurs saisonniers, qui sont à cheval sur deux saisons de travail.

Si on y réfléchit bien, le chômage frictionnel est un phénomène naturel et utile, pourvu qu'il soit de courte durée. Il faut laisser aux travailleurs le temps de trouver l'emploi qui leur conviendra le mieux. Les entreprises ont tout à y gagner, d'autant plus que le bassin de chômeurs frictionnels leur permet aussi de mieux choisir leurs employés. Il est donc inutile de se précipiter sur le premier emploi venu.

Le *chômage conjoncturel* est causé par une baisse de la demande globale.

Lorsque la production ralentit ou diminue, les entreprises ont besoin de moins de main d'œuvre et licencient des employés. Une forte croissance économique, au contraire, oblige les entreprises à embaucher plus que de coutume. L'emploi suit donc les hauts et les bas de la conjoncture économique ; c'est pourquoi ce type de chômage, souvent temporaire et involontaire, est appelé *chômage conjoncturel* (ou cyclique).

Quand l'économie reprend, les chômeurs conjoncturels récupèrent généralement leur emploi et les entreprises sont bien contentes de les retrouver. À l'instar des chômeurs frictionnels, les chômeurs conjoncturels sont en quelque sorte les victimes du hasard. Puisque la plupart des travailleurs peuvent se retrouver dans leur situation, pourquoi ne pas créer un fonds d'indemnisation pour faire patienter les chômeurs en attendant des jours meilleurs ? C'est ainsi que l'on a créé l'assurance-chômage, dont le principe n'est pas très éloigné de celui de l'assurance contre les accidents d'automobile ou de l'assurance contre l'incendie. Tout le monde contribue au fonds en espérant ne jamais en avoir besoin.

Il y a *chômage structurel* lorsque les qualifications demandées par les entreprises diffèrent de celles qui sont offertes par les travailleurs.

Les besoins en main-d'œuvre des entreprises ne correspondent pas toujours aux caractéristiques de la population active. Il arrive qu'on manque de programmeurs en informatique, alors qu'un nombre élevé de comptables sont en chômage. De même, pour une catégorie de travailleurs spécialisés donnée, il arrive qu'il y ait une pénurie dans une région et un excédent dans une autre région. Quand le chômage et la pénurie de main-d'œuvre coexistent, on parle de *chômage structurel*. On utilise ce terme parce que la structure de la main-d'œuvre (qualifications, répartition géographique, etc.) ne concorde pas avec les besoins des entreprises.

Lorsque la structure de la production change rapidement, il est difficile de parvenir à rétablir l'équilibre entre la qualification de la main-d'œuvre et les nouveaux besoins de l'économie. La formation, le recyclage et le déplacement de la main-d'œuvre d'une région à l'autre prennent habituellement un certain temps, d'autant plus que les chômeurs structurels ont souvent une formation plus étroite que la moyenne. La révolution technologique et les changements structurels qu'a subis notre économie dans les dernières décennies ont sans doute contribué à élargir le fossé entre l'offre et la demande de travail et à prolonger la durée moyenne du chômage. Comme il vaut toujours mieux prévenir que guérir, il n'est pas mauvais d'acquérir, dans sa jeunesse, une solide formation générale. Entre l'âge des études et l'âge de la retraite, le monde du travail a le temps de changer radicalement, aussi vaut-il mieux avoir quelques atouts dans son jeu.

La **figure 10.5** illustre l'évolution du taux de chômage dans diverses provinces canadiennes. Nous y retrouvons les trois types de chômage que nous venons de passer en revue. Terre-Neuve (et, dans une moindre mesure, le Québec) connaît une certaine dose de chômage *structurel*, puisque les taux y sont, bon an mal an, plus élevés que la moyenne. Les différentes courbes ont aussi tendance à fluctuer de concert, grimpant lors des récessions pour redescendre lors des phases d'expansion, ce qui met en évidence le chômage *conjoncturel*. Enfin, même dans les conditions les plus favorables, le taux de chômage ne semble pas pouvoir descendre en dessous d'un certain plancher, celui du chômage *frictionnel*.

Figure 10.5

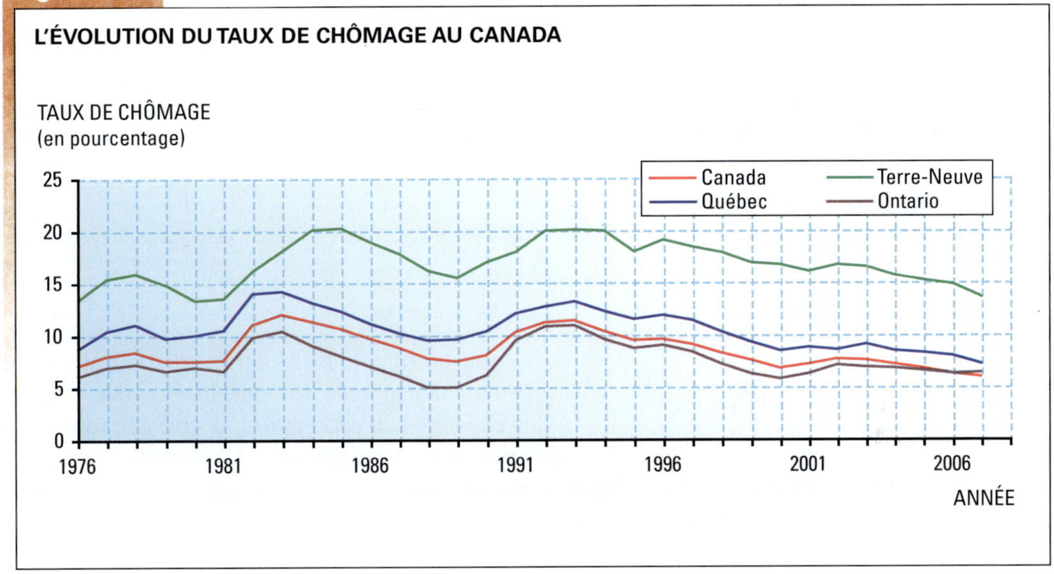

Source : Statistique Canada, *Cansim.*

Exercices

1. Taux de chômage et taux d'activité

a) Calculez le taux de chômage et le taux d'activité à partir des données suivantes.

- Population active : 500
- Nombre total d'emplois : 420
- Population inactive : 300

b) Calculez le taux de chômage et le taux d'activité à partir des données suivantes.

- Population de 15 ans et plus : 800
- Population inactive : 200
- Nombre de chômeurs : 63

c) Recalculez le taux de chômage et le taux d'activité de 1976 et de 2008 à partir des données du tableau 10.3 (page 221).

2. Le chômage déguisé

a) Pourquoi le taux d'activité a-t-il tendance à diminuer en période de ralentissement économique ?

b) Pourquoi le taux de chômage ne diminue-t-il pas dès qu'il y a reprise économique ?

3. Les types de chômage

Donnez un exemple concret pour chacun des types de chômage suivants.

a) Le chômage conjoncturel.

b) Le chômage frictionnel.

c) Le chômage structurel.

3. LE DILEMME INFLATION-CHÔMAGE

À court terme, le PIB s'ajuste aux variations de la demande globale. Lorsque la demande dépasse les capacités de production, les prix se mettent à grimper : c'est la surchauffe. Dans le cas contraire, c'est le chômage qui augmente : l'économie est en récession. En théorie, il suffirait d'ajuster la demande globale au niveau idéal. En pratique, cependant, il n'est pas facile de régler la marche de l'économie avec précision, d'autant plus que l'inflation peut se produire dans certains secteurs avant même que le chômage ait atteint son niveau plancher. Il faut donc parfois faire un arbitrage entre l'inflation et le chômage.

L'inflation est plus sournoise qu'il ne paraît

S'il faut se résigner à choisir entre deux maux, autant opter pour le moindre. On pourrait croire que le chômage fait plus de ravages que l'inflation, puisqu'il équivaut à un gaspillage de ressources et qu'il réduit le niveau de vie d'une partie de la population. En revanche, il semble relativement facile de s'adapter à la hausse des prix, notamment en indexant les salaires. Mais cela ne signifie pas que l'inflation ne puisse pas nuire également à l'efficacité économique.

L'inflation obscurcit le signal donné par le prix de marché.

Malgré les imperfections du marché, le prix déterminé par l'offre et la demande fournit un signal utile aux agents économiques. Une ressource plus rare verra par exemple son prix monter, ce qui incitera ses utilisateurs à ne pas la gaspiller. Un besoin accru se traduira aussi par une hausse de prix, qui poussera l'entreprise à produire davantage. Or, dans une économie en butte à une inflation continuelle, comment interpréter correctement les hausses de prix ? Sont-elles causées par une véritable rareté ou sont-elles le résultat de cette inflation ? Il est donc évident que l'inflation obscurcit l'information véhiculée par les prix et amène les agents économiques à prendre de mauvaises décisions.

L'inflation accroît l'incertitude de façon exponentielle.

L'incertitude provoquée par l'inflation est d'autant plus grande que les ménages et les entreprises doivent prendre des décisions à long terme. L'achat d'une maison ou d'un fonds de retraite, le choix des biens à produire ou des usines à construire deviennent risqués lorsqu'il est difficile d'évaluer leur valeur à long terme.

Mais il y a plus grave. On a observé à maintes reprises que, plus l'inflation est forte, plus elle tend à être instable, ce qui redouble le degré d'incertitude et nuit à la croissance à long terme.

Le cercle vicieux de l'inflation

Figure 10.6

LE CERCLE VICIEUX DE L'INFLATION

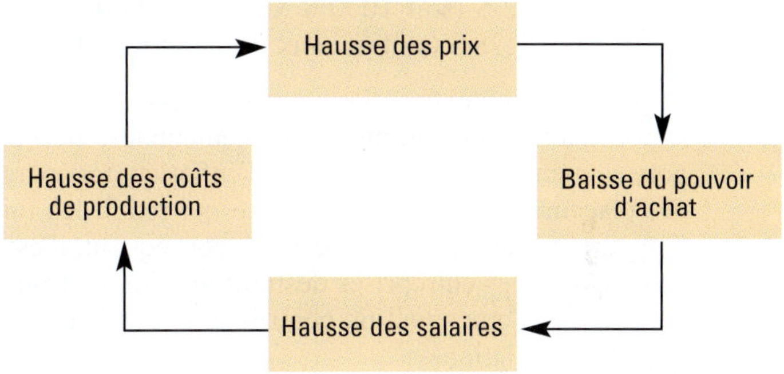

Dans certains cas, l'inflation alimente l'inflation. La hausse des coûts de production des entreprises entraîne une hausse des prix. Il s'ensuit une baisse du pouvoir d'achat, que les travailleurs cherchent à compenser en réclamant des augmentations de salaire. S'ils obtiennent satisfaction, on assiste à une nouvelle hausse des coûts de production. À moins que travailleurs et chefs d'entreprise ne parviennent à s'entendre sur les modalités de répartition de la hausse des coûts de production, l'économie se trouve piégée dans un cercle vicieux.

Contrairement à la toupie qui tourne de moins en moins vite et finit par s'arrêter, l'inflation, une fois lancée, tend à s'autopropulser et même à s'accélérer. Dans certains cas, l'inflation par les coûts donne naissance à un cercle vicieux (voir la **figure 10.6**). En effet, lorsque les coûts de production augmentent, les entreprises ont le choix entre deux possibilités : augmenter les prix (ce qui revient à reporter la hausse sur les consommateurs) ou limiter les dépenses qui sont le plus faciles à restreindre, c'est-à-dire les salaires (ce qui revient à faire payer les travailleurs). Dans les deux cas, le pouvoir d'achat des travailleurs diminue. Pour compenser cette baisse, ces derniers revendiquent des hausses de salaire qui, si elles sont acceptées, génèrent à leur tour une hausse des coûts de production. À ce stade, si les entreprises et les travailleurs ne parviennent pas à s'entendre, l'économie risque de tomber dans un cercle vicieux dont tous les agents économiques finissent par subir les conséquences, car il entraîne des hausses de prix de plus en plus fortes. C'est pourquoi on parle, à juste titre, de spirale inflationniste.

Le cercle vicieux de l'inflation est le processus par lequel les travailleurs tentent de compenser la perte de leur pouvoir d'achat par des revendications salariales.

Les victimes de l'inflation

La perte de valeur de la monnaie qui résulte de l'inflation ne touche pas tout le monde de la même façon. L'inflation fait surtout des victimes parmi les personnes qui disposent de revenus fixes. En revanche, les personnes dont les revenus varient en fonction du niveau des prix (les commerçants et les personnes payées à la commission, par exemple) et les travailleurs dont le contrat comprend une clause d'indexation sont protégés des effets néfastes de l'inflation.

Lorsqu'il y a inflation, le taux d'intérêt réel est inférieur au taux d'intérêt nominal annoncé par les banques.

Les créanciers (les prêteurs) et les épargnants risquent également de subir les retombées d'une flambée inflationniste imprévue. Prenons l'exemple d'un ménage qui dépose 1000 $ sur un compte à un taux d'intérêt annuel de 5 %. Si les prix augmentent de 3 % par an, ce taux d'intérêt paraît tout à fait raisonnable. Mais si, à la fin de l'année, le taux d'inflation annuel est de 8 %, et non de 3 % comme prévu, le ménage n'aura aucune raison de se réjouir, car la valeur réelle de son épargne ne sera plus que de 972,22 $ (soit 1000 $ × 1,05/1,08). Il aura donc subi une perte de pouvoir d'achat de 27,78 $ (soit un taux d'intérêt réel de −2,778 %)[1].

Dans un contexte inflationniste, l'échéance des contrats financiers (dépôts, prêts hypothécaires, obligations gouvernementales, etc.) a tendance à raccourcir. En effet, pour se prémunir contre le risque d'inflation, les épargnants se tournent davantage vers des placements de courte durée, ce qui réduit les fonds disponibles pour des prêts à long terme à taux d'intérêt fixe. Par conséquent, il est plus difficile, pour les acheteurs de maison et les entreprises désirant investir, de trouver des sources de financement à long terme. Cette situation contribue à développer les marchés financiers et favorise donc la spéculation.

Certains économistes soutiennent qu'on exagère les effets de l'inflation sur l'efficacité économique et qu'il est impossible, voire dangereux, de l'éliminer complètement dans une économie de marché. Les entreprises seraient indifférentes aux faibles hausses de prix, lesquelles ne modifieraient en rien leurs comportements. En fait, l'incertitude des investisseurs serait liée à des facteurs plus complexes que ne le prétendent les tenants de l'inflation zéro. Seule une hyperinflation amènerait les entreprises à se préoccuper vraiment des hausses de prix. Selon les défenseurs de cette thèse, à trop vouloir lutter contre l'inflation, par exemple en freinant la demande globale, on finit par nuire à la croissance économique et par créer un climat défavorable aux investissements.

Le cercle vicieux du chômage structurel

Si le chômage conjoncturel disparaît avec la reprise de l'économie, le chômage structurel est un mal qui tend à perdurer, tout comme l'inflation. Le chômage structurel peut avoir des conséquences néfastes non seulement sur le plan économique, mais aussi sur le plan social, surtout lorsque ses victimes tardent à retrouver un emploi. Quand un travailleur est exclu du marché du travail pendant une longue période, sa qualification finit par ne plus correspondre aux besoins changeants des entreprises, d'où une augmentation du chômage structurel. Cependant, lorsque les changements structurels sont rapides, les chômeurs risquent de se retrouver dans un cercle vicieux.

En effet, les chômeurs de longue durée connaissent plus de difficultés à retrouver un emploi car, avec le temps, leurs qualifications professionnelles se déprécient. Aux yeux des employeurs, un travailleur qui a perdu l'habitude de se plier aux exigences

1. Revoir la méthode de calcul du taux de croissance réel présenté au chapitre 4 (page 79).

d'un emploi (régularité, concentration, assiduité, etc.) risque d'être moins efficace. Certains employeurs estiment que l'embauche de chômeurs de longue durée se solderait par des dépenses supplémentaires en formation professionnelle ; d'autres éprouvent de la méfiance à l'égard de ces chômeurs, car ils ne comprennent pas les difficultés auxquelles ces derniers doivent faire face pour se réinsérer dans la vie professionnelle.

> La société est composée de deux grandes classes : ceux qui ont plus de dîners que d'appétit et ceux qui ont plus d'appétit que de dîners.
>
> Nicolas de Chamfort

Exercices

1. Une mauvaise utilisation des ressources productives

a) Expliquez pourquoi le chômage rend l'économie moins efficace.

b) En quoi l'inflation nuit-elle également à l'efficacité économique ?

2. Les victimes de l'inflation et du chômage

a) Quelles sont les catégories de personnes les plus susceptibles d'être touchées par l'inflation ?

b) Quelles catégories de personnes sont protégées contre l'inflation ?

c) Expliquez la différence entre taux d'intérêt nominal et taux d'intérêt réel.

d) Quelles sont les conséquences sociales du chômage de longue durée ?

3. Les cercles vicieux

a) Les travailleurs sont-ils responsables du cercle vicieux de l'inflation ?

b) Pourquoi est-il difficile de s'extraire du chômage structurel ?

Débat

Faut-il contrôler le prix du pétrole ?

Au cours de l'été 2008, le prix du baril de pétrole grimpait jusqu'à 150 $ US. Or, au début des années 2000, le baril se vendait autour de 25 $, et il était même descendu sous les 12 $ en 1998. La hausse vertigineuse du coût du pétrole touchait non seulement les automobilistes et les transporteurs aériens, mais aussi la plupart des entreprises et des ménages. Les observateurs s'accordaient sur le fait que l'épuisement progressif des réserves, combiné avec la forte croissance des économies chinoise et indienne, ne pouvait qu'entraîner à la longue une raréfaction du pétrole. Bref, l'offre n'arrivant plus à suivre la demande, le prix du marché devait inéluctablement augmenter et contraindre les ménages à modifier progressivement leur mode de vie.

Comment expliquer ces variations de prix excessives ? Il était tentant de désigner des coupables. Certains montraient du doigt les spéculateurs, dont les procédés tout à la fois opaques et sophistiqués amplifiaient les mouvements du marché ; d'autres faisaient porter la faute aux compagnies pétrolières, dont les profits étaient jugés exorbitants. Plus concrètement, d'autres encore demandaient à l'État d'imposer des *prix plafonds* ou de diminuer la taxe sur l'essence. Les Américains, grands consommateurs d'énergie, s'inquiétaient par ailleurs de leur dépendance accrue face à leurs fournisseurs arabes ou vénézuéliens.

L'ÉVOLUTION DU PRIX DES MATIÈRES PREMIÈRES

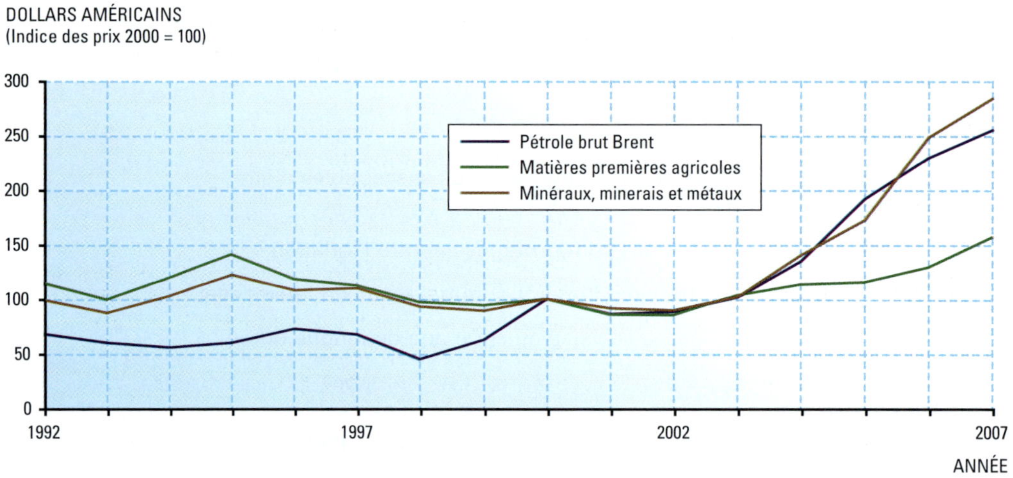

La croissance record de pays très peuplés, comme la Chine et l'Inde, finit par faire pression sur le prix des matières premières, qui s'envolent à partir de 2002. Alors qu'ils étaient relativement stables depuis plusieurs décennies, les produits agricoles sont aussi touchés par cette flambée d'inflation : nouvelle excellente pour les agriculteurs, mais plus inquiétante pour les consommateurs.

Source : OCDE.

Lors de la campagne présidentielle américaine de 2008, Barack Obama et John McCain ont suggéré divers moyens pour diminuer la dépendance énergétique de leur pays. Pour Obama, la solution passait par une réduction de la *demande* (production d'automobiles moins gourmandes en carburant et développement des centrales nucléaires), tandis que McCain proposait de s'attaquer à l'*offre* (accélération du forage des puits situés en mer). Mais l'électeur ne pouvant se contenter de simples souhaits, les deux candidats ont également présenté des mesures concrètes et immédiates pour faire baisser le prix de l'essence : McCain souhaitait suspendre la taxe sur les carburants et Obama promettait d'accroître les impôts des compagnies pétrolières. Or, de telles mesures visent essentiellement la conséquence du problème (le niveau élevé des prix) et non ses causes (l'offre trop faible et la demande trop forte); on peut donc dire qu'elles étaient plutôt de nature à aggraver la situation. En effet, une baisse de la taxe sur l'essence encourage les automobilistes à rouler davantage et stimule ainsi la demande, tandis qu'une hausse des impôts des entreprises — et donc de leurs coûts de production — ralentit l'offre: c'est le cocktail idéal pour faire grimper le prix du marché.

Pour mieux comprendre les données du problème, examinons de plus près les caractéristiques de l'offre et de la demande de pétrole. Théoriquement, le prix du pétrole devrait correspondre au coût de production du dernier baril produit (*coût marginal*). Une étude de Sanford Berstein (2008) estime par exemple à 63 $ en 2008 (et à 86 $ en 2012) le coût marginal d'un baril de pétrole produit à partir des sables bitumineux de l'Alberta. Mais, compte tenu des capacités de production inutilisées dans certains gisements plus économiques, les entreprises pétrolières seraient prêtes à exiger, à court terme, un prix aussi bas que 30 $ avant de cesser leur production. Par ailleurs, la demande est peu sensible aux variations de prix à court terme (*élasticité* faible): toujours selon Sanford Berstein, les consommateurs accepteraient de payer jusqu'à 100 $ le baril avant de réduire leur consommation de manière significative. En conséquence, le prix du baril de pétrole peut facilement fluctuer entre 30 et 100 $.

À court terme, le cartel de l'OPEP, qui regroupe les principaux exportateurs, peut décider de réduire rapidement la production, ce qui peut faire monter brusquement le prix du baril. À long terme par contre, toute hausse de la production exige des investissements massifs et étalés sur plusieurs années: les pénuries de pétrole peuvent donc durer longtemps.

Grâce au système des options et à d'autres techniques de placement, les marchés financiers contribuent à amplifier davantage les fluctuations du prix du pétrole. Théoriquement, les spéculateurs gagnent leur vie en prenant des risques. En retour, ils rendent le marché plus liquide: tout vendeur trouve son acheteur et vice-versa. Mais lorsqu'ils font monter le prix du baril jusqu'à 150 $, ils perturbent l'ensemble de l'économie. Les pertes de croissance du PIB peuvent alors être énormes. Dans ce cas, l'action des spéculateurs entraîne plus de dommages qu'elle n'apporte de bénéfices à l'économie réelle: on est clairement dans une situation d'*externalités négatives* (voir le chapitre 6).

Au Canada, ces externalités sont d'autant plus grandes que les brusques mouvements des prix se répercutent sur le taux de change. La chute soudaine du prix du brut, après l'été 2008, ne pouvait que se traduire par une baisse de la valeur des exportations canadiennes. Et de fait, le dollar canadien s'est effondré en quelques jours, mettant ainsi les entreprises dans une situation difficile puisque le prix des produits qu'elles achetaient ou qu'elles vendaient se modifiait sans préavis.

Les fluctuations excessives du prix du pétrole nuisent donc à la planification à long terme. Un prix élevé stimule l'investissement dans les sources d'énergie alternatives et poussent les ménages à transformer leurs habitudes de consommation. Mais lorsque le prix dégringole, ces investissements et ces nouveaux comportements peuvent cesser d'un coup d'être rentables. Dans ce cas, un prix trop élevé aura donné un mauvais signal à l'économie. C'est pourquoi il serait peut-être judicieux d'imposer, à l'échelle mondiale, un *prix plafond* et un *prix plancher*.

Paradoxalement, un pétrole cher peut aussi nuire à l'environnement. Si elle ralentit le gaspillage, la hausse du prix du pétrole rentabilise en effet l'exploitation de gisements extrêmement polluants (comme les sables bitumineux de l'Alberta), et pousse les producteurs à s'implanter dans des zones particulièrement fragiles (comme la mer de Beaufort, au nord de l'Alaska).

Questions à débattre

1. Le prix du pétrole

a) Quels sont les avantages et les inconvénients d'un prix du pétrole élevé ? d'un prix du pétrole bas ?

b) Selon vous, l'État devrait-il intervenir sur le marché de l'essence en imposant des prix plafonds ou des prix planchers, en faisant augmenter ou baisser les taxes indirectes, en subventionnant les investissements ou encore en imposant les profits des compagnies pétrolières ?

2. Le prix des autres produits

Selon vous, le prix des produits suivants devrait-il être entièrement déterminé par le marché ou réglementé par l'État ?

- L'essence
- L'électricité
- La bière
- Le lait
- Les loyers
- Le salaire des travailleurs les moins payés

RÉSUMÉ

L'économie connaît de manière cyclique des périodes de récession et de surchauffe qui s'accompagnent d'épisodes de chômage et d'inflation.

Le terme « inflation » désigne une hausse soutenue du niveau général des prix. On mesure le taux d'inflation à partir de l'indice des prix à la consommation (IPC), lequel représente la moyenne pondérée des indices de prix des biens consommés par les ménages. Pour établir cette moyenne, Statistique Canada effectue chaque mois 60 000 relevés de prix sur quelque 600 produits de consommation courants. Les indices de prix de ces produits sont regroupés en diverses catégories (alimentation, logement, etc.) à partir desquelles on calcule l'IPC. Le taux d'inflation annuel correspond au taux de croissance de l'IPC d'une année à l'autre.

Durant les années 1950 et 1960, le Canada a traversé une période d'inflation rampante, puisque le taux d'inflation s'est maintenu aux alentours de 3 % par an. À partir des années 1970, l'inflation s'accélère avec un taux annuel de plus ou moins 10 %. C'est alors que les gouvernements des pays industrialisés, par l'intermédiaire de leur banque centrale, ont fait de l'inflation leur cheval de bataille; ils ont ainsi ouvert la voie à la désinflation des années 1980 et 1990.

On distingue l'inflation par la demande et l'inflation par les coûts. L'inflation par la demande est causée par une demande globale excédentaire : les entreprises éprouvent de la difficulté à satisfaire la demande, ce qui entraîne une pénurie momentanée de certains produits et une hausse générale des prix. L'inflation par la demande est d'autant plus forte que l'économie se rapproche du plein-emploi. L'inflation par les coûts est consécutive à une hausse des coûts de production : celle-ci pousse les entreprises à réduire les quantités produites, ce qui cause une pénurie momentanée et une hausse du niveau des prix.

Un chômeur est une personne sans travail qui recherche activement un emploi. Statistique Canada mesure le taux de chômage à partir d'une enquête sur la population active qui s'adresse à un échantillon de 54 000 personnes de 15 ans et plus. Cette enquête permet de déterminer le taux d'activité (proportion d'actifs parmi les gens en âge de travailler) et le taux de chômage (proportion des chômeurs par rapport à la population active). Les statistiques sur la population active ne tiennent pas compte des diverses formes de chômage déguisé. Lorsque la conjoncture économique est mauvaise, on compte davantage de travailleurs découragés.

Il existe plusieurs formes de chômage. On parle de chômage frictionnel lorsqu'une personne se retrouve temporairement entre deux emplois. Le chômage conjoncturel survient à la suite d'une baisse passagère de la demande. Il y a chômage structurel lorsque la qualification des travailleurs ne concorde pas avec celle qu'exigent les employeurs. Le chômage structurel peut engendrer un chômage de longue durée, qui enferme les travailleurs touchés dans le cercle vicieux de la déqualification.

L'inflation touche notamment les personnes disposant de revenus fixes. D'autre part, elle crée une certaine incertitude chez les investisseurs, car elle rend malaisée l'évaluation des coûts et des bénéfices attendus d'un projet d'investissement. Par conséquent, elle a pour effet de ralentir les investissements. De plus, l'inflation peut engendrer un cercle vicieux : la hausse des coûts de production provoque une hausse des prix, laquelle amène les travailleurs à revendiquer des hausses de salaire, ce qui entraîne une nouvelle hausse des coûts de production, et ainsi de suite.

Exercices supplémentaires

1. Les indices de prix

a) En vous appuyant sur le tableau 10.2 (page 214), calculez le taux de croissance de l'indice du prix de l'habillement et de l'indice du prix de la bière entre 1990 et 2008.

b) Comme ils ne font pas confiance aux banques, les Lafortune préfèrent conserver leurs épargnes dans un bas de laine. En 1990, ils ont hérité du père de M. Lafortune la somme de 100 000 $, qu'ils ont bien sûr ajoutée au contenu de leur bas de laine. Quelle était la valeur réelle de cette somme en 2008 ? Les Lafortune se sont-ils vraiment enrichis ?

2. Le calcul de l'IPC

Décrivez brièvement la façon dont Statistique Canada calcule l'indice des prix à la consommation.

3. La conjoncture inflationniste

Dans la liste suivante, relevez les événements susceptibles d'accroître l'inflation. Précisez la provenance de cette inflation (*par la demande* ou *par les coûts*). Dans quels cas l'inflation est-elle particulièrement forte selon vous?

a) Les usines de pâte à papier, qui fonctionnent à plein rendement, parviennent difficilement à recruter des techniciens malgré un taux de chômage élevé.

b) Les entreprises utilisent 70 % de leur capacité de production au moment où le gouvernement annonce la mise en chantier de travaux publics de grande envergure.

c) Le prix des produits importés augmente de 10 %.

d) Les entreprises ont de la difficulté à recruter des travailleurs en raison d'une pénurie momentanée de main-d'œuvre.

e) L'économie est en situation de plein-emploi; optimistes, les ménages accroissent leurs dépenses en produits de consommation.

f) La demande étrangère augmente considérablement, mais le taux de chômage est très élevé.

g) La productivité des entreprises baisse de 5 %.

4. Des placements sûrs?

Calculez la valeur réelle des placements suivants au moment où ils arrivent à échéance.

a) À la fin de l'année, le dépôt d'épargne de 800 $ a rapporté 8 % d'intérêt. Le taux d'inflation annuel est de 5 %.

b) À la fin de l'année, le dépôt d'épargne de 400 $ a rapporté 4 % d'intérêt. Le taux d'inflation annuel est de 5 %.

c) À la fin de l'année, le dépôt d'épargne de 600 $ a rapporté 8 % d'intérêt. L'indice des prix à la consommation est passé de 125 à 140.

d) À la fin de l'année, le dépôt d'épargne de 500 $ a rapporté 5,5 % d'intérêt. Le taux d'inflation annuel est de 5 %.

e) Au cours des cinq dernières années, le dépôt d'épargne de 1 000 $ a rapporté un intérêt annuel de 8 %, tandis que l'indice des prix à la consommation est passé de 115 à 169.

5. Actif ou inactif?

Pour chacune des situations suivantes, dites si la personne fait partie de la population active ou inactive. Le cas échéant, précisez s'il s'agit d'un chômeur ou d'une personne occupée.

a) Denise est étudiante à temps plein et travaille comme secrétaire à temps partiel.

b) Jacques ne travaille pas; il est étudiant à temps partiel et est en recherche active d'emploi.

c) Viviane n'a pas d'emploi rémunéré, mais elle est très active en tant que bénévole.

d) Flavie est étudiante à temps plein; elle cherche un travail à temps plein.

e) Bien qu'il soit retraité, Alcide aimerait bien travailler.

f) David est à la tête d'une entreprise d'aménagement paysager.

g) Alphonse reçoit une pension d'ancien combattant; il travaille cinq heures par semaine comme concierge.

6. Les causes du chômage

Déterminez le type de chômage dans chacun des cas suivants.

a) Charles est au chômage parce que son employeur éprouve de la difficulté à exporter ses produits cette année.

b) Il y a trois mois, son diplôme en poche, Simone a commencé à chercher un emploi. Elle n'a toujours rien trouvé.

c) Depuis huit mois, Léo cherche en vain un emploi de soudeur dans sa région.

d) Mathilde a quitté son emploi pour réorienter sa carrière.

e) Pierre, Luce et Jean-Guy ont perdu leur emploi lorsque l'usine où ils travaillaient a déménagé au Mexique.

f) À cause de la disparition de la morue, l'usine de transformation de poisson de Pointe-à-la-Pêche a licencié ses 250 employés.

g) Aline a quitté son emploi parce que son conjoint a été muté dans une autre région.

h) Louise est congédiée parce que l'entreprise où elle travaille fait face temporairement à une production excédentaire.

7. Qu'avez-vous fait l'été dernier ?

En vous inspirant des critères de détermination de la population active de Statistique Canada (voir pages 219-220), établissez le taux d'activité et le taux de chômage de votre groupe-classe pour la période des vacances de l'été dernier.

Voici comment procéder. On forme des équipes de trois ou quatre personnes. Dans chaque équipe, on désigne un enquêteur, qui va interroger ses camarades, pendant que les autres noteront les résultats. Ensuite, chaque équipe calcule son taux d'activité et son taux de chômage, puis affiche les résultats au tableau. Enfin, toutes les équipes commentent les résultats obtenus pour l'ensemble de la classe. (Remarque : les étudiants doivent répondre aux questions en fonction de la situation où ils se trouvaient le 15 juin dernier.)

8. Les solutions contre le chômage

Lisez les propositions suivantes, puis discutez en groupe de la meilleure façon, selon vous, de résoudre le problème du chômage.

a) Augmenter ou diminuer les prestations destinées aux personnes en chômage.

b) Favoriser l'embauche des jeunes et des personnes peu scolarisées, qui sont les principales victimes du chômage.

c) Accroître la mobilité de la main-d'œuvre en rendant les emplois plus précaires (le bâton) ou en favorisant le recyclage et le déplacement (la carotte).

d) Redistribuer les revenus de manière plus égalitaire (par les impôts et les prestations sociales), afin d'encourager la demande.

e) Baisser le salaire minimum.

9. Le débat sur les effets de l'inflation

D'après vous, l'inflation cause-t-elle plus de préjudices que le chômage ?

CHAPITRE 11

LA **POLITIQUE BUDGÉTAIRE**

Jusqu'ici, nous avons étudié les composantes de l'économie globale (la consommation des ménages, l'investissement des entreprises, les finances de l'État, le commerce avec l'étranger), la création de monnaie par les banques et les grands problèmes de l'économie (crises, inflation et chômage). Il nous reste à étudier de quelle façon ces problèmes peuvent être résolus. La politique économique représente l'ensemble des mesures prises par l'État pour stabiliser l'économie à court terme et favoriser sa croissance à long terme. La politique budgétaire, objet du présent chapitre, concerne les orientations de l'État en matière de dépenses publiques et d'impôts, alors que la politique monétaire, qui sera traitée au chapitre suivant, consiste à contrôler la quantité de monnaie en circulation dans l'économie.

La politique budgétaire se définit comme la volonté délibérée de la part du gouvernement de modifier les dépenses publiques et les impots en vue d'atteindre certains objectifs tels que le plein-emploi, la stabilité des prix et la croissance économique à long terme. Il s'agit principalement d'utiliser le budget de l'État pour amener la demande globale au niveau souhaité.

La politique budgétaire, parfois aussi appelée politique fiscale, ne fait pas l'unanimité chez les économistes. Comme sur d'autres questions, les libéraux et les interventionnistes ont des visions tout à fait opposées à ce sujet. Pour les économistes interventionnistes, la politique budgétaire constitue un moyen efficace de contrer les fluctuations économiques et, par conséquent, de stabiliser l'économie. À l'inverse, les économistes libéraux estiment que ce type d'intervention entrave les mécanismes naturels du marché dans la mesure où il empêche les ajustements structurels et la concurrence.

Ce chapitre vise à faire la lumière sur la politique budgétaire en apportant une réponse aux questions suivantes. Comment la politique budgétaire influe-t-elle sur la demande globale ? Quel est le point de vue des économistes libéraux et des économistes interventionnistes sur la politique budgétaire ? Quels sont les obstacles à la mise en place d'une politique budgétaire au Canada ?

1. LES LEVIERS DE LA POLITIQUE BUDGÉTAIRE

L'État produit ses services grâce à l'argent provenant des impôts. Nous avons déjà vu que les dépenses publiques en biens et services constituent environ 20 % du PIB au Canada et dans bon nombre de pays. Si l'on ajoute les sommes importantes que l'État redistribue aux ménages et aux entreprises, on se rend compte que le budget de l'État peut jouer, de façon directe ou indirecte, un rôle considérable dans l'évolution de la demande globale. Le *budget* de l'État devient alors un *outil* dans la poursuite de certains *objectifs* économiques tels que le plein-emploi et la stabilité des prix. C'est ce qu'on appelle la *politique budgétaire*.

La *politique budgétaire* consiste à utiliser les dépenses publiques et les impôts afin d'influer sur la demande globale.

La conjoncture économique et la politique budgétaire

Lorsque nous avons traité de la crise économique au chapitre 9, nous avons vu que les consommateurs et les entreprises hésitent à faire certaines dépenses quand la situation économique est défavorable. Il s'ensuit un fléchissement de la consommation et de l'investissement, et donc une baisse de la production et une hausse du chômage. L'ardeur des ménages et des entreprises étant de ce fait encore plus refroidie, l'économie se trouve piégée dans un cercle vicieux. L'État peut alors décider de renverser la vapeur en augmentant ses propres dépenses ou en diminuant les impôts, quitte à provoquer un *déficit budgétaire* momentané : c'est la politique budgétaire expansionniste. À l'opposé, lorsque l'économie est en surchauffe, l'État peut freiner la demande globale en augmentant les impôts ou en réduisant ses dépenses : c'est la politique budgétaire restrictive. Le **tableau 11.1** illustre l'influence du budget de l'État sur la demande globale.

On parle de *déficit budgétaire* lorsque les dépenses de l'État sont supérieures à ses recettes.

Tableau 11.1

LES LEVIERS DE LA POLITIQUE BUDGÉTAIRE

	Politique expansionniste	**Politique restrictive**
Dépenses publiques	*Augmenter les dépenses publiques*	*Baisser les dépenses publiques*
Recettes fiscales	*Baisser les impôts*	*Augmenter les impôts*
Solde budgétaire	Déficit budgétaire	Surplus budgétaire
Effets sur l'activité économique	Relance	Ralentissement

Parfois, et même sans intervenir de manière délibérée, l'État relance la demande globale par l'intermédiaire de certains programmes qui jouent le rôle de *stabilisateurs automatiques* de l'économie. L'assurance-chômage et l'aide sociale (programmes de dépenses) ainsi que le système d'impôt progressif (programme de fiscalité) en sont des exemples. En période de récession, un plus grand nombre de chômeurs ont accès aux programmes d'indemnisation, ce qui a pour effet d'accroître l'ensemble des dépenses de l'État. Parallèlement, dans un système d'impôt progressif tel que le nôtre au Canada, les travailleurs qui voient leurs revenus diminuer versent proportionnellement moins d'impôts qu'en période de croissance économique.

Les *stabilisateurs automatiques* sont des mécanismes servant à réduire l'amplitude des fluctuations économiques.

Le mécanisme de la politique budgétaire

Comme nous l'avons mentionné un peu plus haut, l'État dispose de deux types de mesures pour enclencher une relance de l'économie : la hausse des dépenses publiques et la baisse des impôts. La **figure 11.1** illustre ce principe et met en évidence l'effet de levier de cette politique.

Figure 11.1

LES MÉCANISMES DE LA POLITIQUE BUDGÉTAIRE DE RELANCE EXPANSIONNISTE

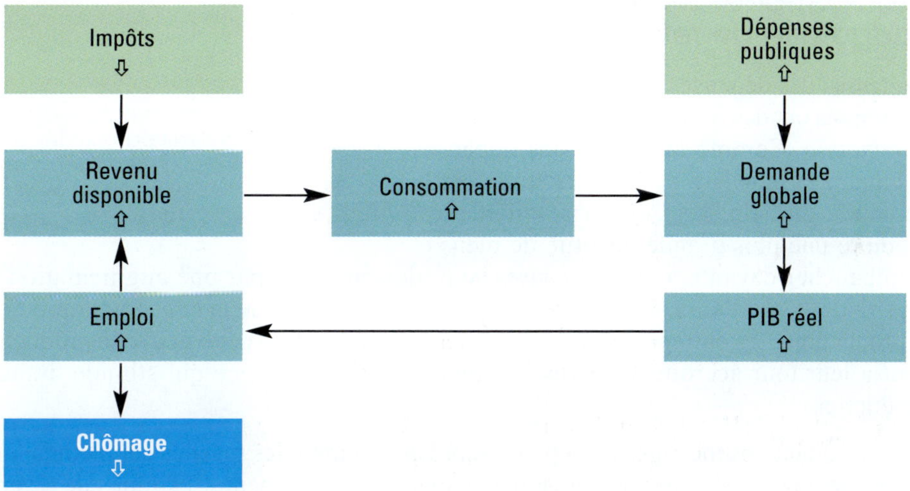

L'État peut relancer l'économie en haussant les dépenses publiques et en abaissant les impôts. Il peut opter pour l'une ou l'autre de ces mesures, ou pour les deux à la fois. Dans les deux cas, il s'ensuit une hausse de la demande globale. Les entreprises doivent donc augmenter les quantités produites, pour satisfaire la nouvelle demande, et faire appel à de la main-d'œuvre supplémentaire. La hausse du revenu global des ménages qui en découle enclenche alors le cercle vertueux de la relance.

Pour augmenter les dépenses publiques, l'État peut procéder de plusieurs manières : accorder plus de subventions aux entreprises et plus d'allocations aux chômeurs, accroître les dépenses d'infrastructures, remplacer certains équipements utilisés dans la fonction publique, offrir de nouveaux services à la population, embaucher plus de fonctionnaires, etc. L'accroissement des dépenses publiques a pour effet de stimuler la demande globale et la production de nouveaux biens (c'est-à-dire le PIB réel). Disposant d'un revenu supplémentaire, les ménages peuvent alors augmenter leurs dépenses de consommation.

La baisse du taux d'imposition des ménages entraîne une hausse du revenu disponible, ce qui a pour effet de stimuler les dépenses de consommation. Là encore, à cause de l'interaction entre la demande globale, la production et le revenu, la nouvelle consommation donnera lieu à une cascade de nouvelles dépenses.

Les deux mesures budgétaires que nous venons d'évoquer n'ont pas tout à fait le même impact sur l'économie. La baisse des impôts des ménages ne se traduira pas par une augmentation équivalente de la production locale, puisqu'une partie de cette somme disparaîtra en impôts, en épargne et en importations. Par contre, la hausse des dépenses publiques constitue un levier plus puissant, vu qu'elle peut être ciblée et servir à l'atteinte d'objectifs stratégiques précis tels que, par exemple, des investissements dans le domaine de la santé, la rénovation des infrastructures ou l'aide à certains secteurs industriels prometteurs.

Les retombées économiques de la politique budgétaire de relance

La hausse des dépenses publiques ou la baisse des impôts ont des *retombées* sur l'ensemble de l'*économie*. Comme la hausse des dépenses publiques et la baisse des impôts stimulent la demande globale, les entreprises tendent à produire une plus grande quantité de biens et à embaucher davantage. Ces mesures se traduisent donc par une augmentation du revenu des travailleurs, qui provoque une nouvelle hausse de la consommation et de la production. Les entreprises et les travailleurs engagés dans cette nouvelle production vont à leur tour accroître leur revenu, puis leurs dépenses, ce qui stimule d'autres productions.

> En augmentant ses propres dépenses, l'État finit par stimuler les dépenses des autres agents : ce sont les *retombées économiques* de la politique budgétaire.

Cependant, les ménages ne dépensent pas entièrement les revenus supplémentaires qu'ils viennent d'obtenir : ils paient des impôts et ils épargnent. Ces fuites de revenus (impôt et épargne) amputent d'autant les dépenses supplémentaires de consommation des ménages, ce qui ralentit petit à petit les retombées économiques de la politique de relance. Plus les fuites sont élevées, moins les retombées économiques engendrées par la politique budgétaire sont fortes.

La **figure 11.2** illustre les retombées économiques d'une politique budgétaire de relance. Dans cette situation fictive, le taux d'imposition des revenus est de 25 %, et le taux d'épargne correspond à 20 % du revenu disponible. Dans la première vague de dépenses, l'État injecte 100 milliards de dollars, qui se retrouvent rapidement dans la poche des ménages, les dépenses des uns étant les revenus des autres. Il se produit alors une première fuite de 40 milliards de dollars, soit 25 milliards (25 % de 100 milliards), qui servent à payer les impôts, et 15 milliards (20 % des 75 milliards

Figure 11.2

LES RETOMBÉES ÉCONOMIQUES DE LA POLITIQUE BUDGÉTAIRE DE RELANCE
(situation fictive; taux d'imposition de 25 %; taux d'épargne de 20 %)

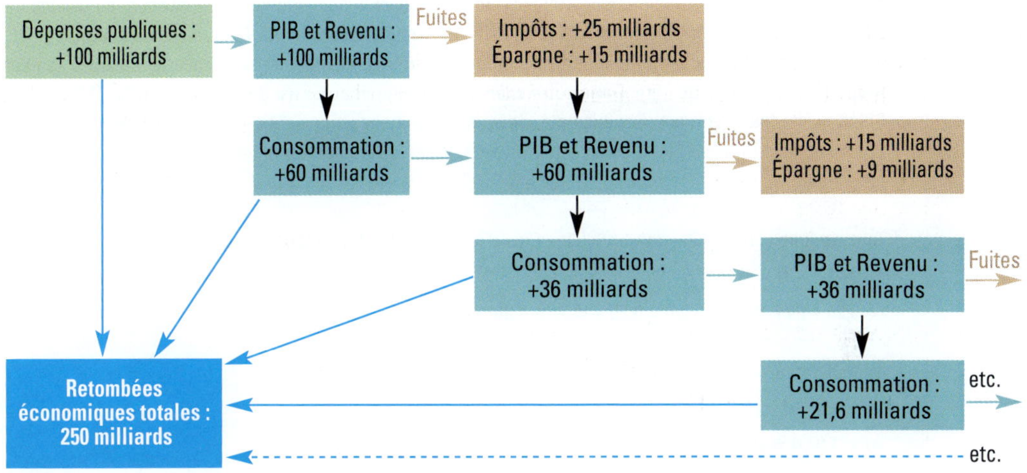

Les retombées économiques de la politique budgétaire de relance reposent sur l'interaction entre la demande, la production et les revenus. Lorsqu'il injecte 100 milliards de dollars dans l'économie, l'État relance la production et l'emploi. Les revenus ainsi générés stimulent la consommation des ménages et la production de nouveaux biens, d'où une hausse des revenus et des dépenses de consommation, et ainsi de suite. Toutefois, ce processus est ralenti par l'existence de fuites dues à l'obligation qu'ont les ménages de payer des impôts et à leur propension à épargner. Par conséquent, à chaque vague successive de production, les revenus redistribués aux ménages tendent à diminuer. Les retombées économiques totales seront d'autant plus fortes que les fuites sont faibles.

Le lecteur sera peut-être étonné de constater que la fuite de 25 % occasionnée par les impôts, et combinée avec la fuite de 20 % en épargne, se traduit par une fuite globale de seulement 40 %. N'oublions pas que le taux d'imposition est calculé à partir du revenu brut, alors que le taux d'épargne est calculé à partir du revenu disponible, c'est-à-dire le revenu brut moins les impôts. Les ménages épargnent 20 % de leur revenu *disponible*, qui équivaut lui-même à 75 % du revenu total. La fuite due à l'épargne constitue donc 15 % (soit 75 % × 20 %) du revenu total.

restants), consacrés à l'épargne. Les fuites totalisent ici 40 milliards sur 100 milliards, c'est-à-dire que le taux de fuite est de 40 %. Par conséquent, les ménages ne remettent en jeu que 60 milliards (soit 60 % de leur revenu), ce qui engendre une deuxième vague de production et un nouveau revenu de 60 milliards de dollars. De ce montant, il faut à nouveau soustraire des fuites : 15 milliards pour les impôts (soit 25 % des 60 milliards de revenus supplémentaires) et 9 milliards pour l'épargne (soit 20 % des 45 milliards restants). Ainsi, à chacune des vagues successives de production, les revenus générés sont amputés d'un montant équivalant au taux de fuite, soit 40 %. Le montant cumulé de toutes ces vagues de production, ou *retombées économiques totales*, tend ici vers la somme de 250 milliards de dollars (nous expliquons dans l'encadré ci-après comment calculer cette somme).

MESURER LES RETOMBÉES ÉCONOMIQUES D'UNE POLITIQUE DE RELANCE

Dans la situation présentée à la figure 11.2, on constate que, lorsque le taux de fuite est de 40 %, la hausse des dépenses publiques de 100 milliards de dollars a des retombées économiques totales de 250 milliards de dollars. En d'autres termes, la somme initiale injectée par l'État a été multipliée par 2,5. Ce chiffre correspond au *multiplicateur* des dépenses publiques, qui est, en toute logique, inversement proportionnel au taux de fuite. Dans notre exemple, le multiplicateur est de 2,5 (soit 1/40 % = 1/0,4 = 2,5). Si le taux de fuite avait été, par exemple, de 50 %, le multiplicateur aurait été de 2 (1/50 % = 1/0,50 = 2). Plus le taux de fuite est élevé, plus l'effet des retombées s'estompe rapidement et plus le multiplicateur est faible.

Taux de fuite = Taux d'imposition + [(1 – Taux d'imposition) × Taux d'épargne]

$\boldsymbol{f = t + [(1 - t) \times e]}$

$\boldsymbol{f = 0{,}25 + [(1 - 0{,}25) \times 0{,}20] = 0{,}25 + (0{,}75 \times 0{,}20) = 0{,}25 + 0{,}15 = 0{,}4}$

Multiplicateur = 1/Taux de fuite

$\boldsymbol{m = 1/f}$

$\boldsymbol{m = 1/0{,}4 = 2{,}5}$

En pratique, l'État ne s'amuse pas à lancer d'abord les milliards à la volée et à constater ensuite l'ampleur des retombées économiques. Il se fixe au contraire un objectif à atteindre (les retombées totales) puis détermine, en se basant sur le multiplicateur, l'injection nécessaire pour frapper en plein dans la cible.

Retombées totales = Somme initiale injectée par l'État × Multiplicateur

$\boldsymbol{\Delta PIB = \Delta G \times m}$

Retombées totales = 100 milliards de dollars × 2,5 = 250 milliards de dollars

Exercices

1. Les retombées économiques de la politique budgétaire

Calculez le taux de fuite, la valeur du multiplicateur et les retombées économiques totales dans chacun des cas suivants.

a) Le gouvernement augmente les dépenses publiques de 500 millions de dollars. Le taux d'imposition des revenus est de 30 % et le taux d'épargne, de 10 %.

b) Le gouvernement augmente les dépenses publiques de 600 millions de dollars. Le taux d'imposition est de 30 % et le taux d'épargne, de 10 %.

c) Le gouvernement augmente les dépenses publiques de 600 millions de dollars. Le taux d'imposition est de 40 % et le taux d'épargne, de 10 %.

d) Le gouvernement augmente les dépenses publiques de 600 millions de dollars. Le taux d'imposition est de 30 % et le taux d'épargne, de 15 %.

2. **La politique budgétaire de relance**

a) Expliquez comment l'État utilise la politique budgétaire pour relancer l'économie.

b) Pourquoi la politique budgétaire de relance a-t-elle des retombées économiques supérieures au montant initial injecté par l'État?

c) Quels facteurs diminuent les retombées économiques de la politique budgétaire de relance?

2. LA VISION DES ÉCONOMISTES LIBÉRAUX ET INTERVENTIONNISTES

Dans le chapitre 9, nous avons montré que les économistes libéraux et les économistes interventionnistes ne partagent pas la même vision de la crise économique. Pour les libéraux, la crise économique peut se résoudre d'elle-même, car les forces du marché (l'offre et la demande) agissent de manière à rétablir le plein-emploi. En revanche, les économistes interventionnistes pensent que le mécanisme du marché a des limites et que la crise peut mener à un effondrement de la production et des revenus si l'État n'intervient pas immédiatement pour arrêter l'hémorragie. On peut donc s'attendre à ce que les libéraux et les interventionnistes aient un point de vue diamétralement opposé sur le rôle de la politique budgétaire.

> « On a beaucoup cassé d'œufs depuis un siècle (au nom du progrès), mais nous n'avons toujours pas d'omelette. »
>
> Isaiah Berlin

La vision des économistes libéraux

Les économistes libéraux privilégient l'équilibre budgétaire en tout temps. À leurs yeux, l'intervention de l'État est nuisible, car le marché est doté de mécanismes naturels qui tendent à rétablir l'équilibre de l'économie. Ils pensent aussi que la facilité d'emprunt du gouvernement le pousse à intervenir de manière excessive dans l'économie, en s'immiscant indûment dans les différentes sphères de la vie sociale et économique. Ils estiment que ces interventions de l'État finissent souvent par devenir permanentes et qu'elles contribuent à créer des déficits budgétaires répétitifs et à gonfler la dette publique.

> Les économistes libéraux estiment que l'équilibre budgétaire permet aux forces du marché d'agir de manière efficace.

Selon les économistes libéraux, l'endettement de l'État a deux conséquences néfastes sur l'économie. D'un côté, l'État accapare une proportion importante de l'épargne disponible sur le marché financier, ce qui fait monter les taux d'intérêt et provoque un ralentissement de l'investissement des entreprises. D'un autre côté, la hausse de la dette publique finit par augmenter le fardeau fiscal des contribuables, ce qui décourage encore une fois, mais de manière prolongée, la consommation des ménages et l'investissement des entreprises.

Le **tableau 11.2** présente les effets des différentes conjonctures économiques sur le budget de l'État et le point de vue des économistes libéraux (ainsi que celui des économistes interventionnistes) sur la politique budgétaire. Étant donné que la récession entraîne toujours une baisse des recettes fiscales, l'objectif de l'équilibre budgétaire permanent — prôné par les économistes libéraux — contraint le gouvernement à abaisser les dépenses publiques.

Tableau 11.2

LE POINT DE VUE DES ÉCONOMISTES LIBÉRAUX ET DES ÉCONOMISTES INTERVENTIONNISTES SUR LA POLITIQUE BUDGÉTAIRE

La conjoncture économique et le budget			
Conjoncture économique	*Problème engendré par la situation*	*Cause de la situation*	*Conséquences de la situation sur le budget*
Récession	Chômage (conjoncturel)	Demande globale trop faible	Baisse des recettes fiscales
Surchauffe	Inflation (par la demande)	Demande globale trop forte	Hausse des recettes fiscales
Le point de vue des économistes libéraux			
Conjoncture économique	*Politique budgétaire mise en œuvre*	*Conséquences de la politique sur l'économie*	*Conséquences de la politique sur le budget*
Récession	Baisse des dépenses publiques	Aggravation de la récession	Équilibre budgétaire
Surchauffe	Hausse des dépenses publiques	Aggravation de la surchauffe	Équilibre budgétaire
Le point de vue des économistes interventionnistes			
Conjoncture économique	*Politique budgétaire mise en œuvre*	*Conséquences de la politique sur l'économie*	*Conséquences de la politique sur le budget*
Récession	Hausse des dépenses publiques	Relance de l'économie	Déficit budgétaire
Surchauffe	Baisse des dépenses publiques	Stabilisation de l'économie	Surplus budgétaire
Cycle			Équilibre budgétaire

Selon les économistes libéraux, le gouvernement doit attendre, sans intervenir, la relance de l'activité économique — et les nouvelles rentrées fiscales qui l'accompagnent — pour accroître les dépenses publiques. Comme le feraient les ménages et les entreprises « sérieux », l'État doit attendre des jours meilleurs pour effectuer des dépenses auxquelles il a dû renoncer au cours de la récession.

La vision des économistes interventionnistes

En raison des problèmes provoqués par la recherche de l'équilibre budgétaire en période de récession, les pays industrialisés ont décidé de recourir à des politiques budgétaires de relance économique pendant la crise des années 1930. C'est le cas aux États-Unis, où l'élection en 1932 du président Roosevelt met fin à trois années d'équilibre budgétaire. Roosevelt décide en effet de relancer l'économie avec un vaste programme de travaux publics, baptisé New Deal. Pour la première fois, l'objectif de l'équilibre budgétaire annuel est relégué au second plan, puisque le gouvernement accorde la priorité à la relance de l'économie.

Les économistes interventionnistes croient que la recherche de l'équilibre budgétaire aggrave aussi bien la récession que la surchauffe.

Selon les économistes interventionnistes, la recherche de l'équilibre budgétaire en tout temps proposée par les économistes libéraux accentue l'instabilité économique. En période de récession, la réduction des dépenses publiques entraîne une baisse de la demande globale ; celle-ci étant déjà mal en point, la situation en est d'autant aggravée. De la même façon, en période de surchauffe, la hausse des dépenses publiques ne fait qu'accentuer l'inflation.

Pour les économistes interventionnistes, le véritable *objectif* du gouvernement doit être la stabilisation de l'économie et non l'équilibre entre dépenses publiques et recettes fiscales. Le budget n'est qu'un *instrument* au service d'une politique. Pour contrecarrer la récession, l'État interventionniste augmente ses dépenses — et accroît du même coup son déficit. En période de surchauffe, il freine l'excès de demande en restreignant ses dépenses — ce qui augmente son excédent budgétaire (consultez à nouveau le tableau 11.2). En somme, l'État doit être prodigue quand il est à sec, et économe quand ses coffres sont bien remplis. On comprend qu'un tel paradoxe a eu du mal à s'imposer au moment où éclatait la crise des années 1930.

La politique de l'*équilibre budgétaire sur le cycle* consiste à stimuler l'économie par des déficits en période de récession et à la freiner par des surplus en période de surchauffe.

Très vite, l'idée d'équilibrer le budget au terme d'un cycle économique complet commence à germer dans certains pays d'Europe. En 1937, la Suède adopte le principe de l'*équilibre budgétaire sur le cycle*. Il s'agit de mettre en réserve les surplus budgétaires des années de forte croissance économique afin de financer les mesures de relance et, par conséquent, les déficits budgétaires en période de récession. Signalons que ce type de politique budgétaire peut aussi reposer sur le phénomène inverse : les déficits budgétaires sont financés par des emprunts qui seront remboursés grâce aux surplus budgétaires subséquents.

L'équilibre budgétaire sur le cycle a aussi été largement utilisé entre 1950 et 1974 au Canada. Au cours de cette période, le gouvernement canadien a enregistré 11 déficits budgétaires et 14 surplus budgétaires. Le total des surplus budgétaires représentait plus du double de celui des déficits budgétaires. Ces surplus ont, entre autres, permis au gouvernement canadien d'éliminer l'importante dette de guerre et de ramener le montant de la dette fédérale nette de 41,3 % du PIB en 1952 à 16,7 % du PIB en 1974.

Entre 1975 et 1997, le gouvernement canadien enregistre chaque année un déficit budgétaire (voir la **figure 11.3**). S'il s'est creusé lors des récessions de 1980-1982 et de 1990-1992, le déficit budgétaire n'a pas pour autant disparu pendant les années d'expansion économique, en 1978-1979 et en 1988-1989. Le déficit budgétaire observé, que l'on peut qualifier de structurel, s'explique notamment par la faible croissance économique et la persistance d'un taux de chômage élevé pendant ces deux décennies. Ces phénomènes ont intensifié le jeu des stabilisateurs automatiques qui ont eu pour effet d'augmenter les dépenses publiques et de réduire les recettes fiscales. Notons également que les taux d'intérêt élevés au cours de cette période ont alourdi le montant des intérêts à payer sur la dette et, par le fait même, le déficit budgétaire de l'État canadien.

De 1997 à 2007, l'État canadien a enregistré 11 excédents budgétaires consécutifs. Ceux-ci ont contribué à réduire substantiellement la dette publique, dont le poids dans le PIB est passé de 66,7 % en 1997 à 33,1 % en 2007. Ces excédents budgétaires sont imputables à des baisses de dépenses découlant des réformes structurelles du gouvernement fédéral, et à une détente sensible des taux d'intérêt. En même temps,

Figure 11.3

LE DÉFICIT DU SECTEUR PUBLIC ET LE TAUX DE CHÔMAGE AU CANADA

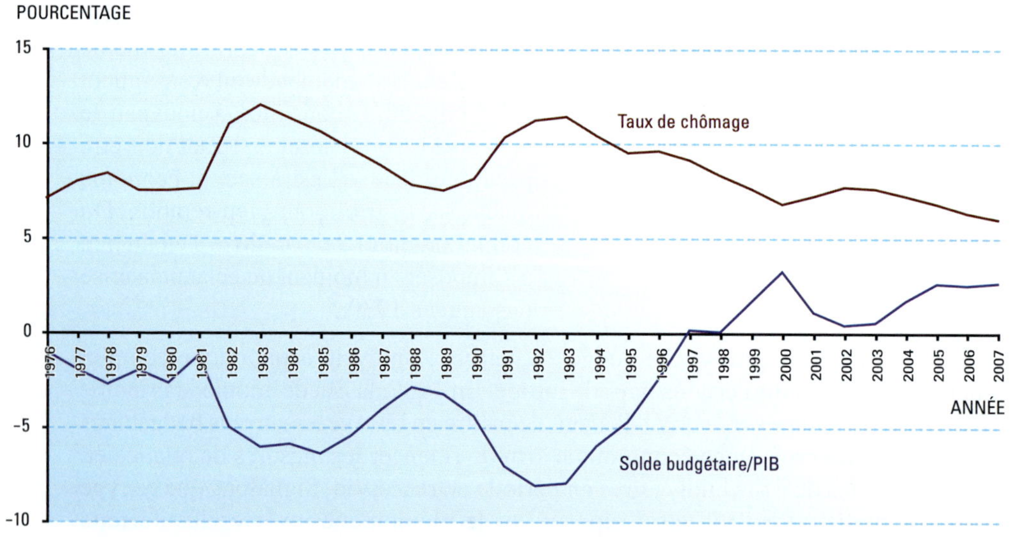

De 1975 à 1997, le secteur public canadien accuse un déficit budgétaire chronique. Celui-ci, mesuré en proportion du PIB, évolue en sens inverse du taux de chômage. À cause du ralentissement et des changements structurels de l'économie, le taux de chômage s'est maintenu à un niveau élevé. L'État a dû verser des prestations aux chômeurs et des subventions aux entreprises en difficulté. En revanche, les travailleurs et les entreprises ont versé moins d'impôts à l'État. La faible activité économique et le chômage endémique expliquent, en partie, le déficit budgétaire chronique du secteur public canadien au cours de ces 22 années. À partir de 1997, on observe le phénomène inverse. La reprise économique et la baisse du taux de chômage qui s'ensuit ont pour effet d'assainir les finances publiques.

Source : Statistique Canada, *L'Observateur économique canadien*.

la croissance économique relativement soutenue a permis d'engranger de bonnes recettes fiscales.

Certaines dépenses budgétaires lancées en temps de récession deviennent parfois permanentes. Si l'État décidait, par exemple, de relancer l'économie en augmentant le soutien aux familles, il lui serait difficile de revenir en arrière au moment où survient la reprise. Pour éviter que les déficits budgétaires conjoncturels ne se transforment ainsi en déficits structurels, certains économistes recommandent à l'État de concentrer ses mesures de relance sur l'investissement. En effet, des programmes tels que la construction ou la réparation d'infrastructures sont, par nature, limités dans le temps et peuvent être synchronisés avec la récession.

Exercices

1. L'équilibre budgétaire annuel

a) Pourquoi, selon les économistes libéraux, le déficit budgétaire perturbe-t-il les mécanismes naturels du marché ?

b) Selon les économistes interventionnistes, dans quelle mesure la recherche systématique de l'équilibre budgétaire peut-elle accentuer une crise ?

2. L'équilibre budgétaire sur le cycle

Selon les économistes interventionnistes, comment l'État peut-il parvenir à l'équilibre budgétaire sur le cycle ?

3. Le déficit chronique

Pourquoi le Canada a-t-il enregistré un déficit budgétaire chronique entre 1975 et 1997 ?

3. LA POLITIQUE BUDGÉTAIRE DANS UNE ÉCONOMIE MONDIALISÉE

Si la politique budgétaire constitue un instrument pour stabiliser l'économie, encore faut-il que l'État dispose d'une marge de manœuvre pour la mettre en application. Avec la mondialisation de l'économie, la politique budgétaire est soumise à de nouvelles contraintes économiques et financières. D'une part, la mondialisation des marchés financiers fait en sorte que les investisseurs peuvent déplacer leurs capitaux vers les pays qui offrent les meilleures garanties de rendement. D'autre part, la mondialisation des échanges commerciaux a pour effet d'amoindrir les retombées économiques d'une politique de relance. En définitive, la mondialisation réduit la capacité de l'État à intervenir et, quand il peut agir, l'efficacité de son intervention.

La politique budgétaire remise en question.

La marge de manœuvre de l'État

Au cours des années 1975-1997, le gouvernement canadien était aux prises avec un déficit budgétaire structurel qui a fait exploser la dette publique, laquelle est passée de 27,7 milliards de dollars (soit 16,1 % du PIB) en 1975 à 588,4 milliards de dollars (soit 66,7 % du PIB) en 1997. Ce gonflement a eu pour effet d'augmenter le *service de la dette*, lequel est passé de 10,4 % des dépenses totales de l'État en 1975 à 27,3 % en 1997. Puisque l'État devait allouer plus du quart de son budget au remboursement des frais de sa dette, sa marge de manœuvre pour relancer l'économie en cas de ralentissement ou de récession s'en trouvait par le fait même considérablement réduite.

Le *service de la dette* est la somme servant au remboursement des intérêts sur la dette publique.

Alors que le gonflement de la dette publique diminue directement la marge de manœuvre de l'État, la mondialisation réduit indirectement sa capacité de mener une politique budgétaire à sa guise. Comme les capitaux et les entreprises se déplacent librement d'un pays à l'autre, les États se livrent une concurrence acharnée pour les attirer ou les retenir sur leur territoire. D'un côté, les entreprises exercent des pressions pour réduire l'impôt sur les profits, ce qui affecte la marge de manœuvre de l'État au chapitre des recettes fiscales. D'un autre côté, les investisseurs financiers recherchent les meilleurs rendements et fuient les risques associés à l'endettement croissant d'un État. En effet, plus un État s'endette, plus il doit émettre des bons du Trésor et des obligations, entraînant ainsi une baisse de leur prix qui se traduit par une diminution des profits pour les détenteurs de ces titres de dettes. Ces derniers sont alors portés à s'en départir, à moins que le gouvernement ne leur verse une *prime de risque* (hausse du taux d'intérêt) à titre de compensation. En bout de ligne, l'État paie donc plus cher pour financer ses dépenses, ce qui augmente les frais de sa dette et réduit d'autant sa marge de manœuvre.

Une *prime de risque* (ou de rendement) correspond à un supplément d'intérêt versé aux créanciers.

La mondialisation a accru le pouvoir des marchés financiers sur les États en raison de l'importance accordée aux agences de notation (Standard and Poor's et Moody's, par exemple) qui attribuent des cotes de crédit aux gouvernements[1]. Ainsi, les politiques budgétaires des États sont scrutées à la loupe par ces agences, qui n'hésitent pas à abaisser la cote de crédit d'un gouvernement lorsque sa situation financière se dégrade.

La politique budgétaire des gouvernements est constamment évaluée par des agences privées de cotation du crédit, aussi appelées agences de notation.

---

1. La cotation indique le niveau de risque pour le débiteur, c'est-à-dire l'aptitude de l'emprunteur à payer ses dettes à la date prévue (solvabilité). La cotation est basée sur des facteurs objectifs, tels la santé de l'économie et le taux d'imposition, ainsi que sur des facteurs subjectifs, telle la volonté du gouvernement de respecter ses objectifs budgétaires. Les gouvernements accordent de l'importance à la cotation, car celle-ci détermine leur accès aux différentes sources de financement sur les marchés financiers internationaux. Les cotes varient de AAA (emprunteur apte à rembourser les intérêts et le capital) à D (emprunteur incapable de rembourser les intérêts de ses emprunts). C'est en fonction de la cotation que les investisseurs étrangers établissent leurs exigences en matière de taux d'intérêt.

Cette décote financière se traduit par la hausse du taux d'intérêt en raison de la prime de risque exigée par les financiers. Par ricochet, les frais de la dette publique augmentent, et les entreprises qui empruntent pour investir sont pénalisées. En général, les entreprises réagissent en exigeant du gouvernement des mesures de redressement budgétaire susceptibles de rétablir le taux d'intérêt à son niveau antérieur.

Dans les années 1990, diverses décotes financières ont contraint le gouvernement canadien à réformer sa politique budgétaire. Il a ainsi réduit ses dépenses dans plusieurs domaines, notamment les transferts aux provinces pour les secteurs de la santé et de l'éducation. Si elle a permis à l'État de dégager des surplus budgétaires et de diminuer sa dette, cette forte réduction des dépenses publiques a obligé les provinces à resserrer leurs dépenses dans la santé et l'éducation, deux secteurs qui accaparent plus de 70 % de leur budget.

D'abord conçue comme outil de stabilisation de l'économie, la politique budgétaire est de plus en plus soumise aux marchés financiers, qui exigent ni plus ni moins l'équilibre budgétaire en tout temps.

La relance en économie ouverte

Dans une économie ouverte, les retombées de la politique budgétaire de relance peuvent être limitées. Lorsque les ménages consomment une forte proportion de produits importés, ce sont les pays étrangers qui récupèrent une bonne partie de ces retombées.

Au Canada, le *coefficient d'importation* est passablement élevé (33 % en 2007). Cela signifie que, sur chaque dollar dépensé au Canada cette année-là, environ 33 ¢ allaient à des produits étrangers. Par conséquent, lorsque l'État relance l'économie par des mesures budgétaires, certains des revenus ainsi générés servent à acheter des produits importés, ce qui se traduit par une fuite supplémentaire de revenus hors du circuit des retombées économiques. Les importations ont donc la même incidence que les impôts et l'épargne sur l'effet multiplicateur de la politique budgétaire de relance.

Le *coefficient d'importation* représente la proportion des importations dans le PIB.

Essayons de recalculer le multiplicateur de la page 242 en tenant compte de cette nouvelle fuite du circuit. Nous savons déjà que, avec un taux d'imposition de 0,25 et un taux d'épargne de 0,20, un revenu de 100 entraîne une consommation de 60, les fuites combinées de l'impôt et de l'épargne étant alors de 0,4 (ou 40 %). Or, nous voyons à présent qu'une bonne partie de cette consommation porte sur des produits importés. Supposons que, conformément aux données du paragraphe précédent, le taux d'importation est de 1/3. La nouvelle consommation se répartit de la façon suivante : produits importés = 20 (soit 60 × 1/3) et produits locaux = 40 (le reste). Une bonne partie des retombées… retombe dans le pays voisin. En fin de compte, la hausse de revenu initiale de 100 aura fait augmenter la consommation de produits locaux de 40, soit des fuites totales de 60/100 (ou 0,60). Le nouveau multiplicateur est seulement de $1/0{,}60 = 1{,}6\bar{6}$. Avec un multiplicateur aussi faible, il faut plus que le « petit coup de pouce » dont parlait Keynes pour relancer la machine économique.

Lorsque l'économie est très ouverte, la politique de relance risque de détériorer la balance courante et de compromettre les chances de succès de la politique budgétaire.

Comme les mesures de relance budgétaire se traduisent par une hausse des importations, on assiste à une détérioration de la balance courante et à une baisse du taux de change. Les Canadiens doivent en effet vendre des dollars pour se procurer les devises étrangères nécessaires à l'achat des biens importés. De leur côté, les investisseurs étrangers réagissent à l'affaiblissement du taux de change en vendant les titres canadiens (obligations, bons du Trésor, etc.) afin de réduire au minimum la perte de valeur de leurs placements. Cette situation entraîne une sortie des capitaux et a pour effet d'accentuer la baisse du taux de change. La banque centrale doit alors intervenir sur le marché des changes afin de stabiliser le taux de change et de rassurer les investisseurs étrangers. Pour ce faire, elle puise dans ses réserves de devises étrangères et achète des dollars canadiens sur le marché des changes.

Si cette mesure ne suffit pas à stabiliser le taux de change, la banque centrale doit augmenter les taux d'intérêt. Or, la hausse des taux d'intérêt a pour effet de freiner la demande globale, ce qui annule l'effet des mesures de relance. La **figure 11.4** illustre les ratés de la politique de relance en économie ouverte.

Un pays à économie ouverte qui applique une politique de relance de manière isolée risque de voir sa balance courante se détériorer.

Figure 11.4

LES RATÉS DE LA POLITIQUE DE RELANCE EN ÉCONOMIE OUVERTE

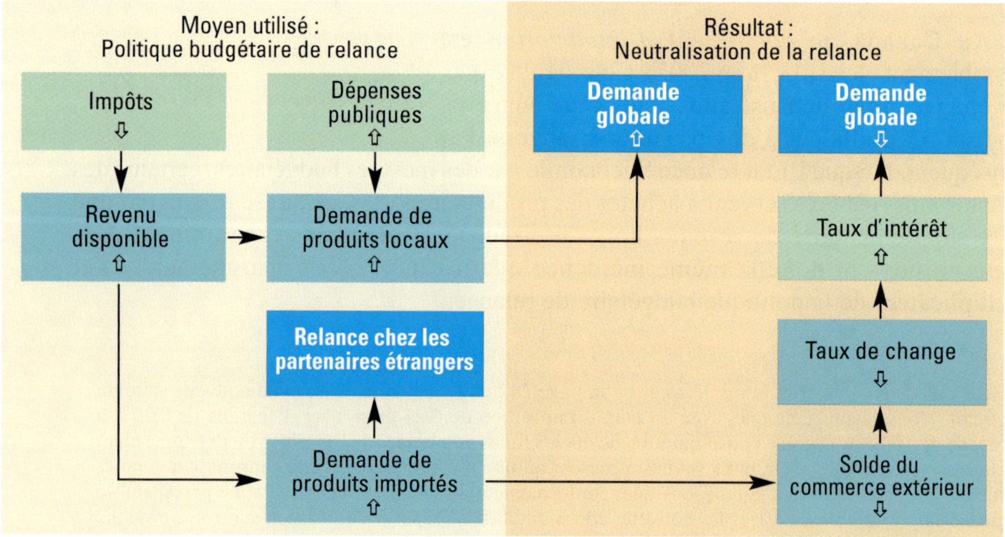

La relance budgétaire a pour but d'augmenter la demande globale. La baisse des impôts entraîne une augmentation du revenu disponible, de la consommation et de la demande globale. Mais, lorsqu'il s'agit d'une économie ouverte, la hausse de la demande globale se traduit également par une hausse des importations. Cette fuite contribue à relancer l'économie des partenaires commerciaux étrangers. De plus, la hausse des importations a pour effet de détériorer la balance courante, ce qui fait baisser le taux de change. Pour éviter la sortie des capitaux étrangers, la banque centrale intervient en haussant les taux d'intérêt afin de compenser les risques liés à la baisse du taux de change. Toutefois, la hausse des taux d'intérêt freine la demande globale et compromet, en bonne partie, la relance de l'économie.

La relance concertée

Nous venons de voir à quelles difficultés se heurte une politique de relance en économie ouverte. Cependant, le véritable handicap ne serait-il pas plutôt le manque de synchronisation des politiques budgétaires à l'échelle internationale ?

En reconnaissant que les politiques de relance sont difficiles à mettre en œuvre, on ne veut pas dire pour autant qu'elles sont inutiles. On souligne en revanche la nécessité d'une concertation à l'échelle internationale. S'ils menaient leur politique de relance en même temps et avec la même intensité, les pays industrialisés profiteraient d'une relance simultanée de leurs exportations tout en évitant une détérioration de leur balance courante.

Encore faudrait-il que la conjoncture économique présente des similitudes dans les différents pays industrialisés. Or, depuis le début des années 1990, ce n'est pas toujours le cas. Quand le Canada et les États-Unis sont entrés dans une période de récession au début des années 1990, l'Europe était encore dans une phase d'expansion. Au moment de la reprise économique au Canada et aux États-Unis en 1992, c'était au tour de l'Europe et du Japon de connaître une récession. En 2008, la récession a d'abord frappé plus rudement les États-Unis que le Canada, mais la plupart des pays affectés par la crise se sont entendus pour stimuler rapidement l'économie par une série de mesures budgétaires.

Exercices

1. L'État paralysé

a) Pourquoi la dette publique réduit-elle la marge de manœuvre de l'État lorsqu'il entreprend de relancer l'économie ?

b) Pourquoi les marchés financiers imposent-ils une prime de risque au gouvernement ?

c) En quoi la mondialisation impose-t-elle de nouvelles contraintes économiques et financières aux États ?

2. La politique de relance en économie ouverte

a) Pourquoi la politique budgétaire de relance est-elle moins efficace dans une économie ouverte ?

b) Dans une économie ouverte, quels sont les effets d'une politique budgétaire de relance sur la balance courante et le taux de change ?

Débat

Quelle doit être la part du marché dans la régulation de l'économie ?

Plus d'État ou plus de marché ? La question prend souvent un tour passionné. Après un petit retour en arrière sur les périodes où chacune de ces options a successivement connu grâce et disgrâce, nous nous rendrons sur un terrain bien concret d'affrontement entre ces deux conceptions de la régulation économique.

Faut-il abandonner le concept de la « main invisible » ?

Pendant plus de 40 ans, de la dépression des années 1930 à la crise du pétrole de 1975, la plupart des grands États ont mis en place des politiques d'inspiration keynésienne, qui visaient à atténuer les crises économiques tout en favorisant la croissance à long terme. Puis, vers le milieu des années 1970, le monde a connu un mélange de croissance poussive et d'inflation — la stagflation — que les politiques interventionnistes habituelles étaient impuissantes à combattre.

> « Tout en ne cherchant que son intérêt personnel, (l'individu) travaille souvent d'une manière bien plus efficace pour l'intérêt de la société, que s'il avait réellement pour but d'y travailler. (...) En cela, comme dans beaucoup d'autres cas, il est conduit par une main invisible à remplir une fin qui n'entre nullement dans ses intentions. »
> (Adam Smith, *Recherches sur la nature et les causes de la richesse des nations*, 1776.)

Il n'en fallait pas plus pour que les partisans du marché libre reprennent une influence prépondérante dans les politiques économiques de plusieurs pays et organismes internationaux influents. Il s'en est suivi une libéralisation du commerce international et des marchés financiers, qui s'est accompagnée d'une transformation spectaculaire de l'économie mondiale : révolution technologique, mondialisation, décollage presque inespéré de certains pays du Tiers-Monde. Face à de tels succès, la théorie néolibérale — qui veut que les marchés s'autorégulent automatiquement et conduisent à une allocation efficace des ressources productives — s'est parfois transformée en dogme.

La débâcle bancaire et boursière de l'automne 2008, qui a ébranlé le système financier mondial tout en faisant dramatiquement fondre les épargnes de millions de citoyens, a sonné la fin de la récréation néolibérale. Dès lors, les marchés — considérés jusque-là comme les chiens de garde de l'efficacité économique — devenaient, pour un grand nombre de gens, les causes des crises : les marchés pouvaient être aveugles, impitoyables et frappés de folie.

Faut-il pour autant passer d'un dogme à l'autre ? Faut-il remplacer le culte du marché par le culte de l'intervention étatique ? Ici encore, il est utile de faire appel à l'expérience d'économistes qui ont déjà observé, analysé et expliqué bon nombre de ces problèmes qui font régulièrement la une de l'actualité.

Joseph Stiglitz, ancien économiste en chef de la Banque mondiale et Prix Nobel d'économie, a mis en évidence l'imperfection de plusieurs marchés, qu'il explique notamment par les coûts de l'information. L'asymétrie entre l'information détenue par vendeurs et acheteurs est particulièrement élevée sur les marchés financiers, où elle conduit à une mauvaise allocation des ressources.

Joseph Stiglitz considère cependant que les marchés jouent aussi un rôle de régulation. La chute des prix de l'immobilier, des cours de la Bourse et de la valeur du dollar américain, en 2008, sont une aubaine pour les investisseurs étrangers, qui peuvent désormais acquérir à bon marché des propriétés et des actifs aux États-Unis. Il s'ensuivra une demande accrue pour les immeubles, pour les actions et pour le dollar, ce qui devrait finir par enrayer la chute de leur prix.

Nous avons déjà examiné, dans le chapitre 6, les imperfections du marché, et notamment les *externalités*, dont le principe s'applique à la crise financière de 2008. Lorsqu'un investisseur réussit à se décharger de l'ensemble des risques sur autrui, plus rien ne l'empêche de prendre des décisions nuisibles à la communauté. C'est ce qui se passe avec certaines techniques de placement où les risques sont *externalisés* de façon opaque.

En principe, le rôle des marchés financiers est de réunir les capitaux nécessaires au développement des entreprises tout en les protégeant contre le risque. Lors de la crise de 2008, cependant, il semble que les marchés financiers aient plutôt dilapidé les capitaux tout en amplifiant le risque. Cette fois, contrairement au principe de la « main invisible », l'intérêt immédiat des acteurs sur le marché primait sur l'intérêt général à plus long terme. La solution consisterait à mieux réglementer les marchés financiers et à mieux résister aux pressions à court terme des « lobbies ».

Alors, comment départager le rôle du marché et de l'État? Pour amorcer le débat, nous allons maintenant nous déplacer sur le terrain — plus concret — du sport professionnel.

Le sport professionnel: un marché qui craint la concurrence?

Contrairement à ce qu'on pourrait croire, le sport professionnel est très réglementé aux États-Unis, alors qu'en Europe la tendance est à la libéralisation du marché[a].

Les ligues américaines fonctionnent généralement comme un cartel fermé, dont le nombre de membres est fixe à court terme. Les revenus y sont partiellement redistribués entre les équipes, les joueurs y disposent d'une mobilité réduite, et les salaires sont plafonnés. Toutes ces mesures, qui vont d'ailleurs à l'encontre des lois anti-monopoles américaines et des principes du marché libre, contribuent à maintenir, entre les équipes, un certain degré de compétition, cet ingrédient essentiel du sport. Sur le marché américain, la seule concurrence provient de ligues parallèles, dont la durée de vie est souvent limitée.

En Europe, les ligues sont ouvertes, ce qui signifie que les clubs les moins performants sont remplacés, en fin de saison, par des équipes montantes. Cette ouverture permet d'ajouter du piquant aux championnats tout en redonnant du sang neuf aux ligues. Étant donné que les écarts de recettes peuvent être considérables entre les clubs qui occupent le haut du classement et leurs concurrents immédiats, le recrutement d'un joueur vedette peut se traduire par un gain marginal élevé, d'où les salaires faramineux accordés aux champions. Les joueurs possèdent d'ailleurs une liberté complète de mouvement et les clubs peuvent conserver la totalité de leurs recettes. En fin de compte, la concurrence féroce qui règne sur le marché européen a pour effet de creuser l'écart entre les clubs riches et pauvres, le succès amenant l'argent, et l'argent amenant le succès.

---

a. Pour plus de détails sur le sport et l'économie, voir Wladimir Andreff, « Régulation et institutions en économie du sport », *in Problèmes économiques*, 12 mars 2008, p. 11.

Que conclure de ce parallèle entre les ligues américaines et européennes ? Tout d'abord, il est clair que le sport professionnel est avant tout une activité économique aussi bien aux États-Unis qu'en Europe, qu'il existe plusieurs recettes valables pour offrir un produit attrayant, et qu'aucun marché ne peut fonctionner sans un minimum de règles. De plus, on constate que les Américains, qui sont normalement partisans du libéralisme, n'hésitent pas à renier leurs croyances théoriques quand le jeu en vaut la chandelle. Enfin, la méthode européenne prouve que trop de concurrence tue parfois la concurrence.

Questions à débattre

Selon vous, comment devrait-on gérer les ligues dans le sport professionnel ? Faut-il réglementer les salaires, redistribuer les revenus des équipes, limiter le nombre de clubs, restreindre la mobilité des joueurs ? Votre objectif est naturellement de satisfaire au mieux les besoins, à court et à long terme, des amateurs de sport.

RÉSUMÉ

La politique budgétaire consiste à utiliser les dépenses publiques et les impôts en vue de maintenir le PIB à son niveau optimal. Elle est dite *expansionniste* lorsque l'État augmente ses dépenses ou baisse les impôts dans le but de relancer une économie en récession ; elle est dite *restrictive* lorsque l'État diminue ses dépenses ou augmente les impôts afin de ralentir une surchauffe.

Les retombées de la politique budgétaire expansionniste amplifient son impact sur l'économie. La baisse des impôts accroît le revenu disponible et favorise la consommation. La hausse des dépenses de l'État se traduit par de nouveaux emplois dans le secteur public et dans les entreprises de travaux publics. Ces emplois créent des revenus supplémentaires et de nouvelles dépenses, ce qui entraîne une nouvelle production de biens de consommation. Les travailleurs engagés dans cette nouvelle production voient leur revenu s'accroître et augmentent leur consommation, ce qui stimule d'autres productions. Cet effet multiplicateur est d'autant plus fort que le taux d'imposition et le taux d'épargne sont faibles.

Les économistes n'ont pas tous la même vision de la politique budgétaire. Les économistes libéraux préconisent l'équilibre budgétaire en tout temps. Selon eux, la politique budgétaire mène à des déficits publics dont les conséquences sur l'économie sont le plus souvent néfastes. D'une part, les emprunts de l'État font monter les taux d'intérêt et freinent l'investissement privé ; d'autre part, le déficit entraîne une augmentation des impôts, ce qui favorise la fraude fiscale. En revanche, les économistes interventionnistes estiment que la recherche systématique de l'équilibre budgétaire accentue les crises. En période de récession, puisque la hausse du chômage entraîne une baisse des recettes de l'État, le gouvernement doit réduire ses dépenses s'il vise l'équilibre budgétaire. Or, la baisse des dépenses publiques se répercute sur la demande globale et aggrave la récession. C'est pourquoi les économistes interventionnistes préconisent d'accumuler les surplus budgétaires pendant les périodes d'expansion afin de financer les déficits budgétaires des années de crise.

De nos jours, les politiques budgétaires de relance se heurtent à de nouvelles contraintes économiques et financières. Entre 1975 et 1997, le déficit budgétaire chronique du gouvernement canadien a gonflé la dette publique à tel point que les intérêts sur cette dette représentaient à eux seuls jusqu'au quart des dépenses gouvernementales. Dans de telles circonstances, l'État dispose d'une faible marge de manœuvre pour relancer l'économie. Cette marge de manœuvre est d'autant plus réduite que les marchés financiers font pression sur le gouvernement pour qu'il diminue le déficit budgétaire, le menaçant d'exiger une prime de risque. Par ailleurs, comme le Canada possède une économie très ouverte, la politique budgétaire risque de relancer aussi bien l'économie de ses partenaires commerciaux que sa production intérieure. C'est pourquoi les politiques de relance économique gagnent aujourd'hui à être synchronisées par l'intermédiaire d'une concertation entre gouvernements.

Exercices supplémentaires

1. Le déficit budgétaire chronique

Il arrive que le gouvernement doive faire face à un déficit budgétaire sans avoir adopté de politique de relance économique. Expliquez pourquoi.

2. Le cercle vertueux de la relance budgétaire

Dessinez un schéma dans lequel les variables suivantes sont reliées par des flèches représentant les relations de cause à effet qui les unissent.

- R : Revenu total (hausse)
- C : Consommation (hausse)
- T : Impôts (baisse)
- PIB : Production (hausse)
- RD : Revenu disponible (hausse)
- G : Dépenses publiques (hausse)

3. Les retombées économiques de la politique budgétaire de relance

Imaginons que le gouvernement souhaite relancer l'économie en recourant à une augmentation des dépenses publiques. Selon les économistes qu'il a consultés, sa politique budgétaire devrait avoir des retombées économiques totales de l'ordre de 5 milliards de dollars pour lui permettre d'atteindre son objectif. Calculez la somme d'argent que le gouvernement devra injecter dans l'économie :

a) si le taux de fuite est de 30 % ;

b) si le taux de fuite est de 40 % ;

c) si le taux de fuite est de 10 %.

4. Taux de fuite et coefficient d'importation

Le gouvernement décide de relancer l'économie en haussant ses dépenses de 1 milliard de dollars. Le taux d'imposition est de 25 %, le taux d'épargne, de 20 %, et le taux d'importation, de 35 %.

a) Calculez le taux de fuite, la valeur du multiplicateur et les retombées économiques totales.

b) Comparez les résultats obtenus avec ceux de la figure 11.2 (page 241).

5. La relance isolée

a) Le Canada peut-il relancer son économie de manière isolée ? pourquoi ?

b) Pourquoi est-il parfois impossible de mener une politique de relance à l'échelle internationale ?

6. La politique budgétaire restrictive en économie ouverte

Montrez qu'une politique budgétaire restrictive ne parviendrait pas nécessairement à freiner la demande globale lorsque l'économie est très ouverte (au besoin, faites un schéma en vous inspirant de celui de la figure 11.4, page 250).

7. Quelle politique budgétaire choisir ?

Selon vous, quelle serait la politique budgétaire la plus appropriée au contexte économique actuel ? Appuyez votre raisonnement sur des arguments économiques. Présentez les avantages et les inconvénients de votre politique budgétaire.

L'Économiste, Casablanca (Maroc).

CHAPITRE 12

LA **POLITIQUE MONÉTAIRE**

La monnaie agit comme un lubrifiant de l'économie puisqu'elle permet aux agents économiques de régler leurs transactions. Pas assez de monnaie, et les flux ralentissent ; trop de monnaie, et l'inflation s'emballe. Il devient alors important de confier à un organisme public — la banque centrale — la gestion de la masse monétaire. Ainsi, la *politique monétaire* consiste à mettre en circulation une quantité suffisante mais non excessive de monnaie, afin de favoriser une croissance économique durable tout en maintenant la stabilité des prix. Pour ce faire, la banque centrale influe sur les conditions de crédit dans le système bancaire, notamment en faisant varier les taux d'intérêt, ce qui permet d'accélérer ou de freiner la création de monnaie et l'expansion de la masse monétaire.

> La *politique monétaire* a pour but de maintenir la masse monétaire à un niveau susceptible de favoriser la croissance économique sans entraîner d'inflation.

Dans ce chapitre, nous traiterons d'abord de la relation entre la masse monétaire, la production et le niveau des prix. Nous tenterons alors de répondre aux questions suivantes. Quel est le rôle de la banque centrale dans le processus de la création de monnaie ? Comment la banque centrale peut-elle influer sur le crédit et l'évolution de la masse monétaire et, par conséquent, sur la croissance économique ? Quelles sont les limites et les contraintes de la politique monétaire lorsqu'un pays est très ouvert sur l'extérieur ?

La monnaie sert également à assurer le lien entre les agents économiques qui disposent d'épargne et ceux qui sont à la recherche de financement, par l'intermédiaire des banques et des marchés financiers. Puisque l'ensemble du système est basé sur la confiance, il peut être sujet à des crises périodiques, qui frappent tantôt quelques régions du monde, tantôt le cœur même de l'économie mondiale. Là encore, les banques centrales ont un rôle clé à jouer. Nous terminerons donc le chapitre en examinant les mécanismes d'une crise financière qui illustre bien tous ces phénomènes, la crise de 2008.

1. LA RELATION ENTRE LA MASSE MONÉTAIRE ET LE PIB

Comme nous l'avons déjà vu au chapitre 8, la *masse monétaire* est, à peu de choses près, constituée de la somme des dépôts bancaires, c'est-à-dire des montants inscrits dans les comptes en banque des agents économiques. Cette monnaie circule par simples jeux d'écriture, effectués à l'aide de chèques, de virements ou de cartes de débit. Nous savons également que cette monnaie, dite *scripturale*, provient du crédit bancaire, puisque tout prêt accordé par une banque se traduit par un nouveau dépôt dans le compte de son client et fait augmenter la quantité de monnaie en circulation. Selon une image classique, le bassin de la masse monétaire est alimenté par le robinet du crédit. De la sorte, plus les banques accordent de prêts, plus la masse monétaire augmente.

La *masse monétaire* est alimentée par les prêts bancaires.

L'augmentation de la masse monétaire est susceptible d'influer sur le PIB. En effet, les nouveaux emprunts des ménages et des entreprises se manifestent par de nouvelles dépenses, lesquelles stimulent la demande globale et, du coup, le PIB.

La vitesse de circulation de la monnaie

Le **tableau 12.1** montre l'évolution du PIB canadien et de la masse monétaire entre 2000 et 2008. On constate que le PIB et la masse monétaire augmentent à peu près au même rythme d'une année à l'autre. La *vitesse de*

La *vitesse de circulation de la monnaie* équivaut au nombre de fois que la masse monétaire se renouvelle au cours d'une année.

Tableau 12.1

LA RELATION ENTRE LE PIB ET LA MASSE MONÉTAIRE AU CANADA

	PIB	Masse monétaire (M2)	PIB/M
	(en milliards de dollars)		
2000	1076,6	489,4	2,20
2001	1108,0	513,1	2,16
2002	1152,9	551,5	2,09
2003	1213,2	584,7	2,07
2004	1290,9	623,5	2,07
2005	1372,6	653,1	2,10
2006	1450,5	696,7	2,08
2007	1535,6	752,9	2,04
2008	1602,5	818,6	1,96

Note : La masse monétaire est celle du mois de juin (données désaisonnalisées).

Sources : Statistique Canada, *Cansim*; Banque du Canada.

circulation de la monnaie, qui se mesure par le coefficient PIB/M, semble relativement stable à court terme, ce qui signifie que le PIB nominal entretient une relation étroite avec la quantité totale de monnaie en circulation.

La masse monétaire est un *stock*; le PIB est un *flux*.

Puisque la masse monétaire est un *stock* (la quantité de monnaie en circulation à un moment précis) et que le PIB est un *flux* (la valeur des biens passés à travers le circuit de la production), cela signifie que la masse monétaire, qui était de 818,6 milliards de dollars en 2008, a été utilisée en moyenne 1,96 fois pour écouler les 1602,5 milliards de biens produits (le PIB). En d'autres termes, la vitesse de circulation de la monnaie a été de 1,96 au cours de l'année 2008.

Ainsi, nous pouvons établir la relation entre le PIB et la masse monétaire de la manière suivante (M représentant la masse monétaire, et V, la vitesse de circulation de la monnaie):

$$M \times V = PIB$$

Par ailleurs, comme le PIB correspond à la *valeur* (nominale) des biens produits au cours de l'année, c'est-à-dire la quantité de ces biens multipliée par leurs prix respectifs, nous pouvons écrire: PIB = P × Q, où P représente le niveau général des prix, et Q, le PIB réel. L'équation qui relie PIB et masse monétaire devient alors:

$$M \times V = P \times Q$$

Ces équations montrent que, dans la mesure où la vitesse de circulation de la monnaie (V) est stable à court terme, la masse monétaire (M) influe non seulement sur la quantité de biens réellement produite (Q), mais aussi sur le prix de ces biens (P).

La masse monétaire et l'inflation

Une augmentation trop rapide de la masse monétaire entraîne une hausse des prix.

Dans quelle mesure la masse monétaire influe-t-elle sur le PIB et l'inflation? Faisons d'abord l'hypothèse que la vitesse de circulation de la monnaie est constante. Si la masse monétaire demeure la même d'une année à l'autre, le PIB ne changera pas. La croissance économique sera bloquée, à moins qu'une baisse des prix ne permette d'acheter plus de produits avec la même quantité de monnaie. Si, au contraire, la masse monétaire augmente sensiblement (de 15 % en un an, par exemple), le PIB réel ne pourra augmenter d'autant, car sa croissance maximale se situe normalement autour de 5 % dans les pays industrialisés. En raison de ce surplus de monnaie, il y aura augmentation des prix. Ce phénomène est illustré à l'aide d'un exemple au **tableau 12.2**. Pour simplifier l'explication, nous avons réduit le PIB de notre pays fictif à un seul bien et choisi des chiffres ronds.

Tableau 12.2

LA RELATION ENTRE LA MASSE MONÉTAIRE ET L'INFLATION

	Monnaie	× Vitesse	=	PIB	=	Prix	× Quantité
Première année	40 $	2,5		100 $		5 $	20
Deuxième année	46 $	2,5		115 $		5,48 $	21
Taux de croissance	15 %	–		15 %		9,6 %	5 %

Observons les données de la première année. La masse monétaire est de 40 $ et la vitesse de circulation de la monnaie est de 2,5: le PIB nominal est donc égal à P × Q = 2,5 × 40 $ = 100 $. D'autre part, comme la quantité produite (ou PIB réel) est de 20 unités, le prix du bien est de 5 $ (soit 100 $/20 = 5 $). Au cours de la deuxième année, la masse monétaire augmente de 15 %, de sorte qu'elle passe à 46 $ (soit 40 $ × 1,15 = 46 $). Quelles sont les conséquences de cette augmentation ? La vitesse de circulation de la monnaie étant constante, le PIB augmente lui aussi de 15 % (100 $ × 1,15 = 115 $). On peut également calculer le PIB en multipliant la masse monétaire (46 $) par la vitesse de circulation de la monnaie (2,5), ce qui donne 46 $ × 2,5 = 115 $. On sait par ailleurs que, durant la même période, la quantité produite (PIB réel) ne peut augmenter de plus de 5 %. Cette quantité passe donc de 20 à 21 unités (soit 20 × 1,05). Puisque le PIB équivaut au prix multiplié par la quantité (P × Q) et que nous avons établi la valeur du PIB de la deuxième année à 115 $ (soit P × 21), on en déduit que le prix du produit est de 5,48 $ (soit 115 $/21). Le prix est donc passé de 5 $ à 5,48 $, c'est-à-dire une hausse de 9,6 % (soit [5,48 – 5]/5).

On constate dans ce tableau que la croissance de la masse monétaire (de 15 %) est trop forte. La production réelle du pays n'a pu en absorber que 5 %. Les 9,6 % restants se sont répercutés sur les prix et se sont traduits par de l'inflation[1]. La masse monétaire influe donc sur le niveau des prix et sur celui de l'activité économique (PIB).

La vitesse de circulation de la monnaie est-elle vraiment stable ?

L'inflation causée par la croissance excessive de la masse monétaire n'est qu'une facette de l'inflation par la demande (voir le chapitre 10, pages 215-216). Lorsque la quantité de monnaie en circulation augmente trop fortement, les ménages et les entreprises sont en mesure de dépenser davantage, ce qui risque d'attiser l'inflation. Ainsi que nous pouvons l'observer dans le tableau 12.1 (page 258), la vitesse de circulation de la monnaie peut fluctuer légèrement à court terme, ce qui complique la gestion de la masse monétaire. Une augmentation de la vitesse de circulation de la monnaie a le même effet sur le PIB nominal qu'une hausse de la masse monétaire : elle peut entraîner de l'inflation. Dans le tableau 12.2, il aurait suffi que la vitesse de circulation de la monnaie passe à 2,875 pour que le PIB atteigne 115 $, sans que la masse monétaire soit modifiée (car 40 $ × 2,875 = 115 $).

1. Rappelons que les taux de 5 % et de 9,6 % ne s'additionnent pas, mais se cumulent pour aboutir au résultat final de 15 % (car 1,05 × 1,096 = 1,15). Pour plus de détails, voir le chapitre 4 (pages 78-79).

Exercices

Le PIB et la masse monétaire

a) Quels sont les deux phénomènes monétaires susceptibles d'être à l'origine d'une hausse du PIB nominal ?

b) Expliquez la relation entre la masse monétaire et l'inflation.

2. LES MÉCANISMES DE LA POLITIQUE MONÉTAIRE

La banque centrale a la charge d'appliquer la politique monétaire. Elle doit maintenir la masse monétaire à un niveau favorable à l'activité économique sans toutefois créer d'inflation. Étant donné que la masse monétaire est alimentée par les prêts qu'accordent les banques commerciales, la banque centrale doit prendre des dispositions pour influer sur le crédit.

Deux éléments sont à l'origine de l'expansion du crédit : l'augmentation du nombre d'emprunts et l'existence de réserves excédentaires dans les banques. Pour freiner la demande de crédit, la banque centrale doit chercher à diminuer les réserves des banques et à faire monter les taux d'intérêt. Nous allons voir comment elle y parvient.

La variation des réserves et des taux d'intérêt

Lorsqu'elle juge qu'il y a un risque d'inflation, la banque centrale tente de freiner l'expansion de la masse monétaire. Pour influer sur les conditions de crédit du système bancaire, elle dispose de plusieurs méthodes. L'une de ces méthodes consiste à vendre des bons du Trésor sur le marché monétaire, en particulier aux banques commerciales. Il en résulte une augmentation de la quantité de bons du Trésor offerte sur le marché et, par conséquent, une baisse de leur prix et une hausse de leur taux de rendement. D'autre part, ce sont en général les banques qui achètent ces bons, ce qui a pour effet de réduire leurs réserves excédentaires. Par cette action, la banque centrale fait d'une pierre deux coups, puisqu'elle assèche les réserves des banques tout en stimulant la hausse du taux de rendement des bons et, par le fait même, celle de l'ensemble des taux d'intérêt.

> Pour freiner l'inflation, la banque centrale cherche à réduire les réserves des banques et à augmenter les taux d'intérêt.

Le taux de rendement des bons du Trésor est fonction de leur prix de revente. Les bons du Trésor, dont l'échéance est généralement de trois mois, se vendent par tranche de 1000 \$ à 100 000 \$ sur le marché financier. Ces bons sont vendus à un prix inférieur à leur valeur nominale. Par exemple, un bon du Trésor à 90 jours acheté 990 \$ sera remboursé 1000 \$ à la date d'échéance ; il a donc un rendement de 10 \$/990 \$, soit 1,01 % pour une période de trois mois, ou 4,1 % par an (à un taux d'intérêt composé).

Par conséquent, lorsque le prix du bon diminue — par exemple lorsqu'il est ramené de 990 $ à 980 $ —, son taux de rendement augmente, puisqu'il passe de 1,01 % (soit 10 $/990 $) à 2,04 % (soit 20 $/980 $), ou de 4,1 % à 8,4 % par an.

La hausse du taux de rendement des bons du Trésor a pour effet de faire monter les taux d'intérêt sur les autres produits financiers. Les banques se verront en effet contraintes d'offrir à leurs déposants de meilleurs taux d'intérêt pour rester compétitives dans le marché.

La **figure 12.1** illustre le mécanisme décrit ci-dessus. On constate que la vente des bons du Trésor par la banque centrale entraîne une diminution des réserves des banques et une hausse des taux d'intérêt, qui toutes deux contribuent à réduire le volume du crédit. En effet, si la hausse des taux d'intérêt décourage les emprunteurs, la baisse des réserves excédentaires restreint la quantité de monnaie que les banques peuvent prêter. Cette baisse du crédit a pour effet de ralentir la progression de la masse monétaire[2].

Figure 12.1

LE MÉCANISME D'UNE POLITIQUE MONÉTAIRE RESTRICTIVE

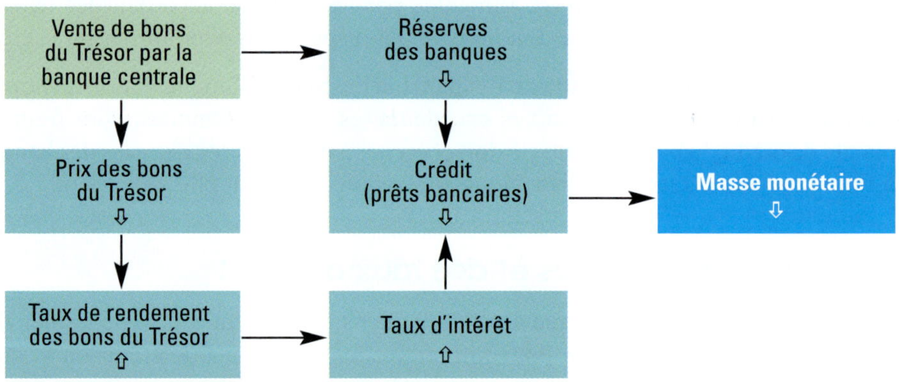

Par la vente des bons du Trésor, la banque centrale peut freiner la création de monnaie. En vendant ces bons sur le marché, elle fait baisser leur prix. Les acheteurs de bons bénéficient, grâce à cette aubaine, d'un taux de rendement accru. Pour rester compétitives avec ce taux, les banques relèvent l'ensemble de leurs taux d'intérêt. D'autre part, puisque c'est principalement aux banques que la banque centrale vend des bons (en échange de réserves), celles-ci voient leurs réserves diminuer. Moins de réserves disponibles du côté des banques, des emprunteurs potentiels refroidis par la hausse des taux d'intérêt : tout concourt à freiner le crédit et l'expansion de la masse monétaire.

Le rôle stabilisateur de la politique monétaire

Nous venons de voir que, pour combattre l'inflation, la banque centrale peut recourir à une politique monétaire *restrictive*, qui consiste à réduire les réserves des banques

---

2. La banque centrale peut aussi faire varier les réserves des banques en déposant temporairement dans ses propres « coffres » les surplus de fonds du gouvernement fédéral, lesquels proviennent des rentrées d'impôts.

commerciales et à faire augmenter les taux d'intérêt afin de restreindre la croissance de la masse monétaire. À l'inverse, en période de récession ou de ralentissement, la banque centrale choisit plutôt une politique monétaire *expansionniste* : elle cherche à augmenter les réserves des banques et à pousser les taux d'intérêt à la baisse, ce qui favorise l'expansion de la masse monétaire. Dans un sens ou dans l'autre, la politique monétaire constitue un moyen de stabiliser l'économie.

> Une politique monétaire *restrictive* consiste à réduire les réserves des banques et à hausser les taux d'intérêt afin de limiter la création de monnaie.

La Banque du Canada utilise le *taux directeur* pour orienter sa politique monétaire. Ce taux, qui correspond au taux d'intérêt auquel les banques se prêtent des fonds pour une journée, influe sur les taux d'intérêt des prêts à la consommation et des prêts hypothécaires. Le taux directeur détermine également le taux d'intérêt des prêts d'une journée que la banque centrale consent aux banques commerciales. La Banque du Canada modifie périodiquement son taux directeur en fonction de la conjoncture économique.

> Le *taux directeur* est un indicateur de la politique de la Banque du Canada.

Les effets d'un changement des taux d'intérêt ne sont pas immédiats. Bien que le délai entre la mise en œuvre de la politique monétaire et l'atteinte de l'objectif visé soit difficile à prévoir, la Banque du Canada estime que cette période varie de un à deux ans. Par ailleurs, puisque l'économie repose aussi sur la confiance dans l'avenir, les acteurs mettent un certain temps à réagir à la variation des taux d'intérêt.

Exercices

Le rôle de la banque centrale

a) Comment la monnaie est-elle créée ?

b) Expliquez pourquoi la banque centrale cherche à influer sur la masse monétaire et comment elle s'y prend.

c) Décrivez le mécanisme d'une politique monétaire expansionniste en vous basant sur la figure 12.1 (page 262).

3. LA POLITIQUE DE LA BANQUE DU CANADA

La Banque du Canada a la responsabilité de la mise en œuvre de la politique monétaire. Bien qu'elle poursuive des objectifs précis de croissance économique et de stabilité des prix, la Banque du Canada doit garder l'œil sur l'évolution des marchés financiers, en particulier — mondialisation oblige — le marché des changes.

Les objectifs de la Banque du Canada

Le but de la Banque du Canada est d'assurer une croissance économique durable et, par conséquent, d'améliorer le niveau de vie des Canadiens. Pour atteindre cet objectif, la Banque du Canada a pour mission de maintenir la *stabilité des prix*.

L'un des principaux objectifs de la Banque du Canada est la *stabilité des prix*.

Ainsi que nous l'avons vu au chapitre 10, l'inflation a plusieurs conséquences négatives sur le fonctionnement de l'économie. Elle entraîne la perte de pouvoir d'achat d'une partie de la population et nuit, entre autres, aux décisions en matière d'investissement et de placement. En théorie, la stabilité des prix pourrait signifier un taux d'inflation de 0 %. Mais dans la pratique, la Banque du Canada se fixe comme cible un taux d'inflation se situant entre 1 % et 3 % par an.

Comment détecter les pressions inflationnistes?

Le terme *pression inflationniste* désigne tout facteur qui contribue à relancer l'inflation.

Parce que les agents économiques mettent un certain temps à réagir aux mesures de la politique monétaire, il est essentiel que la Banque du Canada soit capable de détecter les signes précurseurs de l'inflation. Plus la détection des *pressions inflationnistes* est précoce, plus la Banque du Canada est en mesure d'appliquer les mesures correctrices au moment opportun. Il en va de l'efficacité même de la politique monétaire.

Pour déceler les pressions inflationnistes, la Banque du Canada surveille plusieurs indicateurs de la masse monétaire. Mais étant donné leur moins grande fiabilité qu'autrefois, elle étudie d'autres variables économiques ayant une influence sur le niveau des prix.

La Banque du Canada suit l'évolution de l'offre et de la demande globales afin de prévenir une inflation par la demande. Lorsque l'économie se rapproche du plein-emploi, la Banque considère que les risques d'inflation sont plus élevés. Elle tente aussi de déceler les facteurs qui affectent les coûts de production : les salaires, la productivité, le prix de l'énergie et des matières premières, etc.

« La prévision économique est surtout difficile quand elle concerne l'avenir. »

Jean-Marie Albertini

Compte tenu du fort degré d'ouverture de l'économie canadienne, les prix des produits importés sont aussi influencés par la variation du taux de change. Lorsque la devise canadienne se déprécie, les produits importés coûtent plus cher. C'est pourquoi la Banque du Canada surveille le taux de change et cherche à le stabiliser.

La politique monétaire et les contraintes extérieures

Dans la mise en œuvre de sa politique monétaire, la Banque du Canada doit sans cesse concilier les objectifs économiques intérieurs (la relance économique, par exemple) et les contraintes extérieures (telle la fuite des capitaux).

La mondialisation des marchés financiers réduit la marge de manœuvre de la Banque du Canada.

Puisque la mondialisation des marchés financiers permet la libre circulation des capitaux d'un pays à l'autre, le taux de change peut varier de façon intempestive. Étant donné qu'ils cherchent à réaliser le maximum de profits, les investisseurs n'hésitent pas à transférer leur épargne vers le pays qui offre le meilleur taux de rendement. C'est pourquoi une baisse des taux d'intérêt dans un pays provoque en général une sortie de capitaux. Par ailleurs, comme ils fuient le risque, notamment celui de voir baisser le taux de change, les investisseurs étrangers sont aussi tentés de déplacer leurs capitaux quand ils craignent une dépréciation de la devise. C'est dans ce contexte que la Banque du Canada doit constamment surveiller la façon dont les marchés financiers réagissent à sa politique monétaire, c'est-à-dire aux variations des taux d'intérêt et du taux de change canadiens.

Les investisseurs étrangers sont très sensibles aux risques de baisse du taux de change d'une devise.

Nous allons maintenant illustrer les conséquences de la politique monétaire tant sur le plan intérieur que sur le plan extérieur. Supposons que la banque centrale décide de relancer l'économie par une politique monétaire expansionniste. Elle cherchera donc à faire baisser les taux d'intérêt : c'est le point de départ de notre schéma (voir la **figure 12.2**).

Figure 12.2

LES CONSÉQUENCES D'UNE POLITIQUE MONÉTAIRE EXPANSIONNISTE

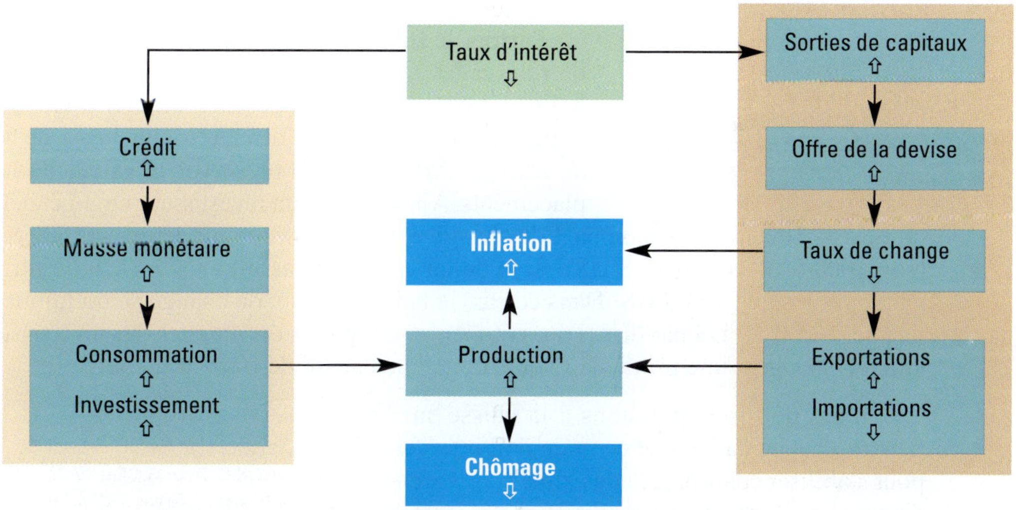

La baisse des taux d'intérêt a pour effet de relancer l'économie et l'emploi. En effet, sur le plan *intérieur* (volet de gauche), cette baisse stimule le crédit et entraîne une expansion de la masse monétaire. L'augmentation des dépenses de consommation et d'investissement qui s'ensuivent stimulent la production et l'emploi (si l'économie était déjà au plein-emploi, ce serait par contre l'inflation qui augmenterait). Sur le plan *extérieur* (volet de droite), la baisse des taux d'intérêt pousse les investisseurs étrangers à rediriger leurs capitaux vers des pays à rendements plus élevés. La devise nationale est alors offerte en plus grande quantité et le taux de change diminue. Cette baisse du taux de change stimule les exportations de nos produits et ralentit l'importation de produits étrangers. Il en résulte, à nouveau, une hausse de la production intérieure et une relance de l'emploi. Il faut également signaler que la baisse du taux de change se répercute directement sur l'inflation, puisqu'elle fait augmenter le prix des produits importés.

La baisse des taux d'intérêt entraîne une augmentation du PIB et de l'emploi.

Sur le plan intérieur, la baisse des taux d'intérêt favorise les emprunts des ménages et des entreprises. Il s'ensuit une hausse de la masse monétaire qui incite les agents économiques à acheter plus de biens ; la demande globale s'accroît. Les entreprises sont ainsi encouragées à augmenter leur production et à faire appel à plus de main-d'œuvre. Il y a donc une baisse du taux de chômage, et les ménages disposent ainsi de nouveaux revenus susceptibles d'entretenir la reprise économique. Par contre, si la réponse des ménages et des entreprises à la baisse des taux d'intérêt est trop forte, cela aura pour effet de ramener l'économie à un niveau de plein-emploi et de réveiller l'inflation.

La baisse du taux de change a pour effet d'améliorer le solde du commerce extérieur.

Sur le plan extérieur, la baisse des taux d'intérêt entraîne une sortie de capitaux. Des investisseurs étrangers vendent les obligations et les bons du Trésor canadiens, puis échangent la devise canadienne contre une autre devise, le dollar américain par exemple. Il y a donc des pressions à la baisse sur le taux de change canadien. La dépréciation de la devise canadienne a pour conséquence d'accroître les exportations et de diminuer les importations, ce qui améliore la balance courante. Cette demande étrangère accrue stimule la production et fait donc baisser le chômage. Dans le même temps, la baisse du taux de change fait augmenter le niveau général des prix.

Les investisseurs étrangers souhaitent un *taux de change stable*, afin de préserver la valeur de leurs placements.

Parfois, la Banque du Canada peut se voir contrainte de relever les taux d'intérêt uniquement pour rassurer les investisseurs étrangers. Ceux-ci recherchent non seulement les meilleurs taux d'intérêt mais aussi un *taux de change stable*, afin de préserver la valeur de leurs placements. Ainsi, lorsqu'un investisseur étranger achète un titre de 1000 $ CAN à un taux de change de 0,80 $ US, il doit débourser 800 $ US (soit 1000 $ CAN × 0,80 $ US). Si le dollar canadien passait à 0,79 $ US, le titre ne vaudrait plus que 790 $ US. Dans ce cas, la baisse du taux de change se traduirait par une perte de 10 $ US par titre. Pour compenser ces pertes *éventuelles*, les investisseurs étrangers exigent une prime de risque, donc une hausse des taux d'intérêt.

La banque centrale dispose de deux moyens pour stabiliser le taux de change : acheter ou vendre des dollars canadiens sur le marché des changes, ou faire varier les taux d'intérêt dans le sens désiré.

En cas de fortes pressions à la baisse sur le taux de change, la banque centrale doit intervenir pour stabiliser celui-ci afin de calmer les marchés financiers. Pour ce faire, elle peut puiser dans ses réserves de devises étrangères et acheter des dollars canadiens sur le marché des changes. Quand ces interventions ne suffisent pas à stabiliser le taux de change, la banque centrale doit, en dernier recours, accepter de faire augmenter les taux d'intérêt. La banque centrale se trouve parfois prise entre deux feux. D'un côté, il faut soutenir le taux de change en relevant les taux d'intérêt (pour éviter la fuite des capitaux), et de l'autre il faut peut-être mener une politique monétaire expansionniste. Dans ce cas, il est difficile de faire plaisir à tout le monde : il faut arbitrer entre objectifs intérieurs et objectifs extérieurs.

Exercices

1. Les objectifs de la Banque du Canada

a) Quel est l'objectif principal de la Banque du Canada ?

b) Quels indicateurs économiques la Banque du Canada utilise-t-elle pour déceler les pressions inflationnistes ?

2. La politique de la Banque du Canada

a) Quelles sont les conséquences d'une politique monétaire expansionniste sur la production, les prix et l'emploi ?

b) Quelles sont les conséquences d'une politique monétaire expansionniste sur le taux de change et la balance courante ?

c) Pourquoi la Banque du Canada doit-elle parfois sacrifier ses objectifs sur le plan intérieur ?

RÉSUMÉ

La politique monétaire a pour objet de maintenir la masse monétaire à un niveau susceptible de favoriser la croissance économique sans créer d'inflation. La banque centrale, ou Banque du Canada, est responsable de la politique monétaire : c'est elle qui détermine les actions nécessaires pour atteindre les objectifs économiques souhaités.

La masse monétaire est alimentée par le crédit. L'expansion du crédit stimule la demande globale et fait augmenter le PIB. Toutefois, lorsque l'augmentation de la masse monétaire dépasse les capacités de production de l'économie, la hausse de la demande globale cause de l'inflation. C'est pourquoi la banque centrale cherche à influer sur le crédit.

Le volume du crédit dépend des réserves dont disposent les banques commerciales. Les

réserves bancaires servent aux transferts de fonds par chèque ou par virement d'une banque à l'autre (réserves minimales) et à l'octroi de prêts (réserves excédentaires). Les réserves minimales d'une banque doivent être proportionnelles à la valeur totale des dépôts bancaires qui s'y trouvent.

Comme elles visent à faire le maximum de profits, les banques cherchent à prêter l'ensemble de leurs réserves excédentaires. Lorsqu'elles le désirent, elles peuvent se procurer des réserves supplémentaires en vendant des bons du Trésor à la banque centrale.

Étant donné que les réserves ne sortent jamais du système bancaire (elles passent d'une banque à l'autre), les réserves excédentaires peuvent être prêtées plusieurs fois. Comme chaque nouveau prêt donne lieu à la création de nouveaux dépôts bancaires, ces réserves excédentaires finissent cependant par s'épuiser.

La banque centrale influe sur la masse monétaire en faisant varier les réserves des banques et les taux d'intérêt. Lorsqu'elle lutte contre l'inflation, la banque centrale vend des bons du Trésor sur le marché financier, en particulier aux banques commerciales. Cela se traduit, d'une part, par une baisse du prix des bons (et donc par une augmentation de leur taux de rendement) et, d'autre part, par une diminution des réserves des banques. Ces dernières voient alors diminuer leur capacité d'accorder des prêts, au moment même où la hausse des taux d'intérêt — qui s'alignent sur le taux de rendement des bons — freine l'ardeur des emprunteurs. Il s'ensuit une baisse du crédit, qui ralentit la progression de la masse monétaire. La banque centrale a ainsi mené une politique monétaire restrictive. À l'opposé, la politique monétaire expansionniste consiste pour la banque centrale à acheter des bons du Trésor : elle veut alors accroître les réserves des banques et baisser les taux d'intérêt de manière à augmenter la masse monétaire, et ce afin de stimuler une économie en récession.

Dans un pays très ouvert sur l'extérieur tel que le Canada, la banque centrale doit parvenir à concilier les objectifs économiques intérieurs et les contraintes des marchés financiers internationaux. Par exemple, lorsqu'elle décide de baisser les taux d'intérêt pour relancer l'économie, la Banque du Canada risque de se heurter à la réaction des investisseurs étrangers, qui sont toujours à la recherche des meilleurs rendements possible. Les investisseurs retirent en effet leurs capitaux du pays, ce qui fait augmenter l'offre de la devise nationale et fait baisser son taux de change. Bien qu'elle contribue à la relance en stimulant les exportations, la baisse du taux de change déplaît aux investisseurs étrangers, qui craignent de voir la valeur de leurs placements se déprécier. La Banque du Canada doit alors arbitrer entre des intérêts divergents et se voit parfois contrainte de sacrifier ses objectifs de politique intérieure.

Exercices supplémentaires

1. La masse monétaire

a) De quoi se compose la masse monétaire ?

b) Qu'est-ce qui fait varier la masse monétaire ?

c) Que signifie la phrase suivante ? « En 1995, le PIB équivalait au double de la masse monétaire. »

2. La monnaie et l'inflation

a) Complétez les deux premières lignes du tableau ci-dessous, sachant que :

- PIB nominal = Masse monétaire × Vitesse de circulation de la monnaie ;
- PIB nominal = Prix des biens produits × Quantité de biens produits.

b) Remplissez la troisième ligne du tableau.

c) De quelle façon l'augmentation de la masse monétaire se répercute-t-elle sur le PIB et les prix ?

	Masse monétaire	Vitesse de circulation de la monnaie	PIB nominal	Prix des biens produits	Quantité de biens produits
Première année		2	100 $	4 $	
Deuxième année	60 $	2			26
Taux de croissance		–			

3. La gestion de la masse monétaire

a) Pourquoi est-ce à la banque centrale qu'il incombe de surveiller la masse monétaire ?

b) La banque centrale tente d'influer sur deux éléments afin de freiner la demande de crédit bancaire. Quels sont-ils ?

c) Pourquoi la vente de bons du Trésor par la banque centrale entraîne-t-elle une hausse des taux d'intérêt ?

4. La politique monétaire

a) Quel est le but d'une politique monétaire expansionniste ? Quel est le but d'une politique monétaire restrictive ?

b) En vous inspirant de la figure 12.2 (page 265), expliquez les conséquences d'une politique monétaire restrictive sur l'économie.

c) Quelle est l'utilité du taux directeur de la Banque du Canada ?

5. La prévision de l'inflation

Dans quel but la banque centrale cherche-t-elle à détecter les signes précurseurs de l'inflation ?

6. La Banque du Canada et les marchés financiers

a) Pourquoi les investisseurs surveillent-ils l'évolution des taux d'intérêt et du taux de change ?

b) Quels sont les deux moyens utilisés par la Banque du Canada pour stabiliser le taux de change ?

LA CRISE FINANCIÈRE MONDIALE DE 2008

Depuis la mondialisation des marchés financiers, les crises financières se propagent d'un pays à l'autre, embrasant souvent l'ensemble du système financier mondial. La crise financière de 2008, qui prend sa source dans l'octroi excessif de *prêts à surprime* aux États-Unis, illustre ce phénomène.

La crise des prêts à surprime

Dans les années 2002-2006, les *prêts à surprime* connaissent une vogue sans précédent aux États-Unis. Des prêteurs hypothécaires et des banques américaines profitent des bas taux d'intérêt pour offrir des conditions d'emprunt à première vue avantageuses, mais potentiellement dangereuses, à des ménages peu ou pas solvables. Ces prêts prévoient un taux d'intérêt très bas, voire nul, dans les deux premières années du contrat, mais un taux beaucoup plus haut par la suite, en fonction du niveau de risque de l'emprunteur. De plus, la plupart des banques prêtent des montants additionnels aux propriétaires lorsque la valeur de leurs maisons augmente, ce qui encourage l'endettement excessif des ménages.

Un *prêt à surprime* est un prêt à risque puisqu'il est accordé à un ménage qui présente des garanties financières insuffisantes.

L'*effet de richesse* découle d'une hausse de la valeur des immeubles ou des actions des ménages et incite ces derniers à emprunter et à consommer davantage.

Ces avantages à court terme poussent des millions de ménages américains à contracter des prêts hypothécaires à surprime, dont le montant annuel a été multiplié par 7, passant de 94 à 695 milliards de dollars de 2001 à 2006[a]. Cette progression fulgurante de l'emprunt à risque propulse le marché immobilier américain dans une bulle spéculative : la forte demande de maisons fait grimper leur valeur et donc la richesse théorique des ménages, incitant ceux-ci à emprunter davantage. Cet *effet de richesse* attise encore la demande et le prix des maisons. La frénésie de l'endettement atteint un sommet en 2006 : le tiers des emprunts hypothécaires aux États-Unis sont alors des prêts à surprime, dont la valeur totale atteint 1300 milliards de dollars.

À partir de 2006, la bulle immobilière commence à se dégonfler, sous l'effet de la hausse du taux d'intérêt de la banque centrale des États-Unis (la Fed) qui passe de 1 à 5 % entre 2005 et 2006. Au cours de la même période, un grand nombre d'emprunteurs à risque voient leurs versements mensuels ajustés à la hausse, comme cela était prévu dans leur contrat. En 2007 et 2008, plus de quatre millions de ménages n'arrivent plus à rembourser leurs emprunts hypothécaires, ce qui entraîne des saisies et des ventes forcées de maisons ainsi qu'une chute des prix des maisons. Du

a. Christopher J. Mayer et Karen M. Pence, « Subprime mortgages: what, where, and to whom? », National Bureau of Economic Research (NBER), *Working paper* nº W14083, juin 2008.

coup, les banques et les prêteurs hypothécaires encaissent des pertes financières tandis que les ménages subissent une dépréciation de la valeur de leurs maisons. C'est dans ce contexte qu'éclate la crise des prêts à surprime.

Les mécanismes de la crise financière

En 2007, les défauts de paiement sur les prêts à surprime se chiffrent à quelques dizaines de milliards de dollars : comment se fait-il que cette crise ait frappé l'ensemble du système financier mondial et qu'elle ait engendré des pertes financières de plusieurs centaines de milliards de dollars ?

Lorsque les États ont déréglementé et libéralisé leurs systèmes bancaires et financiers dans les années 1990, ils ont laissé libre cours à la prolifération de techniques financières telles que la *titrisation* des prêts et l'*effet de levier*. Si elles ont facilité la circulation des capitaux d'un acteur financier à un autre, quel que soit le pays d'origine, ces techniques sont devenues par le fait même des courroies de transmission de la crise à l'échelle mondiale.

La titrisation des prêts a rendu possible une prise de risque très élevée, ce qui a favorisé le crédit facile et excessif. Cette technique consiste à transformer des prêts bancaires en titres de dettes (comme une obligation) vendus sur les marchés financiers. La titrisation permet aux banques de se départir des risques liés aux prêts qu'elles accordent, tout en leur procurant de nouvelles liquidités qui facilitent le financement de nouveaux prêts et l'augmentation de leurs sources de revenus.

La *titrisation* permet aux banques de vendre des prêts à d'autres acteurs financiers qui les revendent à leur tour sous forme de titres de dettes.

Aux États-Unis, la titrisation s'est développée très rapidement, de sorte que la valeur totale des titres de dettes des ménages a triplé en dix ans, pour atteindre 10 000 milliards de dollars en 2007. Ce montant comprenait 7500 milliards de titres hypothécaires et le reste était composé de dettes personnelles (prêts à la consommation, cartes de crédit, prêts étudiants, etc.). La titrisation est facilitée par les agences de financement hypothécaire, Fannie Mae et Freddie Mac[b], qui disposent de garanties financières de l'État pour racheter ou garantir les prêts hypothécaires des banques. En 2008, ces deux agences détenaient ou garantissaient plus de 5400 milliards de dollars de prêts hypothécaires, dont la majeure partie était revendue sous forme de titres de dettes.

La titrisation s'opère à plusieurs niveaux. Les prêteurs hypothécaires à risque empruntent auprès des banques pour financer les prêts à surprime qu'ils accordent aux ménages. Les banques possèdent elles-mêmes des filiales de prêts à surprime à qui elles accordent des crédits. Pour retrouver leurs liquidités, les banques mettent sur pied des fonds de créance qui rachètent ces prêts pour les revendre sous forme de titres de dettes sur les marchés financiers. Les investisseurs qui achètent ces titres reçoivent en contrepartie les revenus (intérêts et capital remboursés) générés par ces prêts. Enfin, les banques « refilent » une partie de leurs prêts hypothécaires à Fannie Mae et Freddie Mac, lesquelles prennent des arrangements avec des courtiers en finance qui transforment ces prêts en titre de dettes.

---

b. Fannie Mae (Federal National Mortgage Association) et Freddie Mac (Federal Home Loan Mortgage Corporation), à l'origine des organismes parapublics, ont le mandat de racheter les prêts hypothécaires des banques pour faciliter le crédit hypothécaire aux ménages. Elles ont été privatisées et introduites en Bourse dans les années 1980, tout en disposant d'une ligne de crédit garantie par l'État. En 2008, elles ont été placées sous la tutelle de l'État pour éviter leur faillite, qui aurait entraîné une crise majeure du système de crédit aux États-Unis.

Avec la libéralisation financière, les banques d'investissement[c] ont envahi le marché de la titrisation. Elles ont inventé des titres de dettes sophistiqués — comportant apparemment moins de risques, puisqu'ils regroupaient des prêts personnels (prêts à la consommation, cartes de crédit, etc.) et hypothécaires — dans lesquels elles ont soupoudré les prêts à surprime. Du même coup, elles ont titritisé des titres, c'est-à-dire qu'elles ont créé des titres comprenant eux-mêmes divers titres de dettes, qu'elles ont revendus par tranches à d'autres acteurs financiers. Ce nouveau marché de la titrisation connaît alors une explosion, comme en témoigne la valeur annuelle des nouveaux titres émis qui passe de 500 à 2600 milliards de dollars de 2000 à 2007.

L'*effet de levier* consiste à emprunter un montant supérieur à ses fonds propres afin de multiplier la valeur et les revenus d'un placement.

En quelques années, les marchés financiers mondiaux sont inondés de ces nouveaux titres de dettes dont l'origine et le contenu sont de plus en plus flous[d]. Les fonds les plus spéculatifs achètent les titres les plus risqués, car ils procurent des rendements supérieurs à ceux des autres titres. Ils les achètent par *effet de levier* en empruntant auprès des banques. L'endettement moyen des fonds spéculatifs pour les titres de dettes les plus risqués atteignait 600 % en 2007, soit 6 $ d'emprunt pour chaque dollar de fonds propres. Les banques, les assureurs, les fonds de placement et les fonds de retraite de la plupart des pays se laissent séduire par ces titres, car ils génèrent de bons revenus tout en gagnant de la valeur. Leur confiance est d'autant plus aveugle que les agences de notation financière accordent des cotes élevées à ces titres, qu'elles jugent peu risqués globalement. Les investisseurs sont donc rassurés et demeurent confiants dans leur capacité de revendre ces titres en tout temps. Jusque-là, le marché des titres de dettes fonctionne : il est *liquide*.

La mondialisation de la crise financière et de la récession

À l'été 2007, 15 % des ménages américains n'arrivent plus à rembourser leurs prêts à surprime et une centaine de prêteurs hypothécaires font faillite. Les banques, qui avaient prêté à ces entreprises en faillite, accusent des pertes et demandent aux autres prêteurs hypothécaires des remboursements anticipés, précipitant ces derniers à leur tour vers la faillite. Dès lors, le marché des prêts à surprime s'effondre.

Comme l'étranger finance une partie de la dette hypothécaire des ménages américains à travers la titrisation, la crise financière des surprimes se propage à l'échelle mondiale.

Au même moment, les agences de notation abaissent soudainement la cote de plusieurs centaines de titres de dettes. À cause de la très grande complexité des titres de dettes, les investisseurs prennent conscience qu'ils ne savent pas vraiment ce que contiennent ces titres, et ils s'empressent de les vendre un peu partout dans le monde. Les banques — qui avaient créé

---

c. Aux États-Unis, les banques d'investissement ne reçoivent pas de dépôt. Elles se spécialisent dans les opérations de financement (émission de titres financiers). En 2007, les plus actives étaient Citigroup, Lehman Brothers, Bear Stearns, JP Morgan, Morgan Stanley, Goldman Sachs.

d. En 2006, plus de 1000 milliards de titres de dettes émis aux États-Unis étaient détenus par des investisseurs étrangers.

des fonds de créances pour écouler les titres de dettes — décident, pour conserver leur crédibilité, de racheter ces titres dépréciés. Elles encaissent de nouvelles pertes qui ont pour effet de réduire encore leurs liquidités. Cela les contraint, cette fois-ci, à rappeler les marges de crédit qu'elles avaient consenties aux fonds spéculatifs. Aux prises avec un endettement très élevé, ces fonds se voient forcés de passer d'une position d'acheteurs à celle de vendeurs. Malheureusement, l'avalanche de ventes qui en découle se heurte à l'absence d'acheteurs sur le marché. En quelques jours, le marché de la titrisation s'effondre : il devient *illiquide*.

C'est à ce moment que la crise des prêts à surprime se propage à l'ensemble des systèmes bancaires et financiers de la planète. Puisque les banques et les investisseurs institutionnels se retrouvent en possession de titres de dettes *toxiques*, la crise de la titrisation se transforme rapidement en crise de confiance généralisée, tant dans les systèmes bancaires que dans les marchés financiers et boursiers du monde entier.

Les titres *toxiques* sont les titres de dettes invendables, donc sans valeur marchande.

Normalement, les banques en situation d'excédent de liquidités prêtent à celles qui en manquent, à un taux d'intérêt similaire à celui de la banque centrale (appelé taux d'intérêt interbancaire). Mais puisque les banques sont nombreuses à déclarer de lourdes pertes, elles se méfient les unes des autres et refusent de prêter à leurs consœurs, ce qui contribue à réduire à néant leurs liquidités et à faire monter les taux d'intérêt interbancaires. La crise du système bancaire a donc pour effet de raréfier et de renchérir le crédit aux ménages et aux entreprises.

La crise du système bancaire entraîne de fortes chutes des marchés boursiers de la planète. Ces baisses s'expliquent d'abord par les ventes massives d'actions des banques par les investisseurs, qui précarisent encore plus la situation financière des banques, d'où les faillites qui s'ensuivent. La dégringolade boursière est aussi alimentée par les fonds spéculatifs qui vendent des actions afin de rembourser leurs emprunts bancaires ainsi que leurs clients qui en font la demande. Enfin, les signes de plus en plus évidents d'une récession mondiale poussent les investisseurs à liquider leurs actions, ce qui provoque un véritable krach de la Bourse. En effet, une récession a comme conséquence de diminuer les profits des entreprises, de sorte que la valeur des actions est vouée à baisser. Une telle perspective incite donc les investisseurs à vendre massivement les titres boursiers, avant qu'ils ne plongent.

Au fur et à mesure que la crise financière se prolonge, l'économie se trouve coincée entre une offre et une demande de crédit réduites. D'un côté, les banques rationnent le crédit disponible aux ménages et aux entreprises. De l'autre côté, la crise boursière fait fondre la valeur du patrimoine financier des ménages, ce qui les rend moins enclins à emprunter. La masse monétaire subit alors une contraction qui résulte dans le ralentissement des dépenses de consommation et d'investissement.

Alors que les banques et les entreprises de construction ont déjà licencié des centaines de milliers de travailleurs, les fabricants d'automobiles et de biens de consommation ainsi que les services commerciaux suppriment à leur tour des millions d'emplois. La chute des emplois a pour effet de miner la confiance des ménages et des entreprises qui ralentissent encore une fois leurs dépenses. L'économie réelle s'enlise par conséquent dans un cercle vicieux où la baisse de la consommation entraîne une baisse de la production, laquelle fait chuter les emplois et le revenu global. Puisque les économies sont imbriquées les unes dans les autres par l'intermédiaire de l'exportation et de l'importation, la récession se transmet rapidement d'un pays à l'autre dès l'automne 2008. L'heure est donc aux plans de sauvetage des systèmes bancaires et financiers et aux plans de relance budgétaire.

La politique monétaire et les plans de sauvetage financier

En temps normal, les banques centrales jouent seulement un rôle d'équilibrage des réserves des banques. Il leur arrive d'accorder un prêt de dernier recours à une banque lorsque celle-ci manque de liquidités. Mais la crise financière de 2008 les force à intervenir de manière beaucoup plus audacieuse, car elles doivent éviter la paralysie complète du système bancaire et une récession longue et coûteuse.

La banque centrale doit rendre les marchés financiers plus efficaces.

Au début de la crise en août 2007, les banques centrales interviennent de manière isolée en injectant des montants records de liquidités dans leur système bancaire respectif, soit plus de 400 milliards de dollars. Mais puisque la crise est d'envergure mondiale, les banques centrales européenne, canadienne et suisse ainsi que la Fed et la Banque d'Angleterre décident de se concerter pour calmer la crise bancaire et financière: elles mettent à la disposition des banques des montants illimités de liquidités.

En dépit de ces interventions musclées, la confiance des banques et des investisseurs demeure fragile. Certaines banques centrales (États-Unis, Canada et Royaume-Uni) prennent des décisions dépassant leur mandat statutaire en acceptant en garantie d'autres titres de dettes que les bons du Trésor, comme des titres de prêts hypothécaires. Pour la première fois dans son histoire, la Fed offre des liquidités à d'autres acteurs financiers que les banques de dépôts, soit des banques d'investissement et des fonds de placement[e]. La Banque d'Angleterre et la Banque centrale européenne (BCE) décident d'offrir aux banques des financements pour des périodes d'une durée de 3 mois à 3 ans, plutôt que de 1 à 28 jours. Au plus fort de la crise en octobre 2008, la Fed élargit son action en offrant un financement aux entreprises afin que celles-ci puissent payer leurs fournisseurs et leurs employés, jouant ainsi le rôle des banques commerciales. Enfin, les banques centrales décident d'agir de manière concertée (Royaume-Uni, BCE, Fed, Canada, Suisse et Suède) en réduisant simultanément leurs taux directeurs en octobre 2008.

Pendant ce temps, de grandes banques n'arrivent plus à se sortir de leur bourbier financier; elles incitent les États et les banques centrales à intervenir en toute urgence pour leur éviter la faillite. Au Royaume-Uni, le gouvernement nationalise les banques Northern Rock et Bradford & Bingley. Les gouvernements de Hollande, de Belgique et du Luxembourg nationalisent en partie la banque Fortis. L'Islande nationalise la troisième banque en importance, la Glitnir. Le gouvernement allemand sauve la deuxième banque hypothécaire du pays, Hypo Real Estate. Aux États-Unis, la Fed offre 30 milliards de dollars en garantie à la banque JP Morgan pour que celle-ci rachète la cinquième banque d'investissement américaine, Bear Stearns, en faillite.

Au plus fort de la crise, le gouvernement américain décide de prendre le contrôle des géants du refinancement hypothécaire, Freddie Mac et Fannie Mae, qui se retrouvent en situation d'insolvabilité, et se porte acquéreur de titres de dettes à hauteur de 800 milliards de dollars. Pour sauver le plus gros assureur américain, AIG (American International Group), la Fed et le gouvernement lui acccordent une aide de 85 milliards de dollars, en vertu de laquelle le gouvernement en devient le principal propriétaire.

---

e. La Fed lance un programme de rachat d'actifs des fonds de placement monétaires évalué à 540 milliards de dollars.

Mais comme les faillites se succèdent rapidement, les interventions à la pièce ne suffisent pas à calmer les systèmes bancaires et les marchés boursiers (voir la figure ci-dessous, qui illustre les cercles vicieux dans lesquels les banques sont tombées). Les gouvernements s'entendent pour mettre en place des plans de sauvetage financier afin d'éviter que la crise bancaire et financière ne se transforme en une crise systémique (ou à un effondrement de tout le système financier). La plupart de ces plans prévoient la nationalisation totale ou partielle des grandes banques en péril et le rachat de *titres toxiques.* Les mesures gouvernementales annoncées dans les divers plans de sauvetage des systèmes bancaires et financiers se chiffraient à 8400 milliards de dollars aux États-Unis[f] et à plus de 10 000 milliards de dollars dans le monde en 2008.

LES CERCLES VICIEUX DE LA CRISE FINANCIÈRE

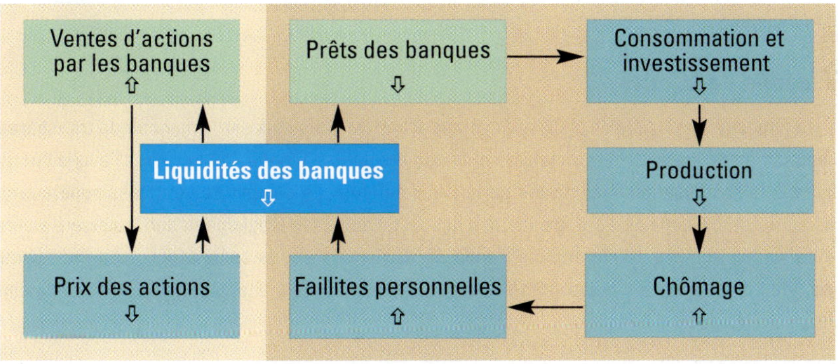

Entre 2002 et 2006, les banques américaines accordent des prêts de plus en plus risqués et de moins en moins couverts par des liquidités. Lorsque, en 2007, les emprunteurs se mettent à faire défaut en bloc, les banques cherchent à rétablir l'équilibre entre leurs *engagements* et leurs *avoirs,* et à reconstituer leurs réserves de liquidités. Elles ont alors recours à deux moyens, qui enclenchent des cercles vicieux dans la sphère financière et dans la sphère productive. D'une part, les banques vendent massivement des actions sur les marchés financiers, ce qui provoque une chute de la Bourse et une dévalorisation de leurs propres *avoirs* (les actions que les banques détiennent encore). D'autre part, dans le but de réduire leurs *engagements,* les banques accordent moins de prêts aux ménages et aux entreprises, ce qui freine l'économie dès 2008 et multiplie ainsi les faillites et les mauvaises créances.

La politique budgétaire

Pendant que les banques centrales tentent d'enrayer la crise bancaire et financière, les gouvernements se rendent à l'évidence qu'ils doivent stimuler leur demande globale. En tant qu'épicentre de la crise, le gouvernement des États-Unis est le premier à adopter un plan de relance économique au début de

f. Desjardins, *Études économiques,* « La courbe de rendement », 28 novembre 2008, p. 5.

l'année 2008. L'État fédéral américain redistribue à 130 millions de ménages un montant de 152 milliards de dollars (soit 1 % du PIB) sous forme de crédits d'impôt.

Avec la récession qui se propage à la vitesse de l'éclair à l'échelle de la planète, les représentants du G20[g] se réunissent en novembre 2008 afin de s'entendre sur la nécessité de relancer simultanément leur demande intérieure. L'Union européenne adopte un plan de relance qui prévoit des dépenses publiques et des réductions ciblées de taxes et d'impôts pour un montant de 300 milliards de dollars (soit 1,5 % du PIB européen). Le gouvernement japonais annonce un vaste plan de relance de plus de 700 milliards de dollars. La Chine, qui est touchée par la baisse de ses exportations, adopte un plan de relance de 745 milliards de dollars. Aux États-Unis, le gouvernement de Barack Obama donne le coup d'envoi à un plan de relance de 789 milliards de dollars américains en 2009, lequel prévoit 600 milliards en projets publics susceptibles de créer entre 3 et 4 millions d'emplois. Au même moment, le gouvernement canadien adopte un plan de relance de 40 milliards de dollars canadiens.

Les leçons de la crise

La crise financière mondiale de 2008 soulève beaucoup de questions sur le manque de transparence et d'encadrement des systèmes bancaires et financiers dans le monde. Comme nous l'avons décrit au chapitre 8, la libéralisation financière a permis aux banques de devenir de véritables supermarchés de la finance grâce à une plus grande liberté d'action. En outre, la déréglementation financière a permis à de nouveaux acteurs de l'économie (fonds de placement, fonds spéculatifs, prêteurs hypothécaires, etc.) d'occuper une place grandissante dans les marchés financiers, qui sont normalement moins contrôlés que les banques.

Ces deux catégories d'acteurs, bancaires et financiers, ont développé une panoplie de techniques financières (titrisation et effet de levier, entre autres) censées faciliter le financement de l'économie réelle, mais dont la conséquence a été l'octroi excessif de crédits aux ménages et aux fonds spéculatifs. Ces derniers ont attisé la formation de bulles spéculatives dans les secteurs immobilier et financier.

Là où le bât blesse, c'est lorsque les banques et les investisseurs se rendent compte, au moment du déclenchement de la crise, qu'ils ne connaissent pas l'origine et le contenu des nouveaux produits financiers (titres de dettes) — en raison de la complexité de la titrisation — et que, de leur côté, les banques centrales et les gouvernements constatent qu'ils n'y comprennent plus grand-chose et appellent les acteurs à plus de transparence. Dès lors, la table est mise pour une réforme des systèmes bancaires et financiers.

En conclusion, la crise financière mondiale de 2008 remet en cause les processus de libéralisation et de mondialisation financières, qui avaient accordé davantage de pouvoirs aux banques et aux investisseurs privés au détriment des États et des banques centrales.

---

g. Le G20 réunit les pays du G8 (Allemagne, Canada, États-Unis, France, Grande-Bretagne, Italie, Japon, Russie), les représentants de l'Union européenne, l'Australie, la Corée ainsi que les principales économies émergentes (Afrique du Sud, Arabie saoudite, Argentine, Brésil, Chine, Inde, Indonésie, Mexique et Turquie).

Questions

1. La libéralisation (ou déréglementation) financière a conduit à la prolifération de deux techniques financières : la titrisation et l'effet de levier. Décrivez-les brièvement.

2. Pourquoi la titrisation et l'effet de levier sont-ils à l'origine de la crise des systèmes bancaires et financiers dans le monde ?

3. Pourquoi et comment les crises bancaire et financière ont-elles entraîné la crise de l'économie réelle (ou la récession mondiale) ?

4. Distinguez et expliquez les buts poursuivis par les actions des banques centrales et des États au cours de la crise financière mondiale de 2008.

ACTIVITÉ DE SYNTHÈSE : UNE POLITIQUE ÉCONOMIQUE

Compte tenu de la conjoncture économique actuelle et des contraintes qui pèsent sur le Canada, proposez une politique monétaire et une politique budgétaire. (Répondez en deux ou trois pages environ.)

QU'ATTEND-ON DE VOUS ?

On ne vous demande pas de proposer une recette miracle aux problèmes de l'économie canadienne. Il est évident qu'on ne pourra en même temps éliminer le chômage, alléger le fardeau fiscal et réduire la dette publique tout en contenant l'inflation et en soutenant le dollar. Le véritable but de la question est justement de vous amener à montrer les relations entre tous ces éléments et à faire la synthèse des problèmes économiques et de leurs solutions. À la limite, vous pouvez proposer de ne rien faire, à condition de dire pourquoi. Vous aurez ainsi l'occasion d'expliquer le processus d'élaboration des politiques économiques.

QUELQUES PISTES

Commencez par identifier les mots clés de la question et essayez de bien la comprendre.

Régler des problèmes...

On vous demande de régler des problèmes d'ordre conjoncturel (comme le chômage dû à une récession ou l'inflation causée par une surchauffe) sans vous soucier particulièrement des contraintes structurelles (comme la dette publique, l'influence des capitaux étrangers sur notre taux de change ou le chômage de longue durée).

Une politique est justement un ensemble de mesures prises par l'État pour régler certains problèmes. On vous demande plus précisément de montrer comment les mesures de type budgétaire et monétaire peuvent régler une partie des problèmes sans entraîner trop d'effets secondaires négatifs.

... grâce à des mesures

UN SCHÉMA PEUT SERVIR DE PLAN

Pour répondre à une question aussi vaste, il est indispensable d'avoir un plan ou un schéma qui relie les diverses variables en jeu. Vérifions si le schéma qui suit est conforme à la question posée.

Les mesures à prendre

Le schéma comprend trois cases de départ, qui correspondent à la politique monétaire (baisse du taux d'intérêt) et à la politique budgétaire (hausse des dépenses publiques et baisse des impôts). Dans les trois cas, il s'agit de mesures expansionnistes qui conviendraient bien à une économie en récession. Si l'économie était en surchauffe, on pourrait tenter des mesures inverses.

Les problèmes à résoudre

On retrouve également dans le schéma deux cases d'arrivée, qui correspondent aux principaux problèmes conjoncturels (le chômage et l'inflation). Tout dépend évidemment de la situation : en période de récession, la hausse de la demande globale permet de réduire le chômage ; en période de surchauffe, la baisse de la demande globale freine l'inflation.

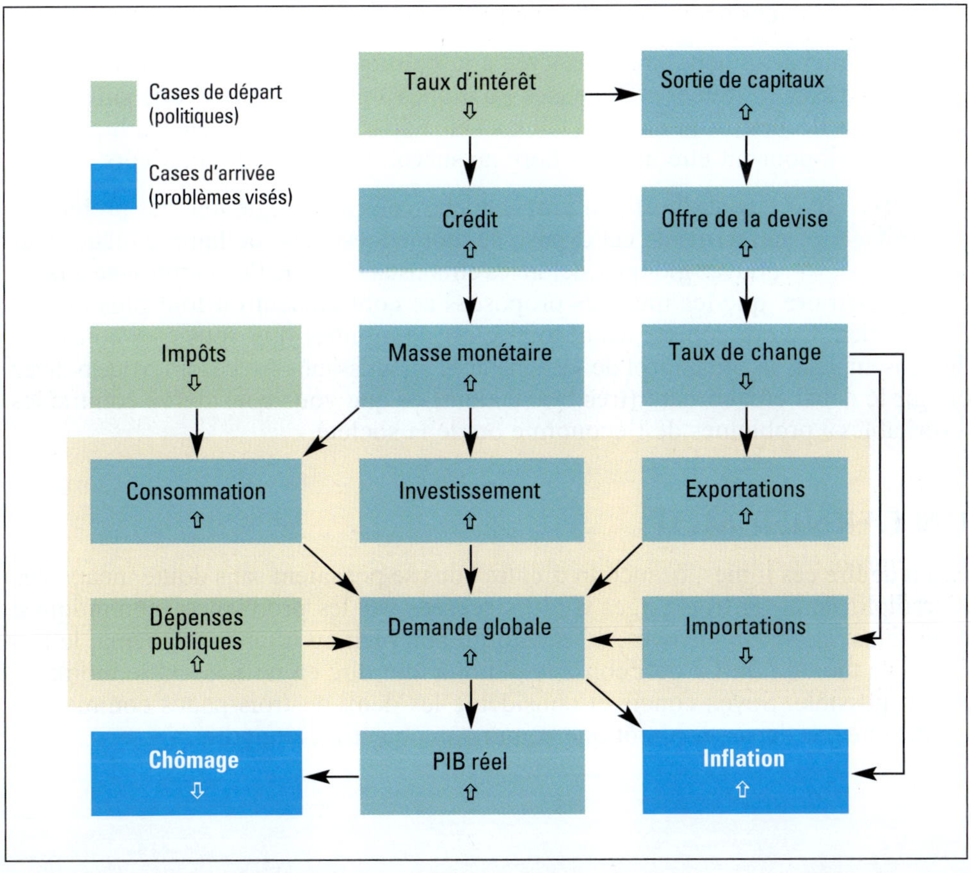

Les mécanismes

Entre les mesures prises et les problèmes à résoudre, il y a tout un enchaînement de variables. L'explication de chaque case et de chaque flèche du schéma vous permettra de démontrer vos connaissances sur les principaux mécanismes de l'économie globale. Il faudra bien sûr insister sur ce qui est le moins évident et passer plus rapidement sur ce qui va de soi.

UN EXEMPLE DE PLAN

Introduction

Décrivez la situation économique actuelle : les problèmes à résoudre, l'ampleur de ces problèmes et les contraintes (trouvez des chiffres si nécessaire). Annoncez les mesures à prendre.

Développement

Une première partie peut être consacrée à la politique monétaire. Vous commencerez alors à la case intitulée « Taux d'intérêt » et vous expliquerez le mécanisme étape par étape. Cette partie peut elle-même être divisée en deux : vous traiterez d'une part de l'aspect *intérieur* de la politique monétaire (à partir de la case intitulée « Crédit ») et d'autre part de son aspect *extérieur* (à partir de la case intitulée « Sortie de capitaux »). Vous ferez la jonction entre ces deux volets un peu plus loin.

La deuxième partie peut être consacrée à la politique budgétaire. Vous commencerez aux cases intitulées « Dépenses publiques » et « Impôts ». Vous suivrez de nouveau les flèches jusqu'au bout. Chaque bloc du schéma a déjà été expliqué dans le manuel : il pourrait être utile de faire un survol des chapitres antérieurs.

Conclusion

Puisqu'il est peu probable que vous ayez réglé tous les problèmes au terme de cet exposé, le moment est venu de faire le bilan. Vous pouvez indiquer, selon les circonstances, que l'essentiel a été atteint, ou, au contraire, que les mesures proposées se contredisent ou font plus de tort que de bien. Ce qui compte avant tout, c'est de montrer que vous êtes conscient de l'ensemble de la situation et de ses tenants et aboutissants. Au besoin, vous pouvez élargir le débat en abordant (très brièvement) ce que vous considérez comme les « véritables » problèmes de l'économie ou de la société.

UN DERNIER MOT

Avant de lire ces lignes, beaucoup d'entre vous se pensaient sans doute incapables de remplir deux ou trois pages d'idées sensées sur les problèmes économiques. Mais, ainsi que vous le voyez, à l'aide d'un bon plan ou d'un bon schéma, le travail est à moitié fait. Le défi consiste plutôt à tout dire en noircissant le moins de papier possible. Soyez concis et considérez les deux ou trois pages comme une limite à ne pas dépasser plutôt que comme un objectif à atteindre.

GLOSSAIRE

A

Action Titre de propriété d'une entreprise. Une action représente une fraction de l'actif d'une entreprise et donne droit à une partie de ses profits (ou dividendes). En général, les actions se négocient sur le marché boursier.

Agent économique Individus, groupes et organismes qui participent à l'activité économique. Les agents économiques sont répartis en cinq grandes catégories en fonction de leur rôle principal : les *ménages* travaillent et consomment, les *entreprises* vendent les biens qu'elles produisent, l'*État* offre des services à la population, l'*étranger* nous vend des biens et nous en achète, les banques canalisent l'épargne des uns et la dirigent vers ceux qui ont besoin de financement.

Amortissement Dépenses d'entretien des équipements productifs. L'amortissement correspond à la valeur de dépréciation de ces équipements.

Analyse normative Voir *analyse positive*.

Analyse positive L'analyse positive cherche à expliquer les phénomènes économiques à partir d'hypothèses mesurables et vérifiables ; l'**analyse normative** incorpore des jugements de valeur sur une situation. L'analyse positive étudie le monde tel qu'il est ; l'analyse normative étudie le monde tel qu'il devrait être.

Arbitrage Choix entre deux possibilités qu'on effectue en tenant compte de l'option à laquelle on renonce.

Assiette fiscale L'assiette fiscale correspond à l'ensemble des dépenses et des revenus assujettis à l'impôt.

Avance en devises Emprunt en devises étrangères auprès d'une banque. L'avance en devises est une technique utile pour les exportateurs qui désirent se prémunir contre les variations du taux de change.

B

Balance commerciale Voir *balance courante*.

Balance courante Partie de la balance des paiements qui comprend la **balance commerciale** (exportations et importations de marchandises) et la **balance des invisibles** (transactions internationales portant sur des services, des revenus de placement et des transferts).

Balance des capitaux Partie de la balance des paiements qui comprend les entrées et les sorties de capitaux sous forme de placements (actions, obligations, etc.) et d'investissements directs.

Balance des invisibles Voir *balance courante*.

Balance des paiements Bilan des transactions réalisées entre un pays et le reste du monde. La balance des paiements se divise en deux parties : la balance courante et la balance des capitaux.

Banque centrale Organisme public mandaté par l'État pour appliquer la politique monétaire. La banque centrale contrôle l'offre de monnaie, gère les comptes des banques commerciales, sert d'agent financier à l'État et intervient sur le marché des changes.

Banque commerciale Institution financière qui a le pouvoir de créer de la monnaie (en accordant des prêts). Comme les entreprises, les banques commerciales financent leurs activités en vendant des services.

Besoin Voir *bien.*

Bien Produit qui sert à satisfaire les **besoins** vitaux (se nourrir, se loger, se vêtir) et essentiels (santé, éducation) et tous les autres types de besoins jugés moins essentiels. Au sens strict, le mot « bien » s'applique aux produits tangibles, par opposition au mot « **service** » qui désigne les produits intangibles.

Bien collectif Bien consommé simultanément par un ensemble d'utilisateurs (par exemple, l'éclairage de la voie publique). Lorsqu'un bien collectif est produit par l'État, il s'agit d'un **bien public**.

Bien de consommation Bien qui vise à satisfaire directement un besoin. Les biens de consommation sont produits à l'aide des **biens de production** (équipements productifs qui servent à produire d'autres biens).

Bien de production Voir *bien de consommation.*

Bien final Bien qui ne subit plus de transformations. Les biens finals (ou **produits finis**) peuvent servir à satisfaire directement des besoins (biens de consommation) et aussi à produire d'autres biens (biens de production). Un **bien intermédiaire** est un bien appelé à être transformé en un autre bien.

Bien intermédiaire Voir *bien final.*

Bien public Voir *bien collectif.*

Bon du Trésor Titre émis par l'État pour financer ses opérations et dont l'échéance varie de 3 mois à 1 an. Les bons du Trésor sont vendus à un prix inférieur à leur parité et procurent un rendement égal à la différence entre leur prix de vente et leur parité. Lorsqu'un bon de 1000 $ (à échéance de 3 mois) est vendu 990 $, il procure un taux de rendement de 10 $/990 $ = 1,01 % (ou 4,1 % par an).

Budget Le budget présente l'état des recettes et des dépenses. Un budget peut être **équilibré** (les recettes sont égales aux dépenses), **déficitaire** (les recettes sont inférieures aux dépenses) ou **excédentaire** (les recettes sont supérieures aux dépenses).

Bulle immobilière Voir *bulle spéculative.*

Bulle spéculative Niveau des prix excessif par rapport à la valeur fondamentale d'un actif financier (valeur d'une action) ou d'un actif immobilier (valeur d'une habitation). Une bulle spéculative apparaît quand la demande pour un bien ou un actif financier augmente, parce que les acheteurs pensent que leur prix continuera d'augmenter.

C

Capital Voir *ressources productives.*

Change à terme Opération d'achat ou de vente de devises à une date ultérieure, mais à un taux fixé immédiatement. Le change à terme est une technique qui permet de se prémunir contre les variations du taux de change.

Chômage Situation économique caractérisée par le manque d'emplois. Un chômeur est une personne qui cherche à participer au marché du travail, mais ne trouve pas d'emploi. On distingue trois types de chômage : le **chômage frictionnel** (situation temporaire entre deux emplois), le **chômage conjoncturel** (causé par une baisse momentanée de la demande globale) et le **chômage structurel** (caractérisé par la non-concordance entre les emplois offerts et demandés).

Coefficient d'ouverture Proportion des importations et des exportations dans le PIB.

Compensation interbancaire Procédé de règlement des transactions par chèques entre les clients des différentes banques commerciales.

Concentration industrielle Nombre restreint d'entreprises qui contrôlent une production donnée ou un marché quelconque. La concentration industrielle réduit la concurrence.

Consommation intermédiaire Voir *valeur ajoutée.*

Crise économique Il y a crise lorsque l'état de l'économie ne permet pas d'atteindre les objectifs souhaités (plein-emploi, stabilité des prix, etc.).

Croissance économique La croissance économique correspond à une augmentation du PIB (*produit intérieur brut*). Parce que l'inflation fausse la comparaison entre les PIB de deux années différentes, on distingue la croissance réelle (croissance du volume, ou croissance en **dollars constants**) de la croissance nominale (croissance de la valeur, ou croissance en **dollars courants**).

Cycle économique Succession de deux phases, l'*expansion* et la *récession*. Entre ces deux phases, l'économie atteint un sommet, qui est suivi d'une période de ralentissement. Lorsque la croissance est au plus bas, on parle d'un creux; lorsque l'économie amorce sa remontée, on parle de reprise.

D

Déflation Baisse du niveau général des prix.

Demande Pour chaque prix possible, il existe une quantité que les demandeurs sont prêts à acheter. La demande correspond à l'ensemble des combinaisons prix-quantité.

Demande globale Quantité de produits que les agents économiques sont prêts à acheter pour un niveau général de prix donné. La demande globale comprend les dépenses de consommation des ménages (C), les dépenses d'investissement des entreprises (I), les dépenses courantes en biens et services de l'État (G) et la différence entre les exportations (X) et les importations (M).

Dépenses publiques Dépenses de l'État qui servent à la production des biens et services publics.

Dépôt bancaire Monnaie stockée dans les comptes bancaires, sous forme d'écritures bancaires (aussi appelée « monnaie scripturale »). On distingue deux types de dépôt: le **dépôt à terme**, qui représente l'épargne placée à échéance fixe sans droit de chèque, et le **dépôt à vue**, dans lequel on peut tirer des chèques (compte courant ou compte chèques).

Désinflation Baisse graduelle du taux d'inflation.

Dette publique Dette de l'État qui résulte des emprunts ayant servi à financer les déficits budgétaires.

Devise Monnaie d'un pays (vue de l'étranger).

Droit de douane Voir *libre-échange*.

E

Économie d'échelle En produisant sur une plus grande échelle qu'auparavant, une entreprise peut répartir certains coûts de production sur un plus grand nombre de biens. Ces économies d'échelle lui permettent d'augmenter ses profits ou de diminuer ses prix.

Économie ouverte Économie où les exportations et les importations occupent une place importante dans le PIB.

Économie souterraine Ensemble des activités économiques qui échappent à la comptabilité officielle et à l'impôt.

Effet de levier Principe qui consiste à emprunter pour acquérir un actif financier ou immobilier, et ce afin de le revendre à un prix supérieur. L'effet de levier permet à l'investisseur de miser une somme supérieure au montant qu'il possède au point de départ afin de multiplier le taux de rendement de son placement.

Effet de richesse Effet d'un changement de la richesse sur les dépenses des ménages. L'effet de richesse provient généralement d'une augmentation de la valeur du patrimoine financier (la valeur des actions) et du patrimoine immobilier (la valeur d'une maison ou d'un immeuble d'habitation).

Efficacité économique L'économie est efficace lorsque les ressources sont utilisées de manière à produire le maximum de biens en vue de satisfaire le plus grand nombre possible de besoins.

Entreprise Organisation qui produit des biens destinés à la vente.

État Ensemble des organismes publics (ministères, municipalités, système scolaire) qui produisent des biens et services financés par les impôts.

Étranger Agents économiques situés à l'extérieur du pays. L'étranger (ou les **non-résidents**, par opposition aux **résidents**) nous vend des produits (*importation*) et nous achète des biens (*exportation*). L'étranger investit dans notre économie (entrée de capitaux) et nous emprunte de l'argent (sortie de capitaux).

Expansion Phase du *cycle économique* caractérisée par des taux de croissance du PIB élevés et par la création d'emplois.

Exportation Partie du PIB vendue à l'étranger. Les exportations représentent l'ensemble des dépenses des étrangers en produits locaux.

Externalité Effet externe d'une décision. Une externalité est **négative** lorsque ceux qui retirent des avantages d'une décision n'en assument pas eux-mêmes tous les coûts ; elle est **positive** lorsque ceux qui assument les coûts d'une décision n'en retirent pas eux-mêmes tous les avantages.

F

Fardeau fiscal Partie des revenus destinée à l'impôt. Lorsque le fardeau fiscal des ménages augmente, cela signifie qu'ils paient plus d'impôts.

Flux Le flux économique est le montant d'argent qui circule pendant une période donnée (par exemple, M. X reçoit un revenu de 300 $ par semaine). Le flux se distingue du **stock**, qui représente un ensemble d'avoirs matériels ou financiers accumulés à un moment donné (par exemple, M. X possède des avoirs évalués à 77 000 $). Le flux (le revenu hebdomadaire, par exemple) alimente le stock (la richesse, par exemple).

G

GATT Voir *Organisation mondiale du commerce.*

I

Importation Dépenses des résidents en produits étrangers.

Impôt direct L'impôt direct est l'impôt sur le revenu ; l'**impôt indirect** comprend les taxes de vente.

Impôt progressif Système d'impôt direct dans lequel chaque tranche de revenu additionnel est imposée plus lourdement que la tranche précédente.

Indice des prix à la consommation (IPC) L'IPC représente la moyenne pondérée de tous les indices de prix des produits consommés par les ménages. Le taux de croissance de l'IPC d'une année à l'autre donne le taux d'inflation.

Inflation Hausse soutenue du niveau général des prix. L'inflation est qualifiée de *rampante* lorsque le niveau des prix monte de façon modérée et constante, et de *galopante* quand le niveau des prix monte de manière brusque et rapide.

Investissement Dépenses d'une entreprise (ou de l'État) pour acquérir du *capital* (ou équipements productifs).

L

Libre-échange Libre circulation des produits entre les pays. Le libre-échange s'oppose au **protectionnisme**, qui vise à protéger les industries nationales de la concurrence étrangère. Le protectionnisme consiste à imposer des **tarifs douaniers** (taxes sur les produits importés ou **droits de douanes**), des **quotas d'importation** (plafonds imposés aux quantités importées) et d'autres formes de protection (subventions à l'industrie nationale, obstacles administratifs à l'entrée des produits étrangers, etc.).

M

Marché Lieu où l'*offre* et la *demande* se rencontrent et déterminent un prix d'équilibre.

Marché concurrentiel Un marché est d'autant plus concurrentiel qu'il réunit un grand nombre de demandeurs et d'offreurs de taille modeste (atomicité), que les produits sont faciles à comparer (homogénéité), facilement accessibles (mobilité) à des endroits et à des prix connus (information) et qu'il demeure ouvert à de nouveaux producteurs éventuels (libre entrée).

Marché des changes Lieu où la demande et l'offre de *devises* se rencontrent et déterminent le *taux de change*.

Marché du travail Lieu où se rencontrent les demandeurs de travail (les entreprises) et les offreurs de travail (les ménages). La marchandise échangée est le travail et le prix de cette marchandise est le salaire.

Marché financier Lieu où les emprunteurs (demandeurs de capitaux) sont mis en contact avec les épargnants (offreurs de capitaux). La marchandise échangée est soit de l'argent (dont le prix est le taux d'intérêt), soit un actif financier (action, obligation, devise, etc.).

Masse monétaire Quantité de monnaie en circulation à un moment précis. La masse monétaire comprend les billets et les pièces ainsi que l'ensemble des dépôts bancaires. Étant donné qu'il existe plusieurs types de dépôts, il y a plusieurs variantes de la masse monétaire: M1 (billets, pièces et dépôts à vue ou comptes chèques), M2 (M1 plus dépôts à terme des ménages), M3 (M2 plus dépôts en monnaie étrangère et autres dépôts à terme).

Ménage Individu ou groupe d'individus qui fournit des facteurs de production (le travail, par exemple) et qui en tire des revenus pour consommer ou pour épargner.

Mondialisation Libre circulation des biens et services, des entreprises et des capitaux financiers à l'échelle planétaire. La mondialisation est favorisée par la *déréglementation* et la libéralisation des échanges ainsi que par les innovations dans les moyens de télécommunication et de transport.

Monnaie La monnaie se définit par ses fonctions: elle joue le rôle d'intermédiaire d'échange (moyen de paiement), elle sert à mesurer la valeur des biens (unité de compte) et elle permet de conserver de la valeur (réservoir de valeur). La monnaie peut prendre la forme de billets de banque (la **monnaie fiduciaire**, soit la monnaie basée sur la confiance) et d'écritures bancaires (les dépôts bancaires, soit la **monnaie scripturale**).

Monopole Marché où une entreprise est la seule à produire un bien donné.

Multiplicateur Lorsque les retombées économiques d'une hausse des dépenses publiques (ou d'une baisse d'impôt) sont supérieures à la mise de fonds initiale, on parle de multiplicateur budgétaire. Le **multiplicateur budgétaire** correspond au rapport entre les retombées économiques totales et la hausse initiale des dépenses publiques. De façon similaire, lorsque les réserves excédentaires des banques sont prêtées plusieurs fois, on parle de multiplicateur monétaire. Le **multiplicateur monétaire** représente le rapport entre l'augmentation de la masse monétaire et le montant initial de ces réserves excédentaires.

N

Nominal Toute comparaison entre deux valeurs nominales mesurées pour deux périodes différentes risque d'être faussée par une éventuelle inflation (ou par une déflation). Afin de mesurer la variation **réelle** entre les deux valeurs, on doit aussi tenir compte de la variation, en cours de route, du niveau général des prix.

Non-résident Voir *étranger*.

O

Obligation Titre émis par l'État ou une entreprise pour financer leurs opérations. Les obligations sont remboursables à un prix et à une échéance connus à l'avance et rapportent des intérêts.

Offre Pour chaque prix possible, il existe une quantité que les offreurs sont prêts à vendre. L'offre correspond à l'ensemble des combinaisons prix-quantité.

Organisation mondiale du commerce (OMC) Association de plus de 150 pays qui a pour objectif de favoriser le commerce international. L'OMC a remplacé le **GATT** (Accord général sur les tarifs douaniers et le commerce) le 1er janvier 1995.

P

Plein-emploi Situation où tous les travailleurs qui le désirent occupent un emploi. En pratique, compte tenu du chômage frictionnel, le taux de chômage ne peut descendre à zéro.

Politique budgétaire Ensemble des moyens budgétaires utilisés par l'État en vue d'atteindre des objectifs économiques. La politique budgétaire est **expansionniste** lorsque l'État augmente de manière délibérée ses dépenses et réduit volontairement ses impôts dans le but de relancer l'activité économique. La politique budgétaire est **restrictive** lorsque l'État tente de freiner l'activité économique en diminuant ses dépenses et en augmentant les impôts.

Politique monétaire La politique monétaire a pour objet de maintenir la masse monétaire à un niveau compatible avec une croissance économique sans inflation. C'est la banque centrale (Banque du Canada) qui applique la politique monétaire et qui prend les mesures nécessaires pour atteindre les objectifs économiques souhaités. La politique monétaire est **expansionniste** lorsque la banque centrale cherche à augmenter la masse monétaire en faisant accroître les réserves des banques et baisser le taux d'intérêt. À l'inverse, la politique monétaire **restrictive**, caractérisée par des taux d'intérêt élevés, vise à freiner l'expansion de la masse monétaire.

Politique structurelle Politique gouvernementale qui favorise l'ajustement de l'industrie et de la main-d'œuvre aux transformations profondes de l'économie.

Population active Ensemble des personnes de 15 ans ou plus qui ont choisi de participer au marché du travail. La population active comprend les personnes qui occupent un emploi et les chômeurs.

Prêt à surprime Prêt à risque consenti à un ménage dont la solvabilité est fragile. Un prêt à surprime comporte généralement une clause qui vise à compenser le risque de non-remboursement de l'emprunteur, soit un taux d'intérêt très élevé.

Prix absolu Voir *prix relatif.*

Prix relatif Le prix d'un bien est relatif lorsqu'il s'exprime par rapport à d'autres biens (par exemple : une orange vaut 2 pommes, une pomme vaut 2 bananes, une orange vaut 4 bananes, etc.). Un **prix absolu** signifie que tous les biens ont en commun la même unité de référence (par exemple : une orange vaut 1 $, une pomme vaut 0,50 $, une banane vaut 0,25 $, etc.).

Productivité La productivité se mesure en divisant la valeur de la production par la quantité de ressources utilisée pour produire.

Produit intérieur brut (PIB) Le PIB est la valeur de la production annuelle en biens et services finis d'un pays. Le **PIB de plein-emploi** est atteint lorsque les ressources productives sont « pleinement » utilisées. Le PIB est mesuré selon trois approches : 1) Somme des dépenses effectuées pour acheter des *produits finis* (ou **dépenses finales**) : PIB = $C + I + G + (X - M)$, les dépenses des agents intérieurs (C + I + G) correspondant à la **demande intérieure finale**. 2) Somme des revenus tirés de la production (**Revenu intérieur net** [**RIN**]) : PIB = RIN + Taxes indirectes + *Amortissement.* 3) Somme des *valeurs ajoutées* des entreprises : PIB = Somme des valeur ajoutées + Amortissement.

Propension à consommer La propension à consommer (appelée plus précisément propension marginale à consommer) mesure la variation relative de la consommation à la suite d'une variation du revenu des ménages. De la même façon, la **propension à épargner** mesure le rapport entre la variation de l'épargne et la variation du revenu.

Protectionnisme Voir *libre-échange.*

Q

Quota d'importation Voir *libre-échange.*

R

Récession Situation où la demande globale est inférieure aux capacités de production de l'économie. Phase du cycle économique caractérisée par des taux de croissance faibles, voire négatifs, et par une augmentation du chômage.

Réel Voir *nominal.*

Réserves bancaires Partie des dépôts bancaires qui n'est pas prêtée. Les banques conservent des **réserves minimales** (une fraction des dépôts) afin de régler les transferts de fonds par chèques de leurs clients avec les clients des autres banques (compensation interbancaire). Les autres réserves sont appelées **réserves excédentaires**: elles correspondent aux montants que les banques peuvent prêter.

Ressources productives Les ressources productives servent à produire des biens. Elles comprennent la **terre** (ou ressources naturelles), le **capital** (ou équipements productifs) et le **travail** (ou main-d'œuvre).

Revenu Le revenu est un *flux* qui représente la valeur d'une production donnée. Le **revenu intérieur net** comprend la rémunération du travail (salaire) et du capital (dividendes versés aux actionnaires, intérêts sur les placements, etc.). Le **revenu disponible** correspond au revenu total des ménages après impôt. Le revenu personnel comprend le revenu des ménages avant impôt. Le revenu alimente la **richesse**, qui représente l'ensemble des actifs matériels et financiers accumulés à un moment donné.

Richesse Voir *revenu.*

S

Service Voir *bien.*

Service de la dette Somme servant au remboursement d'une partie du montant emprunté et des intérêts sur la dette publique.

Spéculation Activité qui vise à tirer profit des fluctuations de prix d'un stock quelconque (devises, titres ou marchandises) dans le temps. Le spéculateur cherche à anticiper ces fluctuations: si possible, il achète avant la hausse et vend avant la baisse.

Stabilisateurs automatiques Lorsque l'économie ralentit (ou s'accélère), certains programmes gouvernementaux ont pour effet de relancer (ou de freiner) automatiquement l'activité économique. Par exemple, les montants versés aux chômeurs, qui ont pour effet de soutenir la demande, sont d'autant plus élevés que l'activité économique est au ralenti.

Stabilité des prix Situation observée lorsque l'inflation est nulle ou très faible.

Stagflation Conjoncture économique caractérisée par l'apparition simultanée du chômage et de l'inflation.

Stock Voir *flux.*

Surchauffe économique Situation où la demande globale dépasse les capacités de production de l'économie. La surchauffe se caractérise par un chômage relativement faible et par une poussée d'inflation.

Système bancaire Le système bancaire est constitué d'un organisme public, la banque centrale, et d'un ensemble de banques commerciales. La banque centrale gère les comptes des banques commerciales (en ajustant le niveau de leurs réserves) et modifie les conditions du crédit dans les banques (en influant sur les réserves des banques et les taux d'intérêt).

T

Tarif douanier Voir *libre-échange.*

Taux d'activité Proportion des personnes de 15 ans ou plus qui participent au marché du travail.

Taux d'escompte Taux d'intérêt auquel la banque centrale accorde des prêts de durée limitée aux banques commerciales et à d'autres institutions financières.

Taux d'imposition marginal Taux d'imposition pour chaque tranche de revenu.

Taux d'intérêt L'intérêt est le prix payé pour emprunter une somme d'argent pendant une certaine durée. Le taux d'intérêt (ou loyer de l'argent) est le rapport entre l'intérêt versé et la somme empruntée. Lorsqu'il y a inflation, le **taux d'intérêt réel** est inférieur au taux d'intérêt affiché dans les banques (ou **taux d'intérêt nominal**).

Taux de change Valeur d'une devise par rapport à une autre devise.

Taux de chômage Proportion de chômeurs dans la population active.

Taux directeur Taux d'intérêt fixé par la banque centrale pour influer sur les taux d'intérêt des prêts à un jour que les banques se consentent mutuellement.

Thésaurisation de la main-d'œuvre La thésaurisation de la main-d'œuvre correspond à une sous-utilisation de la main-d'œuvre. En période de ralentissement économique, certaines entreprises préfèrent garder des employés formés et expérimentés à qui elles ont peu de tâches à confier, par crainte qu'ils ne soient plus disponibles après un licenciement temporaire.

Titre de dette Voir *titrisation*.

Titre toxique Titre de dette qui contient des dettes susceptibles de ne pas être remboursées et dont la valeur peut être réduite à néant en l'absence d'acheteurs.

Titrisation Technique financière qui permet à un prêteur de vendre un prêt sous forme de **titre de dette** sur les marchés financiers. Elle permet au prêteur de se départir des risques d'un prêt et de retrouver sa liquidité. Le prix du titre de dette se négocie selon l'offre et la demande sur les marchés financiers, et procure à son acheteur un revenu qui provient des montants et des intérêts remboursés par les emprunteurs d'origine.

Travailleur découragé Personne sans travail qui souhaite occuper un emploi, mais qui n'en cherche plus parce qu'elle est persuadée de ne pas en trouver. Statistique Canada place dans cette catégorie les personnes sans travail qui déclarent avoir cherché du travail au cours des six derniers mois, mais non durant la semaine de référence de l'Enquête sur la population active.

V

Valeur ajoutée Lorsqu'elle produit, l'entreprise transforme des biens provenant d'ailleurs (**consommations intermédiaires**) en d'autres biens (produit total). La valeur ajoutée d'une entreprise est égale au produit total moins les consommations intermédiaires. Par exemple, si une ébénisterie utilise pour 2500 $ de planches, clous et vis pour produire des tables d'une valeur de 4000 $, la valeur ajoutée est de 4000 $ – 2500 $ = 1500 $.

Vitesse de circulation de la monnaie La vitesse de circulation de la monnaie (ou rapport **PIB/masse monétaire**) représente le nombre de fois, en moyenne, qu'une quantité de monnaie donnée (masse monétaire) est utilisée pour réaliser des transactions au cours d'une année.

BIBLIOGRAPHIE

ALBERT, Michel. *Capitalisme contre capitalisme*, Paris, Éditions du Seuil, 1991, 316 p.

BANQUE DE FRANCE. « Hedge funds », *Revue de la stabilité financière*, numéro spécial, n° 10, avril 2007, 208 p.

BANQUE DES RÈGLEMENTS INTERNATIONAUX. *Rapport trimestriel*, Bâle, diverses années 2002-2009.

BANQUE DU CANADA. *Rapport annuel*, annuel.

BANQUE DU CANADA. *Revue de la Banque du Canada,* mensuel.

BANQUE DU CANADA. *Rapport sur la politique monétaire*, semestriel.

BANQUE MONDIALE. *Rapport sur le développement dans le monde 2008*, Washington, 2007, 384 p.

BEAUD, Michel. *Histoire du capitalisme de 1500 à nos jours*, Paris, Éditions du Seuil, 1981, 357 p.

BEAUD, Michel, et DOSTALER, Gilles. *La pensée économique depuis Keynes*, Paris, Éditions du Seuil, 1993, 488 p.

BLESSON, C. , et CLERWALL, U. « La montée en puissance des investisseurs institutionnels : implications réglementaires », Étude du BIPE réalisée pour le Sénat de France, janvier 2003, 105 p.

BLUNDELL-WIGNALL, Adrian, ATKINSON, Paul, et SEE HOON, Lee. *The current financial crisis : causes and policy issues*, Paris, Organisation de coopération et de développement économique (OCDE), 2008, 21 p.

BOURET, Renaud. *Relations économiques internationales* (3e édition), Montréal, Chenelière/McGraw-Hill, 2003, 424 p.

COMBENALE, Pascal, et PIRIOU, Jean-Paul. *Nouveau manuel de sciences économiques et sociales,* Paris, Éditions La Découverte, 2003, 812 p.

CONFÉRENCE DES NATIONS UNIES SUR LE COMMERCE ET LE DÉVELOPPEMENT (CNUCED). *Rapport sur l'investissement dans le monde*, 2007, 176 p.

DEMARTINI, Anne, et PANSARD, Fabrice. « Quelle est l'ampleur de l'activité de titrisation aux États-Unis et en Europe ? », *Revue mensuelle de l'Autorité des marchés financiers de France,* nº 16, juillet-août 2005, p. 29-39.

DODD, Randall. *Subprime:* « Topographie d'une crise », *Finances & Développement,* Fonds monétaire international, décembre 2007, p. 15-19.

DODD, Randall, et MILLS, Paul. « Crise hypothécaire : effet de contagion », *Finances & Développement*, Fonds monétaire international, juin 2008, p. 14-18.

ÉLAYI, J., et ÉLAYI, A. G. *La monnaie à travers les âges*, Paris, Éditions Idéaphane, 1989, 265 p.

GALBRAITH, John Kenneth. *Voyage dans le temps économique*, Paris, Éditions du Seuil, 1995, 286 p.

GALBRAITH, John Kenneth. *Brève histoire de l'euphorie financière*, Paris, Éditions du Seuil, 1992, 116 p.

GALBRAITH, John Kenneth. *L'argent*, Paris, Gallimard, 1975, 506 p.

GÉNÉREUX, Jacques. *Introduction à l'économie*, Paris, Éditions du Seuil, 2001, 178 p.

GÉNÉREUX, Jacques. *Les politiques économiques*, Paris, Éditions du Seuil, 1996, 63 p.

GUELLEC, Dominique, et RALLE, Pierre. *Les nouvelles théories de la croissance*, Paris, Éditions La Découverte, 1995, 123 p.

HANIN, Frédéric. *Fonds de pension du secteur public et modèle de développement au Canada : une étude comparative de la Caisse de dépôt et placement du Québec et du Canadian Pension Plan Investment Board*, Montréal, Centre de recherche sur les innovations sociales, Collection Études théoriques, nº ET0506, avril 2005, 50 p.

HEILBRONER, Robert L. *Les grands économistes*, Paris, Éditions du Seuil, 1971, 335 p.

INTERNATIONAL FINANCIAL SERVICE LONDON (IFSL), «Fund management 2007», *IFSL Research*, octobre 2007, 8 p.

HEISZ, Andrew. *Inégalité et redistribution du revenu au Canada : 1976-2004*, Statistique Canada, catalogue 11F0019MIF, mai 2007, 63 p.

JOYAL, André. *Les systèmes économiques : capitalisme, socialisme, social-démocratie*, Chicoutimi, Gaëtan Morin Éditeur, 1979, 202 p.

KEYNES, John Maynard. *Théorie générale de l'emploi, de l'intérêt et de la monnaie*, Paris, Éditions Payot, 1968, 407 p.

KODRES, Laura. « Une crise de confiance et beaucoup plus », *Finances & Développement*, Fonds monétaire international, juin 2008, p. 8-13.

KLAMER, Arjo. *Entretiens avec des économistes américains*, Paris, Éditions du Seuil, 1988, 344 p.

KRUGMAN, Paul. *Pourquoi les crises reviennent toujours*, Paris, Seuil, 2000, 213 p.

LABRECQUE, Gilles. *Monnaie, banque et crédit au Canada* (3e édition), Sainte-Foy, Les Presses de l'Université Laval, 1993, 404 p.

LAVOIE, Marc, et SECCARECCIA, Mario (sous la direction de). *Milton Friedman et son œuvre*, Montréal, Presses de l'Université de Montréal, 1993, 230 p.

MARCHON, Maurice N. *Prévoir l'économie pour mieux gérer*, Montréal, Les Éditions Québec Amérique, 1994, 338 p.

MARTH, Michael. *Les acquisitions transfrontalières : une perspective canadienne 1997-2002*, ministère de l'Industrie du Canada, Statistique Canada, catalogue 11-621-MIF, mai 2004, 19 p.

MAYER, Christopher J., et PENCE, Karen M. « Subprime mortgages: what, where, and to whom? », National Bureau of Economic Research (NBER), *Working paper* n° W14083, juin 2008.

MCCULLOUGH, A. B. *La monnaie et le change au Canada des premiers temps jusqu'à 1900*, Ottawa, Centre d'édition du gouvernement du Canada, Approvisionnements et Services Canada, 1987, 316 p.

MISHKIN, Frederic. *Monnaie, banque et marchés financiers* (8° édition), Paris, Pearson Éducation, 2007, 893 p.

MORISSETTE, René, et ZHANG, Xuelin. « Inégalité de la richesse : second regard », *Perspective*, catalogue 75-001-XIF, décembre 2006, 13 p.

NÉRÉ, Jacques. *Les crises économiques au xxe siècle*, Paris, Armand Colin Éditeur, 1989, 160 p.

ORGANISATION DES NATIONS UNIES (ONU). *World economic and social survey, Current trends and policies in the world economy*, New York, United Nations publications, 1994, 322 p.

PAVOINE, Jacques. *Les trois crises du xxe siècle*, Paris, Ellipses, 1994, 160 p.

PLIHON, Dominique. « Le financement de l'économie – Nouveaux acteurs, nouveaux enjeux : instabilité financière et risque systémique : l'insuffisance du contrôle macroprudentiel », *Cahiers français*, n° 331, p. 85-90.

PROGRAMME DES NATIONS UNIES POUR LE DÉVELOPPEMENT (PNUD). *Rapport mondial sur le développement humain 2007-2008*, 2008.

RIVOIRE, Jean. *Histoire de la monnaie*, Paris, Presses Universitaires de France, Collection « Que sais-je », 1985, 127 p.

ROSIER, Bernard. *Les théories des crises économiques*, Paris, Éditions La Découverte, 1991, 128 p.

SANGHEON, Lee, MCCANN, Deirdre, et MESSENGER, Jon C. *Working Time Around the World: Trends in working hours, laws, and policies in a global comparative perspective*, Genève, Bureau international du travail, juin 2007, 240 p.

STATISTIQUE CANADA. *Guide de l'Enquête sur la population active*, catalogue 71-543-GWF, 2009.

STATISTIQUE CANADA. *L'emploi et le revenu en perspective*, catalogue 75-001-XWF, 2006.

STATISTIQUE CANADA. *Document de référence de l'indice des prix à la consommation*, catalogue 62-553, 1995.

STATISTIQUE CANADA. *Gains et revenus des Canadiens durant le dernier quart de siècle, Recensement 2006*, catalogue 95-563-X, 2008, 56 p.

THOMAS, Jean-Paul. *Les politiques économiques au xxe siècle*, Paris, Armand Colin Éditeur, 1994, 194 p.

WOLFF, Jacques. *Les pensées économiques des origines à nos jours*, Paris, Economica, 1993, 111 p.

INDEX

A

Abri fiscal, 126, *voir aussi* Paradis fiscal
Accord de libre-échange nord-américain, *voir* ALÉNA
Accord général sur les tarifs douaniers et le commerce, *voir* GATT
Accords de libre-échange, 106
Achat
 de dollars, 12
 pouvoir d', 78
Acheteur, 42, 252, 273
Acteur de l'économie, *voir* Agent économique
Actif(s), 220
 des banques, 178
 valeur des, 175
Action(s), 175, G-281
 internationale, 177
 valeur des, 273
Actionnaire, 93
Activité économique, niveau d', 82
Agence de notation, 248, 272
Agent(s) économique(s), 41, 51, 67, 192, 197, 216, 257, 264, G-281
 PIB et dépenses des, 57-65
 relations entre les, 52-57
Aide sociale, 238, *voir aussi* Stabilisateurs automatiques
Ajustement
 du marché, 36-38
 mécanisme(s) d', 35, 38
ALÉ, *voir* ALÉNA
ALÉNA, 108, 135, 152-153
Alimentation, 44, 218
Allocation des ressources, 252
Amortissement, 66, 98, G-281
Analyse normative, positive, 14-15, G-281
Approche normative, positive, 113
Arbitrage(s), 45-46, 84, 88-89, G-281
 des ménages, les trois, 74
 entre inflation et chômage, 226
Assiette fiscale, G-281
Associations économiques, 152
Assurance-chômage, 81, 120, 224, 238
 prestations d', 220
Assureurs, 177, 272
Atomicité, 39, 47, *voir aussi* Marché concurrentiel
Autorité des marchés financiers du Québec, 85
Avance en devises, 137, G-281
Avantages absolus, loi des, 149-150
Avantages comparatifs, loi des, 149-150
Avoirs des banques, 275

B

Balance
 commerciale, 141, G-281
 courante, 139-141, 144, 175, 249-250, 266, G-281
  redressement de la, 146*f*
 des capitaux, 139, 142, G-281
 des invisibles, G-281
 des paiements, 133, G-281
  marché des changes et, 136
Banque(s), 52-53
 centrale, *voir* Banque centrale
 commerciale, 167, 173-174, 261, G-281
 création de monnaie et, 161
 d'investissement, 274
 de dépôts, 274
 du Canada, *voir* Banque du Canada
 engagements des, 275
 mondiale, 62, 151, 252
 mondialisation des, 177
 réserves des, 148, 167, 174
Banque centrale, 136, 165, 167, 174, 250, 257, 261, G-281
 des États-Unis, *voir* Fed
 État et, 174
 européenne (BCE), 274
 offre de monnaie et, 174
 réserves et, 148
 taux d'intérêt, 148
Banque du Canada, 5, 165, 174, 263
 marge de manœuvre de la, 264
 objectifs de la, 264
 politique de la, 263
Barrières protectionnistes, 106, 154
Besoins, 6-7, G-282
 des ménages, 74, 114
 futurs, 75, 88-89
 immédiats, 63, 75, 88-89
 satisfaction des, 63, 74, 76, 88, 93
Bien(s), 6-7, 59, 62, 259, G-282
 à usage exclusif, 115
 classification des, 7-8
 collectif, 114, G-282
  marché et, 114

commerce des, 141
consommation de, 25
courbe d'offre de, 103
d'équipement, 58, 98
de consommation, 7, 25, 88, 273, G-282
de production, 7, 25, 99, G-282
et services, commerce mondial des, 177
final (ou produits finis), 7, 25, G-282
intermédiaire, 7, 25, 57-58, 95, G-282
marché des, 114
nature des, 8
public, 115, G-282
usage des, 8
Bien-être social, 120
Bons du Trésor, 125, 141, 161, 164, 174-175, 248, 250, 261-262, 266, G-282
Bourse, 85
de New York, *voir* Krach de la Bourse de New York
économie et rôle de la, 66
Budget, 15, G-282
de l'État, 15-16, 58, 119, 245
demande globale et, 238
Bulle
immobilière, G-282
spéculative, 270, 276, G-282
Bureau international du Travail (BIT), 11

C

Caisse de retraite, 93
Cambiste, 137
Capital(aux), 6-8, 18, 25, 58, 66, 81, 94, 248, G-282
balance des, 142
demande de, 103
des entreprises, 124
et investissement, 98
final, 98
fuite des, 264, 266
initial, 98
libre circulation des, 175, 265
mouvements de, 136, 145
instabilité et, 148
stock de, 100
Capitalisme, 18
commercial, 4
industriel et financier, 5
libéral, 18, 23, 26
Carburant et déforestation, 37
Centre *off-shore*, *voir* Paradis fiscal
Cercle vicieux
de l'inflation, 227
de la crise financière, 275
du chômage structurel, 228-229
Change
à terme, 137, G-282
risque de, 137
taux de, *voir* Taux de change
Chèque(s), 164
compensation des, 171
Chiffre d'affaires, 95, 107
Chômage, 43, 191, 198, 200, 204-205, 219, G-282
causes du, 223
conjoncturel (ou cyclique), 224
déguisé, 222-223
frictionnel, 223
inflation et, 211
mesure du, 219
Québec, emploi et, 221*t*
structurel, 224, 228-229
taux de, *voir* Taux de chômage
types de, 223-225
Chômeur, 81, 220, 222
déguisé, 223
de longue durée, 228-229
Circulation de la monnaie, vitesse de, 258-259, G-288
Clause de la nation la plus favorisée, 151
Clause non discriminatoire, 151, *voir aussi* OMC
Coefficient
d'importation, 249
d'ouverture, 147, G-282
Commerce
avec l'étranger, 133
de biens et services, 140
de marchandises, 141
des biens, libéralisation du, 175
extérieur, 62, 146, 266
et devise, 145
international, 108, 175
libéralisation du, 151, 252
liberté du, 149
Organisation mondiale du, *voir* OMC
Compagnie d'assurances, 86, 178
Compensation interbancaire, 174, G-282
Compte bancaire, 163, 258
courant, 164
d'épargne, 164
Concentration
bancaire, 178
industrielle, G-282
Concurrence, 93, 219*f*
imparfaite, 119
parfaite, 43, 119
Conjoncture économique, 141, 251, 263
budget de l'État et, 244
inflation par la demande et, 216*f*
politique budgétaire et, 238

Conseil de la radiodiffusion et des télécommunications canadiennes, *voir* CRTC
Consommation, 44, 57, 60, 73, 81, 196, 200, 249
  des ménages, 73, 82-83
  diminution de la, 82
  globale, 81
  influence du revenu sur la, 81
  intermédiaire, G-282, *voir aussi* Valeur ajoutée
  minimale des ménages, 82
  niveau de la, 83
  richesse et, 84
Contrat de travail, 79
Cotation, 248
  du crédit, 248
Cote de crédit, 248
Courbe(s)
  d'offre, 31-35, 146, 198, 205, 217*f*
    de biens, 103
    globale, 192-194, 198
  d'offre et de demande, 29, 41
  de demande, 30-31, 146
    de travail, 103
    globale, 192-194
  déplacement des, 35
Coût(s)
  d'option, 74, 88
  de la main-d'œuvre, *voir* Salaire
  de la vie, 79
  de production, 33, 35, 193, 198, 204, 211, 218
  et avantages, externalités et, 115
  externes internalisés, 116
  inflation et, 217
  marginal, 231
Créancier, 124, 126, 248
Création de monnaie, 166, 170, 257
  banques et, 161
Crédit, 257, 261
  bancaire, 170, 258
  offre et demande de, 273
Crise(s), 198, 200
  boursière, 273
  conjoncturelle, 187
  de chômage, 82
  de l'offre, 205
  de la demande, 196
  de sous-production, 82
  économique, 3, 187-189, 252, G-282
    solutions et, 185
  mécanisme de la, 197-198, 203
Crise des années 1930, 81, 245
Crise financière
  cercles vicieux de la, 275
  de 2008, 24, 180, 253, 257, 270-277
  leçons de la, 276
  mécanismes de la, 271
  mondialisation de la, 272
  récession et, 272
Croissance
  à long terme, 237
  atterrissage, 192
  creux, 192
  démographique, 44
  économique, 51, 247, 257, 263, G-283
  facteur de, 78
  nominale, 61, 78
  réelle des salaires, 76
  reprise (économique), 192, 266
  retournement de tendance, 192
  sommet, 192
  taux de, *voir* Taux de croissance
CRTC, 117
Cycle économique, 187, 190, 245, G-283
  phases du, 192

D

Débiteur, 124, 126, 248
Décollage économique, 10
Décote financière, 249
Déficit, 15
  budgétaire, 238, 243, 245
  conjoncturel, 247
  de l'État canadien, 246
  État et, 197
  PIB et, 246*f*
  public, 16, 124, 174
  structurel, 246-248
Déflation, 215, 218, G-283
Déforestation, 37
Délocalisation, 154, 211, 218
Demande, 30-31, 34, 36, 40, 42, 46, G-283
  changement de la, 35
  courbe de, 30-31, 34-35, 40, 198
  crise de la, 196
  de capital, 103
  de travail, 102
    courbe de, 102-103
  globale, 192, 205, 211, 250, 258, 264, 266, G-283
    courbe de, 192
    équation de la, 193
    recul de la, 196-197
  inflation et, 215-216
  intérieure finale, 59
    structure de la, 62
  modification de la, 35
  mondiale, 38
Demandeur, 30, 32-33, 39-40, 42, 46, 114
Dépense(s), 54, 57, 67
  d'investissement, 8, 25, 273
  de consommation, 8, 25, 240, 273

de l'État, 120
des agents économiques, 57
des ménages, 196
PIB du Canada par les, 58
publiques, 15, 58, 120, 197, 238-239, 244-245, G-283
en biens et services, 238
politique budgétaire et, 237
recettes et, 120
Déplacement
de l'équilibre, 35
des courbes, 35
Dépôt(s), 167
à terme, 164
à vue, 164
bancaire, 85, 87, G-283, *voir aussi* Compte bancaire
prêts et, 167-170
Dépréciation
devise et, 145
emploi et, 146
inflation et, 146
Dépression, 63
Déréglementation, 93, 276
Désinflation, 215, 218, G-283
Dette, 124
effet redistributif de la, 126
publique, 113, 124, 126, 243, 246, 248-249, G-283
service de la, *voir* Service de la dette
totale, 126
Deuxième Guerre mondiale, *voir* Seconde Guerre mondiale
Devise(s), 175, G-283
demande de, 136, 144-145
dépréciation de la, 145, 265-266
étrangères, réserves de, 266
forte, 143
offre de, 136, 144
rencontre de l'offre et de la demande de, 136
taux de change et, 175
transactions de, 177
Divergence statistique, 139*t*
Diversification économique, 3
Dollars constants, 64
Données nominales et réelles, 73
Droit de douane, G-283, *voir aussi* Tarif douanier
Droits compensatoires, 152, *voir aussi* OMC
Dumping, 152, *voir aussi* OMC

E

Écart statistique, 59, 67
Échange(s)
commerciaux, libéralisation des, 10
internationaux, loi des avantages comparatifs et, 150
libre-, *voir* Libre-échange
Échelle, *voir* Économie d'échelle
Économie, 3
à court terme, 237
acteur de l', *voir* Agent économique
agraire, 5
canadienne, 60
capitaliste, 3
d'échelle, 102, G-283
de marché, 24,
de plein-emploi et inflation, 216
développée, 218
efficacité et, 9, 25, 114, 117, 123
évolution de l', 105
globale, 51, 59, 93
hauts et bas de l', 190
industrialisée, 3, 5
inefficace, 9
intervention de l'État dans l', 19
mixte, 20, 23, 26
mondiale, 62, 257
mondialisation de l', 154
mondialisée, 10, 93, 247
politique budgétaire et, 247
nationale, 154
ouverte, 133, 250, 264, G-283
relance et, 249
part du marché et régulation de l', 252-254
point d'équilibre de l', 198
réelle, 273
financement de l', 276
socialiste, 23
sous-développée, 63
souterraine, G-283
stabilisation de, 245
Économistes
classiques et néoclassiques, 19
interventionnistes, 200
stagflation et, 252
vision des, 204, 243, 245-247
libéraux, 198, 252
endettement de l'État et, 243
équilibre budgétaire et, 243
vision des, 204, 243-244
néolibéraux, 24

Effet de levier, 179, 271-272, G-283
politique budgétaire et, 239
Effet de richesse, 270, G-283
Efficacité économique, 10, G-283
Éléments normatifs et positifs, 46
Emploi(s), 266, 273
Québec, chômage et, 221*t*
Emprunt(s), 261
bancaires, 273
des entreprises, 266
des ménages, 266
hypothécaire, 270
Emprunteur, 41-42, *voir aussi* Demandeur
Enquête sur la population active, 220
Entre-deux-guerres, instabilité du PIB et, 63-64
Entreprise(s), 41, 52, 57-58, 67, 216, 248, 260, G-283
concurrentielle, 106
coûts de production des, 198
délocalisation d', 211
fonctionnement de l', 94
fusions et acquisitions d', 106
impôt sur le revenu des, 203
investissement des, 93, 196
main-d'œuvre et, 222
modernes, 93
mondialisée, 106-107
plein-emploi et, 216
propriétaires des, 93
Environnement, prix du pétrole et, 231
Épargnant, 41-42, *voir aussi* Offreur
Épargne, 53, 73, 81-82, 88, 196, 257, 265
des ménages, 85
gestion de l', 87
marché financier et, 243
taux d', *voir* Taux d'épargne
Équilibre
budgétaire, 243, 249
annuel, 245
permanent, 244
récession et, 245
surchauffe et, 245
sur le cycle, 245
de sous-emploi, 200, 201*f*
déplacement de l', 41
du marché, 30-34, 217
écologique, 44
global, 29, 194, 195*f*
mécanisme d', 39
point d', 33-35, 38
prix d', 33, 48
quantité d', 35, 38
salaire d', 102
Équipement(s), 98
biens d', 58, 98
productifs, 6, 25, 216, *voir aussi* Capital
stock d', 100
Erreurs ou omissions nettes, *voir* Divergence statistique
État, 15, 41, 52, 58, G-284
au Canada, 119
banque centrale et, 174
budget de l', *voir* Budget de l'État
déficit de l', 197
dépenses et recettes de l', 15, 120
efficacité économique et, 114
endettement de l', 243
finances publiques et, 113
inefficacité et, 117-118
influence de l', 148
intervention de l', 19, 113
marge de manœuvre de l', 124, 248-249
mondialisation et, 119
services de l', 197,
société d', 53
Étranger, 52-53, 196, 272, G-284
commerce et, 133
Euro, 134
Europe de l'Est, effondrement du socialisme en, 22
Excédent budgétaire, État canadien et, 246
Expansion, 190, 192, 251, G-284
Exportation(s), 53, 59, 63, 196, 273, G-284
taux d', 62
Externalité(s) 115, 253, G-284
coûts et avantages et, 115
négative, 116, 231
positive, 116

F

Facteur, 79
d'inflation, 79, 89
de croissance, 78
nominal, 79
réel, 79
Fardeau
de la dette, 124
fiscal, 122, G-284
Fed, 270, 274
Fiducies, 177
Filiale étrangère, 106, 108
Financement, 53, 257
Finances publiques, 124
et État, 113
Fluctuation, *voir* Cycle économique
Flux, 73, 84, 99, 124, 259, G-284, *voir aussi* Stock
nets, 142

Fonds monétaire international (FMI), 134, 151, 218
Fonds
de créance, 271, 273
de fonds, 179
de placement, 86-87, 178, 272, 274, 276
de retraite, 86, 178, 272
de roulement, 174
mutuel(s), 93, 141
spéculatifs, 178-179, 272-273, 276
Forces du marché, 195
Friedman, Milton, 24

G

Galbraith, James K., 10
GATT, 134, 151, G-284, *voir aussi* OMC
Gestion financière, normes de, 93
Grande dépression, 200
Guerre de 1914-1918, 65

H

Hayek, Friedrich August von, 24
Hedge funds, *voir* Fonds spéculatifs
Histoire économique, grandes périodes de l', 4-5
Homogénéité, 39, 47 *Voir aussi* Marché concurrentiel
Hypothèse de la rationalité, 53
Hypothèse mesurable, 14

I

Illusion monétaire, 79-80
Importation(s), 53, 59, 63, 196, 250, 273, G-284
Imposition, taux marginal d', 122, 241, G-288
Impôt(s), 52, 117, 197, 238-239, G-284
(direct) progressif, 122-123, 238
indirects, 66, 121
politique budgétaire et, 237
sur la propriété, 121
sur le revenu (ou impôts directs), 4, 5, 121-122, 203
Inactif, 219
Indexation, clause d', 79
Indice d'internationalisation (II), 108
Indice des prix à la consommation (IPC), 212, G-284
évolution au Canada, 214*t*
final et initial, 213
pondérations au Canada de l', 213*t*
taux de croissance de l', 213
Industries, protection des, 154
Inégalités sociales, réduction des, 121
impôts et, 121
Inflation, 61, 190, 205, G-284
causes de l', 195
cercle vicieux de l', 227
chômage et, 211
évolution au Canada, 214-215
facteur d', 79, 89
incertitude et, 226
masse monétaire et, 259-260
mesure de l', 212-214
mondialisation et, 218
par la demande, 215-216, 218, 260, 264
conjoncture économique et, 216*f*
par les coûts, 217-218
prix des produits importés au Canada et, 219*f*
rampante, 215
taux d', *voir* Taux d'inflation
victimes de l', 227
Inflation-chômage, dilemme, 211, 226
Information parfaite, 39, 47, *voir aussi* Marché concurrentiel
Institution financière, 53
Intégration mondiale des marchés boursiers et financiers, 87
Interdépendance, 51
Intérêt général et individuel, 114
Intérêt, taux d', *voir* Taux d'intérêt
Intermédiaire d'échange, *voir* Monnaie
Interventionnisme, 20
de l'État, 5
économique, 20, 26
Investissement(s), 8, 58, 63, 124, G-284
accélérateur d', 101
brut, 98
capital et, 98
des entreprises, 93, 243
directs étrangers (IDE), 106
étrangers, libéralisation des, 177
instabilité et, 100-101
mesures de relance et, 247
net, 99
PIB et, 99
productivité et, 98
taux d', 63
Investisseurs, 265
étrangers, 250, 253, 266
financiers, 248
institutionnels, 86, 178-179
privés, 276
Invisibles, importation d', 141

J

Jeu de l'offre et de la demande, *voir* Jeu du marché

Jeu du marché, 114
intérêt individuel et, 115
participation volontaire et, 115
Jugement normatif, 15

K

Keynes, John Maynard, 20, 26, 81-83, 89, 249
Krach, 273
de la Bourse de New York, 19, 63, 188

L

Leviers financiers, techniques de, 38
Libéralisation
commerce international et, 151
financière, 272, 276
Liberté d'entreprise économique, 18
Libre concurrence, 4
Libre entrée, 39, 47, *voir aussi* Marché concurrentiel
Libre marché, 18, 24
Libre-échange, 134-135, 149, 177, G-284
accords de, 106
mondialisation et, 149
zones de, 149, 152-153
Livre blanc sur l'emploi et le revenu, 20-21
Loi
des avantages absolus, 149-150
des avantages comparatifs, 149-150
des pauvres, 18
sur Investissement Canada (LIC), 155
Lutte contre la concurrence déloyale, 152, *voir aussi* OMC

M

Main invisible, 252
Main-d'œuvre, 25, 62, 106, 191, 198, 204, 216, 218-220, 266, *voir aussi* Travail
coût de la, *voir* Salaire
Québec et structure de la, 221*f*
thésaurisation de la, 223, G-288
Maisons de courtage, 177
Marchandise, 39-40
Marché(s), 29, 46, G-284
acteur(s) du, 47
ajustement du, 36
automatisme des, 47
boursier, 87, 273
concurrentiel, 32, 36, 39, 46, 117, G-285
des biens, 29, 39, 43, 75, 114
des changes, *voir* Marché des changes
du travail, *voir* Marché du travail
épargne et, 243
équilibre du, 30, 33, 217
extérieur, 62-63, 133
financier(s), *voir* Marché(s) financier(s)
globalisation des, 53
intérieur, 62
libre, 252
mécanisme du, 20-21, 26, 243
modèle du, 29, 46
mondialisation, État et, 119
monétaire, 261
national(aux), 106
parts de, 106
planétaire, 106
prix du, 42, 46
production des biens collectifs et, 114
régulation de l'économie et, 252-254
rôle du, 114
Marché des changes, 39, 133, 137, 139, 144, 146, 175, 250, 263, 266, G-285
ajustement et, 147*f*
balance des paiements et, 136
Marché du travail, 29, 39-41, 43, 48, 75, 200, 219, 221, G-285
Marché(s) financier(s), 29, 39, 41, 43, 75, 87, 248, 252, 257, 261, 263, 266, 271, 273, 276, G-285
internationaux, 134
libéralisation des, 252
mondialisation des, 133, 175-177, 264, 270
prix du pétrole et, 231
Marge de manœuvre
de l'État, 248-249
de la Banque du Canada, 264
Marx, Karl, 21, 26
Masse monétaire, 164-165, 170, 258, 261, 273, G-285
expansion de la, 257, 260
gestion de la, 257
inflation et, 259-260
monnaie scripturale et, 164
niveau de la, 165
PIB au Canada et, 258
stock et, 164
Matières premières, prix des, 203, 219*f*, 230*f*
Ménage(s), 52, 58-59, 93, 220, 260, G-285
arbitrages des, 74
besoins des, 74, 114
budget et, 212
consommation des, 73, 82-83
dépenses des, 73, 196
IPC et, 212
épargne des, 85
mondialisation de l', 85-87
rationnels, 53, 73
revenu des, 81, 197, 200
richesse financière des, 85-86
taux d'imposition des, 240

Mesures
de relance budgétaire, 250
protectionnistes 150-151
Méthode approximative, 79
Mobilité parfaite, 39, *voir aussi* Marché concurrentiel
Modèle
de l'offre et de la demande, 29-30, 39-44, 47
des courbes d'offre et de demande, 16, 29, 39
du marché, 192
social-démocrate, 21
soviétique, 22
Mondialisation, 5, 93, 117, 211, 248, G-285
de l'économie, 134-135, 247
de la crise financière, 272
des banques, 177
des échanges commerciaux, 247
des entreprises, 106
des marchés, 133
financiers, 175, 247, 264, 276
financière, 177
dangers de la, 180-181
et commerciale, 187
inflation et, 218
libre-échange et, 149
promesses de la, 10
système bancaire et, 173
Monnaie, 8, 162, 257, G-285
fiduciaire, 164
fonctions de la, 162
formes de la, 162-164
rôles de la, 162
scripturale, 163, 258
masse monétaire et, 164
valeur de la, 165
Monopole, 40, 47, 116-117, G-285
Mouvements de capitaux, 136, 146
instabilité et, 147
Moyen de paiement, *voir* Monnaie
Multinationale, 107
Multiplicateur, 242, 249, G-285
de crédit, 170-171
des dépenses publiques, 242

N

Nationalisation, 22
Néolibéralisme, 23
New Deal, 20, 245
Niveau
de bien-être, 61
de revenu, 89
de richesse, 89
de vie, 10, 44, 58, 60, 66, 104
des prix, 257, 259, 264, 266
Nominal, G-285
Non-résident, G-285, *voir aussi* Étranger

O

Objectifs économiques, budget de l'État et, 238
Obligations, 85, 174-175, 248, 250, 266, G-285
Offre, 31, 36, 38, 42, 46, G-285
changement de l', 35
courbe d', *voir* Courbe d'offre
crise de l', 203, 211
de biens, 103
de travail, 77
globale, 192, 198, 203-204, 217, 264
recul de l', 205
modification de l', 35
Offreur, 31-33, 39-40, 42, 46, 114
Oligopole, 40, 47
OMC, 135, 151-152, 154, G-286
ONU, 32
OPEP, 32
Opérations
commerciales, 136
de change, 137
de portefeuille, 142
Organisation mondiale du commerce, *voir* OMC
Organisations, 52
Organisme public, 117

P

Paiement(s)
de services, 141
de transferts, 15, 120, 141
Palier(s) de gouvernement, 121
Paradis fiscal, 178
Parité, 143
Pays
en développement, 10, 152, *voir aussi* OMC
industrialisés, 10, 251, 259
Pensée économique
interventionniste, 20
socialiste, 21
Pénurie, 33, 217
Personnes
actives, 221-222
occupées, 220
Pétrole, offre et demande de, 230-231
PIB, 51, 79, 81, 141, 161, 190, 217, 266, G-286
coefficient d'importation et, 249
composantes du, 61-62
croissance réelle du, 60-61
d'équilibre, 194-195
de plein-emploi, 194-195, 204, 211, G-286

dépenses du, 61-63
dette et, 124
du Canada (canadien), 58, 64
entre-deux-guerres et instabilité du, 63-65
équation (ou formule) du, 59, 120
et revenus, 66-68
investissement et, 99
masse monétaire et, 258
méthodes de calcul du, 67
mondial, 107*t*, 175
nominal, 259, 260*t*
par secteur, 96
récession et, 192
réel, 192-193, 194*f*, 240, 259, 260*t*
évolution du, 61
taux de croissance du, 60, 190
PIN, 66-67
Placement, 87, 250, 266
fonds de, *voir* Fonds de placement
revenus de, *voir* Revenus de placement
Plan
de l'État, 22
de relance, 276
Planète
nourriture et, 44-46
sauvegarde de la, 39
Planification
à long terme, prix du pétrole et, 231
centralisée, 23
Plans de sauvetage financier, 274
Plein-emploi, 198, 200, 205, 237-238, 264, 266, G-286
économie et, 198, 202, 216
économistes libéraux et, 243
PIB et, 194-195, 204
Plus-value, 21
Politique(s)
anti-inflationnistes au Canada, 215*f*
commerciale, 152
économique, 133
structurelle, G-286
Politique budgétaire, 237, 248, G-286
au Canada, 237
conjoncture économique et, 238
de relance, 247, *voir aussi* Relance
expansionniste, 239*f*
demande globale et, 237
économie mondialisée et, 247
économistes interventionnistes et, 237, 243
économistes libéraux et, 237, 243
expansionniste, 238
fiscale, *voir* Politique budgétaire
leviers de la, 238
mécanisme de la, 239
restrictive, 238
retombées économiques de la, 240
Politique monétaire, 257, 264, G-286
contraintes extérieures et, 264-267
expansionniste, 263, 265*f*, 266
mécanismes de la, 261
plans de sauvetage financier et, 274
restrictive, 262
rôle stabilisateur de la, 262
Pondérations, 212
variations des, 213
Population
active, 220, G-286, *voir aussi* Main-d'œuvre
canadienne, 60, 64
en âge de travailler, 220
mondiale, 44
structure d'âge de la, 83
Pouvoir d'achat, 205, 264, *voir aussi* Salaire réel
Pression inflationniste, 264
Prestations sociales, 81, 123
Prêteur hypothécaire, 272, 276
Prêts
à surprime, 189, 271-272, G-286
crise des, 270
bancaires, 258, 271
internationaux, 175
marché des, 272
dépôts et, 167-170
hypothécaires, 263, 271-272
personnels, 272
Prime de risque (ou de rendement), 248
Prix, 30, 33, 40, 205, 212, 214, 217
absolu, 163, G-286
d'équilibre, 33, 36-38
de marché, inflation et, 226
des céréales, 44
des matières premières, 203
des produits, 75
du marché, 42
du pétrole, 38, 229-232
IPC et variation des, 212
maximum, *voir* Prix plafond
minimum, *voir* Prix plancher
niveau général des, 192, 194, 198, 204, 211
plafond, 42-43, 139, 231
plancher, 42-43, 139, 231
relatif, 163, G-286
stabilisation des, 43
Problème
conjoncturel, 124
économique, 15
structurel, 124

Production, 6, 44, 57, 76, 81, 88, 93, 257
agricole, 44-45
capacités de, 106
chaîne de, 94, 106
et de distribution, 107
coûts de, 33, 53, 106, 193, 198, 204-205
et valeur ajoutée, 95
diminution de la, 82
niveau réel de, 194
réseaux de, 107
taux de croissance de la, 187
valeur de la, 96
Productivité, 45, 93, 102, G-286
du travail, 9, 104
et investissement, 98
gains de, 104
Produit(s)
agricoles, 218, 219*f*, 230*f*
finis, 57, 147, 219*f*
importés, 196, 219*f*
intangible, 7
intérieur
brut, *voir* PIB
net, *voir* PIN
intermédiaires, 94, 147
manufacturés, 218
prix des, 75
tangible, 7
total, valeur du, 94
Profit
économique, 119
escompté, 103
maximal, 93
Programmes gouvernementaux, 15
Propension (marginale)
à consommer, 82-83, G-286
à épargner, 82, G-286
Propriété privée, 21
Protectionnisme, 134-135, 149, 152-153, G-286
Puissance économique, 137

Q

Quantité(s)
de biens produits, 259
de monnaie en circulation, 260
demandée, 30-31, 35-36, 42, 46, 217
globales produites (de biens et services), 192-193
offerte (produite), 31-32, 35-36, 42, 46, 217
Quota d'importation, 151, 154, G-287, *voir aussi* OMC

R

Rationalité
économique, 57
hypothèse de la, 53
Récession, 190, 192, 195-196, 202, 211, 216, 218, 222, 239, 244, 251, G-287
équilibre budgétaire et, 245
mondiale, 188-189, 192, 273
PIB et, 192
Recette(s), 52-54, 66
de l'État, 120
de services, 141
de transfert, 141
dépenses et, 120
fiscales, 120, 244-248
Réel, G-287, *voir aussi* Nominal
Relance
budgétaire, 273
retombées économiques et, 240-242
concertée, 251
de l'activité économique, 244-245
politiques budgétaires et, 245
économie ouverte et, 249
économique, 264
mesures de, 245, 247
Rendement, 87
à court terme, 102
à long terme, 102
Rentabilité, critères de, 93
Rentrées fiscales, 15
Répartition des richesses, 10
Réserves
bancaires (ou des banques), 167, 169, 170, 261, 274, G-287
excédentaires, G-287
minimales, 170, G-287
variation des, taux d'intérêt et, 261-262
Réservoir de valeur, 163, *voir aussi* Monnaie
Ressources, 9, 62, 93, 114, 211
allocation efficace des, 9
naturelles, 6-7, 25
productives, 6-7, 25, 52, 94, 193, 217, G-287
Retombées économiques, 240-241
Revenu(s), 44, 52, 67, 73, 82, 124, G-287
brut, 241
de placement, 120, 140-141
des ménages, 81
des travailleurs, 240
diminution du, 82
disponible, 241, G-287
et consommation, 81
et PIB, 66-68
fiscaux, 120
fuite de, 240-241

global, 81, 106, 273
des ménages, 239
impôt sur le, 203
intérieur net, *voir* RIN
niveau de, 89
personnel, 81
production et source globale de, 66
redistribution des, 126
richesse et, 84
stabilisation des, 43
total, 241
tranche de, 122
Révolution
industrielle, 5, 18, 26
technologique, 5
Ricardo, David, 19, 150
Richesse, G-287, *voir aussi* Revenu
des ménages, 124
et consommation, 84
niveau de, 89
revenu et, 83
RIN, 66-67, 81, G-287
Risque de change, 137
Rôle
de l'ensemble des entreprises, 93
économique, 51

S

Salaire(s), 40, 74, 77, 198, 200, 203-205
brut, 122
croissance
nominale du, 78
réelle des, 76, 78
minimum, 43
net, 122
nominal, 78-79, 89
réel, 78-79, 84
Satisfaction
des actionnaires, 93
des besoins, 93
rôle du marché et, 114
Sauvetage financier, plans de, 274-275
Say, Jean-Baptiste, 19
Schéma de variables, *voir* Variable(s)
Science économique, 3, 7, 25
méthode de la, 12
Seconde Guerre mondiale, 20, 22, 43, 64, 83, 124, 149, 187, 214
Secteur
primaire, 96
public canadien, 246*f*
secondaire, 96
tertiaire, 97
Security Exchange Commission (SEC), 180
Service(s), 7, 58, G-287, *voir aussi* Bien
de la dette, 120, 248, G-287
financiers, 47
publics, 15, 127-129
Situation, analyse de la, 49
Smith, Adam, 18, 252
Socialisme, 5, 18, 21, 23
effondrement du, 22-23
Sous-production, cercle vicieux de la, 82
Spéculateurs, 231
Spéculation, 38, 138-139, G-287
Spirale inflationniste, 227
Stabilisateurs automatiques, 238-239, 246, G-287
Stabilisation
de l'économie, 249
des prix et des revenus, 43
Stabilité des prix, 237-238, 257, 263-264, G-287
Stagflation, 203-204, 252, G-287
Statistique Canada, 10, 212, 220
Stock, 73, 84, 99, 124, 259, G-287, *voir aussi* Flux
manufacturier, 99
masse monétaire et, 164
Subvention, 37-38
Surchauffe économique, 190, 195, 211, 216*f*, 218, 238, G-287
équilibre budgétaire et, 245
Surplus, 33
budgétaire, 245
commercial, 141
Système(s)
bancaire, 173, 257, 271, 273, G-287
canadien, 173-175
crédit du, 261
mondialisation financière et, 173
d'État, 21
de planification économique centralisée, 21
économique, 3, 18
financier, 177, 271, 273
mondial, 161, 270-271
socialiste, 21
Système automatisé de compensation et de règlement (SACR), 171
Système de transfert de paiements de grande valeur (STPGV), 171

T

Tarif
compensatoire, 151, *voir aussi* OMC
douanier, 106, 150, 152, G-287

Taux, 79
d'activité, 220-222, G-287
d'épargne, 85, 241
d'escompte, G-287
d'imposition, 122, 241
marginal, G-288
d'inflation, 79-80, 84, 264
au Canada, 215*f*
taux de croissance de l'IPC et, 213
d'intérêt, 12, 42, 73, 79, 83, 103, 197, 243, 246, 248, 250, 261, 265-266, G-288
composé, 261
influence sur la consommation du, 83
interbancaire, 273
nominal, G-288
réel, G-288
variation des, 257
d'investissement, 63
de change, 12, 137, 144, 203, 231, 250, 264, 265, G-288
devise et, 175
flottants, 134
fluctuations du, 139
stable, 266
variations du, 133, 139, 143-145, 196
de chômage, 220, 222, 266, G-288
au Canada, 246*f*
au Québec, 221*f*
de croissance, 60
idéal, 191
nominal, 78, 84
PIB et, 190
réel, 78, 84
de fuite, 241, 242
de rendement, 265
des bons du Trésor, 261
de réserve, 171
directeur, 263, 274, G-288
Taxes de vente, 66, 121
Taxe de vente du Québec, *voir* TVQ
Taxe sur les produits et services, *voir* TPS
Technologies de l'information et des communications, *voir* TIC
Temps libre, 74, 76-77, 89
Terre, 25, *voir aussi* Ressources naturelles
Théories économiques, 10
Thésaurisation de la main-d'œuvre, 223, G-288
TIC, 107, 177
Tiers-Monde, 252
Titre(s)
boursier, 87
de dettes, 248, 271, 276, G-288, *voir aussi* Titrisation
financier, 87, 175
toxiques, 273, 275, G-288
Titrisation, 271-273, 276, G-288
TPS, 97, 212
Transaction(s), 54
financières, 177
Transfert(s), 140
d'écriture, 137
entre ménages, 81
sociaux, 15
Transformations structurelles, 187
Transparence des barrières, 151, *voir aussi* OMC
Travail, 6, 25, 40, 47, 66, 74, 76-77, 81, 94,
contrat de, 79
courbe de demande de, 103
demandeur(s) de, 40
marché du, 42
offre de, 77, 224
offreur de, 41
productivité du, 9, 104
quantité de, 77, 89
rémunéré, 73, 88
Travailleur, 40-42, 76, 198, 205, 273
découragé, 222-223, G-288
productif, 104
TVQ, 212

U

Union européenne (UE), 152-153
Unité de compte, 163, *voir aussi* Monnaie
Urbanisation, 45

V

Valeur
ajoutée, 93-95, 107, G-288
taxe sur la, 97, *voir aussi* TPS
des actifs, 84
nominale, 78
réelle, 78
Variable(s), 12-13, 26, 30, 44, 46, 60, 79, 81
mesurable, 12
relations entre les, 13
schéma de, 13, 26, 44
relation inverse et relations directes, 14
Vendeurs, 42, 252, 273
Vie active, revenu et, 83
Vision
interventionniste, 198
libérale (néoclassique, néolibérale), 198